新文科·全国高校社会工作系列教材
“法治中国”视域下的司法社会工作丛书

禁毒社会工作

费梅苹　等　著

U0951828

華東理工大學出版社
EAST CHINA UNIVERSITY OF SCIENCE AND TECHNOLOGY PRESS
·上海·

图书在版编目(CIP)数据

禁毒社会工作 / 费梅苹等著. --上海 : 华东理工大学出版社, 2024.5. -- ISBN 978-7-5628-7438-6

Ⅰ. D669.8

中国国家版本馆 CIP 数据核字第 2024V5E365 号

内容提要

为推动禁毒社会工作专业教育和职业发展，本书依据我国禁毒社会工作法律、制度和政策要求，遵从社会工作专业规范，分别从禁毒社会工作概述、禁毒社会工作价值与伦理、禁毒社会工作理论基础、禁毒社会工作政策、禁毒社会工作个案管理及流程、禁毒社会工作方法、禁毒社会工作直接服务、禁毒社会工作间接服务、禁毒社会工作发展与展望等方面，对禁毒社会工作的基本要素和实践经验做了较为全面的介绍和分析，对禁毒社会工作的发展提出了一些建议。本书可作为社会工作专业的选用教材，尤其可作为司法社会工作方向或禁毒社会工作课程的专业教材。同时，本书也可以作为从事禁毒社会工作管理、实务及研究的工作者的参考书。

策划编辑 / 刘　军
责任编辑 / 章斯纯
责任校对 / 孟媛利
装帧设计 / 靳天宇
出版发行 / 华东理工大学出版社有限公司
地址：上海市梅陇路 130 号，200237
电话：021 - 64250306
网址：www.ecustpress.cn
邮箱：zongbianban@ecustpress.cn
印　　刷 / 上海锦佳印刷有限公司
开　　本 / 710 mm×1000 mm　1/16
印　　张 / 22
字　　数 / 361 千字
版　　次 / 2024 年 5 月第 1 版
印　　次 / 2024 年 5 月第 1 次
定　　价 / 98.00 元

序

禁毒社会工作是禁毒工作的重要组成部分，是坚持“助人自助”价值理念，遵循专业伦理规范，运用社会工作专业知识、方法和技能预防和减轻毒品危害，促进吸毒人员社会康复，保护公民身心健康的专门化社会服务活动。禁毒社会工作者是指从事禁毒社会工作的专职人员。发展禁毒社会工作、加强禁毒社会工作者队伍建设，是增强禁毒工作专业力量、完善禁毒工作队伍结构、推进禁毒工作社会化的重要途径，是健全禁毒社会服务体系、创新禁毒社会服务方式、提升禁毒社会服务水平的有力手段，是推进毒品问题治理体系和治理能力现代化的必然要求。

我国禁毒社会工作的发展是基于助力吸毒人员社会康复、保护公民身心健康的目标，经过实践探索、法律政策指引、制度保障和专业精进等逐渐发展起来的。1998 年，云南戴托普药物依赖治疗康复中心（YNTC）成立。它是国内第一个以治疗社区模式，从社会学、心理学、行为学、临床医学、预防医学等多学科结合的角度，对药物成瘾者进行治疗和跟进服务的专业机构。云南大学社会工作系和该康复中心合作建立了国内第一个禁毒社会工作教学实践基地。2003 年，上海率先将社会治理及社会工作助人自助理念引入禁毒工作领域，通过建立政府购买服务制度、培育建立国内第一家专门从事禁毒社会工作服务的社会组织（上海市自强社会服务总社）、聘任专职禁毒社会工作队伍等，为接受社区戒毒和社区康复的吸毒人员提供社会工作服务，这标志着我国禁毒社会工作职业化、专业化发展正式启动。

2008 年，《中华人民共和国禁毒法》正式实施。该法要求禁毒工作实行以预防为主，综合治理，禁种、禁制、禁贩、禁吸并举的方针，要求禁毒工作实行政府统一领导，有关部门各负其责，社会广泛参与的工作机制。该法新增了社区戒毒和社区康复的戒毒措施。2011年颁布的《戒毒条例》根据《中华人民共和国禁毒法》，提出县级以上人民政府应当建立政府统一领导，禁毒委员会组织、协调、指导，有关部门各负其责，社会力量广泛参与的戒毒工作体制。戒毒工作坚持以人为本、科学戒毒、综合矫治、关怀救助的原则，采取自愿戒毒、社区戒毒、强制隔离戒毒、社区康复等多种措施，建立戒毒治疗、康复指导、救助服务兼备的工作体系。

2014年，中共中央、国务院印发了《关于加强禁毒工作的意见》，要求各地区各有关部门把禁毒工作纳入国家安全战略和平安中国、法治中国建设的重要内容，按照"源头治理、以人为本、依法治理、严格管理、综合治理"的基本原则，坚持"预防为主，综合治理，禁种、禁制、禁贩、禁吸并举"的工作方针，立足当前，长期治理，突出重点，多管齐下，不断创新禁毒工作体制机制，进一步完善毒品问题治理体系，深入推进禁毒人民战争，坚决遏制毒品问题发展蔓延。该文件还提出要创新吸毒人员服务管理，积极探索科学有效的戒毒康复模式，构建戒毒治疗、康复指导、救助服务相结合的戒毒工作体系；积极引导全社会力量参与禁毒工作，鼓励社会资金参与禁毒公益事业；逐步建立禁毒社会工作专业人才和志愿者队伍，发挥中国禁毒基金会等禁毒社会组织作用。

2015年，《全国青少年毒品预防教育规划（2016—2018）》和《全国社区戒毒社区康复工作规划（2016—2020年）》发布，社会工作者作为专业社会力量，参与和介入到"实现各类青少年群体毒品预防教育全覆盖"的重要工作中，也成为社区戒毒社区康复工作者队伍建设的重要组成部分。为了不断完善毒品问题治理体系，持续提升禁毒工作的社会化、职业化、专业化、科学化水平，2017年，国家禁毒委员会办公室等十二部委联合印发《关于加强禁毒社会工作者队伍建设的意见》。这一文件规定了禁毒社会工作和禁毒社会工作者的定义，提出要增强禁毒工作专业力量、完善禁毒工作队伍结构、推进禁毒工作社会化；健全禁毒社会服务体系、创新禁毒社会服务方式、提升禁毒社会服务水平；推进毒品问题治理体系和治理能力现代化。文件围绕加强禁毒社会工作者队伍建设的总体规划、明确禁毒社会工作者的职责任务、培养壮大禁毒社会工作者队伍、建立健全禁毒社会工作服务制度、加强对禁毒社会工作者队伍建设的组织领导五个方面做出了总体规划。

一系列禁毒工作及禁毒社会工作法律政策的颁布，为我国禁毒社会工作发展提供了法律和政策指引，促进了我国禁毒社会工作实践的蓬勃发展。依据禁毒社会工作法律政策要求，结合各地社会发展水平及资源基础，禁毒社会工作者整合运用社会工作价值理念、理论及方法，为戒毒人员提供了动机激发、防复吸训练、优势拓展、提前介入、危机干预、家庭辅导、社区资源链接等多项专业性服务，形成了不同的发展模式，如云南的戴托普模式、上海“政府主导推动，社团自主运作，社会多方参与”的实践模式、深圳的互助型治疗社区模式等，促成大量吸毒人员实现了社会康复。以最早启动禁毒社会工作职业化专业化发展的上海为例，2003 年上海开始在禁毒领域引入社会工作的理念和方法，开启了上海毒品问题社会治理的新格局。20 年间，上海禁毒社会工作从最初的探索实践，到现在的全面发展，先后打造了“心桥工程”“同伴教育”“优势拓展”“家庭联盟”“关爱助学”等一系列特色品牌；禁毒社会工作者由 2003 年的 100 多人增长到 2023 年的近 1 200 人，禁毒社会工作者的持证率达到 84.07%，其中受聘的副高级社工师有 2 名、中级社工师有 350 余名。一支在党和政府培育指导下成长起来的遍布全市基层社区的禁毒社会工作者队伍，以利他主义价值观、科学知识为基础，运用助人自助的服务理念、科学艺术的工作方法和理性务实的服务策略，提升了吸毒人员走向社会康复的动力和能力，社戒社康人员的戒断率由 2005 年的 6.2%提升到目前的 89.48%，同时全链式无缝衔接的禁毒社会工作服务促进了社会成员之间的包容、平等和接纳。禁毒社会工作服务有效促进了吸毒人员社会康复，预防和减轻了毒品危害。

禁毒社会工作者深度参与我国毒品问题社会治理工作，发挥了显著的专业优势，践行了“让人民生活更美好”的社会发展和治理目标。但与此同时，全国禁毒社会工作者专业能力水平参差不齐的现象也值得高度关注。

自从《全国社区戒毒社区康复工作规划（2016—2020 年）》提出“到 2019 年底，戒毒禁毒社工占社区戒毒社区康复专职工作人员比例达到 30%以上”的规划目标以来，禁毒社会工作者队伍在全国各地不同程度地得到建设，规模也越来越大。同时，禁毒社会工作者专业素养较低、专业能力薄弱的现象也依旧存在，不少禁毒社会工作者难以胜任国家政策对于其职责任务的要求，难以很好地通过专业服务促进服务对象的社会康复。而禁毒社会工作服务成效彰显不足，反过来又制约了禁毒社会工作事业的发展，继而导致禁毒社会工作者的专业信心丧失，职业化专业化进程缓慢。这是当下禁毒社会工作事业发展面临的较为突出的现实问题。与此同时，当前禁毒社会工作教育发展水平也不高，高校专门从事禁毒社会工作教育的师资队伍比较单薄，禁毒社会工作教材稀缺，禁毒社会工作专门人才培养任务严峻。

为了更好落实禁毒社会工作法律政策要求、有效转化禁毒社会工作实践经验，构建中国特色禁毒社会工作知识体系，推动禁毒社会工作教育及职业的高质量发展，中国社会工作教育协会司法社会工作专委会决定组织编写禁毒社会工作专业教材，一批从事禁毒社会工作理论和实践研究的工作者联合起来，组成了写作小组，共同撰写了《禁毒社会工作》。

本书的主要目的是依据社会工作基本原理，遵照禁毒社会工作法律政策要求，基于禁毒社会工作有效实践经验，系统概述禁毒社会工作的基本内容，为推动禁毒社会工作专业教育和职业发展做出一些贡献。本书共九章，分别从禁毒社会工作概述、禁毒社会工作价值与伦理、禁毒社会工作理论基础、禁毒社会工作政策、禁毒社会工作个案管理及流程、禁毒社会工作方法、禁毒社会工作直接服务、禁毒社会工作间接服务、禁毒社会工作发展与展望等方面，对禁毒社会工作的基本要素和实践经验做了较为全面的介绍和分析，并对禁毒社会工作的发展提出了一些建议。本书在撰写过程中引用了大量禁毒社会工作实务案例来辅助完成相关知识点的解释及应用性说明，大部分案例素材来自上海禁毒社会工作实践，特别是根据上海市自强社会服务总社的禁毒社会工作服务案例改编而成，在此一并深表感谢！

鉴于我国禁毒社会工作实践还处于初级发展阶段，作者对禁毒社会工作的理解及认识水平相对有限，对全国禁毒社会工作发展的了解还不够充分，本书内容可能还存在诸多不足，恳请同行及广大读者给予批评指正。中国特色禁毒社会工作职业化专业化发展之路任重而道远，我们将一直努力耕耘，并与大家共创未来！

费梅苹

2024 年 5 月于上海

目　　录

第一章

禁毒社会工作概述

继《中华人民共和国禁毒法》[①]（以下简称《禁毒法》）颁布以来，我国的禁毒工作坚持预防为主、综合治理，逐步建立起了戒毒治疗、康复指导、救助服务兼备的工作体系，给禁毒社会工作发展提供了制度空间。《关于加强禁毒社会工作者队伍建设的意见》[②]阐述了禁毒社会工作、禁毒社会工作者、禁毒社会工作者职责任务等内容，为我国禁毒社会工作发展提供了政策指引。本章主要介绍禁毒社会工作概念、缘起，禁毒社会工作者的基本要素等内容。

第一节　禁毒社会工作的内涵与缘起

禁毒社会工作既包含着禁毒工作对服务的要求，又蕴含着社会工作的价值和理念。对比国内外两个方面，禁毒社会工作的缘起和发展既存在一定的相似性，又具有明显的地域特征，各具特色。

一、禁毒社会工作的内涵

禁毒社会工作是禁毒工作的重要组成部分之一，是随着我国禁毒工作在理念、制度及实践创新的基础之上逐渐发展起来的一项专业和职业。

① 《中华人民共和国禁毒法》，由中华人民共和国第十届全国人民代表大会常务委员会第三十一次会议于 2007 年 12 月 29 日通过，2008 年 6 月 1 日起施行。

② 《关于加强禁毒社会工作者队伍建设的意见》，国家禁毒委员会等十二部门于 2017 年 1 月 20 日联合发布。

了解禁毒社会工作内涵之前，有必要先了解禁毒工作的概念。根据《禁毒法》的规定，禁毒工作是指为预防和惩治毒品违法犯罪行为，保护公民身心健康，维护社会秩序，遵循预防为主、综合治理的方针，通过政府统一领导，有关部门各负其责，社会广泛参与的工作机制而开展的禁种、禁制、禁贩、禁吸的总称。我国《戒毒条例》规定："县级以上人民政府应当建立政府统一领导，禁毒委员会组织、协调、指导，有关部门各负其责，社会力量广泛参与的戒毒工作体制。戒毒工作坚持以人为本、科学戒毒、综合矫治、关怀救助的原则，采取自愿戒毒、社区戒毒、强制隔离戒毒、社区康复等多种措施，建立戒毒治疗、康复指导、救助服务兼备的工作体系。"①《禁毒法》和《戒毒条例》所提出的禁（戒）毒工作目的、工作方针、工作机制及工作体系等，为社会工作介入禁毒工作提供了制度基础，也为禁毒社会工作内涵界定提供了法律及政策依据。

社会工作是以利他主义价值观为指导，以科学的知识为基础，运用科学方法助人的职业化的服务活动。②国家禁毒委员会办公室等十二部委联合印发的《关于加强禁毒社会工作者队伍建设的意见》，作出了关于禁毒社会工作的界定："禁毒社会工作是禁毒工作的重要组成部分，是坚持'助人自助'价值理念，遵循专业伦理规范，运用社会工作专业知识、方法和技能预防和减轻毒品危害，促进吸毒人员社会康复，保护公民身心健康的专门化社会服务活动。"该定义明确了禁毒社会工作的目的、理念、专业技巧、服务活动等要素。

第一，禁毒社会工作的目的。禁毒社会工作的目的体现在两个层面：第一层面是面向社会的，要预防和减轻毒品危害，保护公民身心健康；第二层面是针对吸毒人员的，要促进吸毒人员社会康复。社会工作者既要针对吸毒人员的社会康复开展专业服务，又要通过宣传、倡导等专业活动的开展，促进社会稳定，保障公民身心健康。

第二，禁毒社会工作的理念。社会工作是一项利他助人的专业活动。利他意味着以服务对象利益为中心，以提升服务对象的福利水平和生活质量为

---

① 《戒毒条例》，于 2011 年 6 月 22 日国务院第 160 次常务会议通过，自 2011 年 6 月 26 日公布施行。

② 全国社会工作者职业水平考试教材编写组：《社会工作综合能力（中级）》，中国社会出版社，2021，第 2 页。

目的；助人的宗旨是实现“助人自助”，即帮助服务对象提高其自助能力，实现其能力与社会要求的有效平衡，最终达到身心健康，融入社会。助人是社会工作的基本功能[①]，在禁毒社会工作中具体体现为通过提升吸毒人员自身社会康复的能力，协助其摆脱困境、实现康复、获得发展；通过提升整个社会对毒品危害的预防和消减能力，提升对公民身心健康的社会保护能力，实现维持社会秩序和社会稳定的目的。

第三，禁毒社会工作的价值、知识和技巧。社会工作从“以人为本”出发，秉持“平等”“尊重”“接纳”“社会公平公正”等价值理念，运用一套科学的知识体系和助人方法开展专业服务。社会工作以多学科为基础，既有对困境人群及社会问题的解释理论，又有解决社会问题的实践理论；既面向个人及家庭、群体、组织、社区及社会的服务方法，又能通过实践及检验不断提炼和创造出具有中国特色的新方法。禁毒社会工作者秉持社会工作的价值理念，在助人活动中传输经过评估和科学设计的能够满足服务对象社会康复需求的专业服务活动，运用个人及家庭、群体、组织、社区、社会等不同层面的干预方法和技巧，促使服务对象向社会康复的方向改变，社会环境朝着实现毒品预防、公民身心保障的方向改变。

第四，专门化社会服务活动。禁毒社会工作主要通过提供戒毒康复等专门化社会服务活动，成为禁毒和戒毒工作相关法律、政策的重要实施载体，成为保障弱势群体摆脱困境的社会福利传递系统。专门化社会服务活动的有效开展，需要依托完善的禁毒社会工作政策和政府购买服务等制度，以及较为完善的禁毒社会工作服务体系。

围绕“预防和减轻毒品危害，促进吸毒人员社会康复，保护公民身心健康”的禁毒社会工作目标，禁毒社会工作主要在两大层面开展服务。首先是参与禁毒宣传，优化社会环境。在社区及社会各层面，通过开展禁毒宣传、社区教育、消除污名化效应等，促进社会环境优化及提升公民身心健康。其次是开展吸毒人员社会康复服务。在社区及强制隔离戒毒所内，为正在自愿戒毒、社区戒毒、强制隔离戒毒、社区康复的吸毒人员开展社会服务。具体来说，禁毒社会工作服务领域主要包括预防教育、社区戒毒、机构戒毒、强制隔离戒毒、社区康复、政策倡导及环境优化等。

---

① 王思斌：《社会工作概论（第三版）》，高等教育出版社，2014，第 26—28 页。

二、禁毒社会工作的缘起与发展

毒品泛滥及由吸毒引发的犯罪问题是全球性社会治理难题，世界各国先后启动各种禁毒措施，在一定程度上遏制了毒品问题的蔓延。

（一）国外禁毒社会工作的缘起及发展

在美国，有文献记载的戒毒工作最早可以追溯到1902年出版的《吗啡成瘾和其他麻醉品成瘾》。1914年，美国国会通过了美国历史上第一部全国性的禁毒法律《哈里森毒品法》，这标志着美国联邦政府开始统一管制毒品。美国于20世纪60年代引入社会工作服务，提供包括禁毒宣传教育[①]、吸毒者治疗、吸毒者家庭帮扶和社会环境改造等方面的服务[②]。1966年颁布的《麻醉品成瘾康复法》，规定吸毒人员可以进入公共医疗机构治疗。1970年颁布的《毒品滥用预防和管制综合法》，更加注重司法惩治和医学模式的结合。1971年成立毒品管制局，与此同时开始探索社区戒毒模式，并成立了社区反毒联合体，由吸毒人员家属、教师、警察、医疗工作者、社区工作者和政府部门工作人员等人员构成社区禁毒力量，这一模式到20世纪八九十年代后得到快速发展和广泛运用。1997年颁布了以减少青少年药物滥用为目标的《无毒社区法》，并专门制定了无毒社区支持计划，2001年继续通过了《无毒社区法再授权法案》，2010年美国联邦政府正式颁布《加强无毒社区法案》，有力地推动了无毒社区建设。1992年，美国国会建立了物质滥用和精神健康服务管理局（SAMHSA），使物质滥用的服务和研究更容易。从总体上来看，美国的禁毒社会工作服务模式基本上呈现为家庭干预与社区戒毒的融合，同时注重心理及社会因素的整合，以心理辅导为基础，不断改变戒毒人员的认知和行为，协助其回归社会。

英国于20世纪20年代开始制定并实施全国性的禁毒政策。在20世纪60年代之前，英国主要强调生理治疗；60年代之后，进入毒品控制及构造公共卫生体系阶段；80年代以后，进入完善公共卫生体系及提升司法禁毒力度阶段。[③] 21世纪后，英国进入禁毒综合治理阶段，禁毒政策体系日趋完整，打击为主的“控制模式”与预防为主的“公共卫生模式”日趋整合，社区戒毒与社区

---

① John R. Gallagher,“Promoting Drug Court Education in Schools of Social Work: Ideas in Action,”*Social Work Education* 34, no.4(2015): 428 - 436.

② 查明辉：《美国禁毒社会工作的内容与绩效研究》，《社会工作》2012年第12期。

③ 王磊：《当代英国禁毒政策探析》，《欧洲研究》2004年第5期。

康复得以快速发展①，发展出了从生理脱毒到身心康复再到回归适应社会的戒毒流程和复合治疗模式②，支持性互助小组也较为成熟地运用于戒毒工作中。从卫生、教育、社会工作、志愿者等各部门选拔出来，聚焦于个体需求，围绕一个共同愿景而联合起来的工作团队成为反毒品依赖的主要服务提供者。

此外，日本的社区治疗地域网络模式以及西班牙马德里市的“戒毒村”模式都主张将吸毒者放在社区环境中，借助家庭力量或同伴力量帮助吸毒者实现戒毒。同时，这两种模式还关注戒毒者社会功能的康复，通过提供再就业机会、技能学习和兴趣培养等方式促使其回归正常生活③。

通过对国外禁毒社会工作实践的总结，有以下几条主要经验值得借鉴：

（1）从理念上看，海外禁毒工作越来越从减少供应、减少需求转向减少伤害，在重视药物治疗的基础上开展社会工作及其他相关的社会服务。在服务供给方面，重视对服务对象的保护，尊重服务对象自身的治疗意愿，保护个体的平等性和多样性，同时注重反对对吸毒对象的社会污名。

（2）从体系上看，在海外禁毒工作体系中，卫生部门占有重要的一席之地，司法部门和卫生部门间的衔接多，联系紧密。打击为主的“司法控制模式”、治疗为主的“临床医疗模式”与预防为主的“公共卫生模式”日趋整合。

（3）从机制上看，海外禁毒工作重视社区参与，社区志愿力量富足，社区戒毒与社区康复发展迅速。英国的社区治疗与康复，美国的《无毒社区法》、无毒社区联合体、治疗社区等，均体现出较强的“社区本位”或“以社区为基础”的原则，社区朋辈的力量、专业社会组织的支持等发挥重要的支持作用。

（4）从专业性上看，社会工作是禁毒工作体系中非常重要的专业力量，禁毒社会工作服务有较高专业要求，不仅要求具备社会工作的专业知识，而且要求具备刑事司法系统的专业知识。禁毒社会工作者的继续教育和专业能力培训受到重视，有较为充裕的经费支持作为保障。

总的来说，社会工作者不仅参与鉴定与评估服务对象的需求，完成对服务对象的综合评价，为服务对象提供个人咨询或小组服务等，而且社会工作者在

---

① 刘建昌：《社区戒毒与社区康复》，中国人民公安大学出版社，2011，第250—251页。

② 万长智：《从英国戒毒工作比较“三期四区五级六项机制”的戒毒工作构架》，《犯罪与改造研究》2012年第1期。

③ 徐媛媛、庄华、张鹏：《中外社区戒毒和社区康复比较研究》，《云南警官学院学报》2010年第1期。

不同环境里扮演了教育者和研究者的角色。

（二）我国禁毒社会工作的发展

中华人民共和国成立后，党和国家集中力量开展了全国性的禁毒运动。1952 年 11 月，这项历时 3 年的大规模禁毒运动基本结束，中国创造了奇迹，成为无毒国家。这一时期有关禁毒的研究大多集中于发动社会力量的经验研究。改革开放后，随着毒品问题的日益严重，禁毒工作再次受到重视。同时，伴随着社会学、社会工作专业的重建与发展，禁毒工作与社会工作开始结合。

目前学界普遍认为，我国的专业禁毒社会工作起源于美国戴托普（Daytop）国际公司与云南省的合作①。1991 年，中国卫生部与美国戴托普公司签署协议，双方拟在昆明成立药物依赖康复治疗中心。1998 年 9 月，云南戴托普药物依赖治疗康复中心（云南省药物依赖防治研究所康复部）在昆明成立。2000 年，云南大学社会工作系开始与该康复中心合作，社会工作进入禁毒工作系统中，我国禁毒社会工作开始启动。

2003 年，上海市按照“政府主导推动，社团自主运作，社会多方参与”的总体思路建立预防和减少犯罪工作体系，由上海市委政法委牵头，成立了上海市自强社会服务总社，并在全市层面招聘第一批禁毒社会工作者，在社区层面开展戒毒康复社会服务，这标志着中国禁毒社会工作服务机构和禁毒社会工作者职业群体的诞生②。

2007 年 12 月，《中华人民共和国禁毒法》正式颁布。《禁毒法》规定了以社区戒毒为基础，采用社区戒毒、社区康复、自愿戒毒、强制隔离戒毒等措施的新戒毒体系。以此为契机，全国各地纷纷开展禁毒社会工作的试点工作。2014 年中共中央、国务院颁布了《关于加强禁毒工作的意见》，明确提出创新吸毒人员服务管理的要求，要求积极引导全社会力量参与禁毒工作，鼓励社会资金参与禁毒公益事业，逐步建立禁毒社会工作专业人才和志愿者队伍，发挥中国禁毒基金会等禁毒社会组织的作用。2015 年，国家禁毒委员会办公室等十一个部门联合制定印发的《全国社区戒毒社区康复工作规划（2016—2020 年）》进一步明确了我国社区戒毒康复工作目标及措施，提出从 2017 年开始，有计划地组织考试应聘，从符合条件的人员中公开招录（聘）部分禁毒戒毒社工，同等条

---

① 赵敏、张锐敏：《戒毒社会工作基础》，军事医学科学出版社，2011，第 204—205 页。

② 李霞：《禁毒社会工作专业建设思考》，《云南警官学院学报》2012 年第 5 期。

件下可优先录(聘)用现有社区戒毒社区康复专职工作人员。完善晋升和工资待遇制度,逐步建立禁毒戒毒社工队伍,促进社区戒毒社区康复工作专业化、职业化,力争通过2到3年努力,到2019年年底戒毒禁毒社工占社区戒毒社区康复专职工作人员比例达到30%以上。2017年国家禁毒委员会办公室等十二部委联合印发的《关于加强禁毒社会工作者队伍建设的意见》,则明确了禁毒社会工作的内涵、禁毒社会工作者职责任务,规定了开展禁毒社会工作服务制度、禁毒社会工作人才队伍建设等的具体内容及要求,我国禁毒社会工作及禁毒社会工作者队伍建设工作完成顶层设计并进入制度化推进的发展阶段。

我国香港地区和澳门地区在戒毒方面也形成了特色体系。例如,香港地区推行的自愿戒毒策略由政府、NGO及社会工作者共同参与;在吸毒人员完成生理脱毒后的康复和回归社会阶段,实施中途宿舍、福音戒毒、私人执照精神医生等工作方法,在实践中取得了良好的成效。澳门地区于2002年成立戒毒综合服务中心,为吸毒人员提供自愿式门诊服务、福音戒毒服务、非宗教的治疗社区模式、社会跟进措施等戒毒服务。在治疗的过程中,社会工作者提供社会心理辅导、家庭辅导等相关服务,并对申领援助金的戒毒人员进行操守监管和跟进。戒毒康复人员重返社会后,澳门地区的社工局推动建立"自助组织",加强其社会支持。

第二节 禁毒社会工作服务原则

原则是言行所依据的准则①,服务原则的确立是服务实施的基础,有利于明晰服务开启的位置及发展的方向。《禁毒法》指出:"禁毒工作实行预防为主,综合治理,禁种、禁制、禁贩、禁吸并举的方针。"《戒毒条例》规定:"戒毒工作坚持以人为本、科学戒毒、综合矫治、关怀救助的原则,采取自愿戒毒、社区戒毒、强制隔离戒毒、社区康复等多种措施,建立戒毒治疗、康复指导、救助服务兼备的工作体系。"社会工作专业强调:"应该遵守维护服务对象利益优先、个别化、接纳、非评判、服务对象自决、保密等原则。"②

部分禁毒社会工作服务机构在实务开展初期就建立了服务的理念与核心

① 中国社会科学院语言研究所:《新华字典》,商务印书馆,2020,第612页。

② 《社会工作方法 个案工作》(MZ/T 094—2017)已由中华人民共和国民政部于2017年12月29日发布,自发布之日起实施。

价值观,为禁毒社会工作者在专业服务中的角色定位及实践路径提供了指引。如上海市自强社会服务总社的服务理念“关爱、乐助、自强”,倡导对戒毒康复人员的关怀和接纳,坚持用专业的社会工作方法去实践对社会的责任,强调赋人于能,赋己于能,追求持续的改进。广东联众戒毒社会工作服务中心的核心价值观是“尊重、平等、自律、自立”,并且提出吸毒者是一个特殊的群体,不仅是违法者,而且也是受害者,需要被尊重、平等地对待。该中心认为,自律和自理是双方的:一方面,吸毒者要自我约束,树立自强自立的价值观,以实际行动重新回归家庭和社会;另一方面,社会工作者要保持自律,远离诱惑,自强自立,不断学习、进步。

综合禁毒工作的特点、社会工作的价值理念及实践经验,禁毒社会工作服务的原则可以由以下几方面组成。

一、人本性原则

禁毒社会工作服务应遵循人本性原则,具体表现为:尊重戒毒康复人员的合法权利,对其个人信息依法予以保密;关注戒毒康复人员的能力、生存环境,回应其多重需要;倡导社会对戒毒康复人员的关怀和接纳,减低并消除社会歧视。人本性原则要求禁毒社会工作者在提供专业服务时,首先要做到尊重与接纳。戒毒康复人员无论是被视为违法者、受害者还是病人,其本质都是人,有着最本质的特征与需求,包括生存、安全、被爱与尊重、归属及自我发展的需要。禁毒社会工作者应秉持非评判的态度,仔细观察、倾听戒毒康复人员对自我生活的理解,从戒毒康复人员表现出来的行为举止中发现其本质需求,通过专业服务回应其需求。其次,人本性原则强调禁毒社会工作者应提供需求为本的个别化服务,充分理解和尊重每个服务对象的独特性,从性别、年龄、文化程度、性格特征、宗教信仰、成长环境、原生家庭、居住环境、就业经历、社区资源及社会政策环境等多个维度,观察服务对象的需求,并选择合适的干预策略,以提供符合其需求的个性化服务。最后,人本性原则强调禁毒社会工作者应重点关注服务对象的优势和能力,相信服务对象有能力依靠自己的力量做出改变,在服务的过程中可以通过协助服务对象对自己的生活情况进行梳理,从而找到自己前进的方向,发现自己所拥有的资源,从中探索解决问题的方法。在人本性原则的指引下,禁毒社会工作者更多的是扮演引导者、支持者的角色,陪伴服务对象勇敢地面对生活中的问题,一步步走向自己想要的生活。

二、科学性原则

禁毒社会工作开展服务应遵循科学性原则，具体表现为：遵循社会工作专业伦理规范，运用社会工作专业知识、方法和技能，开展科学的戒毒康复服务。

科学性的原则要求禁毒社会工作服务在践行社会责任及推进专业发展的过程中，积极探索形成基于经验观察的系统知识，包括禁毒社会工作者的角色定位，从服务对象身心特点及其与环境的互动中发现需求，根据需求选择合适的干预模式及介入策略，在服务过程中应遵循社会工作的伦理规范，选择被验证有效的专业知识、方法和技能，或通过行动研究，建立清晰、完整、有效的服务流程。禁毒社会工作服务应以科学思想为指导，以本土实践经验为依据，可以通过服务标准或实务操作手册等予以固定，促进经验的传承与专业的发展。

三、预防性原则

禁毒社会工作服务应遵循预防性原则，具体表现为：坚持提供预防导向性服务，关注社会发展及戒毒康复人员的生活趋势，重视开展早期干预、预防复吸及降低毒品危害等，积极营造无毒环境。

预防性原则强调，禁毒社会工作应积极发挥预防功能，包括预防新的社会问题的产生、发现问题的早期症状或是防止社会问题的恶化或扩散等。禁毒社会工作者在提供服务的过程中，应“向前看”，重视三个层次的预防工作，包括面向社会大众开展毒品预防教育宣传活动，增强公民禁毒意识，提高公民自觉抵制毒品的能力；面向易感人群开展成瘾物质识别、情绪管理、抗逆力提升等成瘾预防或早期干预服务，促进易感人群形成健康的生活方式，协助他们形成抵制毒品的能力；面向吸毒成瘾人群开展危机干预、预防复吸训练、降低危害等服务，以降低他们对毒品的需求，预防并发问题。

四、整合性原则

禁毒社会工作服务应遵循整合性原则，具体表现为：充分了解禁毒社会工作服务多元化、复杂化的特点，积极与各类社会资源与专业力量开展合作，建立健全戒毒康复人员的服务网络，综合运用个案、小组、社区、同伴教育等多种方法，回应戒毒康复人员的多重需要。

整合性原则要求从参与社会治理的视角出发，禁毒社会工作者需要建立与社区民警、医务工作者、心理卫生工作者、政府社会保障服务提供者、网格员、禁毒志愿者、其他场所和领域社会工作者等的跨专业多部门的服务协同合作机制，针对戒毒康复人员的不同阶段及不同类型的服务需求开展信息共享、服务转介与服务合作，推动实现禁毒社会工作服务的精准衔接、无缝覆盖，推动健全动态管控、戒毒治疗、心理矫治、帮扶救助、就业指导、宣传教育“六位一体”的戒毒康复工作体系；根据戒毒康复人员的问题及需求，综合运用个案、小组、社区、同伴教育、提前介入、危机干预、优势拓展、动机激发、防复吸训练、社会联结、家庭辅导、社会倡导等方式，建立健全戒毒康复人员的服务网络，为戒毒康复人员提供及时、有效、可获得的综合性服务，以回应戒毒康复人员的多重需要，协助戒毒康复人员修复社会功能，促进其身心健康，顺利融入社会。

第三节　禁毒社会工作者

禁毒社会工作者是从事禁毒社会工作的专职人员。加强禁毒社会工作者队伍建设是增强禁毒工作专业力量、完善禁毒工作队伍结构、推进禁毒工作社会化的重要途径，是健全禁毒社会服务体系、创新禁毒社会服务方式、提升禁毒社会服务水平的有力手段，是推进毒品问题治理体系和治理能力现代化的必然要求。

一、禁毒社会工作者及角色

（一）禁毒社会工作者

国家禁毒委员会办公室等十二部委联合印发的《关于加强禁毒社会工作者队伍建设的意见》，作出了关于禁毒社会工作者的界定：“禁毒社会工作者是从事禁毒社会工作的专职人员。”禁毒社会工作者是禁毒社会工作服务的提供者，认同并遵守社会工作价值观，受过科学训练，并掌握科学有效的方法。禁毒社会工作者开展问题及需求评估、策划及实施服务、引领及协助改变，是禁毒社会工作的主体。

（二）禁毒社会工作者的角色

禁毒社会工作者是推进禁毒工作社会化、健全禁毒社会服务体系、创新禁毒社会服务方式、提升禁毒社会服务水平、推进毒品问题治理体系和治理能力现代化等过程中的参与者、推动者和倡导者，需要遵循相应的行为规范，充分发挥其在禁毒社会工作中的功能。主要有以下几类角色[①]：

（1）评估者。其主要职责包括危机评估、需求评估、服务过程评估、服务成效评估等。

（2）服务提供者。禁毒社会工作者面向服务对象，提供促使其社会康复的个人、环境及个体与环境互动层面的改善性专业服务。

（3）治疗者。禁毒社会工作者针对服务对象的心理、认知、行为、关系等问题，系统性地开展治疗，恢复与改善其心理和社会功能，促进其逐步走向康复。

（4）支持者。禁毒社会工作者鼓励服务对象正视现实、自强自立，并且创造条件支持其自我发展。

（5）使能者。禁毒社会工作者通过激发动机和潜能，培育和增强服务对象自我改善和发展的能力。

（6）关系协调者。禁毒社会工作者运用多层面的专业方法，协助服务对象有效处理其与家庭、朋友、社区、单位等各方面的社会关系，调解矛盾与冲突，通过协商对话使其与各方面建立和谐关系。

（7）资源整合者。禁毒社会工作者通过整合医疗、就业、民生保障等各类资源，协助服务对象与各类资源建立联结，获得支持，摆脱困境。

（8）行政管理者。禁毒社会工作者通过有效管理人、财、物等资源，有效管理项目运作，提供更富成效的专业服务。

（9）政策倡导者。针对预防毒品危害、保障公民身心健康，促进吸毒人员社会康复工作中存在的制度或政策局限，禁毒社会工作者通过提供政策建议或参与政策修订，开展政策倡导。针对社会上存在的对吸毒人员的污名化效应，禁毒社会工作者通过宣传及政策倡导，优化社会环境。

（10）实践研究者。一方面，禁毒社会工作者针对社会问题等开展研究，提升社会工作服务的专业水平和质量；另一方面，基于社会工作实践，开展行动研究，形成不断改善和优化服务的实践方法和模式，丰富禁毒社会工作实践理论，引导禁毒社会工作向更加专业化的方向发展。

---

① 全国社会工作者职业水平考试教材编写组：《社会工作综合能力（中级）》，中国社会出版社，2021，第21—23页。

二、禁毒社会工作者职业任务

国家禁毒委员会办公室等十二部委联合印发的《关于加强禁毒社会工作者队伍建设的意见》,作出了关于禁毒社会工作者职责任务的规定,主要包括以下内容:

(1) 提供戒毒康复服务。调查了解戒毒康复人员的行动趋向、生活状况、社会关系、现实表现等情况,开展戒毒康复人员的心理社会需求评估;为戒毒康复人员提供心理咨询和心理疏导、认知行为治疗、家庭关系辅导、自我管理能力和社会交往能力提升等专业服务;帮助戒毒康复人员调适社区及社会关系,营造有利于戒毒康复的社会环境;开展有利于戒毒康复人员社会功能修复的其他专业服务。

(2) 开展帮扶救助服务。为戒毒康复人员链接生活、就学、就业、医疗和戒毒药物维持治疗等方面的政治资源和社会资源。组织其他专业力量和志愿者为戒毒康复人员及其家庭提供服务,协助其解决生活困难,提升生计发展能力,改善社会支持网络,促进社会融入。

(3) 参与禁毒宣传教育。参与组织禁毒宣传活动、普及毒品预防和艾滋病防治等相关知识、宣传禁毒政策和工作成效,增强公民禁毒意识,提高公民自觉抵制毒品的能力。倡导禁毒社会工作理念,减低并消除社会歧视与排斥。

(4) 协助开展有关禁毒管理事务。协助开展吸毒人员排查摸底工作;协助建立相关档案资料,做好工作台账,对工作对象的戒毒康复情况进行定期评估。协助做好强制隔离戒毒人员出所衔接,督促、帮助戒毒康复人员和戒毒药物维持治疗人员履行协议,努力减少现实危害。如发现戒毒康复人员拒绝报到或严重违反协议的、参加戒毒药物维持治疗人员严重违反治疗规定的,向乡镇(街道)禁毒工作机构报告,协助收集提供有关材料。

三、禁毒社会工作者的知识技能

社会工作知识是社会工作者用于更为有效地从事社会实践的已知的或需要知道的知识,它是指关于世界、人和社会的最重要的知识。该知识能帮助服务提供者达到社会工作目标、实现社会工作功能,受社会工作价值观及来自实践经验和研究的回馈的指导。社会工作知识是人及其社会系统已知的东西,是个人及其社会系统的描述。它是用于去了解情境中的个人和更大的社会系统，去指导社会工作者寻求增强个人社会功能的行动，包括人类发展、人类多样性及社会系统理论的知识。它是直接回应需要的知识，包括有关评估关系、社会工作过程和介入的知识。

（一）社会工作知识层次

社会工作知识可以分为五个层次[①]：

第一个层次：全面性社会工作知识，主要包括社会福利政策及服务、社会工作实践方法（包括研究方法和行政管理）等。

第二个层次：某一特定实践领域的知识，主要包括某特殊服务的政策、服务目标、政策转化为服务方案的方式、对服务对象的了解等。

第三个层次：某一特定机构的知识，包括机构对其目标的解释、机构的动力、机构文化、机构对社区的洞察力等。

第四个层次：某一特定服务对象的知识，包括了解服务对象的需要、动力、问题、优势及潜能等。

第五个层次：某一特定接触的知识，包括怎样用一个特定的接触去达到一个特定目标的知识，或用一个特定接触去产生改变的知识。

从社会工作综合能力来说，社会工作者的知识素养主要包括学科知识、文化知识、心理素质、政策知识、技术知识等；社会工作者的能力要求包括沟通与建立关系的能力、促进和使能的能力、评估和计划的能力、提供服务和干预的能力、在组织中工作的能力、发展专业的能力等[②]。

（二）禁毒社会工作者知识及能力要求

禁毒社会工作者，既要具备社会工作一般知识及能力，又要具备禁毒社会工作领域的专门知识技能，需要有较强的职业应对及专业整合能力。

首先，就社会工作者本身而言，需要具备自我统合能力。自我统合是精神分析自我理论的核心概念，是自我意识结构的重要组成，涉及“我是谁”的基本心理定位问题[③]。自我统合意味着个体把对自己的生理自我、心理自我、社会自我、过去经验、现时经验、未来希望等多个层面的知觉整合成一个完整和谐

---

① 秦炳杰、陈沃聪、钟剑华：《社会工作实践基础理论》，香港理工大学出版社，2002，第 87 页。

② 全国社会工作者职业水平考试教材编写组：《社会工作综合能力（中级）》，中国社会出版社，2021，第 24—26 页。

③ 陈建文、王滔：《大学生自尊、自我统合与心理健康关系的初步研究》，《中国临床心理学杂志》2004 年第 2 期。

的结构，形成一种人格发展中臻于自我肯定和社会成熟的状态[①]。

自我统合对个体而言具有重要的意义。一方面，它标志着个体自我内部的统一及和谐，是个体对自己作为一个独特的人在时空中保持着一致性和连续性的积极体验。自我统合的个体对自己有着正确而全面的认知，能够体察自我的精神世界，了解自己的精神状态与需求。另一方面，自我统合的内容是心理的社会化，个人因内化了社会团体的理想和价值观而感受到社会的支持和认可[②]。因此，自我统合不仅涉及自我的事实，而且涉及自我与社会、与他人、与自然的和谐关联。

对禁毒社会工作者来说，较高的自我统合能力是胜任职业角色的第一素质要求。禁毒社会工作者不仅要面对社会工作者群体面临的一般性问题，如专业要求高、薪酬不太吸引人、价值观冲突等，还要处理来自禁毒工作的特殊性问题，如工作环境复杂、职业有风险、工作成效难呈现等。这些问题考验着禁毒社会工作者对自我、自我与他人关系、自我与社会关系认识的清晰性、肯定性和一致性。具有较高自我统合能力的禁毒社会工作者能够从职责的履行中明确自我认知，从任务的完成中找到自己的价值与意义，从与服务对象及周围环境的互动中发现存在的多样性及彼此之间的联结，从而积极面对工作中的挫折和困难，让“专业自我”在开放中不断完善。

其次，从服务提供的角度来看，针对吸戒毒人员社会康复涉及生理/医疗、心理康复、生计保障及发展、关系修复、发展等多重服务需求，禁毒社会工作者的多层面知识应该包括：

（1）毒品知识。主要包括毒品的起源、定义、种类、危害和对吸食毒品行为的处理等相关知识。

（2）法律知识。主要包括《禁毒法》《中华人民共和国治安管理处罚法》及其他相关法律知识。

（3）医学知识。主要包括成瘾及戒瘾的生理学机理、服务对象经常性疾病类型的常识性知识、强制隔离及医疗系统的基本认知等。

（4）心理学知识。主要包括吸戒毒人员心理行为特征、动机激发、情绪辅导、认知治疗、行为矫正等相关知识。

---

① 黄希庭：《简明心理学辞典》，安徽人民出版社，2004，第526页。
② 林斌：《服刑人员自我统合与儿童期虐待的关系及干预研究》，苏州大学，2016，第3页。

(5) 社会学知识。主要包括对偏差行为及社会控制，社会问题的辨识，特殊人群特征及亚文化分析，家庭、群体、组织、社会等的基本构成，社会文化结构与变迁，社会科学研究等相关知识。

(6) 社会保障/福利知识。主要包括社会保障/福利政策，社会保障/福利供体或主管部门划分，社会福利种类特别是与服务对象生计直接相关的社会救助、廉租房、就业指导和援助等政策及给付的基本知识等。

(7) 社会工作知识。主要包括开展有利于服务对象社会康复的价值、方法和技巧等直接服务和间接服务知识，社会工作发展的相关政策等。

(8) 公共管理知识。主要包括公共政策、国家治理及社区治理的体系和体制机制、政府购买服务制度、政社关系、公共物品供给、社会组织发展政策等相关知识。

(9) 其他知识。开展专业服务所需要的其他专业知识。

禁毒社会工作者要成为一名有较高自我统合能力的专业人员，掌握以上基本知识，具备政策法规运用能力，针对吸戒毒人群特征及亚文化特点，开展服务需求研判、服务方案制定及实施、服务成效评估，并且能进行政策倡导。多种专业技能的整合与运用，是成为一名合格的禁毒社会工作者的基本要求。

第四节　禁毒社会工作服务对象

鉴于禁毒社会工作者的职责任务是预防和减轻毒品危害，促进吸毒人员的社会康复，保护公民身心健康，所以禁毒社会工作的服务对象，既包括吸戒毒人群本身，又包括与其相关的家庭、同伴、社会关系、相关组织及社会环境等。本节重点分析吸戒毒人群的主要特征及服务需求。

一、吸毒人员的总体情况①

经过广泛开展禁毒宣传教育和推进吸毒人员“平安关爱”行动，国内毒品滥用规模日趋缩小。从 2021 年的调研数据来看，吸毒人数和新发现吸毒人数连续 5 年下降，毒品滥用治理成效持续显现，全国毒情整体向好态势继续得到巩固与拓展。但是与此同时，全球毒品产量仍居高不下，毒品网上交易更加活

① 国家禁毒委员会办公室：《2021 年中国毒情形势报告》，2022 年 6 月 23 日。

跃,毒品滥用人数持续上升,中国禁毒斗争面临的外部环境更加复杂,国内毒情形势出现新情况、新变化。

第一,滥用人数持续减少。截至2021年,滥用毒品的人数分别为海洛因55.6万名、冰毒79.3万名、氯胺酮3.7万名、大麻1.8万名,同比分别下降19%、18.5%、9%和10.7%。各地开展城市污水中毒品成分监测的结果显示,海洛因、冰毒、氯胺酮等三类滥用人数较多的主流毒品消费量普遍大幅下降。

第二,滥用品种更加多样。受毒品供应和流通数量"双降"影响,国内主流毒品价格较高且普遍掺假,毒品买不到、吸不起、纯度低成为普遍现象,部分吸毒人员减量降频,或寻求麻精药品和非列管物质进行替代,或交叉滥用非惯用毒品以满足毒瘾。氟胺酮和合成大麻素年内列管后,查处滥用人数呈先升后降态势。部分地区还发现有吸毒人员吸食含依托咪酯、美托咪酯的"烟粉"和"烟油",含天然阿片类物质的"卡痛叶"等替代物质。

第三,滥用替代物质危害显现。一些人滥用毒品替代物质后,出现狂躁症状甚至诱发精神障碍或心血管疾病,存在引发肇事肇祸风险。一些不法分子利用具有镇静、催眠、麻醉作用的精神药品制成"迷奸水""听话水",实施强奸、猥亵等犯罪活动。

第四,线上和线下交织更为紧密。毒品市场继续向线上延伸,更多采用钱毒分付、人物分离交易模式,"互联网+物流寄递"非接触式贩毒手法增多。勾连交易由大众聊天工具向小众社交工具、二手交易平台、游戏平台甚至暗网发展;毒资流转由网上银行转账向虚拟货币和游戏币扩展;运送毒品由"大宗走物流、小宗走寄递"向大宗毒品交专业团队组织运输、小量毒品由并未严格执行实名制要求的寄递公司代送演变。

二、吸毒人员的主要特征

从日常生活经验来看,吸毒人员具有不同于常人的特征,这些特征主要体现在以下几个方面[①]。

(一)行为特征

用"药"去解决各种问题;生活一反常态,如昼夜颠倒、睡眠错位;浑浑噩噩地应对生活,做事时常不计后果;不会交知心朋友,用谎话与周围人交往,多有

① 莫关耀、曲晓光:《禁毒社会工作》,中国人民公安大学出版社,2017,第112—113页。

欺诈行为。使用兴奋剂类毒品的人，表现为兴奋、精力充沛、活力满满、机械重复同样的工作。

(二) 人格特征

吸毒人员害怕失败和挫折；持破罐破摔的生活态度；自信心不足、犹豫不决或感觉自我膨胀；内心孤独、害羞，并且伴有强烈的自卑感；内心阴暗面大、冷酷；没有担当；没有责任感。

(三) 情绪特征

吸食不同的毒品，具有不同的情绪特征。吸食麻醉类毒品的人员在进入一种似睡非睡的松弛境地后，所有负面情绪会一扫而光，此时人的情绪稳定，极为安静。吸食兴奋剂类毒品的人则暴躁易冲动。在药物中断后出现戒断症状时，则表现出焦虑不安、烦躁和易激怒等情绪障碍。常见的戒断症状包括无法入睡、暴汗、恶心呕吐等。

(四) 思维特征

兴奋剂类药物依赖人群中的精神障碍患病率高于一般人群，其中有相当数量的人对社会抱有厌恶和愤怒之情。大麻导致思维不清、逻辑混乱。苯丙胺类毒品导致一系列幻觉出现，并且伴有被害妄想症。

三、吸毒人员社会康复的主要服务需求

从“人在环境中”的角度来呈现吸毒人员面临的各类基本需求，有以下三个方面[①]：

(1) 生存需要：吸毒人员没有基本的生活来源，存在直接的、强烈的经济需求。由于吸毒，吸毒人员的身体受到不同程度的损伤，无法正常谋生。

(2) 关系需要：由于长期接触毒友圈，吸毒人员缺乏正常的社交与朋友。对于目前的情况，吸毒人员希望获得家人与亲属的支持，邻里及社会的接纳。

(3) 发展需要：吸毒人员渴望经历婚恋，组建家庭；并且想要拥有一技之长，融入正常的社会生活。

进一步的调查与分析发现，吸毒人员的服务需求主要表现为[②]：

第一，生理层面的需求。在册吸毒人群中患有严重疾病的有 4.6%，签订

① 李晓凤：《禁毒社会工作的“精细化”标准研究——以珠江三角洲地区为例》，中国社会出版社，2017，第 67—69 页。

② 数据引用自费梅苹于 2013 年撰写的课题报告《浦东新区吸毒人群成因研究》。

协议的吸毒对象中48.2%患有严重疾病。

第二,心理层面的需求。56.9%的吸毒人员认为"心瘾难除,难以控制自己对毒品的渴求",这是导致复吸的主要原因。

第三,社会层面的需求。(1) 就业问题。由于较多的吸毒人群工作就业状态不稳定,他们的收入水平较低。27.5%的吸毒人群目前没有收入来源,相当一部分吸毒人群面临着基本的生存困境。(2) 家庭关系。吸毒人员家庭成员之间的关系普遍紧张。吸毒之后,40.3%的吸毒人群开始变得不关心家人,心里只想着毒品,甚至有5.1%的吸毒人群完全不再理会家人,只有10.6%的吸毒人群对家人的关心会有加深。大多数家庭成员陷入焦虑、无助、气愤状态,同时缺乏后续照管知识和技能。(3) 社会交往。74.6%的吸毒人员认为导致复吸的最主要原因是"接触到以前的毒友圈"。(4) 社会融入。吸毒人员对未来感到迷茫(48.0%),感觉受到他人的歧视(40.0%),缺乏娱乐和社交生活、缺少朋友(31.5%),找不到工作(26.3%)等,同时表达出"无事可做,无聊"的想法(51.5%)。(5) 歧视问题。吸毒人群在找工作时面临着很大的困难,他们认为身份受到歧视(71.7%)、没有技术或特长(62.7%)是无法找到工作的最主要原因。

调查显示,吸毒人员在社区康复期间最想得到的帮助主要有经济援助/社会福利保障(71.2%),就业指导/就业机会(52.3%),基本的医疗服务(48.1%)。服务对象对所需的服务类型选择最多的服务是心理辅导(67.2%,301人)、改善家庭关系(56.9%,255人)和法律咨询(53.8%,241人)。

从以上统计数据可以发现,传统上把吸毒归结为个人的生理或心理因素的方式已不能很好地真正解释吸毒人群成瘾的全貌,更无法从根源上帮助他们戒除毒瘾,相反,只会进一步把他们边缘化。倘若能从更全面、更人性化的角度,即从个人和社会两个方面来理性分析吸毒人群成瘾的因素,就会发现吸毒人群的家庭环境、人际交往、社会支持、个人发展等因素和吸毒成瘾密切相关,都是引发初吸或复吸的重要因素。禁毒工作要真正取得成效,也应该从个人与社会两个方面对其进行介入,开展服务,才能达到防复吸和社会稳定的目的。

第五节　禁毒社会工作服务系统

以系统理论为基础,社会工作服务系统由社会工作者、服务对象、改变的目标和为达到改变目标而采取的行动组成[①]。在禁毒社会工作服务中，同样也存在这四个基本系统。需要特别说明的是，本书中介绍的社会工作者、服务对象及其他系统要素，主要指社区戒毒康复服务中的各个子系统。

一、社会工作者

社会工作者，作为服务的直接提供者，在帮助服务对象解决问题或满足需求的过程中促使服务对象发生改变。社会工作者协助服务对象挖掘个人内在潜力，增强个人应对问题的能力和信心，促进服务对象与环境之间的良性互动，从而有计划地完成改变。在服务过程中，社会工作者与其他专业服务者协同研究、共同服务。在禁毒社会工作服务中，社会工作者是改变吸毒人员社会功能、促进其社会康复的主要专业力量。社会工作者要同时与禁毒民警、医务工作者、心理卫生工作者、政府社会保障服务提供者、网格员、家庭及其他禁毒社会力量一起工作，协调不同部门的工作，促进吸毒人员的戒断与康复。社会工作者及社会工作服务机构是促进服务对象改变的核心力量。

二、服务对象

服务对象是指禁毒社会工作服务的对象，也是直接受益人。服务对象可以是个人、家庭、群体、组织或社区。从个人层面来看，社区戒毒康复服务中的禁毒社会工作服务对象，大多数属于非自愿服务对象，由强制隔离戒毒所转介、由社区戒毒康复协议约定，这个特点决定了社会工作者建立专业关系及提供专业服务，均有其特定要求。服务对象的家庭，曾经因服务对象吸毒而遭受创伤和磨难，需要服务以修复家庭功能，发挥出服务对象走向康复的重要支持效应。服务对象群体相互支持，通过同伴互助和同伴教育，形成康复动力，是群体层面开展服务的重要内容。由戒毒康复而建立起的同伴互助组织、志愿者组织等，是禁毒社会工作服务在组织层面的重要服务内容。在社区层面开展禁毒宣传、社区教育、社区环境营造、社区资源整合、社会倡导等，均是禁毒社会工作服务的重要方向。

---

① 全国社会工作者职业水平考试教材编写组：《社会工作实务（中级）》，中国社会出版社，2021，第11页。

三、改变的目标

改变的目标是指为了达到改变服务对象系统的目的而需要改变和影响的系统。在实际工作中，在确认了服务对象系统后，社会工作者的任务通常是要与服务对象一起确定需要改变的目标包括哪些方面，主要指需要改变的服务对象，以及其他所要改变与影响的社会环境系统。此外，社会工作者要与服务对象一起或代表服务对象与其他须改变的目标系统进行互动或者直接介入。在服务提供中，当社会工作者只对戒毒康复人员本身开展服务时，改变的目标就是服务对象本身。但是，若在开展服务对象戒毒康复服务的同时，还针对服务对象的家庭、社区等开展服务，增加家庭后续照管能力、建立社区支持系统，那么，所要改变的目标系统范围更大。明确具体的改变目标，能够协助社会工作者从服务对象个体及其环境的系统性出发，开展更具体、更有针对性的专业服务。

四、为达到改变目标而采取的行动

为实现改变的目标，需要建立行动系统，行动系统是指那些与社会工作者一起努力，实现改变目标的人，是社会工作者的合作者。社会工作者要整合各种资源，与一个或几个行动系统一起工作，帮助服务对象达到改变的目标。《关于加强禁毒社会工作者队伍建设的意见》提出，各地要立足禁毒社会工作服务多元化、复杂化的特点，在基层党委、政府和禁毒部门的统筹领导下，建立禁毒社会工作服务协同机制。发挥社会工作行动系统的作用，与建立禁毒社会工作服务协同机制的要求是一致的。为实现改变目标而要建立的禁毒社会工作行动系统主要包括以下几方力量。

（一）政府行政系统

按照《戒毒条例》的规定，县级以上人民政府应当建立政府统一领导，禁毒委员会组织、协调、指导，有关部门各负其责，社会力量广泛参与的戒毒工作体制。县级以上地方人民政府设立的禁毒委员会可以组织公安机关、卫生行政和药品监督管理部门开展吸毒监测、调查，并且向社会公开监测、调查结果。乡（镇）人民政府、城市街道办事处负责社区戒毒、社区康复工作。作为禁毒社会工作行动系统的重要组成部分的行政系统，主要开展政策制定、制度设计，统筹管理、资源协调、监督管理、经费保障，推动社会协调和工作参与等，如制定禁毒工作规划、计划和政策措施，督促落实禁毒工作责任并组织开展考核，检查禁毒法律法规、政策的贯彻实施情况，对禁毒社会工作者和志愿者进行指导、培训，提供必要的工作条件，协调解决禁毒工作中的重大问题，组织开展禁毒工作调查研究，发布年度禁毒报告等。社会工作者开展禁毒社会工作服务，需在政府工作规划下开展服务，并获得必要的指导和支持。

（二）公安及司法系统

按照《戒毒条例》的规定，县级以上地方人民政府公安机关负责对涉嫌吸毒人员进行检测，对吸毒人员进行登记并依法实行动态管控，依法责令社区戒毒、决定强制隔离戒毒、责令社区康复，管理公安机关的强制隔离戒毒场所、戒毒康复场所，对社区戒毒、社区康复工作提供指导和支持。具体来说，禁毒民警负责吸毒人员查处和动态管控，本系统强制隔离戒毒场所的管理、戒毒学员的教育、组织推动禁毒法治宣传教育等工作。对正在执行社区戒毒（康复）的服务对象，督促其自觉履行社区戒毒（康复）协议，并根据公安机关的要求，定期接受检测。对违反社区戒毒（康复）协议的服务对象进行批评、教育。对严重违反社区戒毒（康复）协议或者在社区戒毒期间又吸食、注射毒品的，吸毒成瘾严重，通过社区戒毒（康复）难以戒除毒瘾的人员，公安机关可以直接作出强制隔离戒毒的决定。设区的市级以上地方人民政府司法行政部门负责管理司法行政部门的强制隔离戒毒场所、戒毒康复场所，对社区戒毒、社区康复工作提供指导和支持。

（三）医务工作系统

按照《戒毒条例》的规定，县级以上地方人民政府卫生行政部门负责戒毒医疗机构的监督管理，会同公安机关、司法行政等部门制定戒毒医疗机构设置规划，对戒毒医疗服务提供指导和支持。负责戒毒医疗机构的监督管理，会同公安、司法行政部门等制定戒毒医疗机构设置规划，指导、支持戒毒医疗服务，组织、指导吸毒所致精神障碍的防治，协同公安机关对戒毒康复人员进行毒品检测、成瘾认定等工作。对社区戒毒（康复）人员进行定期体检，关心和跟进服务对象的身体健康状况，为禁毒社会工作者的专业服务提供身心健康评估依据。

（四）心理卫生系统

心理卫生系统的组织及专业人士主要维护和促进服务对象心理健康，提高服务对象对社会生活的适应和改造能力，旨在防止或减少因心理障碍的发生而导致的复吸行为，最大限度地促进服务对象社会功能的恢复。

（五）社会保障系统

按照《戒毒条例》的规定，县级以上地方人民政府民政、人力资源和社会保障、教育等部门依据各自的职责，对社区戒毒、社区康复工作提供康复和职业技能培训等指导和支持，包括服务对象的低保、困难救助、医疗、就业、上学、户籍、住房等涉及社会保障的各个方面。民政、人力资源和社会保障、劳动行政、教育等部门对无职业且缺乏就业能力的戒毒人员，提供必要的职业技能培训、就业指导和就业援助。

（六）学校系统

学校将禁毒宣传教育与学校的毒品预防教育、道德教育、普法教育、健康教育、科普教育等相结合，制作教材、纳入课程设计，实现小学、中学、大学、成人教育等毒品预防宣传全覆盖。

（七）媒体系统

新闻、出版、文化、广播、电影、电视、互联网等有关单位，通过报刊、广播、电视、网络等大众传媒面向社会进行禁毒宣传教育。禁毒宣传教育内容包括毒品形势、毒品预防、禁毒法律知识、拒毒防毒影视剧作品、广告、禁毒工作人员先进事迹、成功戒毒康复人士典型案例等。媒体系统参与、倡导社会大众远离毒品，同时不歧视、接纳戒毒康复人员，营造良好的戒毒康复环境，发挥积极正向的作用。

（八）社区工作系统（主要指网格员及其他禁毒社会力量）

社区内其他社会工作者组织、志愿者组织、其他单位和个人，广泛参与禁毒预防、宣传教育、科学研究和戒毒社会服务，建立禁毒社会力量合作机制。

第二章

禁毒社会工作价值与伦理

禁毒社会工作是社会工作实践领域之一，禁毒社会工作者秉持社会工作的专业价值观提供服务、开展工作。对专业价值的接受与坚守，是对禁毒社会工作从业人员的基本要求，也是禁毒社会工作者必须履行的义务。本章将讨论禁毒社会工作的基本价值和伦理原则，讨论如何在禁毒服务中践行社会工作的专业价值和伦理原则。

第一节　禁毒社会工作的价值

作为社会福利的重要组成部分，社会工作是以价值为本的专业，社会工作实践即价值实践。

社会工作价值观是指社会工作者专业共同体内部的一种总体的价值偏好，代表着整个专业团体内部对社会正义、服务、个人价值与尊严、人际关系重要性、社会团结等的一般看法以及对专业活动标准的认定[①]。它充分体现了对人的尊重与关爱、对社会公平正义的维护与追求、对人与社会环境关系的重视与改善的理想信念。

一、西方社会工作的价值体系

社会工作的历史实践始于工业化的进程，社会工作价值体系的形成和发

① 全国社会工作者职业水平考试教材编写组：《社会工作综合能力（中级）》，中国社会出版社，2021，第35页。

展是社会工作在实践摸索中实现的。

（一）西方社会工作传统的价值体系

社会工作界普遍知晓且接受的社会工作价值体系有三种[①]：第一种是由美国社会工作实务操作定义所代表的价值体系，第二种是由比斯台克(F. Biestek)所发展的价值体系，第三种是由泰彻(M. Teicher)所提出的价值体系。三种价值体系代表的价值取向基本相同，但是在表述方式及强调的主要内容上存在一定的差异。

美国社会工作实务操作定义包含六条价值陈述[②]：

(1) 个人是社会首先要关心的对象；

(2) 在社会和个人之间存在着相互依存关系；

(3) 社会和个人具有相互的社会责任；

(4) 尽管对每个人来说，他们都具有共同的需要，但是每一个人从本质上来说是唯一的，与其他人是不同的；

(5) 民主社会的一个基本属性就是通过积极地参与社会，实现每一个人的全部潜能和社会责任假设；

(6) 社会有责任提供各种方式，克服或阻止在个人和环境之间存在的自我实现的障碍。

比斯台克所界定的社会工作价值体系包括[③]：

(1) 人的尊严和价值是至高无上的；

(2) 人在生理、智力、情感、社会、审美和精神方面具有与生俱来的潜能；

(3) 人具有实现其潜能的天生的驱动力和义务；

(4) 人具有选择的能力，并且由于他具有自我实现的义务，他也具有自我决定的权利；

(5) 每一个人都是一个个体，并且他有这样被考虑的权利和需要；

(6) 为了其潜能的实现，人有要求合适的手段的权利；

(7) 每一个人需要在其社会提供的权利和社会保证的机会方面和谐发展，以满足他在身体上、心理上、经济上、美学上和精神上的基本需要；

(8) 人的社会活动在其自我实现的斗争中是重要的；

(9) 社会有义务促进个人的自我实现；

---

① 王思斌：《社会工作概论(第二版)》，高等教育出版社，2006，第46页。

② William E. Gordon, "A Critique of the Working Definition," *Social Work* 7, no.4(1962): 3-13.

③ 王思斌：《社会工作概论(第二版)》，高等教育出版社，2006，第47页。

(10) 社会有权通过其个体成员的贡献变得更加富裕。

泰彻则认为社会工作价值体系有[①]：

(1) 每个人都有作为个人的尊严和价值；

(2) 每个人都应该受到尊敬和得到周到的对待；

(3) 每个人都应该参与影响他的决策；

(4) 每个人都应该自由发展他自己的能力和天赋；

(5) 每个人都应该公平地分享对物品和服务的控制；

(6) 对于为了理性行为所必需的信息，每个人都应该具有完全和自由获得的权利。

在以上三种价值体系的表述中，美国社会工作实务操作定义的价值体系强调了个体的独特性、个体与社会之间交互影响的关系与责任，以及站在社会的立场上，所需履行的对个体的责任。比斯台克和泰彻的价值体系则站在个体的立场上，更多地突显了个体的潜能，对个体价值的描述更加详细和具体。但三种价值体系传递了相似的价值取向，表达了社会工作对人、社会及人与社会之间关系的独特认识与理解。

社会工作对人始终持有积极的认识。承认每一个个体的尊严和价值，重视个体独特的个性和潜在的能力，强调个体在社会生活中享有的自决、自我负责和发展的权利。社会工作对社会始终持有公平正义的期待，认为社会在促成个人需求的满足与自身的发展方面具有不可推卸的责任。社会工作者需要挑战社会中的不公正，需要协同和代表弱势、受压迫之个人和团体，致力于贫穷、歧视及其他形态社会问题的解决。社会工作始终认为人与社会之间存在着紧密的关联。人的困境是在社会生活中遭遇的，而人与人、人与社会之间的关系是改变的重要工具。人的发展是在积极参与社会的过程中实现的，而社会整体也可以在成员发展的过程中获益。

(二) 国际社会工作界认同的专业价值观

20 世纪 50 年代以来，社会工作国际组织积极推进社会工作专业发展，构建社会工作伦理的国际标准，目前国际社会工作界将社会工作的价值观归纳为以下六个方面[②]。

---

① 王思斌：《社会工作概论(第二版)》，高等教育出版社，2006，第 47 页。

② 全国社会工作者职业水平考试教材编写组：《社会工作综合能力(中级)》，中国社会出版社，2021，第 37 页。

1. 服务大众

社会工作者面向社会中有需要的困难人群，将为他们提供专业的社会服务作为自己的首要任务。

2. 践行社会公正

社会工作者追求社会的公平正义，致力于确保服务对象可以获得必要的信息、资源、服务及平等参与的机会。因此，社会工作者从改革和发展的角度努力推动社会变革。

3. 个人的尊严与价值

每一个服务对象在生理、心理和社会文化等方面都存在差异，社会工作者尊重并致力于理解这些差异，对文化和种族的多元性保持开放与敏锐的意识，接纳、关心每一位服务对象，努力促成服务对象对社会负责的自我决定。

4. 注重人际关系的重要性

社会工作者充分认识到人与人关系的重要性，这是促成服务对象发生改变的重要工具。

5. 待人真诚守信

社会工作者应当坦诚对待服务对象，诚实面对自己，坚持专业的使命、价值、伦理标准和原则，有效履行职责。

6. 注重能力培养和再学习

社会工作者应保持学习的心态，在专业实践中持续获取新知识、新观念、新技能，不断增加自己的知识储备和专业技巧，提升专业实践的效果与效率，改善并增进服务对象和社会大众的福祉。

二、禁毒社会工作价值观

禁毒社会工作是社会工作实践领域之一，禁毒社会工作者主要面向吸毒人员，秉持社会工作的专业价值观提供服务、开展工作。对专业价值的接受与坚守，是对禁毒社会工作从业人员的基本要求，也是禁毒社会工作者必须履行的义务。

（一）禁毒社会工作价值观的主要面向

1. 对人的价值观

禁毒社会工作面向的服务对象主要包括预防教育的重点人群、吸毒人员及吸毒人群的家属等,吸毒人群是其中最主要的服务对象。吸毒人员在价值意识、生活方式、对毒品及吸毒行为的理解及受毒品影响而表现出的行为特征等方面与一般社会成员存在诸多差异。社会工作者持独特的价值理念看待吸毒人员,相信每位服务对象在涉毒、吸毒、戒毒过程中有其特殊的经历和选择,相信每位服务对象皆有戒毒的意愿和能力,故而从内心真诚地对待服务对象,对其采取宽容和尊重的态度,不因其行为取向、价值认识、年龄身份等对其歧视、排斥或拒绝。

2. 对社会的价值观

毒品犯罪是一种社会问题,禁毒工作是一项复杂的社会系统工程,国家机关、社会团体、企事业单位和其他组织和公民都应当依法履行禁毒职责或义务。社会工作者在协助吸毒人员戒除毒瘾、回归社会、重新过上正常生活的过程中,始终坚持一个观点:社会环境的复杂性及由此产生的种种生活困境,往往是个人能力所无法应对的。对戒毒康复人员而言,他们面临着基本生存、心理情绪、家庭关系、入职就业、社会交往、毒友引诱等多种问题,社会也有责任为这部分群体的生存和发展提供资源、信息、服务和平等的参与机会。

3. 对人与社会关系的价值观

吸毒人员的困境是在社会生活中遭遇的,社会对吸毒人员的负面标签使得其社会回归之路困难重重,而吸毒人员被边缘化,又会给社会安全带来潜在威胁。这个群体的正常发展是在积极参与社会的过程中实现的,而社会整体也可以从这一过程中获益。社会工作者需要挑战社会中对吸毒人员的成见,需要协同和代表弱势的服务对象,致力于贫穷、歧视及其他形态社会问题的解决。

(二) 禁毒社会工作价值观的内容

禁毒社会工作价值观的确立与我国社会工作价值观体系的构建息息相关。20 世纪 80 年代,我国高校开设社会工作专业。我国社会工作的职业化和专业化是在政府的直接领导和推动下开展的,是社会主义和谐社会建设和实践科学发展观的重要组成部分。我国社会工作价值观不仅要借鉴西方社会工作发展的经验,而且要充分考虑我国的历史文化背景和本土社会工作实践经验,反映社会转型过程中的时代要求和大众需要。据此,禁毒社会工作者秉持的专业价值观应符合中国社会工作价值观体系的要求,主要包括以下几个方面[①]。

1. 以人为本，回应需要

社会工作是传递价值，彰显人性关怀的服务活动，服务对象的需要是社会工作服务的起点。社会工作者将服务对象的需求和利益放在首位，为其着想，及时回应，并且通过专业服务满足其需要。

2. 接纳和尊重

社会工作者相信人的多样性，也了解多样的存在形式之间只是差异，没有优劣之分，每一种存在形式都是多种因素长期共同作用的结果，因而是可以被理解的。接纳既是对不同存在形式的理解，又是对与己不同的存在方式的尊重。对社会工作者而言，对服务对象的接纳是一种一贯和统一的原则与立场。

3. 个别化和非评判

社会工作者认为每一位服务对象都是独特的，哪怕遇到的是同种类型的困难，也因为承受痛苦的主体的不同而需要运用不同的原则和方法来协助服务对象解决困难。在这一过程中，社会工作者了解并协助服务对象，而非评判服务对象的经历、观点、行为。非评判的态度有助于解除服务对象的戒备心理并促使其正视自己的处境和问题。

4. 平等待人，注重民主参与

社会工作者以协助服务对象解除困扰作为服务提供的目标，与服务对象合作，将服务对象视为有能力把握和解决自身困境的积极主体，重视服务对象对自身困境和需求的理解，重视服务对象在服务过程中的参与和能动性的发挥。

5. 权利与责任并重

社会工作以"助人自助"作为自己的服务理念，既认可个人在社会生活中获得保障与发展的权利，又注重个体潜能的发掘，以增强个人为自身事务负责的意识与能力。

6. 个人发展与社会发展相结合

社会工作致力于提升个体、群体和社区的社会功能，以协助其解决生活中的困难，促进社会和谐与发展。社会工作不仅关注个体和群体的需要与服务，

---

① 全国社会工作者职业水平考试教材编写组：《社会工作综合能力（中级）》，中国社会出版社，2018，第39—41页。

也关注社会层面的正义与公平，通过制度建设与政策变革推动社会公正的实现，在个人与社会两个层面上发挥专业的优势与影响。

第二节　禁毒社会工作伦理原则

社会工作专业伦理是社会工作专业价值观的具体化，它对社会工作者在专业实践中应当如何行动提出了更为具体的要求和指引。禁毒社会工作伦理原则服从于社会工作专业伦理的要求，对禁毒社会工作者的具体实践发挥着约束和指引的双重作用。

一、社会工作专业伦理的含义及伦理原则

伦理(ethics)一词来自希腊文，最初意指风俗、习惯、性格等，而后被赋予德行、道德的含义。伦理还被解释为“事物的条理”和“人们相互之间的关系所应遵循的行为准则”，这是人与人之间普遍的行为规范，是相互联系的人们“自觉地建立起来的一种行为共识”[①]。所以，伦理作为人们所持有的面向人际关系层面的价值信念和行为原则，对人们日常生活中的行动产生了约束和指引的双重作用。伦理可以分为个人伦理和专业伦理。个人伦理以德行为中心，指向个体与其所属群体的相互关系；专业伦理以责任为中心，指向专业团体与其服务对象的专业服务关系。

社会工作专业伦理显然属于后者，是社会工作者通过其团体的讨论与共识，以集体自律的方式，订立专业守则或公约，要求全体成员共同遵守。其标准体系，即伦理守则，是社会工作专业本身对从事专业社会工作的个人所提出的行为标准和道德理想，为所有的社会工作从业人员提供了行动指南。

目前，最有代表性和影响力的是 1996 年 8 月由美国社会工作者协会会员大会通过、1997 年 1 月施行的《美国社会工作者协会伦理守则》中对社会工作核心伦理原则的表述：

(1) 社会工作者首要的目标是帮助有需要的人，致力于社会问题的解决；

(2) 社会工作者要挑战社会的不公正；

---

① 曾华源、胡慧安、李仰慈：《社会工作专业价值与伦理概论》，洪叶文化事业有限公司，2006，第 167 页。

（3）社会工作者尊重个人与生俱来的尊严与价值；

（4）社会工作者应认识到人际关系的核心重要性；

（5）社会工作者的行为应是值得信赖的；

（6）社会工作者应在自己专业能力的范围内执行业务，并提升自己的专业技能。

这六条核心伦理原则立足于社会工作的核心价值：服务、社会公正、个人的尊严与价值、人际关系的重要性、正直和能力。世界其他国家和地区的社会工作伦理守则的主要内容基本上借鉴了这六条标准。因此，国际社会工作界对社会工作伦理守则应包含的基本内容是具有共识的。当然，受到经济、政治、文化及专业发展水平等多种因素的影响，不同国家和地区社会工作伦理守则在细则方面还存在着一定的差异。

通常来说，社会工作的伦理原则可以从对服务对象的伦理责任、对同事的伦理责任、对工作机构的伦理责任、对社会工作专业的伦理责任、对社会的伦理责任和作为专业人员的伦理责任几个角度来阐释。

（一）对服务对象的伦理责任

社会工作者对服务对象的伦理责任主要涉及服务进程中的承诺、自我决定、知情同意、能力、利益冲突等十六个方面。社会工作者需要对服务对象的福祉增进做出承诺，尊重和增强服务对象自我决定的权利，确保服务对象对服务的限制、风险、方式、范围、性质及服务对象在服务中的权限有充分的了解，并在此基础之上征得其同意后提供服务，确保在自己的能力范围内提供服务，必要时寻求培训或督导，了解并具备与服务对象文化有关的知识基础，警惕和避免妨碍专业判断和公正判断的利益冲突，尊重服务对象的隐私权，提供合理途径为服务对象获取与其有关的记录并确保记录中涉及的其他人员的隐私不得泄露，杜绝与服务对象发生性接触或性关系，如非必要不得与服务对象发生身体接触，杜绝性骚扰与诽谤，需公平合理收取服务费用等。

（二）对同事的伦理责任

社会工作者对同事的伦理责任主要涉及尊重、保密、跨学科合作、争议处理、咨询、转介等十一个方面。社会工作者在工作中尊重同事，对同事在专业关系和工作中透露的个人隐私资料予以保密，加强与本专业和其他专业同事的合作，为服务对象的利益最大化寻求同事的建议和帮助，在自己无法为服务对象提供有效服务或明确知晓他人的特殊知识或技能可以完全满足服务对象的需求时，将服务对象转介给其他专业人员，为有需要的同事提供辅导、协助同事治疗，对同事不符合伦理的行为采取措施预防、阻止、揭露和纠正。承担督导和教育职责的社会工作者不得对被督导者、学生、被培训者或同事进行性骚扰，或与其发生性关系。

（三）对工作机构的伦理责任

社会工作者对工作机构的伦理责任主要涉及督导和咨询、教育和培训、业绩表现、服务对象记录、服务对象转介、行政等十个方面。社会工作者应当遵守对工作机构的承诺，保持公正和尊重的态度，履行工作机构关于督导、培训、记录、转介、行政、继续教育等各工作内容的规定程序，要求并有意识地完善机构的政策和程序，使其符合社会工作伦理。

（四）对社会工作专业的伦理责任

社会工作者对社会工作专业的伦理责任主要涉及专业的廉正性、评估和研究两个方面。社会工作者应致力于维持和提升实践标准，利用自己的专业技术参与实践、学习、研究和讨论，发展专业价值、伦理，充实和更新社会工作知识。

（五）对社会的伦理责任

社会工作者对社会的伦理责任主要涉及社会福利、公众参与、公共紧急事件、社会和政治行动四个方面。社会工作者应推动大众、社区和环境的发展，增进社会的整体福利，促进公众的社会参与和政治参与，以实际行动推动社会公正协调发展。

（六）作为专业人员的伦理责任

社会工作者作为专业人员的伦理责任主要涉及能力、歧视、个人行为、欺诈诱骗、个人问题、诈称、请求、荣誉归属八个方面。社会工作者秉持社会工作的核心价值，真诚公正开展服务，不得因个人利益、个人问题而损害服务对象的权益，应当维持作为一名专业工作者在能力和身份上的高标准。

二、禁毒社会工作伦理原则

目前，我国尚未发布社会工作伦理原则，与其颇为相关的政策文件是民政部于 2012 年 12 月 28 日发布并施行的《社会工作者职业道德指引》，这一文件可被视为我国社会工作伦理原则的体现。该文件中包含了社会工作者面向服务对象、同事、机构、专业、社会时所应遵循的行动守则，旨在推动社会工作者职业道德建设，引导社会工作者积极践行专业价值理念、规范专业服务行为、履行专业服务职责。在目前尚未有专门的禁毒社会工作伦理规约的情况下，禁毒社会工作者应以指引的要求作为行动守则，不断完善禁毒社会工作专业服务行为。

（一）尊重服务对象，全心全意服务

禁毒社会工作者应以服务对象的正当需求为出发点，全心全意为服务对象提供专业服务，最大限度地维护服务对象的合法权益。应平等对待和接纳服务对象，不因民族、种族、性别、户籍、职业、宗教信仰、社会地位、受教育程度、身体状况、财产状况、居住期限等因素而区别对待。应尊重服务对象的知情权，确保服务对象在接受服务的过程中，了解自身和机构的权利、责任和义务，以及获得服务的情况和可能产生的结果。应在不违反法律、不妨碍他人正当权益的前提下，保护服务对象的隐私，对在服务过程中获取的资料予以保密。应培养服务对象自我决定的能力，尊重和保障服务对象对与自身利益相关的决定进行表达和选择的权利。不得利用与服务对象的专业关系，谋取私人利益或其他不当利益，损害服务对象的合法权益。

（二）信任支持同事，促进共同成长

禁毒社会工作者应与同事建立平等互信的工作关系。应主动与同事分享知识、经验、技能，互相促进，共同成长。在必要时，也有责任协助同事为服务对象提供服务或接受转介。应尊重其他社会工作者、专业人士和志愿者的不同意见和工作方法。对任何建议、批评和冲突都以负责任、建设性的态度沟通和解决。彼此之间应相互督促支持，对同事违反专业要求的言行予以提醒，对同事受到与事实不符的投诉予以澄清。

（三）践行专业使命，促进机构发展

禁毒社会工作者应认同机构使命和发展目标，遵守机构规章制度，按照机构授予的职责开展专业服务。应积极维护机构的形象和声誉，在发表公开言论或进行公开活动时，应表明自己代表的是个人还是机构。应致力于推动机构遵循社会工作专业使命和价值观，促进机构成长、参与机构管理，增强服务能力、提高服务质量。

（四）提升专业能力，维护专业形象

禁毒社会工作者在提供专业服务时，应诚实、守信、尽责，积极维护专业形象。应在自身专业能力和服务范围内提供服务。应不断内化和践行专业理念，持续充实专业知识和技能，提升专业能力，促进专业功能的发挥和专业地位的提升。应继承中华民族优良传统，借鉴国际社会工作发展的优秀成果，总结中国社会工作经验，推动中国特色社会工作发展。

（五）勇担社会责任，增进社会福祉

禁毒社会工作者应运用专业视角，发挥专业特长，参与相关政策法规的制定和完善，维护社会公平正义，增进社会福祉。应正确鼓励、引导社会大众参与社会公共事务，推动社会建设。应推广专业服务，促进社会资源合理分配，使社会服务惠及社会大众。

社会工作伦理守则是社会工作者的行动指南，但是社会工作者也需要清楚地意识到，社会工作的实践情境是具体的、动态的、特殊的，专业伦理是在一个特定的制度背景和社会情境下推行的，社会工作者专业行为的操作必然会受到情境中各种复杂因素的制约，伦理或道德上的绝对主义在现实中并不存在。

第三节　禁毒社会工作伦理困境及应对

对每一位社会工作者来说，社会工作的服务能力除了知识和技术的恰当运用，还包括在服务中伦理意识的体现。没有敏锐的伦理意识，陷入伦理困境无从选择，甚至违反伦理而滥用权力，都可能对服务对象造成伤害，严重损害社会工作者的服务成效。因此，社会工作伦理是社会工作专业的重要组成部分。社会工作实践中几乎所有工作原则都涉及伦理原则，伦理方面的内容融入社会工作实务的所有阶段中。

一、禁毒社会工作的伦理困境

禁毒社会工作者的服务对象主要是戒毒康复人员及其家庭，由于戒毒康复人员处于违法者、病人、受害者、康复者等多种社会角色交织的状态，在生活中面临多重困境，包括身心对毒品的依赖、成瘾带来的各种症状、社会康复中的各类关系处理、与社会环境的各类冲突等。对此，为其提供直接服务的禁毒社会工作者在服务过程中经常会陷入多重伦理困境。

（一）接纳原则与不认同违法行为之间的冲突

《社会工作者职业道德指引》指出，社会工作者应平等对待和接纳服务对象，以服务对象的正当需求为出发点，全心全意为服务对象提供专业服务，最大限度地维护服务对象的合法权益。在服务进程中应与服务对象讨论其想法、感受与行为，不随意评价、指责和批判服务对象；应尽可能地理解服务对象的想法、感受与行为，不因服务对象的年龄、性别、民族、宗教、态度、行为、生理及心理状况等歧视服务对象或拒绝为其服务。

在目前的禁毒社会工作实践中，服务对象大部分由公安部门转介而来，从社会角色来看，其首先是违法者。禁毒社会工作者在提供服务过程中常常面临着如下困惑：如何界定违法者的"正当需求"与"合法权益"？对违法行为如何做到"非评判"？服务对象出现了违法行为，或是逃避尿检且不配合服务，社会工作者该做出批评吗？服务对象提出的"不想接受毒品检测""出所后社区必须给其补助""不想让社会工作者去家访"等要求是否为正当需求？服务对象在访谈过程中不说真话，社会工作者该揭穿其谎言吗？服务对象复吸后选择在家里自行戒毒，社会工作者是否应该支持或听之任之？抑或应加以制止？服务对象选择反复怀孕的策略以逃避强制隔离戒毒，生育是不是服务对象的"合法权益"？对于这些问题，社会工作者该如何应对？

（二）保密原则的遵守与打破

禁毒社会工作服务过程中的保密问题，一直是社会工作者思考和讨论的主要议题，也是服务对象应密切关注的问题。《社会工作者职业道德指引》指出，社会工作者应在不违反法律、不妨碍他人正当权益的前提下，保护服务对象的隐私，对在服务过程中获取的信息资料予以保密。2018 年民政部颁布的《社会工作方法 个案工作》指出：应对服务对象的信息保守秘密，未经允许，不应透露服务对象信息；需要提供信息时，应告知服务对象，并与相关组织共同采取相应措施。社会工作伦理亦强调对服务对象隐私严格保密的原则，但保密原则也有例外，如发生可以预见的、近在咫尺的，对服务对象、他人和社会造成重大伤害的事件时可以打破保密原则。

上述文件和标准对保密问题的处理给出了清晰的指引：其一，违法或是妨碍他人正当权益时可打破保密原则；其二，打破保密原则前应告知服务对象。然而，在禁毒社会工作服务实践中，要做好上述两点，并非易事。例如，有服务对象提出，"比起疾病及毒品成瘾所带来的痛苦，我更害怕自己吸食海洛因的事情被家人和朋友发现"，希望在保密的前提下社会工作者能帮助解决其问题。又如，"认定戒断毒瘾三年后发现服务对象又在偶吸"，"服务对象在访谈过程中向社会工作者袒露曾通过犯罪获取毒资”，“服务对象要求社会工作者帮助其向配偶隐瞒‘过去’”，“服务对象就业体检不合格，打算求医生出虚假证明”，“服务对象向社会工作者坦言曾经多次在毒品检测过程中弄虚作假”，“不适用社区药物维持治疗的服务对象在黑市上偷偷购买并服用美沙酮”，“家访时发现服务对象正在吸毒”，在以上列出的这些情况中，社会工作者都面临着是否需要为服务对象的偏差行为保密的问题。另外，确保服务对象的知情权，以及在与多部门合作开展服务过程中，如何界定隐私与可公开信息的区别，也是保密原则的难点。当社区民警要求社会工作者陪同走访服务对象，或是为执法提供证据时，社会工作者是否需要配合？当服务对象家人私下向社会工作者了解情况，社会工作者是否该如实告知？服务对象户籍迁移后，提出不希望联系方式被新户籍地的社会工作者知道的要求，社会工作者该如何回应？

毒瘾戒除是一个艰难的过程，禁毒社会工作者在为戒毒康复人员提供服务的进程中，服务对象有可能甚至有很大的概率反复涉毒。若按例外原则打破保密，禁毒社会工作者应立即将服务对象的违法行为或从事违法行为的想法等相关信息报告给司法部门。但是，如若当真如此开展工作，则可能导致专业关系的破裂，失去服务对象的信任，引发服务对象的逃避与社会退缩，从而丧失帮教和实现改变的机会。

（三）服务对象自决与“治疗、教育、矫正”

作为一项伦理原则，服务对象自决是指服务对象有自由选择和决定按照自己想要的方式去生活的需要和权力，社会工作者不应当欺骗或驱使服务对象进入一个违背他意愿的行动过程①。《社会工作者职业道德指引》指出，社会工作者应培养服务对象自我决定的能力，尊重和保障服务对象对与自身利益相关的决定进行表达和选择的权利。《社会工作方法 个案工作》行业标准指出，应相信服务对象有成长和改变的能力，应鼓励和支持服务对象在具备自决条件并充分知情的情况下做出选择和决定。这里的服务对象自决，不仅指意志上的自决，而且指在实际生活中真正有权利做决定，不受他人限制、干涉和命令。

然而，禁毒社会工作者在服务开展的过程中，服务对象大部分是非自愿求助，在此种情况下，社会工作者如何尊重服务对象的意愿是悬而未决的难题。

① 赵芳：《社会工作伦理：理论与实务》，社会科学文献出版社，2016，第125页。

例如，有服务对象提出："吸毒是我自己的事情，又没有妨碍别人，想戒我自然会戒，不需要社会工作服务。"再如有的服务对象会说："我有严重疾病无法强制隔离戒毒，警察抓到我也会放了我，你们社会工作者管那么多干吗?"另有服务对象表示："我已经癌症晚期了，吸食海洛因是为了缓解疼痛，若停止实在是受不了，求求你让我吸吧!"在上述情境中，服务对象是否具备自决的能力和条件？谁有权力或能力来决定服务对象是否具备？服务对象对于行为后果是否充分知情？若服务对象不具备自由选择的能力和权力，是否意味着服务对象的生活必须全权由其他人掌控？面对这些伦理困境，社会工作者该如何抉择？

从成瘾的生物学特征上看，长期处于吸毒成瘾状态的个体，其对自我意识、行为及生活方式的控制能力要弱于健康的个体。因此，医疗卫生部门将吸毒成瘾人员定义为"反复发作的脑疾病患者"，需要通过药物或心理行为咨询技术，对吸毒成瘾者进行治疗。从吸毒行为的社会特征来看，吸毒是越轨、违法、与社会主流文化格格不入的行为，需要通过限制、矫正、社会联结等措施，对吸毒成瘾者的生活进行干预，引导其回归正轨，融入社会。从吸毒成瘾人员的生活处境来看，失业、低收入、作息不规律、疾病缠身、被家人孤立、社会退缩等境遇决定了他们在社会上的弱势地位，社会工作者需要通过动机激发、增能、构建支持网络等技术，对其进行教育和帮助，协助其获得希望及改变的动力，从而达到复原。

上述针对吸毒成瘾人员开展的治疗、矫正、教育等干预措施，在消除服务对象成瘾行为、改善服务对象生活状态的实践中，发挥了积极的作用。然而，这些干预措施的原理与假设，似乎与服务对象自决原则大相径庭，与社会工作追求的"助人自助"目标也不相符，不利于服务对象自主能力的提升。对禁毒社会工作者而言，面对服务对象的自决权应被尊重与其自身能力有限的现实冲突时，该如何看待和理解，又该如何处理其中的冲突和矛盾？这是实务操作过程中不得不面对的难题。

(四) 专业关系与双重关系

社会工作服务常被描述为"生命影响生命"的过程。当千疮百孔、几近枯竭的生命，遇到另一个积极、阳光、愿意播种希望的生命时，常常会出现两种情况：一种是感动，把社会工作者视为一位关心他的朋友、一位不会放弃他的家人，或一位拯救其灵魂的导师，以崇拜、仰视的心态看待专业关系，并且常常以各种形式想方设法向社会工作者表达感谢；另一种是依赖，把社会工作者视作唯一的依靠,有困难找社会工作者,碰到任何问题,第一时间联系社会工作者寻求帮助,一旦社会工作者未能应允,常常会感到生气与愤怒。这些情况的出现,意味着禁毒社会工作者在面向服务对象提供专业服务时可能存在着双重关系,并且这种双重关系的产生,很大程度上与服务对象对专业关系的感受和认知相关。

在《禁毒社会工作者常见问题释疑》[①]中,禁毒社会工作者提出的因双重关系而产生的困惑占所有困惑的三分之一,涉及的主要情境包括这样几种类型。一种类型是服务对象向社会工作者表达感谢,有的会以金钱或者可以折算成金钱的方式表达感谢,如请社会工作者吃饭、送社会工作者礼物;又或者以服务的形式表达感谢,如亲手做点心给社会工作者吃、送社会工作者回家;还有给予社会工作者特殊的权力以示感谢,如请社会工作者帮忙征婚、给孩子取名等。另一种类型是遇到困难向社会工作者求助,但求助的事项与服务本身无关,如经济上向社会工作者借钱,生活上请社会工作者帮忙等。还有一些,包括为社会工作者介绍对象、异性服务对象要求社会工作者单独面谈或半夜打电话寻求倾诉等与两性、情感相关的特殊情境等。

社会工作专业关系是一种限制性关系,有其专业界限。从专业的范畴思量,两个生命体之间的互动关系并非基于日常生活中两个普通个体的互动,而是基于服务者与被服务者两个角色之间的互动,社会工作者透过这种互动关系,得以运用助人的专业理念、知识和技巧,协助服务对象处理问题,使其与环境达成适应性平衡。这一专业界限界定了专业服务的框架,为服务过程中的各方设定了一系列的角色,该框架包括时间、地点、金钱和心理治疗等在内的各种结构要素,如距离、礼物、语言、自我暴露和身体接触等都被视为与专业界限有关。社会工作者在同一时间段或不同时间段里与服务对象或其重要关系人,除去所具有的专业关系外还存在一些社会、经济等方面的角色关系,无论这种关系是发生在专业关系建立之前、之中还是之后,社会工作者都会涉入双重关系[②]。

(五)维护服务对象个体利益与保护社会利益之间的冲突

社会工作的本质是利他主义服务,《社会工作者职业道德指引》指出,应以

① 《禁毒社会工作者常见问题释疑》已由上海市自强社会服务总社于2012年编辑出版,并作为内部刊物供社会工作者学习。

② 赵芳:《社会工作伦理:理论与实务》,社会科学文献出版社,2016,第139页。

服务对象的需求为出发点，全心全意为服务对象提供专业服务，最大限度地维护服务对象的合法权益。《社会工作方法 个案工作》行业标准指出，社会工作者应遵循服务对象利益优先原则，以服务对象为中心，从服务对象的特点和利益出发提供服务，最大限度地保障服务对象利益。

传统的毒品预防教育以“恐吓式”为主，将毒品及吸毒成瘾者的生活描绘成“魔鬼”和“地狱”，起到了有效的警示作用，却也在人们心中留下了“吸毒人员是恶魔、是灾难且无药可救，必须避而远之才会安全”的刻板印象。禁毒社会工作者也是在这样的教育环境中成长的，在工作初期，或多或少都会对吸毒人员产生害怕、想要躲避的想法。以上海市为例，2004 年全市建立司法社会工作岗位时，最终录用的近 400 名禁毒社会工作者，约有八成在报考时选择从事青少年社会工作或矫正社会工作，后经调剂进入禁毒社会工作队伍。因此，如何放下自己对吸毒成瘾人员的刻板印象，调整自己的心态与工作方式，真正做到以服务对象为中心，从服务对象的特点和利益出发提供服务，是禁毒社会工作者上岗前的必修课，也是在提供服务过程中需要不断反思、提醒自己注意的部分。

除了禁毒社会工作者自己内心的挣扎之外，在禁毒社会工作服务开展的过程中，社会工作者常常遭遇挑战情境，较常见的有两类。一类是服务对象的行为危害社会工作者的安全与利益，如服务对象身患传染性疾病却疏忽个人防护，服务对象有攻击性或纠缠言语及行为，或服务对象盗取、破坏社会工作者财物等。另一类是服务对象在社会融入过程中遇到阻碍。例如，有的服务对象符合社会救助条件却因曾经吸毒而被拒，有的服务对象因政审不过而屡次就业失败，有的服务对象三年戒断康复后，用身份证住酒店依然会被报警。在上述情境中，禁毒社会工作者该如何自处并开展专业服务，兼顾个体利益与社会利益，做到全心全意为服务对象服务，倡导改变社会对吸毒群体的偏见与歧视？这是禁毒社会工作者一直在思考的问题。

二、伦理困境的抉择与应对

伦理是关于做什么事情是有价值的和应该如何去做的准则，它充盈着理想主义的抱负和关于人们应该如何被对待的理想主义理念。禁毒社会工作者运用社会工作专业方法践行社会责任，在这一过程中经常遭遇伦理困境。若能积极地面对问题、思考其产生的原因，分析预判伦理困境可能导致的结果、影响及发展倾向，并且做出相应的抉择与应对，那么每一次伦理困境的遭遇即禁毒社会工作者自我价值梳理、专业思维建构及工作技巧提升的最佳时机。

（一）伦理困境的抉择主体

研究证实，社会工作者的自身因素影响着伦理的抉择与应对。因此，一般认为伦理抉择的主体是社会工作者。社会工作者是一种专业角色，具有团体、系统的内涵，虽然社会工作者在提供服务时常常以一对一的形式开展，其个人的特质也影响着服务的提供，但个人的力量及思维广度是有限的，再有能力、有经验的社会工作者在处理伦理困境时总有缺口或盲点。因此，将伦理困境的抉择主体定位于专业角色、团体、系统，影响抉择的因素则不仅仅局限于社会工作者个体视角的价值观、伦理意识、经验与知识的丰富程度及对问题的处理与反思能力，我们需要从宏观的角度思考应对伦理困境的途径与方法，如开展案例研究、开展社会工作者群体培训、建立伦理委员会或督导机制等，从而在应对和解决伦理困境的同时，推动伦理守则、伦理困境预防，以及应对机制的形成与发展。

（二）服务角色定位与价值观

服务角色的定位决定了行动的方向及策略的选择。吸毒成瘾的形成是一个长期且复杂的过程，不同学科的学者们从不同角度对成瘾原因进行了定义并提出了相应的戒毒措施。在医学层面，吸毒成瘾被定义为反复复发性脑疾病，学者们希望从脑神经递质的分泌与传导中找到解决成瘾问题的方法，曾尝试药物控制、神经电磁刺激，甚至是脑部手术的方法。在司法层面，吸毒成瘾是会对社会产生巨大危害的违法行为，从而学者们制定了强制隔离戒毒、社区戒毒、社区康复等制度，希望通过限制吸毒成瘾人员的行为，以减少吸毒人员对社会的危害。在心理学层面，学者们则更多从吸毒成瘾者个体的人格特征、心理认知，以及社会适应度的角度开展研究，尝试从易患因素（基因、人格特征）、触发因素（对毒品的认知、毒品的可获得性等）和强化因素（药物的化学因素、同伴压力等）等多个方面进行综合介入。

目前，正在全国推行的禁毒社会工作服务，大部分是在政府购买服务制度下进行，也要承接禁毒部门的部分管理职能，如协助毒品检测，参与戒毒康复工作小组工作，协助禁毒部门对戒毒康复人员进行排摸与管控。禁毒社会工作服务过程遵循禁毒管理相关政策文件，并接受禁毒部门的监督和管理。许多禁毒社会工作者会因此产生困惑，认为社会工作专业在禁毒领域仅仅发挥了行政和管理的作用，与基层禁毒工作人员，如社区民警、社保队员、居委会综治干部、网格员等，并没有什么区别，甚至在政策、社区资源的熟悉度及调用方面，还不如社区民警和居委会干部。因此，在社会工作专业服务的框架中，学习理解吸毒成瘾行为，正确看待吸毒成瘾者，思考禁毒社会工作服务专业效用的发挥路径，是禁毒社会工作者应当首先明确的内容。

清晰明确的服务角色定位，可避免许多伦理困境的产生。一位工作多年的禁毒社会工作者表示，无论服务对象是谁、来自何处，或是处于何种社会位置，社会工作者皆可将服务对象视作“一位在前行的道路中摔倒而需要伴他同行的人”，将关注重点放在服务对象所处的社会环境及社会环境各要素间的互动关系上。在此服务角色定位的指引下，吸毒成瘾者被视为有能力、有独立意识、有自己生活轨道与前进方向的鲜活个体，他们只不过在人生旅途中跌倒了，当有人能在他孤独时聆听他的困惑，在他心乱如麻时协助他一起梳理，在他没有信心走向未来的生活时给予鼓励和支持，他完全可以依靠自己的力量重新站起来，在自己人生的道路上继续前行。依然是在此服务角色定位下，吸毒成瘾者的各种社会角色要求被视作环境资源，社区戒毒、强制隔离戒毒等管制措施，是一种预防成瘾加重甚至失去生命的有力安全举措；成瘾认定、HIV检测、药物维持治疗等医疗服务，是帮助吸毒成瘾者了解并干预自己的身体状况，缓解成瘾症状的健康保障措施。禁毒社会工作者在这一服务角色定位下是倾听者、陪伴者、支持者与资源链接者，有着清晰且可操作的干预策略，并以服务对象的需求为中心，将服务对象视为其生活的主角，将二者间的关系定位为平等、尊重、接纳。由此，社会工作者在价值观层面的困境与冲突能在一定程度上得以缓解。

（三）专业敏感度与伦理意识

禁毒社会工作者应具备专业敏感度及伦理意识，这是妥善处理伦理困境的基础。一名合格的禁毒社会工作者不仅应掌握社会工作的基础知识，还应了解禁毒政策、法律法规、毒品预防的基本知识、成瘾生物学机制、成瘾行为与社会环境、戒毒的资源信息、常见的戒毒方法与戒毒模式等。

社会建构理论认为社会文化是知识生产的决定因素。从社会建构理论来看，戒毒干预方法的建立与不同领域的视角、专业知识和思维逻辑相关。如前文所提到的医学领域、司法领域、心理学领域，都各自有自身领域对成瘾行为的理解，从而采用了不同的干预模式。而禁毒社会工作者不仅应了解社会工作服务的定位与干预策略，更应从社会建构的角度去观察和理解医学、司法、心理学和社会管理的目标及其干预策略的适用性，以保持对戒毒康复人员各种状况的专业敏感度，更好地理解他们的生活状态，协助其在合适的时候进行资源转化。

（四）抉择原则与抉择实施

1. 抉择原则

伦理原则给出了优先次序，在运用上给出了先满足高一级原则、再满足低一级原则的要求，按照从高到低的顺序，这些伦理原则分别是[①]：

（1）保护生命；

（2）平等与差别平等；

（3）自主和自由；

（4）最少伤害；

（5）生活质量；

（6）隐私和保密；

（7）真诚和毫无保留地公开信息。

2. 抉择实施[②]

（1）明确伦理问题；

（2）确定服务对象及系统；

（3）澄清价值观与利益冲突；

（4）明确伦理原则及优先顺序；

（5）确定伦理问题解决的目标；

（6）选择合适的行动策略；

（7）实施行动策略并监督过程；

（8）评估、跟进、反思。

（五）伦理困境抉择的实践经验

1. 保密原则两难处境的预防及处理

（1）服务过程匿名。对隐性的主动求助的服务对象，只询问如何称呼（便于沟通交流及建立专业关系）以及所在区域（便于判定是否有可运用的社区资

① 拉尔夫·多戈夫：《社会工作伦理：实务工作指南》，隋玉杰译，中国人民大学出版社，2005，第59页。

② 赵芳：《社会工作伦理：理论与实务》，社会科学文献出版社，2016，第156页。

源)即可,不询问求助者的真实姓名、家庭住址、身份证号码等能显示个人身份的信息。在实际中,我们发现当完全抽离出求助者的个人身份时,仅围绕其所碰到的问题进行互动和回应,可以避免一些个人价值观的代入,咨询效果反而更好。对戒毒康复人员,禁毒社会工作者在接案时可从公安部门获得服务对象的真实资料,应注意尽量不要直呼其名,避免服务对象将禁毒社会工作者等同于管教人员。访谈服务开始时可以与服务对象约定如何称呼,并在后续服务中保持运用此称呼,一方面令服务对象感到被尊重,另一方面用昵称可避免服务对象的真实姓名被专业服务之外人员获知的风险,如陪同去医院监督毒品检测、与督导或同事讨论案例、汇报呈现案例时,均存有潜在的风险。

(2) 服务资料的收集、保存与使用。在服务过程中,尽量避免收集和记录与服务对象戒毒康复不相关的个人隐私方面的信息,如银行卡号、惯用密码、同居人员的外貌特征、一些家庭秘密事件等。有些服务对象出于对禁毒社会工作者的信任,自身或许也不太介意多透露个人隐私信息,但隐私信息探知越多,陷入保密困境的风险就越大。禁毒社会工作者应做好预防措施,包括但不限于在服务开始前告知服务对象保密原则的例外情况,以及保密资料的使用、查阅范围,并且获得服务对象的知情同意。在服务过程中,明确访谈目标,避免与戒毒不相关的闲聊;发现服务对象有聊到与戒毒不相关的个人隐私或是八卦时,应提醒服务对象可能的风险及结果;服务档案及过程记录等保密资料应妥善保存在带锁的资料柜中,非必要不带出办公室;电子档案信息应设置密码;在进行个案讨论和呈现个案分析报告时,需要隐去那些能够识别出个人身份的信息。

(3) 多团队干预及转介需使用保密资料时应征得服务对象的同意。服务开展前应有书面的服务约定,如戒毒康复人员与戒毒康复工作小组签订的戒毒康复协议,不仅明确了服务过程中服务对象的权利和义务,也明确了工作团队的职责与工作范围,可以很好地避免如毒品检测结果是否要报告公安、服务过程中发现服务对象复吸或出现违反戒毒康复协议是否要报告、戒毒康复工作小组之外的人是否可以获得服务对象的信息等伦理困境的产生。对于非戒毒康复人员,则可通过禁毒社会工作者与服务对象双方商议签订服务协议的方式来约定保密资料的使用。若发生协议外的事件,则需要在行动前正式征得服务对象的同意。需要注意的是,具体案例中提到的禁毒社会工作者、公安民警等,都是指参与协议签订的当事人,不能泛化成职业角色。如服务对象张三是禁毒社会工作者小李的服务对象，双方签订了服务协议，那么除小李之外的其他禁毒社会工作者（包括办公室同事、同机构的同事、不同机构的同行等），在未经过张三同意的情况下，都无权过问张三的隐私及服务资料；若张三出现复吸或违反戒毒康复协议的行为，应报告给协议上的社区民警。协议之外的公安若日常来询问，禁毒社会工作者可以拒绝。

（4）对于可能危及生命或侵害他人权益的情况，可以打破保密原则。除了危及生命应立即全方位启动公共性危机干预资源之外，按照一线禁毒社会工作者的实务经验，对打破保密原则的处理也有一定的规律与顺序，可供参考。在一般危机事件中，最重要的资源首先是当事社会工作者，禁毒社会工作者要努力劝阻，若实在无力劝阻，则应尽量保持访谈的继续，以争取更多的时间；其次是家属、朋友或服务对象的其他重要他人，应尽可能联系他们，动员他们进行劝阻；最后才是危机干预的公共资源、司法机构等。在干预过程中，在稳定当事人情绪的同时，要努力强化其求助意识，如自行联系家人或医疗、司法等公共资源，以缓解危机。

2. 服务对象自决

吸毒成瘾者也有自由选择、决定的需要和权利，有时只是深陷困境之中，因为不清楚选择后会发生什么或担心选错而无法做出选择。此时，禁毒社会工作者需要做的是与服务对象一起讨论并梳理。一般情况下，服务对象如果把困境和想法告诉社会工作者，向社会工作者寻求帮助，这是提供服务的最佳时机。在讨论中，禁毒社会工作者可以帮助服务对象看到自身所处的危机与困境，通过思考做出“更好的选择”；可以提供必要的信息，与其讨论不同选择的后果，链接不同资源创造更多选择空间，这些对帮助服务对象自决有着非常重要的意义。当一个人能够有更多的选择余地，并且知晓不同选择的后果时，他就能够更好地进行“自决”。另外，提供必要的信息，对求助者就一些情况进行告知，也能够避免因为“无知”而做出的错误决定。

3. 关于双重关系与服务界限的应对

其一，社会工作伦理和个案工作标准流程都明确了社会工作者与服务对象建立专业关系的意义和路径。在实务过程中，禁毒社会工作者却常常忘记专业关系的建立是基于双方的相互作用，服务对象对专业关系的理解和认知，对于专业关系能否有效建立，起着非常关键的作用。因此，需要强调的是，专业关系建立是一个“约定”的过程，需要服务对象全程参与。社会工作者不仅要将自身的服务角色、服务目标、服务界限告知服务对象，更要关注服务对象的感受与认知，与其讨论设立服务界限的原因，以及双重关系可能导致的后果。服务过程归根结底应是以服务对象为中心进行的，社会工作者的工作流程或是工作守则都是为了更好地实现这一过程，切勿本末倒置。

其二，虚化个人特质，突出专业角色，也是避免双重关系的重要策略。服务对象常常会“认人”，即认可某一个社会工作者的专业服务，当社会工作者换岗或离职后有新的社会工作者接手时，服务对象就会表现出不认可甚至愤怒的态度。有时会在同伴群体交流中比较不同社会工作者的服务质量，有时会指定某一社会工作者开展服务。因此，在服务过程中，禁毒社会工作者应尽量虚化个人特质，突出专业角色，如穿工作服、戴工作吊牌、配备工作手机，且在约定服务的时间之外不提供服务也不联系，服务过程尽量不谈论自己的生活及价值观，工作区域尽量远离自己的家庭或成长所在地。对于服务对象的误解及不合适的要求，应做好沟通和解释。

其三，机构可建立公共服务平台，如 24 小时戒毒咨询热线或网络咨询平台，并公开服务理念、服务流程和服务规范等，在服务对象群体中增加对机构及公共服务的认识，减少服务对象的误解及对禁毒社会工作者个体的依赖。同时，公共服务平台也可缓解一线禁毒社会工作者的压力，譬如对于是否将个人联系方式给到服务对象，禁毒社会工作者常常举棋不定，难以抉择。

美国教育学家、行动研究的代表人物舍恩表示，社会工作是一门在“行动中思考”的职业，它要求社会工作者不断检视自身实践，并且在变化的环境中反思行动的合法性与正确性①。社会工作作为一门实践性专业，需要在复杂的情境中充分考虑各种伦理要素和环境条件，在此前提下做出最有利于服务对象利益、维护社会正义的相关决定。

---

① 唐纳德·A. 舍恩：《反映的实践者——专业工作者如何在行动中思考》，夏林清译，北京师范大学出版社，2018，第 42—58 页。

第三章
禁毒社会工作理论基础

禁毒社会工作的实践需要理论的指导，理论可以很好地解释吸毒人员的社会功能现状，以及实现社会康复的逻辑，为禁毒社会工作者找到合适的介入方法。禁毒社会工作的理论基础来源广泛，本章主要从生理/心理学、社会学、公共管理学和社会工作的角度介绍禁毒社会工作的相关理论基础。

第一节　生理/心理学相关理论

对于理解吸毒人员成瘾的原因，生理学和心理学可以提供一定的解释，本节介绍偏差行为的生理学理论观点，以及来自心理学方面的需要理论、挫折理论、认知理论、社会学习理论和自我效能理论。

一、偏差行为的生理学理论观点

对犯罪的生理原因的研究始自意大利切萨雷·龙勃罗梭(Cesare Lombroso)的“返祖”现象说，即有所谓“天生的犯罪人”。持有此种观点的犯罪学家认为，罪犯具有一般的守法者所没有的一些生物学特征，即他们具有犯罪基因。而后，伴随着对犯罪原因心理学、社会学解释的兴起，基于遗传和生理因素的解释往往饱受争议。但近些年来，随着生物因素研究的飞速发展，基因与环境之间的交互作用受到了更多的积极关注。尽管在许多方面都曾遭遇强烈抵制，但现在，基因在反社会行为中扮演着重要角色的观点没有再受到任何科学质疑[①]。

最近的研究集中在行为遗传、分子遗传、气质、大脑结构、环境毒素对大脑发育的影响等方面。解释主要集中于四种不同的路径。一是认为个体的基因构成影响其反社会行为的倾向，并且这种基因偏好可通过繁殖传递给下一代。一些实证研究发现，同卵双胞胎参与犯罪行为的高度一致率为行为遗传倾向提供了些许证据，但研究者很难将社会环境从先天禀赋和后天养成方式中分离开来。更确切的表达是，也许有些人与生俱来的生物学特质使其容易做出与社会价值和规范相悖的行为，但环境因素也可以抑制生物学因素或者为生物学因素提供便利[②]。而在分子遗传学领域，研究者认为至少有七种基因与反社会行为相关[③]。二是从心理/生理学的角度考察反社会行为与自主神经系统的动态交互作用。一些研究表明，反社会行为者在很多情形下，会展现出低水平的自主唤醒状态，而个体的低水平唤醒会产生某种程度的无所畏惧，且会鼓励寻求反社会刺激，易于导致犯罪。三是从气质类型的角度考察个体气质，即一种主要由遗传和生物学影响决定的情绪倾向性，与反社会行为的关系。一系列研究发现，在“难处型”儿童气质和持久型反社会行为之间存在重要联系[④]。四是从大脑结构角度研究个体行为的犯罪倾向同大脑发育缺陷或儿童期内的大脑损伤所存在的关联。一些研究指出，大脑结构中的杏仁核与精神变态、冷漠无情特质高度相关，而这两个特质经常与参与长期反社会活动的人紧密相连[⑤]。

禁毒社会工作者关注的人群存在药物滥用的问题，故而亦有必要从神经生物学的角度了解毒品成瘾的生理学机制。毒品成瘾是由毒品与大脑奖赏系统相互作用产生的慢性、复发性脑疾病，有着极其复杂的生成机制。人类在漫长的生物进化过程中逐渐形成了能够辨别环境中刺激信号是否有利于个体生存和种族延续的能力，即趋利避害的能力成为人的本能。人类的天性之一是追求生理和心理上的快感，回避生理和心理上的痛苦。毒品能够给吸毒者带来无法用语言表述的快感，并通过学习记忆系统形成牢固的记忆，而一旦停

① Curt R. Bartol、Anne M. Bartol：《犯罪心理学》，李玫瑾等译，中国轻工业出版社，2019，第62页。

② 同上书，第68页。

③ 同上书，第62页。

④ 同上书，第71页。

⑤ 同上书，第81页。

药，就会给他们带来不同程度的躯体和精神上的痛苦。吸毒者为了体验愉快，回避痛苦而不断用药，这是毒品成瘾的重要生物学基础[①]。

从神经生物学的角度看，与大脑内的多巴胺、阿片肽、γ-氨基丁酸酯等系统有关的奖赏系统是毒品成瘾主要的神经生物学基础。多巴胺常常被称为"快感分子"，多巴胺神经环路参与认知、意识活动等功能的实现，是情绪和感情表达的中枢，毒品及其他美好的刺激正是通过上调此环路的功能而使机体出现快感，多巴胺神经环路在药物依赖的产生机制中起到十分重要的作用。吗啡等毒品直接作用于多巴胺神经环路中的多巴胺能神经元，导致多巴胺释放增加，多巴胺通过作用于脑内多巴胺 D1、D2 受体而完成奖赏效应。长期使用毒品会对多巴胺神经元产生损害，为了维持这种病理性的稳态，必须增加毒品的使用量以刺激多巴胺神经元释放足够量的多巴胺，这是产生毒品依赖性的原因，而一旦停药即会导致多巴胺释放突然减少并产生戒断症状[②]。

以上关于偏差行为的生理学理论观点，解释了戒毒康复人员表现出的反复行为或偏差行为，是其生物基础与毒品之间存在的复杂关联所致，吸毒成瘾并不仅仅是个人意志的问题，从生理学的角度看，吸毒成瘾者是一个慢性复发性脑疾病患者。目前，毒品成瘾的机制尚未完全明了，随着分子生物学、神经生物学等相关学科的发展，相信其中的机制会逐渐被揭示，但在这一过程中，禁毒社会工作者有必要从其他方面探索消除毒品躯体依赖和精神依赖的路径。

二、需要理论

需要理论是用来解释人的行为动机的重要理论之一，认为行为的能量、方向和坚持程度均应当归于需要的存在。其主要的代表人物包括默里·亨利（Murray Henry）、戴维·麦克莱兰（David McClelland）与亚伯拉罕·马斯洛（Abraham Maslow）等。

默里认为，个体的所有行为都源于某种需要，同时也受到环境压力的影响。个体需要与环境压力的相互作用产生个体行为的动机，进而派生出实际行为。不同的个体有不同的需要，且人与人之间需要的强度顺序也不相同。

---

① 潘泽泉：《禁毒社会工作基础知识》，中国社会出版社，2016，第 15 页。
② 陈谞：《吸毒预防论》，博士学位论文，吉林大学，2004，第 9—10 页。

同一个人的不同需要之间相互关联，关联的形式主要有四种：其一是遵循优势原则，不同的需要位置不同，有的需要占据优势；其二是遵循融合原则，不同的需要融合在一起，引起同一种行为结果；其三是遵循辅助原则，一种需要可能服务于另一种需要，起到辅助作用；其四是遵循冲突原则，不同需要之间可能发生冲突。

麦克莱兰则提出人类的三种需要形式，包括附属需要、权力需要和成就需要，其中成就需要对人的行为产生主要影响[①]。

人本主义心理学家马斯洛是需要理论的集大成者，他提出著名的需要层次理论：人类的需要是有层次的，较低层次的需要得到满足或部分满足，上位的需要就会自然出现，也才能够出现；已经建立起来的上位需要对其下位需要具有强烈的调控作用，而需要的基本层次体现为：

第一，生理需要：对食物、水分、营养物、性欲等的需要；

第二，安全需要：对安全、保护、远离危险和身份、地位稳定性的要求；

第三，归属与爱的需要：与他人交往，被接纳、归属感的要求；

第四，尊重需要：获得他人尊重，被承认、被赞美与自尊、成就感、能力的需要；

第五，自我实现的需要：寻求自我完善与个人潜能的充分发挥。

20世纪六七十年代，该需要理论增加了两个层次，包括认知理解与发现的愿望（认知需要）与匀称、秩序的需要（美的需要）[②]。

需要理论为禁毒社会工作者理解服务对象的行为动机提供了一种视角，强调了需要的满足是偏差行为的原动力，服务对象接触毒品的原因不一，有些是出于体验刺激，有些是希望排解压力，有些是通过此种方式获得群体的接纳和承认，不论是何种原因，从需要的角度来看，都可视为个体需要的某种缺失。个体的需要与外界因素相互作用，共同影响偏差行为的发生。

三、挫折理论

挫折—攻击理论最早由美国心理学家约翰·多拉德（John Dollard）等人提出，是研究和解释攻击行为的一种理论，后经一些学者修正与发展，进而成为解释犯罪原因的重要理论之一。挫折是个体在动机、愿望、需要、行为等方

① 理查德·格里格、菲利普·津巴多：《心理学与生活（第16版）》，王垒、王甦等译，人民邮电出版社，2003，第342页。

② 弗兰克·戈布尔：《第三思潮：马斯洛心理学》，吕明译，上海译文出版社，2006，第39页。

面受到内外因素阻碍的情境与相应的情绪状态。这些障碍有来自个体自身的因素，如身体缺陷、挫折易感性、能力不足、抱负水平过高等，也有来自外部的因素，如父母约束、现实条件不利、社会规范等。该理论假定，挫折是产生攻击的先决条件，当指向具体目标的行为受阻时，攻击倾向就会增强，且必将引起个体对挫折源的外显或内隐的攻击。[①]

尼尔·米勒(Neal Miller)等人对挫折理论进行了修正，认为挫折导致攻击行为主要是由于唤醒了攻击情绪，即挫折感，没有挫折感就不可能有攻击。挫折可能导致攻击行为，也可能导致其他行为和情绪，如遭遇挫折可能感到消沉，也可能愈加奋发。

伦纳德·伯科威茨(Leonard Berkowitz)对挫折引起的犯罪进行了大量的研究。他认为原有的理论夸大了挫折与攻击行为之间的关联，他给挫折增加了一个重要的维度，即期望。他认为，如果一个人对完成目标有非常高的期望，那么未能实现目标时，挫折感会特别强烈。渴望实现目标的人对他们的生活有着强烈的掌控和主宰感，所以他们比那些生活无目标的人对外界干预的情绪反应更加激烈。[②]

挫折理论为禁毒社会工作者理解服务对象的偏差行为提供了另一种视角。毒品带给戒毒康复人员的短暂快感可以使得他们暂时回避现实生活中的不如意，从这一意义上看，毒品成为服务对象排解现实生活中挫折的一种方式。禁毒社会工作者需要了解戒毒康复人员对日常生活中挫折的理解，评估其感受到的挫败程度，并选择更加合适的情绪处理方式。

四、认知理论

个体的认知能力和信息加工策略在攻击行为的习得过程中发挥着重要的作用。这里介绍两个主要的认知模型，一个是认知脚本模型，另一个是敌意归因模型。

认知脚本模型由罗厄尔·休斯曼(Rowell Huesmann)提出，他认为，一般的社会行为，尤其是攻击性行为在很大程度上受到在日常生活中习得的和记忆中的认知脚本的影响。所谓认知脚本是指长期以来获得的储存在大脑中的

---

① 戴维·迈尔斯：《社会心理学》，张智勇等译，人民邮电出版社，2006，第 283 页。

② Curt R. Bartol、Anne M. Bartol：《犯罪心理学》，李玫瑾等译，中国轻工业出版社，2019，第 97 页。

认知程序，这一程序可以指导我们解决生活中的问题。[①] 以儿童为例，儿童会模仿父母的行为，但其并非简单直接地模仿，他们会将父母的观点、信念全部编入自己的剧本中，并随着自己的成长，评估这一剧本的某一情节在带来某一结果方面有多大把握，判断自己在多大程度上能够执行这一剧本，确认自己的内在准则与这一剧本的匹配程度，最后，那些与自己内在准则相违背或不一致的剧本可能不再被使用或储存。从这个意义上来看攻击性行为，它标志着个体将攻击性的剧本整合到自己的行为中。

敌意归因模型由肯尼思·道奇（Kenneth Dodge）和他的同事们提出，他们认为，那些具有高度攻击性和暴力倾向的少年通常具有敌意归因偏差，即有暴力倾向的年轻人或成年人与那些攻击性低的同伴相比，更倾向于将中性的行为解释为敌意的、具有威胁性的信号。[②] 由于这些青年更倾向于将他人无意冒犯的行为看作不怀好意的，很少寻找更多事实，较少考虑其他的解决办法，也没有过多地思考攻击行为的后果，因而他们优先选择攻击性反应。罗纳德·布莱克本（Ronald Blackburn）的研究也显示，那些总是违法的成年人一直试图控制他们认为是充满敌意和威胁的社会环境。布莱克本认为，严重的惯犯建立了一套以敌意为主的人际互动模式，这并非缺乏道德或自我控制能力不足导致的。当这种归因偏差逐渐成为个体的整体风格，这就意味着在其处理信息的过程中具有认知缺陷，而这将在很大程度上歪曲信息。[③]

认知理论从个体的认知能力和信息加工策略层面分析攻击行为的习得，并探讨影响个体认知脚本和归因方式构建的相关社会因素，这些内容对于禁毒社会工作具有重要的启示意义。戒毒康复人员偏差行为矫正的背后包含着对认知方式的纠正，而纠正认知方式的前提即解决服务对象认知方式的内容、形成过程及影响因素，服务对象组织信息的方式使得其对于外部刺激做出了有偏差的解读，不仅影响了自己的应对，也会对身边他人产生影响，譬如吸食毒品的父母，他们的观点、信念、行为取向也会影响自己的孩子。所以，在禁毒社会工作者服务戒毒康复人员及其家庭过程中，开展认知方式调整是重要一环。

---

① Curt R. Bartol，Anne M. Bartol：《犯罪心理学》，李玫瑾等译，中国轻工业出版社，2019，第128页。

② 同上。

③ 同上书，第130页。

五、社会学习理论

基于基因、本能、需要、挫折的攻击行为理论都认为充满敌意的强烈冲动来自个体内在的因素，这些因素可以将个体的攻击欲望“释放出来”。社会学习理论指出，学习同样可以“引导”出攻击或偏差行为。

朱利安·罗特(Julian Rotter)认为，一个具体的行为是否会发生取决于我们的预期和我们对结果的看重程度。人们通常会有一种“类化预期”现象，即在类似或相近的处境中有稳定的一贯性表现[①]，人的表现基于其对以特别方式行动所能获得结果的预期。当人们参与违法行为时，期望获得地位、权力、安全、情感等一系列他们认为可以通过此种方式获得的事物，即从事违法行为的人在审时度势之后还是选择了他们自认为的在那种情形下最有效的行为方式。

艾伯特·班杜拉(Albert Bandura)则指出，人的行为是个人内部心理与外部环境因素二者相互作用的结果。凭借这种人与环境相互影响的方式，个人通过学习怎么做来掌控自己的想法和环境。班杜拉将预期和理性思考等认知因素引入行为学习中，进一步扩展了人的学习方式。他认为，人们的学习不仅发生在亲身体验其后果时；通过观察别人，人们也可以进行同样的学习。当看到别人表现出攻击行为但没有受到惩罚时，人们就会习得攻击行为。当看到别人表现出合适的行为而受到奖励时，人们就会习得合适的行为。榜样影响着个体的行为塑造。榜样是指那些标志性的人物，他们为他人提供了在某种社会环境下该如何做事的示范，榜样在模仿者心目中的地位越高就越受尊敬，对模仿者的影响就越大。

班杜拉在随后的研究中补充，我们受到来自家庭、文化和大众媒体的攻击性榜样的影响。身体富于攻击性的儿童往往有惯用体罚的父母，父母用尖声训斥和拳打脚踢管教他们，从而塑造了孩子的攻击性行为。[②] 在家庭中，暴力的结果往往是新的暴力。而家庭之外的社会环境也给人们提供了学习的榜样。在崇尚“男子汉气概”的社会里，攻击行为可以很容易地传递给下一代。[③]

---

① Curt R. Bartol、Anne M. Bartol：《犯罪心理学》，李玫瑾等译，中国轻工业出版社，2019，第93页。

② 戴维·迈尔斯：《社会心理学》，张智勇等译，人民邮电出版社，2006，第287页。

③ 同上。

在媒体无孔不入的今天，大众传媒对身处其中的个体的影响是潜移默化的。有证据显示，观看媒体中的暴力，无论是即时的还是在长期的情况下，均会增加攻击行为和暴力行为的可能性。[①]

班杜拉在自己的研究中还发现，直接奖赏只是维持人行为学习的一种方式，人的行为学习还受到行为结果的预测和自己认可的学习标准的推动。一旦个人为自己制定了行为学习的标准，这个标准就成为重要的强化因素，影响个人的行为学习。当他通过努力达到这一标准的时候，就会感到满意和有价值；如果没有达到这个标准而又找不到适当的解释，就会感到内疚。所以班杜拉认为，人的行为学习，在很大程度上来说，是一种自我管理和自我调整的学习过程。[②]

社会学习理论对禁毒社会工作具有重要的启示意义。服务对象表现出的偏差行为与其生活的环境、环境中被其视为榜样者的行为方式、其采取偏差行为方式后取得的行动结果等，皆存在密切的联系。禁毒社会工作者致力于服务对象的行为改变，这一变化也同其环境、环境中榜样的行为方式，以及服务对象自身认可的学习标准密切相关。社会学习理论的观点能帮助禁毒社会工作者不仅关注服务对象表现出的偏差行为本身，而且更关注偏差行为的获得过程和合适行为的塑造过程，可以通过调整环境、榜样性人物以及偏差行为的行动结果等来更有效地调整服务对象的行为方式。

六、自我效能理论

班杜拉在研究中意识到积极思维的力量，提出了自我效能理论。自我效能是对自己能力与效率的信念，是面向某一任务活动时的胜任感，包含自信、自尊、自控等方面的感受。

自我效能感的形成是多方面因素综合作用的结果，包括：

（1）个人掌握性经验。该因素对自我效能感的影响最大且个体的成败经验并非简单地直接作用于效能感，其影响的发挥还要受个体归因方式的左右，如果收获成功经验但归因于外部机遇等不可控的因素就不会增强效能感，而收获失败经验但归因于自我能力等内部的可控的因素就不一定会降低效能

① 戴维·迈尔斯：《社会心理学》，张智勇等译，人民邮电出版社，2006，第296—297页。
② 童敏：《社会工作理论》，社会科学文献出版社，2019，第149—150页。

感。因此,归因方式直接影响自我效能感的形成。

(2) 替代经验或模仿。人的许多效能期望是来源于观察他人的替代经验。这里的一个关键是观察者与榜样的一致性,榜样的情况与观察者非常相似,这种观察可以帮助服务对象获得对于自我可能性的认识。

(3) 言语劝说。言语劝说包括他人的暗示、说服性告诫、劝告、建议以及自我规划,这些使得个人充分相信自己能够应对过往手足无措的事件,增强个人对自己的自我认知。言语劝说的应用非常广泛,而其价值取决于它是否切合实际,缺乏事实基础的言语劝说对自我效能感的影响不大,在直接经验或替代性经验基础上进行劝说的效果会更好。

(4) 情绪唤醒。班杜拉在"去敏感性"的研究中发现,高水平的唤醒使成绩降低而影响自我效能。当人们不为厌恶刺激所困扰时更能期望成功,但个体在面临某项活动任务时的身心反应、强烈的激动情绪通常会妨碍行为的表现而降低自我效能感。

总体而言,相关信息通过以上四种渠道,经过人们的认知和整合之后得以建构。①

自我效能感包括两个因素:其一是效能预期,即个体对自己是否有能力完成某任务的信念、信心,这一因素影响个体的内在动机;其二是结果预期,即个体在特定情境中对特定行为的可能后果的判断,这会引导个体调整自己的行动模式。之所以对这两个因素加以区分,是因为个体可能相信某项行为必然会产生某种结果,但他对自己是否有能力去表现这一行为持怀疑态度。

人们关于他们自身能否成功的信念对于自我调节过程有着极大的影响。具有高自我效能感的人认为他们有能力获得成功、克服困难、完成目标。低自我效能感的人怀疑自己的能力,不相信自己能够达到目的。重要的是,这些信念仅仅建立在人们的部分实际能力之上,在任何领域内,具有高自我效能感的人并不比低自我效能感的人更有能力。②

自我效能感在个体行为的自我调节过程中发挥着重要作用。个体行为的自我调节过程包括目标选择、行动准备、行为控制环路三个部分,而自我效能感在每一个部分皆发生重要的影响。

---

① 曹珺玮:《自我效能理论及其对学校道德教育的启示》,硕士学位论文,山东师范大学,2013,第5—6页。

② 乔纳森·布朗:《自我》,陈浩莺等译,人民邮电出版社,2004,第118页。

自我效能感影响个体的目标选择。具有高自我效能感的个体相较于低自我效能感的个体，会选择更具挑战性的目标，而难度更大的目标往往与更好的成绩相联系。①

自我效能感影响个体的行动准备。在这一阶段，人们收集信息、计划和预演多种行动过程，而后实施行动。具有高自我效能感的人会花费更多的时间进行相应练习和准备，特别是在难度较大的任务上。另外，人们在承担一项任务之前，往往会在头脑中构建关于这一任务结果的心理图像，自我效能感影响这些心理图像。高自我效能感的个体会比怀疑自己能力的个体更愿意想象自己成功的样子。而这类图像会影响最终的成绩。

自我效能感的高低还影响着人们为了实现目标而付出的努力以及这一过程的持久性。在其他条件一致的情况下，相对于怀疑自己能力的人而言，相信自己能够成功的人会付出更多的努力，并且这种努力会持续得更长久。②

自我效能感影响人们在追求目标过程中使用的策略。相较于怀疑自己能力的个体而言，高自我效能感个体更倾向于采用有效和复杂的问题解决策略③，且高度的自我效能感可以有效地降低焦虑，并且使个体的注意力始终聚焦在任务上。自我效能感和降低焦虑之间的联系为促进成功提供了另一条路径。

自我效能感的相关研究结论为禁毒社会工作者协助戒毒康复人员实现戒断目标提供了一条心理学路径。戒断毒瘾需要戒毒康复人员拥有坚定的目标并且付出极大的努力来克服过程中出现的种种戒断反应，很多戒毒康复人员在这一过程中反复复吸，自我效能感的研究为禁毒社会工作者提供了一种介入视角，通过影响个体的成功经验、替代经验等方面，干预个体效能感的提升，最终增强个体对于目标选择的信心以及持续行动的努力程度，从而实现戒断毒瘾的目标。具体来说，培育自我效能感有以下四个服务阶段：

第一阶段：与服务对象共同讨论期望和如何获得成功经验。为达到这一目标，可以培养服务对象良好的品质，正当的兴趣与特长，可以讨论服务对象过往的成功经验，可以讨论模范、强调观察学习和榜样的作用，并且需要为服务对象设置自我奖惩标准。

---

① 乔纳森·布朗：《自我》，陈浩莺等译，人民邮电出版社，2004，第120页。

② 同上书，第122—123页。

③ 同上书，第123页。

第二阶段：给予服务对象积极的鼓励与及时的评价。对于表现良好的服务对象，积极鼓励，使之朝向好的方向发展，并激励其他服务对象观察学习他的行为；对表现较弱的服务对象，聚焦于其优势，而不是一味责备。

第三阶段：全面发展服务对象的能力。帮助服务对象在团体中找到适合自己的位置，为他们提供服务团体的机会，使他们品尝到成功的欢乐，增强其信心，从而提高自我效能。

第四阶段：养成自律行为。根据价值标准，服务对象通过自我观察，来评判自己的行为，并且予以强化或约束。

第二节　社会学相关理论

社会学相关理论从社会环境的角度阐释越轨行为发生的原因，对于理解吸毒行为发生的社会机制有重要的启发意义。本节主要介绍社会失范理论、冲突理论、社会控制理论、不同接触理论、标签理论和社会亚文化理论等。

一、社会失范理论

罗伯特·金·默顿(Robert King Merton)于1938年提出著名的失范理论，将偏差行为归结为对社会规则的破坏，即失范。默顿是结构—功能理论的代表人物之一。他认为，对犯罪的解释，应当到社会结构和文化结构中去寻找答案。每个社会都有自己所鼓励的文化目标，同时也给予实现此种文化目标的合法手段，制度化地采取合法手段获得社会所认同的文化目标自然是极好的，但是社会并不是以此种方式建构的。在默顿看来，美国的政治、经济和社会结构并未给予所有阶层的人民平等实现美国梦的机会，这样就在文化价值目标和社会结构所赋予的"有限合法机会"之间形成巨大矛盾，造成了所谓社会反常状态，这种反常状态迫使人们做出偏差或越轨行为以获得所谓的成功。[①]

默顿将个人适应社会的方式概括为五种[②]：

(1) 遵从。社会中的大多数人可能选择此种方式，既接受成功的文化目标，亦接受为此采取的合法手段。

① 吴鹏森：《犯罪社会学》，中国社会出版社，2001，第49页。
② 同上书，第49—50页。

(2) 创新。主要发生在较低阶层的社会成员中，接受社会倡导的文化目标，但是使用社会所不允许的途径和手段。此种对社会压力的回应所表现出的偏差行为是压力理论的核心。

(3) 形式主义。此种适应方式是通过降低甚至放弃文化目标来实现目标与手段的统一，以此种方式适应社会的人不可能成为犯罪者，因为他们完全接受了社会规定的手段。几乎强制性地，也是形式化地遵守一些制度化的规则。

(4) 退却主义。退却主义者既不接受文化价值目标，也不认同社会规定的手段，他们不在乎成功，也不愿意工作，成为与社会格格不入、游离于社会生活之外的人，例如流浪者、乞丐、吸毒者等。

(5) 造反。一部分成员放弃了文化目标，也放弃了规定的方式与手段，并且用新的目标和手段取而代之。

围绕着人们适应方式的差异，默顿提出了有效控制社会犯罪的办法：其一，增加竞争的机会，这样可以使参与竞争的人更好地利用合法的手段，提升达到文化目标的概率；其二，减少人们的欲望，以方便手段与目标的统一。

哈吉特·科恩(Hagit Cohen)提出的失范—压力理论基本与默顿相同，只是科恩将中产阶级的社会身份作为下层社会成员追求的文化价值目标。科恩认为，下层青少年在中产阶级主导的学校生活中是不可能获得成功的，他们会回到自己阶层的社区，并形成与“高贵的”中产阶级传统标准直接对立的“犯罪亚文化”。[①] 不同于默顿的文化目标与合法手段机会的缺失导致偏差行为的观点，科恩认为，目标与手段差距这两种因素只有在下层青少年遭遇身份挫折时才引发偏差行为，所以，科恩将身份挫折引入了偏差行为产生的机制中，他的理论又被称为身份挫折理论。

理查德·克洛尔德(Richard Cloward)和劳埃德·奥林(Lloyd Ohlin)则进一步深化了默顿的失范理论。他们认为，默顿错误地假定下层社会成员在缺乏成功的机遇时就会有意无意、自然而然地发生偏差行为，事实上，下层社会成员也许连违法的偏差机会都很难获得。[②] 克洛尔德和奥林想要强调的是，当所有下层社会成员没有机会从事合法的正常行为时，他们也同样不会有机

---

① 亚里克斯·梯尔：《越轨：人为什么干“坏事”?》，王海霞等译，中国人民大学出版社，2014，第19页。

② 同上书，第19—20页。

会去从事违法的偏差行为。差异违法机遇影响了偏差行为的出现。

其他社会学家也在失范—压力理论基础上形成了一些新的学术流派。史蒂文·梅斯纳(Steven Messner)和理查德·罗森菲尔德(Richard Rosenfeld)认为,美国梦文化助长了人为谋取成功而不惜代价的风气。马克·康特(Mark Konty)认为,对美国梦或物质成功的追求能引发偏差行为,因为它反映的是强烈的自我利益,很少甚至不反映社会利益,但人们如果无视集体利益而以自我利益为重,就容易导致偏差行为。①

社会失范理论从文化目标和社会结构的角度寻找偏差行为的原因,这不仅是对社会学理论的重大贡献,也为禁毒社会工作者提供了认识问题的社会学视角。该理论预设期望与机会之间的差距产生压力,进而导致偏差,这意味着禁毒社会工作者需要深入了解社会文化对身处其间的个体目标设定的影响,同时亦需要考虑社会赋予个体实现目标的机会和路径,更要关注二者之间的差距,即个体在获取这些机会过程中所遭遇的现实阻碍。

二、冲突理论

冲突理论是西方社会学中的一个重要的理论派别,它对于犯罪社会学的发展有着重要影响。在冲突论看来,社会中不同群体之间,总是充满着矛盾和冲突,占统治地位的权力集团总是要强制推行自己的价值观念,保护其既得利益。在这种社会结构中,犯罪不是一种生物学、心理学现象,甚至也非行为现象,而是司法当局通过对犯罪者进行观察、评价和处理而规定的各种社会地位。② 犯罪的关键不在于他们实施了某种犯罪行为,而在于它处于某种社会"冲突过程"之中,因而被人为地认定为犯罪者。

威廉·钱布利斯(William Chambliss)作为法律实践理论的代表人物,他认为有两种法律,一种是"书面上的法律",即概念上的法律;另一种是"运行中的法律",即实践中的法律。③ 概念上的法律倡导公平正义、人人平等。然而,实践中的法律却表明法律是为权力阶层而非穷人和弱势群体服务的。钱布利斯以现代盎格鲁—美利坚法律体系为例,认为如果不是实质性犯罪,法律一直

---

① 亚里克斯·梯尔:《越轨:人为什么干"坏事"?》,王海霞等译,中国人民大学出版社,2014,第20页。

② 吴鹏森:《犯罪社会学》,中国社会出版社,2001,第55页。

③ 亚里克斯·梯尔:《越轨:人为什么干"坏事"?》,王海霞等译,中国人民大学出版社,2014,第36页。

是用来维护富人和权贵的，立法者在制定法律时偏向富人和权势阶层，执法者成为权势和特权阶层的工具，而这种法律实践的非正义性在钱布利斯看来是历史的变化和组织规则的结果。[①]

理查德·奎尼（Richard Quinney）则认为，资本主义制度带来了非正义的法律，国家和统治阶级以法律保障资本主义制度的存续，而且由于这一制度受到自身矛盾的威胁，所以它将越来越多地使用法律维护国内秩序。[②] 在奎尼看来，统治阶层将那些威胁其利益的行为定义为“犯罪”，同时，“运用”法律维护自己的利益；另外，下层社会成员因生活所迫而犯罪，统治阶层又利用这些犯罪事实作为建构和散布犯罪思想体系的基础，这四个方面交互作用，维持了社会高比例的犯罪。

上述冲突理论关注点在于描述权势阶层如何控制弱势阶层并将其定义为行为偏差者，亦有一部分的冲突理论家关注偏差行为产生的原因，他们将偏差行为的诱因追溯至资本主义的剥削本质。资本主义工业生产带来部分劳动力的相对过剩，经济上的贫困使得部分失业人口走上犯罪道路，即资本主义压迫首先将人们变成穷光蛋，而后迫使其成为行为偏差者。马克·科尔文（Mark Colvin）和约翰·保利（John Pauly）认为，资本主义社会还通过“强迫控制”底层人士而催生犯罪，强迫控制是指以威胁解雇的方式强迫工人努力为雇主工作，这种方式会诱发怨恨情绪，导致工人缺乏对社会的依附感，即“异化的参与”，他们就很有可能从事犯罪活动。而社会上层由于不断膨胀的贪欲，亦会演化出有组织的犯罪。[③]

权势理论专门探讨权势阶层偏差行为的原因。该理论认为权势阶层更有可能发生有利可图的偏差行为，原因在于[④]：

第一，权势阶层可能因感受到的相对剥夺感而滋生更强的贪欲，更难以满足，有“强烈的偏差行为动机”；

第二，权势阶层能捕捉到“更多机会从事偏差行为”；

第三，权势阶层受到的“控制更松”。

文化冲突论认为，社会普遍存在着两种文化冲突：一种是不同时期的法

① 亚里克斯·梯尔：《越轨：人为什么干“坏事”?》，王海霞等译，中国人民大学出版社，2014，第36—37页。

② 同上书，第38页。

③ 同上书，第39页。

④ 同上书，第40—41页。

律规范之间的冲突，另一种是同时期的两种对立的法律规范之间的冲突。文化冲突论的代表人物桑斯顿·塞林(Thortern Sellin)认为，当两个文化集团交会时，这些不同文化区域的各种规范之间的矛盾，就可能在相邻的文化领域的结合处引起激烈的冲突。文化冲突论的另一个方面，塞林认为是价值规范由简单统一发展为多元差异，社会结构由简单趋于复杂、分层，同一文化集团内部亦会由于内部差异发生文化冲突，使原有的文化集团分化。所以在这种多元化、分层化的社会，不同群体拥有各自不同的文化准则与价值标准，人们如果不了解有关文化群体的文化规范，也可能产生社会冲突和法律规范冲突。[①]

我们可以发现冲突理论的关注点聚焦于谁定义了犯罪而不在于谁犯了罪。该理论对我们理解社会不平等，特别是资本主义和等级制度如何影响标准、规则或法律的制定与实施，偏差行为如何产生以及社会如何对待它都有一定贡献。除去阶级冲突，不同群体、不同文化集团之间也会因为利益或规范的差异发生冲突，这对于我们比较中外禁毒工作的异同，发展本土禁毒社会工作的经验具有理论指导意义。

三、社会控制理论

社会控制理论可以说是从另一个方面来解释社会结构对人们违法犯罪行为影响的理论。这种理论不是直接解释人们为什么违法犯罪，而是解释大多数社会成员为什么不会违法犯罪，从而间接地说明了社会犯罪的原因。

特拉维斯·赫希(Travis Hirschi)提出的社会控制理论认为，犯罪之所以发生，是因为个人与传统的秩序或规范标准之间的关系非常薄弱或基本上不存在关系。[②] 换言之，即犯罪行为的发生是因为控制个体基本人性的社会化机制不够完善。个体和社会发生契约关系主要有四种形式[③]：一是“依附”于常规的人群和机制，譬如敬爱父母、结交朋友；二是对一致性的“承诺”，譬如以常规方式投入时间和精力，进入学校、获得学历等，人们通过这些活动可以展示自己的成就；三是参与一些常规活动，人们忙于传统方式行事，没有时间从事

① 吴鹏森：《犯罪社会学》，中国社会出版社，2001，第56—57页。

② 同上书，第51页。

③ 亚里克斯·梯尔：《越轨：人为什么干“坏事”?》，王海霞等译，中国人民大学出版社，2014，第55页。

偏差行为;四是信念。普通社会成员拥有稳定的社会联系,常规的社会生活,其社会行为要受到很多约束,当这些联系或约束加强时,也就是对这些社会道德规范的认同感加强时,人们就会担心越轨犯罪行为会危害自己在社会中的相应地位,参加非法行为就意味着他们有失去对于自己意义重大的社会关系、职业和安全的风险。相反,当个人的社会约束削弱时,也就是对这些社会道德规范的认同感减弱时,他们就会更自由地实施犯罪行为。因此,导致犯罪率上升的根源在于对传统价值观念和道德法制观念的态度较差或者接受意愿较低。

沃尔特·雷克利斯(Walter Reckless)重点关注个体内在的控制力量。他认为,防止犯罪有内外两个方面的因素:外部的抑制因素就是赫希所说的社会约束或社会联系,内部的抑制因素则源于个体所表现出来的健康的"内部力量"性状:良好的自我形象、坚强的自我、正确的人生目标等。[①] 任一方面抑制力脆弱,都会导致人们走向违法犯罪。在美国这样一个高度个性化和多元化的社会里,雷克利斯认为外部抑制因素必然较弱,因此只能依靠犯罪者个人的心理来进行犯罪控制,即自我控制。

约翰·布雷思韦特(John Braithwaite)也认为社会并非通过契约而是通过羞耻心来控制成员[②]。当社会对个体的某种行为不认同时,会唤醒偏差行为者的耻辱心。羞耻分为烙印性羞耻和整合性羞耻两类。前者指偏差行为者受到惩罚,甚至受到侮辱,被抛弃或排斥,实际上是从传统社会中被排挤出去;后者指用理解、宽恕甚至尊重的方式令偏差行为者有负罪感。布雷斯韦特认为,整合性羞耻在强调集体主义的社会中更为普遍,烙印性羞耻在个人至上的社会中占统治地位,整合性羞耻通常能减轻偏差程度,而烙印性羞耻则会进一步扩大偏差行为。[③]

羞耻感是一种非正式的社会控制方式,而社会控制中的威慑理论则主张使用正式的社会控制手段。所谓正式的社会控制手段主要指向法官或其他法律执行机构。该理论认为人是有理性的,行动之前会衡量得失利弊,惩罚对犯

① 吴鹏森:《犯罪社会学》,中国社会出版社,2001,第51页。
② 亚里克斯·梯尔:《越轨:人为什么干"坏事"?》,王海霞等译,中国人民大学出版社,2014,第25页。
③ 同上书,2014,第25—26页。

罪具有威慑力，缺乏惩罚即纵容犯罪，实施惩罚要考虑以下因素[1]：

第一，严厉性：惩罚越严厉，犯罪的可能性越小。

第二，确定性：人们越是明确犯罪受罚，就越不可能犯罪。

第三，时效性：惩罚越及时，犯罪的可能性就越小。

控制理论的主要分歧在于控制的方法，它们的共性在于，所有的控制理论都认为一定的社会控制手段能够预防人们发生偏差行为，缺乏控制则会引发偏差行为。在禁毒社会工作的发展历程中，对戒毒康复人员进行有效的监督和管控始终是禁毒社会工作的重要任务，但我们也需要注意，社会控制不仅是偏差行为预防的武器，它也有可能成为偏差行为的诱因。所以禁毒社会工作要善用控制，宽严相济，更要明确管控是手段，帮助戒毒康复人员顺利回归社会，实现再社会化才是开展禁毒社会工作的终极目标。

四、标签理论

20 世纪 60 年代早期，一批社会学家提出了标签理论。他们认为，偏差行为是在偏差与非偏差之间的符号互动过程。从来没有天生的犯罪者，犯罪和其他各种偏差行为都是在社会相互作用的过程中被社会自身创制和规定的。[2]标签理论学家们只关心两个问题[3]：

第一，是“谁”把偏差行为的标签贴到了“谁”的身上？

第二，贴标签这一方式会给双方带来什么影响？

关于第一个问题，标签理论学家们认为犯罪是一种政治现象。因为，既然犯罪是社会贴标签的结果，那么，权力就是决定谁去贴“犯罪人”这个标签，以及谁被贴上这个标签的关键因素。[4] 正因为如此，代表法律、秩序以及传统道德力量的人是典型的“贴标签者”，如警察、法官、监狱看守、精神病院以及其他社会控制机构的工作人员。而被贴上偏差行为标签的则是那些所谓违法者和违反道德规范的人，如罪犯、吸毒者、少年犯、精神障碍患者等。

关于第二个问题，贴标签的举动对互动双方均有一定的影响。首先，对被贴

---

① 亚里克斯·梯尔：《越轨：人为什么干“坏事”?》，王海霞等译，中国人民大学出版社，2014，第 26 页。

② 吴鹏森：《犯罪社会学》，中国社会出版社，2001，第 53 页。

③ 亚里克斯·梯尔：《越轨：人为什么干“坏事”?》，王海霞等译，中国人民大学出版社，2014，第 30 页。

④ 吴鹏森：《犯罪社会学》，中国社会出版社，2001，第 54 页。

标签者而言，他们会因为被贴上标签而助长了所谓的偏差行为，真的将自己看作偏差者，最终变成真正的偏差者。弗兰克·坦嫩鲍姆(Frank Tannenbaum)提出，有两种偏差行为，初级偏差行为和次级偏差行为，前者并不被贴标签者视为是违法的，但后者被双方都认为是违法的。[①] 埃德温·莱默特(Edwin lement)认为，此二者并不仅仅是先后或次数频度上的区分，初级偏差行为是价值冲突，是社会认定的结果，行为者本人并不认同，只有在行为者认可这一社会定性并将自己也看作偏差者时，这种行为才成为继发性的次级偏差行为。[②] 从这个角度来看，某个人一旦被标定为偏差者，就会产生很消极的后果，会持续发生偏差乃至成为对标签认同的具有职业性倾向的次级偏差者，会得到来自社会的“区别对待”，某种意义上，行为偏差者的“罪恶更多来自社会对他们的污名”[③]。其次，对贴标签者而言，贴标签的行为令群体和社会获益，它标定了什么是恶，作恶会遭受何等惩罚，鼓励人们避免惩罚，积极向善，增强了社会凝聚力，维护了社会秩序，如卡伊·埃里克松(Kai Erikson)所说，“没有这种以善恶划分的群体内外界限，也就没有内在的社会认同感和社会凝聚力了。因此，在可控范围内，偏差行为也许本身就是一个社会保持稳定的重要条件”[④]。

标签理论对我们如何对待社会中的“越轨者”具有深刻的警示意义，促使我们反思传统的管控方式能否达到教育改造的目标。禁毒社会工作的服务对象是吸毒人员，也是传统意义上的“越轨者”，社会看待这个群体的时候往往冠以“瘾君子”“缺乏自控意志和能力”“堕落”“废人”等标签，这些标签使得人人对其避之不及，某种程度上也使得戒毒康复人员的回归、正常社会功能的发挥遇到了极大阻碍。标签理论者提出两点建议应对社会的犯罪问题：一是尽量使犯罪的社会控制对策人道化，二是尽量不要干预违法者的生活。特别是对于无被害人的犯罪行为更应如此。这两点建议也对禁毒社会工作的实际开展提供了相应的启示。

五、不同接触理论

埃德温·哈丁·萨瑟兰(Edwin Hardin Sutherland)是不同接触理论的代

① 亚里克斯·梯尔：《越轨：人为什么干“坏事”?》，王海霞等译，中国人民大学出版社，2014，第31页。

② 同上。

③ 吴鹏森：《犯罪社会学》，中国社会出版社，2001，第53页。

④ 亚里克斯·梯尔：《越轨：人为什么干“坏事”?》，王海霞等译，中国人民大学出版社，2014，第31—32页。

表性人物。他认为偏差行为是通过与他人的相互交往而习得的，或者说是另一种“社会化”的产物。这里的不同接触就是指接触偏差行为与价值观的过程。问题的关键就在于与谁交往、交往的频率和时间长短、交往对于个人的重要程度等。每个人都在亲密的个人群体中学会对违法的界定、理解规范的含义和价值。在萨瑟兰看来，一个人之所以成为偏差行为者甚至是犯罪人，是因为其内心支持违法行为的声音远远盖住了反对违法的声音，这是不同接触理论的原则。[①]

需要注意的是，偏差行为并非总是由与“坏伙伴”接触而产生的，重要的不是接触本身，而是接触中传递的信息。如果一个父亲对孩子说，因为贫穷去偷窃也是可以的，那么他就给孩子传递了偏差的观念；如果父亲说，无论何时都不可以偷拿别人的东西，偷就是不可取的，那么他就传递了反偏差的观念。其中父亲给孩子传递的观念的性质，并不涉及父亲本人是不是一个行为偏差者。萨瑟兰还指出，从“坏伙伴”那里得到的违法的信息和价值观必须远远超过传统合法的信息和价值观，才会使人受到偏差行为的影响。[②] 所以这里的不同接触，指向的并非人群的性质，而是接触的价值观念信息，即孩子即使不与实际违法的人接触，也会发展出有偏差的行为。

萨瑟兰的理论告诉人们，违法犯罪行为是在特定的社会环境中学习而来的，是通过与正常的“社会化”完全不同的另一种“社会化”过程而传播给下一代或其他人群的。由此，萨瑟兰认为，社会犯罪问题可以解决，既然犯罪是人在社会环境中学习得来，那么社会亦可以创造条件，通过非犯罪的社会化和社会交往过程，对犯罪者加以改造，通过重新社会化使其适应正常的社会行为方式。吸毒人员接触毒品的过程很多也是通过其已经接触毒品的同伴，在这个“圈子”里对于毒品以及吸食毒品的认识，不同于社会中的一般认识和行为规范，由于受到正常社会生活的拒斥，这个“圈子”的联结就更加紧密，偏差观念也就更加稳固。从理解戒毒康复人员的交往圈以及干预其价值观念的角度出发，不同接触理论为禁毒社会工作提供了有效的理论支持。

---

① Curt R. Bartol，Anne M. Bartol：《犯罪心理学》，李玫瑾等译，中国轻工业出版社，2019，第95页。

② 同上书，第96页。

六、社会亚文化理论

亚文化是指相对于社会的主流文化而独立存在的社会行为和价值体系等文化现象。[①] 亚文化群体研究兴起于美国，以罗伯特·帕克（Robert Park）、阿尔比恩·斯莫尔（Albion Small）、霍华德·贝克尔（Howard Becker）等为代表的芝加哥学派通过对流浪汉、舞女、吸毒者等特殊群体的研究表示，越轨者并不认为自己违反了社会准则，他们只是在群体内遵从了与主流社会不同的社会准则和价值观念。艾伯特·科恩（Albert Cohn）提出，“犯罪亚文化”即由于下层青少年无法在中产阶级主导的学校生活中获得成功，转而在自己的阶层中确立的与“高贵的”中产阶级传统标准直接对立的文化类型。[②] 他将工人阶级青少年的违法亚文化划分为三种类型，包括冲突亚文化群、吸毒亚文化群以及半职业盗窃亚文化群。[③] 贝克尔的标签理论则强调了媒体、法律、社会控制文化对亚文化的“创造”作用，社会群体通过制定规则，将这些规则应用于某些人，并将这些人标记为局外人，从而创造了越轨。[④]

第二次世界大战后，英国伯明翰学派以阶级预设为前提，认为现代社会的“文化”与群体的社会“阶级”密切相关，亚文化实质上是“阶级亚文化”。[⑤] 青年亚文化是伯明翰学派研究的主题，在其看来，青年亚文化是战后工人阶级抵抗霸权的一种方式，构成了对体现中产阶级价值观念的英国主流文化的一种象征形式的反抗。[⑥] 伯明翰学派引入“拼贴”“同构”等概念，描绘青年亚文化的抵抗风格，但亦表明青年亚文化最终难逃主流意识形态和商业的收编。伯明翰学派对当时的泰迪男孩、摩登族、嬉皮士等青年亚文化现象进行了深度的剖析，并形成了“风格”“同构”“抵抗—收编”等青年亚文化的叙事范式。[⑦]

---

① 常进锋、尹东凤：《改革开放 40 年中国青少年犯罪的社会学理论阐释》，《当代青年研究》2019 年第 4 期。

② 亚里克斯·梯尔：《越轨：人为什么干“坏事”？》，王海霞等译，中国人民大学出版社，2014，第 19 页。

③ 彭睿：《结构困境还是文化吸引——吸毒群体复吸影响因素及其治理的实证研究》，硕士学位论文，华南理工大学，2019，第 18 页。

④ 霍华德·S. 贝克尔：《局外人：越轨的社会学研究》，张默雪译，南京大学出版社，2011，第 13—15 页。

⑤ Stuart Hal and Tony Jefferson, *Resistance Through Rituals*: *Youth Subcultures in Post-war Britain* (London: Harper Collins, 1991), p.13.

⑥ 罗钢、刘象愚：《文化研究读本》，中国社会科学出版社，2000，第 22 页。

⑦ 罗红杰：《祛魅与超越：当代青年亚文化的融合发展》，《云南社会科学》2020 年第 1 期。

20世纪80年代之后，不少学者对芝加哥学派和伯明翰学派的亚文化理论进行了反思，这一阶段被视为后亚文化研究或后伯明翰时期的亚文化研究。一方面，以加里·克拉克(Gary Clarke)、斯坦利·科恩(Stanley Cohen)为代表的学者批评伯明翰学派的研究偏于静态、隔离，缺乏对亚文化动态风格特性的思考和历时性分析，亦将亚文化与社会其他方面分离开来，将社会的其他方面合并进一种"一致的"或占统治地位的社会关系中，对亚文化与商业、媒体、权力的讨论缺乏深入性。[①] 另一方面，以安迪·班尼特(Andy Bennett)、基斯·哈里斯(Keith Harris)等为代表的学者认为伯明翰学派的理论不能完全阐释新出现的"锐舞""新部落""场景"等青年亚文化现象。[②] 所以，后亚文化理论更加注重文化实践的历时性和混杂性，试图用"生活方式""新部族"等建构新的青年亚文化叙事框架。

社会亚文化理论勾勒出了一幅拥有不同于主流社会的社会准则和价值观念的群体生活图像。对于吸毒群体而言，他们交流同样的生活方式，有着相近的价值理念，由于社会资本缺乏、阶层流动渠道受阻、难以追求世俗意义上的成功，他们试图在区别于世俗世界的乌托邦中寻求解脱与宣泄情感，甚至以此来对抗主流社会的运行规则[③]，而社会中主流文化与价值观的存在，使得吸毒群体因其成员身份的限制性条件而受到文化、经济、制度等多重排斥，使得其边缘化情况更加严重。这一推一拉两方面的作用，强化了吸毒群体内部的亚文化，同时也增加了成员接触毒品甚至产生违法犯罪行为的可能性。所以，禁毒社会工作者需要推动国家、家庭、学校和社会的共同努力，净化文化市场，发挥主流文化的感召作用，减少甚至阻隔越轨亚文化对特殊群体的侵蚀。[④]

第三节　公共管理学相关理论

在政府购买服务的背景下，禁毒社会工作服务的开展还和公共管理学相关理论有关。本节主要介绍新公共管理理论、新公共服务理论和治理学派相关思想。

---

① 昌道励：《网络原创视频的青年亚文化研究——以优酷网325个网络原创视频为例》，硕士学位论文，暨南大学，2012，第6页。

② 罗红杰：《祛魅与超越：当代青年亚文化的融合发展》，《云南社会科学》2020年第1期。

③ 彭睿、王郅强：《社会排斥与毒品亚文化：青少年群体吸毒的双重诱因及其消解路径》，《公共行政评论》2019年第2期。

④ 常进锋、尹东风：《改革开放40年中国青少年犯罪的社会学理论阐释》，《当代青年研究》2019年第4期。

一、新公共管理理论

自20世纪80年代以来，西方国家普遍出现了财政危机、管理危机和信任危机，加之信息技术革命的影响，使得原有建立在官僚制基础上的传统公共行政陷入困境，需要政府有更强的治理能力。为了应对危机，西方国家开始进行大规模的政府管理改革，由传统的、官僚的、缺乏弹性的行政转向市场导向、有竞争性、具有弹性的公共管理。公共管理改革实践最先发生在英国，之后迅速波及全球，虽然叫法不一，但可以统称为"新公共管理"。许多学者对新公共管理理论的发展都做出了贡献，主要代表人物有克里斯托弗·胡德(Christopher Hood)、戴维·奥斯本(David Osborne)、迈克尔·巴泽雷(Michael Barzelay)等。

新公共管理的核心思想是为了提高政府公共服务供给的效率和质量，在公共部门和公共服务之中引入私人的管理手段和市场激励，以新的公共管理模式取代传统的公共行政，从根本上改变政府和社会的关系。胡德归纳了新公共管理具有的七个要素[①]，分别是：公共部门实践的"专业化管理"；标准明确与绩效衡量；强调产出控制；转向部门分权；转向竞争机制，降低成本和提高服务质量；重视私人部门管理行为的风格；重视资源的有效利用。

马尔科姆·霍姆斯(Malcolm Holmes)和戴维·尚德(David Shand)系统总结了新公共管理这一范式的具体特征[②]，分别是：具有明显的战略性或结果导向性，如强调效率、效能和服务质量；用分权化的方式取代高度集权的组织结构；探索公共产品供给方法以不断提高政策产品的效益，同时有效控制成本；重视权力与责任的对等；在公共部门内部以及公共部门之间引入竞争机制；为能够迅速回应外部变化和多元利益，强化中央"掌舵"政府的战略能力；通过结果和成本报告来提高责任感和透明度；建立涵盖服务全过程的管理制度。

总的来说，新公共管理是针对传统公共行政弊端提出的新管理路径，主要体现在两个方面：一是在"谁来管理"问题上，由于政府在服务供给方面的低效率，新公共管理认为政府应该把那些可以交给社会承担的社会管理和公共服务尽可能交给社会；二是在"如何管理"问题上，新公共管理认为应该引入市场机制和企业管理的经验和手段，降低管理成本，提高管理效益。

---

① 张成福、党秀云：《公共管理学》，中国人民大学出版社，2001，第17页。

② 谭功荣：《西方公共行政学思想与流派》，北京大学出版社，2008，第247页。

新公共管理思想对政府管理的禁毒工作有着重要的启示意义。面对禁毒工作的新局面，政府需要加大创新力度，转变政府职能，比如将一些禁毒工作交由社会来处理。当前禁毒工作的政府购买服务正是受到新公共管理思想的影响。此外，还要充分认知市场机制对于提高绩效的作用，在社会工作服务中引入竞争机制和制定绩效标准，政府可以发挥社会的力量提高戒毒工作的水平。

二、新公共服务理论

“新公共服务”的概念早在1989年就已经由美国学者帕特里夏·英格拉姆（Patricia Ingraham）和戴维·罗森布鲁姆（David Rosenbloom）提出，但并未引起关注。直到罗伯特·登哈特（Robert Denhardt）和珍妮特·登哈特（Janet Denhardt）夫妇在2000年时发表了题为《新公共服务：服务而不是掌舵》的文章，“新公共服务”理念才逐渐引起人们的关注。新公共管理理论对市场的过分推崇以及强调政府“具有企业家精神”容易导致政府对价值的偏离，导致公民和政府的关系不清晰。新公共服务理论正是在反思新公共管理理论的基础上形成的思想体系，是对新公共管理的超越，为公共行政学提供了新的选择和思维方式。新公共服务理论将公民权作为政府管理的中心，主张政府的基本职能应是“服务”而非“掌舵”，其价值在于服务民众。

新公共服务理论强调尊重公民权利，维护公共利益，需要重新认识政府的角色和功能，其具体内涵主要包括以下七个方面。[①] 第一，政府的定位是服务而不是掌舵，政府的角色应该是帮助公民表达和满足其利益，而不是控制社会新的发展方向。第二，追求公共利益，强调政府应该把追求公共利益视为价值所在和主要目标，而非副产品，政府应该致力于建立共享的公共利益观念。第三，服务于公民而非顾客，公共行政的对象应是全体公民，公民并非只是顾客，还有其他多种角色，政府不能为了提高效率而忽视部分公民的权利，注重公民与政府之间信任和合作关系的建设。第四，重视公民权益和公共服务而非企业家精神，公共行政者只是公共资源的管家，因此要确保公共资金的合理使用，不能像企业家一样自由使用资源，必须为公民负责，需要与公民分享权力。第五，战略的思考和民主的行动，新公共服务理论认为政策需要通过集体努力与合作来实施，政府执行公共政策时需要吸纳公民参与，在民主的基础上致力

① 谭功荣：《西方公共行政学思想与流派》，北京大学出版社，2008，第265页。

于公共利益的实现。第六,重视人而不只是生产力,认为人是组织存在的前提,将公平、公正、尊重、授权等置于效率之上,组织应在对人的尊重和合作中实现其目标。第七,责任不能简单化,行政者的责任不仅在于市场,还应关注宪法、社区价值观、政治行为准则、职业标准和公民利益,其多元化的责任是对公共利益的维护。

新公共服务理论对服务的强调以及对公民权利的尊重对禁毒工作有一定的启示意义。吸毒人员既是违法者,也是受害者和病人,政府在对吸毒人员管控的同时,不能丢失对其权利的尊重和服务需求的满足。虽然引入了市场的竞争机制开展禁毒工作,但不能为了效率而忽视了价值,应该关注人的需要。政府在制定禁毒政策和执行项目时,还要积极吸纳企业、社会组织、普通公民、吸毒人员等相关利益方群体的参与,在合作中保障吸毒人员的基本权利和促进其戒毒康复。

三、治理学派

治理(governance)一词很早就有,基于财政危机、政府失灵、新公共管理的兴起等背景,20 世纪 90 年代以来很多学者重新赋予了治理新的内涵,使治理成为理论界和实务界普遍关注和重视的话题,也使治理理论发展成为独立的思想流派。近年来,更是有大量的学者对此进行研究,形成了大量研究成果。

和统治不同,治理活动的主体未必是政府,也不是依靠国家强制力量来实现,它是众多公共或私人的个体或机构处理共同事务的各种方式的总和,具有四个特征[①]:

第一,治理不是一套规则而是一个过程;

第二,治理过程依靠的不是权力的控制而是协调;

第三,治理不仅包括公共部门也包括私人部门;

第四,治理并非一种正式的制度,而是持续的互动。

英国学者格里·斯特罗克(Gerry Stroker)系统梳理了治理作为理论的五个基本命题[②]。第一,从主体来看,治理的主体具有多元性,不仅包括政府,还包括非政府组织和私人,其在治理中也发挥了重要的作用。第二,从边界角度

---

① 谭功荣:《西方公共行政学思想与流派》,北京大学出版社,2008,第 278 页。

② Gerry Stoker, "Governance as Theory: Five Propositions," *International Social Science Journal* 50, no.155(1998): 17 - 28.

来看，传统的公共责任出现了转移，之前公共责任主体主要是政府，但这样的公共责任也开始向社会、非政府组织和个人转移，进而导致国家与社会、公共与私人之间的边界和责任的模糊。第三，从治理主体之间的关系看，由于治理需要各个主体之间的通力合作才能解决问题，也因此造就了各个主体之间的彼此依赖，其在互动过程中建立了合作伙伴的关系。第四，从运行机制来看，治理依靠的是一种自主自治的网络体系，在这个体系中各主体通过对话、合作的方式解决问题，权力是分散的，追求的是多元化和多样性基础上的共同利益。第五，从行为模式的角度看，解决好社会问题不仅仅局限于政府的权力，因此治理理论认为需要重新界定政府的权限范围和行使方式。总的来说，治理理论从政府之外、通过共同管理的方式寻求社会问题解决，构建了一种政府与其他行为主体的新型关系。

根据治理理论，毒品的治理不能仅仅依靠政府，需要社会各主体的参与才能更好地解决毒品领域相关的社会问题。服务对象的康复过程，需要各个主体的配合，包括政府、社区、企业、社会工作机构、居民等，根据治理的理念，政府需要和多元的主体开展对话，在合作中实现戒毒康复人员的社会康复。

第四节　社会工作相关理论

社会工作相关理论对于直接指导禁毒社会工作的实践具有重要的作用，本节主要介绍禁毒社会工作实践中常会用到的认知行为理论、动机晤谈法、家庭治疗理论、生态系统理论、社会支持理论、优势视角、增权理论、叙事治疗、焦点解决短期治疗。

一、认知行为理论

认知行为理论来源于行为主义理论和认知理论，只不过在发展的过程中，行为理论和认知理论逐渐融合，整合成为认知行为理论。行为治疗流行于 20 世纪 20 年代至 50 年代美国心理学界，成为替代精神分析的重要治疗方法；但到了 60 年代后，随着班杜拉提出社会学习理论，行为治疗中的认知因素逐渐引起人们的关注。到了 20 世纪 70 年代，有学者开始整合行为主义理论和认知理论，逐渐认为认知、行为和情绪三者之间是相互依存的关系，并作为一种重要的力量进入社会工作领域，得到了广泛的运用。

众多学者都对认知行为理论做出了贡献,由于具有不同的理论来源,认知行为理论也因此有不同的偏向,有的关注行为,有的关注认知的调整。刺激—反应理论是最早的行为主义理论,它基于巴甫洛夫关于狗的实验得出:狗对铃声本来是没有反应的,但是如果狗多次在听到铃声后可以获得食物,狗便会对铃声建立反应(分泌唾液)。本来没有联系的刺激和反应建立了联系,这样的刺激和反应被称为条件刺激或条件反应,比如铃声本来和狗的分泌唾液反应是没有联系的。这个原理告诉我们,行为习得的过程其实就是刺激和反应有条件建立联系的过程,系统脱敏法正是借鉴了这样的原理。斯金纳(Burrhus Frederic Skinner)进一步完善了刺激—反应理论,提出了操作条件反射理论。该理论认为,当前行为的结果决定未来的行为,这一结果以奖励或惩罚的方式来强化或弱化某种行为。当结果对其有好处时,便会重复这样的行为,相反,如果行为结果不利,便会减少该行为。代币管理法正是基于这样的原理对需要的行为进行强化。班杜拉认为行为主义过分看重操作,而忽视了人内在的认知因素对行为的影响,由此将传统行为主义和认知心理学结合,提出了其著名的社会学习理论。该理论认为,行为的习得未必要亲身经历,行为可以由观察其他的人或事而习得,在此过程中,榜样的作用比较重要。班杜拉的理论加入了认知的因素,使行为主义开始重视认知的因素,但真正将认知和行为关系阐述得十分清晰的是艾伯特·艾利斯(Albert Ellis)的理性情绪治疗理论,ABC 理论便是从中提炼而来。该理论认为,客观的事件并不是造成人们情绪和行为反应的原因,我们的信念系统,即认知,才是产生行为的最终因素,因此,对非理性信念的改变可以产生积极的行为和情绪。

认知行为理论是社会工作最常使用的理论之一,同样在禁毒社会工作领域内也有广泛的运用。吸毒人员往往对毒品和戒毒有非理性的认知,比如认为吸毒是个人行为,国家绝对无权干涉,吸毒是一种时尚,毒品必定是戒不了的等等非理性认知,因此要实现戒毒成功,需要根据 ABC 理论,对存在的非理性信念进行驳斥,继而形成正确的认知。此外,社会学习理论和操作条件反射理论对社会工作者帮助服务对象戒除毒瘾也具有启示意义,比如通过开展同伴教育,利用榜样的作用示范如何戒毒成功,对有利的戒毒行为进行强化等。

二、动机晤谈法

动机晤谈法,也被称为动机访谈法(Motivational Interviewing, MI),是由

美国心理学及精神医学教授威廉·米勒(William Miller)和英国心理学家斯蒂芬·罗尔尼克(Stephen Rollnick)创立的。动机晤谈是融合了人本主义、动机心理学、社会心理学和心理治疗的理论与方法,通过有技巧的面谈协助人们认识到现有的或潜在的问题,提升改变的动机。在国外,动机晤谈被广泛运用在药物依赖、精神疾病、赌博等方面,且被证实具有良好的干预效果。

动机晤谈有五项基本原则:第一,表达共情,从服务对象角度出发,尊重、接纳服务对象,相信其有能力解决自己的问题;第二,找出差距,让服务对象找出自己想到达的状态和目前处境的差距,强化改变的意愿;第三,避免争论,为了避免产生阻抗,在谈话过程中应该避免与服务对象进行争论,转向合适的方式与其交谈;第四,处理阻抗,需要了解阻抗产生的原因,技巧性地让服务对象认知自己的问题;第五,支持自我效能,在介入过程中,要让服务对象相信自己改变的能力,提升自信心。动机晤谈法的核心要素可以概括为OARS四种技巧:O(Open-ended questions)即开放式问题,以中立、开放的提问促进对话、鼓励服务对象多谈论;A(Affirmations)即肯定的态度,肯定服务对象过去为改变所做的努力以及具有的优势;R(Reflections)即反映,为了表达共情以及向服务对象反映其改变的信息,促进其自我觉察;S(Summary feedback)即总结,向服务对象总结反馈,继而引向新的话题。动机晤谈的实践可以分为六个步骤:

第一,沉思前期:通过提问,促进服务对象对现在行为危害的认识,鼓励其思考。

第二,沉思期:打破内心平衡,说明不改变的危险,唤起服务对象对于改变利弊的思考。

第三,准备期:帮助服务对象准备改变的行动计划。

第四,行动期:肯定行为改变的成功之处以及改变过程中存在的困难。

第五,维持期:帮助服务对象识别改变过程可能出现的问题和应对措施,以及强化其改变的承诺。

第六,复发期:帮助服务对象重新开始计划、决定和行动。

戒毒动机的激发对于服务对象的戒毒具有重要的意义,动机晤谈法为禁毒社会工作者激发服务对象的戒毒动机提供了有力的理论支撑,特别是有关在不同的改变阶段采用不同策略的观点对开展戒毒康复服务具有很大的启示意义。禁毒社会工作者在帮助戒毒康复人员戒毒时,首先要明确其处在改变的哪个阶段,然后针对不同阶段采用不同方式激发其戒毒动机。

三、家庭治疗理论

家庭治疗是以家庭为单位的治疗方法，认为个人的问题与家庭问题有很大关系，因而聚焦于改变家庭的不良结构和互动方式。20 世纪 50 年代以前，个人层面的心理治疗是当时的主流，由于个人和家庭之间的紧密联系，一些实务工作者逐渐发现个人问题是和家庭问题交织在一起的，便邀请家人一同参与治疗，并收到了良好的效果。之后，家庭治疗逐渐引起社会工作和心理治疗界的重视，并发展出了众多的家庭治疗方法，比如结构学式家庭治疗、萨提亚家庭治疗、策略式家庭治疗、系统家庭治疗、行为家庭治疗以及受到后现代思想影响的叙事家庭治疗、寻解导向家庭治疗和性别敏感的家庭治疗等。下面主要介绍结构式家庭治疗和萨提亚家庭治疗的观点。

结构式家庭治疗由萨尔瓦多·米纽庆(Salvador Minuchin)及其同事在 20 世纪 60 年代创立，结构式家庭治疗聚焦于家庭的不良结构，认为个人问题和家庭的结构有密切关系，个别家庭成员的症状维系着家庭成员的互动模式，改变家庭成员之间的互动交往结构，可以使个别成员症状消失或好转。因此，看似是某个家庭成员的问题，其实其他家庭成员一样具有“症状”，家庭治疗师的任务就是帮助家庭认清并解除使家庭功能发挥不良的结构，代之以较健全的结构。家庭中的不良结构主要有纠缠与疏离、联合对抗、三角缠和倒三角等。此外，米纽庆(Salvador Minuchin)在《家庭与夫妻治疗：案例与分析》一书中详细介绍了结构式家庭治疗的四步模式：第一步，拓展目前的主诉；第二步，着重探索维持问题的互动模式；第三步，结构化地集中探索过去；第四步，探索相关的改变方式。

萨提亚家庭治疗由维吉尼亚·萨提亚(Virginia Satir)创立，她是第一代的家庭治疗师，从 20 世纪 50 年代起已居于领导地位。萨提亚家庭治疗具有明显的人本主义特点，不是聚焦于病态，而是聚焦于成长，当个人出现问题时会被视为其成长出现了障碍。为了认识每个人的内在，萨提亚发展出了冰山理论，认为每个人内在都是由行为、应对方式、感受(包括感受的感受)、观点、期待、渴望和自我构成。每个人的内心渴望都是相似的，但在成长的过程中可能会形成不同的应对方式，萨提亚称之为生存姿态，主要有五种：讨好型、责备型、超理智型、打岔型和表里一致型。为了探讨每个人的生存姿态是如何形成的，萨提亚也构建出了探索原生家庭如何影响我们个人的工具，比如家庭生活编年史、原生家庭图、影响力车轮等。萨提亚认为过程是改变的途径，为了让体验困扰的个人体验改变的过程，萨提亚使用家庭重塑和家庭雕塑的方法，在过程中转化个人过去的情绪和认知，从而达到改变的效果。

禁毒社会工作服务中的戒毒人员所在家庭也往往存在各种问题，根据结构式家庭治疗的观点，某个家庭成员"吸毒"的症状并不仅仅是这个家庭成员有问题，其他家庭成员也存在问题，其他家庭成员的互动模式在一定意义上维持着"吸毒"这一症状，因此，需要从家庭整体入手开展戒毒康复服务。另外，萨提亚的冰山理论对理解服务对象的行为具有重要的启发，每个人内心的渴望都是一样的，只不过满足内在的渴望采用了不同的应对方式，在服务对象身上可以理解为他们为了满足内心的渴望，采用了吸毒这种错误的应对方式，因此戒毒的过程也可以理解为专业工作者用正确的应对方式帮助服务对象满足内心的渴望。

四、生态系统理论

生态系统理论是在借鉴系统理论和生态学观点的基础上形成的，关注的是人与环境之间的互动关系。该理论自 20 世纪 70 年代进入社会工作领域以来，由于具有极强的包容性，且和社会工作所强调的"人在情境中"这一思想脉络相吻合，日益受到实务界和学术界的欢迎，经过不同学者的贡献，目前该理论已经成为比较成熟的社会工作理论。该理论的主要代表人物有查尔斯·扎斯特罗（Charles Zastrow）、尤里·布朗芬布伦纳（Urie Bronfenbrenner）、卡雷·杰曼（Carel Germain）和亚历克斯·吉特曼（Alex Gitterman）等。扎斯特罗将个人的生态系统分为微观系统、中观系统和宏观系统三个层次。[①] 微观系统是指个人系统，包括个人的身、心、社、灵；中观系统指个人周围的小规模群体，比如家庭、单位、职业群体等；宏观系统是比小规模群体更大的系统，包括文化、社区和组织等。布朗芬布伦纳更详细地对个人的生态系统进行划分，将其分为微观系统、中观系统、外观系统、宏观系统和时间系统。微观系统是直接与个体面对面互动的群体或个人，比如父母与自己的互动；中观系统是几个微系统之间的交互作用关系，比如父母和老师的互动；外观系统是指两个或更多的环境之间的连接与关系，其中一个环境中不包含这个个体，比如父亲的工

① 文军：《西方社会工作理论》，高等教育出版社，2013，第 233 页。

作单位相对个体来说就是外观系统;宏观系统是包含更大的社会文化体系;时间系统是随着时间的变化而产生变化的个体生态系统,这一维度将个体置于时间和空间的影响之下。此外,杰曼和吉特曼以生态视角为理论框架,提出在社会工作中运用"生活模式"概念,该模式从对个体关注的"疾病模式"转移开来,认为人们相互依赖并与环境互相依存,即人在环境中,社会工作的目标就是增强个人与环境之间的适合度。总的来说,该理论强调人们和他们所处的环境是相互依赖且彼此辅助的一个整体,互为对方进行持续的改变和塑造,需要将个人放在其不同层次的环境系统中才可以更好地理解个人并找到介入空间。

生态系统理论给社会工作服务提供的核心概念主要有生命周期、人际关联、胜任能力、角色、地位及栖息地、适应力、滋养性环境等。[①]

生态系统理论可以帮助社会工作者更好地理解服务对象的生活环境,将服务对象的行为视为其与生活环境互动的结果。吸毒事实的发生说明服务对象与社会环境的互动出现了失调,社会工作者可以从生态系统的角度思考减少复吸的社会因素,通过对服务对象生活环境的微观系统、中观系统、外观系统和宏观系统进行评估,找出社会工作者可以介入的空间。同时,社会工作者要认识到人生来就有与环境和其他人互动的能力,人与环境的关系是互惠的,并且个人能够与环境形成良好的调适关系,要帮助服务对象建设滋养型的环境以有利于戒毒。

五、社会支持理论

社会支持研究始于20世纪60年代末,源于对心理健康和压力问题的研究。1985年出版的《网络工作治疗:理论与实践》被视为社会支持理论初步形成的标志,其理论来源被认为是系统理论、整合理论和社会网络理论[②]。众多研究证实,良好的社会支持有利于个体的身心健康,个体拥有的社会支持越多,越容易面对环境中的挑战和压力。

不同的学者对社会支持的内涵有不同的理解。总的来说,可以从以下四

① 全国社会工作者职业水平考试教材编委会:《社会工作实务(中级)》,中国社会出版社,2021,第5—8页。

② 文军:《西方社会工作理论》,高等教育出版社,2013,第207页。

个角度来理解社会支持[①]：一是功能取向，主要探讨社会支持对个体功能的作用，它可以满足个体需要或者帮助其实现目标；二是结构取向，认为社会支持是维系人与人之间关系的纽带，从而形成家庭、群体等；三是主观评价取向，从接受者主观认知的角度理解社会支持，个体周围的社会支持取决于个体对周围环境能够给予支持情况的认知性评估；四是互动取向，将社会支持理解成是个体与其周围环境互动建构的过程。社会支持有不同的分类，根据来源渠道可以分为正式支持和非正式支持。根据社会支持的内容，谢尔登·科恩（Sheldon Cohen）和托马斯·威尔斯（Thomas Wills）将社会支持划分为尊重的支持、信息支持、社会成员身份和工具性支持四种类型[②]。范德·普尔（Vander Poel）则将社会支持分为三大类型[③]。一是情感支持，比如纾解、精神安慰；二是实际支持，比如提供实际的帮助，给予经济支持等；三是交往支持，提供社会交往互动的支持。对于社会支持的作用机制，目前主要有主效应模型和缓冲作用模型两种。主效应模型认为社会支持具有普遍的作用，无论个体是否处于压力状态中，社会支持都可以有益于个体的身心健康。缓冲作用模型则认为社会支持可以在个体处于压力状态下，对个体起到缓冲器的作用，可以减弱个体的压力感。

增强服务对象的社会支持网络对于服务对象成功戒毒具有一定的促进作用。禁毒社会工作者在使用社会支持理论提供服务时，首先要对服务对象的需求以及社会支持状况进行评估。在构建服务对象社会支持网络时，一方面要利用正式支持资源为服务对象提供帮助，比如申请低保、提供公益性就业岗位等，另一方面要为服务对象积极搭建非正式的支持网络，比如家人、朋友、邻里等。此外，构建服务对象的社会支持网络一定不能忽视服务对象自身的作用，根据社会支持的互动取向可知，社会支持是需要个体积极建构维持的，要鼓励服务对象通过戒毒行为获取周围他人的支持。

六、优势视角

“优势视角”是由美国学者丹尼斯·塞勒伯（Dennis Saleebey）在《优势视

① 阮曾媛琪：《中国就业妇女社会支持网络研究》，北京大学出版社，2002，第5—9页。

② Sheldon Cohen and Thomas A. Wills, “Stress, Social Support, and the Buffering Hypothesis,” *Psychological Bulletin* 98, no.2(1985): 310 - 357.

③ Vander Poel, “ Delineating Personal Support Networks, ”*Social Networks* 15, no.1(1993): 49 - 70.

角：社会工作实践的新模式》一书中正式提出，是为了反思和批判在社会工作中风行的“问题视角”。积极心理学、抗逆力、增权视角和社会建构都对优势视角理论的形成有一定的影响，优势视角强调服务过程要聚焦于服务对象的优势和资源，发掘其潜能。该理论视角形成于 20 世纪 80 年代的美国，提出后便受到广泛的认可，已经被应用到社会工作的众多领域。

优势视角的核心概念是“优势”，塞勒伯认为任何事情在特定的条件下几乎都可以被视为一种优势，比如体验、个人品德、天赋、感悟、故事、灵性、意义和社区资源①。每个个体、团体、家庭和社区都具有优势，即使经历创伤、虐待、疾病的个体也是具有优势的。服务对象具有的优势可以概括为八个方面②：一是服务对象面对困境时所形成的优势，包括想法、能力和动机；二是服务对象在困境中可以使用周围环境中的资源；三是服务对象知道什么是适合自己的，也清楚自己的需要；四是服务对象拥有有机体天生具有的自我调整和自我改善的能力；五是服务对象具有的自我愈合和转换的能力；六是服务对象具有的知识、兴趣爱好和技能；七是服务对象能够建立希望，并走向目标，摆脱困境；八是服务对象渴望得到别人的尊重和关爱，期望自己可以管理好自己的生活。查尔斯·拉普(Charles Rapp)进一步概括了个体和环境具有的基本优势，认为个体具有的基本优势主要有热望、能力和自信，环境中具有的基本优势主要有资源、社会关系和机会。③ 增能是优势视角的一个重要概念，优势视角的运用过程也是增能的过程，优势视角帮助服务对象建立希望、发掘自身的能力、发现周围的资源，从而实现增能。另外，优势视角也把抗逆力的概念引入个人能力和资源的挖掘中，认为帮助服务对象在逆境中寻找优势的过程，就是培养服务对象抗逆力的过程。

戒毒康复人员往往被视为“问题”人群，这样的标签有可能使其形成负面的自我概念，不利于激发其戒毒的动机和建立自信。优势视角从优势和资源的角度重新看待戒毒康复人员，相信他们具有戒毒的潜能，并积极帮助服务对象发掘其个人和环境中的优势和资源，有利于服务对象重新燃起戒毒的希望和增强戒毒的自信。优势视角中引入抗逆力的概念对于防止服务对象复吸具有重要启示意义，能帮助培养戒毒康复人员的抗逆力，有利于戒毒康复人员在

---

① 何雪松：《社会工作理论》，上海人民出版社，2007，第 202 页。
② 童敏：《社会工作理论》，社会科学文献出版社，2019，第 439—440 页。
③ 文军：《西方社会工作理论》，高等教育出版社，2013，第 268—269 页。

面对吸毒诱因时，能够主动保持操守，降低复吸率。

七、增强权能理论

增强权能理论的产生源于西方民权运动、黑人运动和女性主义，聚焦于社会中的弱势群体和受压迫群体。虽然增权问题在社会工作中长期存在，但直到美国学者巴巴拉·所罗门（Barbara Solomon）出版《黑人增权：压制性社区的社会工作》一书才对增权概念进行了系统阐述，提出了增权的实践框架，并形成了增强权能取向的社会工作理论。增强权能理论不仅关注个体层面的改变，而且对社会层面的改善也积极关注，尝试将社会结构层面的改善与个人的成长改变结合起来，形成整合的实践模式。

所罗门认为增强权能视角下的社会工作是帮助服务对象减少由于污名而形成的无力感，在此过程中识别权力障碍、减少直接和间接的权力障碍影响，其服务策略既涉及个人，也关乎环境，其核心是通过批判意识的培养，将个人和集体目标联结，从而实现个人和社会层面的改变。增强权能理论下的社会工作具有三个特点[①]：一是脉络化，要能够认识到服务对象日常生活与社会结构或社会进程的联系，辨识处境背后的社会政治因素；二是过程化，支持服务对象自己做出决定和采取改变的行动，在过程中逐步提升对生活的掌控感；三是集体化，通过组织那些有共同经历的弱势群体相互支持进而形成互助关系，减少弱势群体的孤独无助感。增强权能理论的实践框架可以从三个层面进行：第一，个人层面，社会因素造成的负面评价让弱势群体产生消极的自我，个人层面的增强权能就是要去除这样的负面影响，增强个体应对环境的能力和自信心；第二，人际层面，促进弱势群体成员之间支持、分享关系的建立，形成集体的社会身份；第三，政治层面，通过积极的行动促进涉及群体的政策或政治层面的改变。增强权能理论视角下的社会工作者被视为服务对象的协同者，而非专家[②]，社会工作者需要融入对象的生活，从服务对象经验到的问题着手。

增强权能理论对于禁毒社会工作实践也具有重要的参考意义。服务对象由于吸毒问题面临社会的排斥和歧视，这样遭受歧视和排斥的环境又会进一

① 童敏：《社会工作理论》，社会科学文献出版社，2019，第 460 页。
② 同上书，第 473 页。

步塑造服务对象戒毒的无力感。利用增强权能理论，一方面要改变服务对象的环境，维护其权益，减少社会排斥，另一方面要建立服务对象的互助支持体系，分享戒毒经验。同时，还需要在个体层面增强权能，让服务对象树立戒毒的自信，减弱社会排斥对其产生的影响。

八、叙事治疗

叙事治疗由澳大利亚的米歇尔・怀特(Micheal White)和新西兰的戴维・爱普斯顿(David Epston)于20世纪80年代创立。叙事治疗深受存在主义、后现代主义、符号互动主义和多元文化主义的影响，基于社会建构主义取向，其目标是帮助服务对象从一个有问题的生命故事中唤起并解放出来，重新书写有尊严、体现能力和智慧的故事。

叙事治疗认为现实是社会建构出来的，并不存在绝对的真理，经不同方式的建构，现实可以表现出不同的版本，家庭、文化、语言等社会性、历史性因素都会对其产生影响。现实经由语言构成，并以叙事的方式得以维持，人的生活就充满着各种故事，并以此赋予生活不同的意义和连续性的感受。但是某些社会建构出来的叙事可能成为压制性的话语体系和服务对象消极生活意义的来源。叙事治疗相信服务对象拥有许许多多的故事，甚至这些故事之间是充满矛盾的和具有变化性的，服务对象在编制自己故事的时候，可能会放弃矛盾，忽视支线故事，建构出了具有伤害性的故事，导致服务对象问题的产生。叙事治疗就是通过叙事的隐喻将服务对象的生活经历故事化，并在此过程中通过与服务对象的对话交流，建构出一种积极的、充满希望的新故事来替代原有的具有负面意义的故事。概括起来，叙事治疗主要有三个阶段：一是外化困扰问题，二是发掘独特结果和编写新故事，三是巩固新故事。在叙事治疗过程中常用的技巧主要有发问技巧、利用书面文件、创造听众等。社会工作者倾听服务对象讲述自己的故事，鼓励说出“未说出的话”；将问题和服务对象本身分开；发现与问题故事不符合的生活事件；运用笔记、录音和信件，通过见证等，强化或持续故事，巩固已经取得的成果。

叙事治疗在禁毒社会工作领域具有广泛的应用前景。服务对象的吸毒和戒毒经历蕴含着丰富的故事，社会工作者倾听服务对象的故事，并协助服务对象反思在自己编制的故事中消极的自我形象是如何建构的，通过问题外化和寻找独特结果等，解构服务对象的故事，并代之以新的、积极的、充满尊严和力量的生命故事。

九、焦点解决短期治疗

焦点解决短期治疗，也被称为寻解治疗，起源于 20 世纪 70 年代后期，是由史蒂夫·沙泽尔(Steve Shazer)及其同事创立，深受认知理论、系统理论、沟通理论、精要治疗、危机理论和社会建构主义的影响，是以寻找解决问题的方法为核心的短程心理治疗技术。该治疗方法可以帮助服务对象找到新的方法解决旧的问题，目前已经被广泛运用于儿童、青年、成人和家庭的治疗中。

不同于以问题为中心的社会工作取向，焦点解决短期治疗关注解决而不是问题，重视服务对象的经验和优势，认为服务对象身上都具有解决问题的钥匙，社会工作者要做的就是帮助服务对象找寻。约翰·沃尔特(John Walter)和简·佩勒(Jane Peller)系统总结了焦点解决短期治疗的七个假设①：

第一，用正面的、积极的方式关注答案和未来会带来诸多好处；

第二，社会工作者和服务对象找到存在于服务对象身上的例外情况，往往可以作为解决的指引；

第三，改变是唯一不变的，随时都在发生；

第四，小的改变能推动大的改变；

第五，社会工作者和服务对象之间是合作的关系，服务对象是值得信赖的；

第六，服务对象有解决自身问题的能力；

第七，服务对象是自己问题的专家，治疗着重于目标或焦点解决。

焦点解决短期治疗的实施可以分为五个阶段：第一阶段是描述问题，但并不探究问题的根源；第二阶段是建立目标，社会工作者和服务对象一起建构未来；第三阶段是寻找“例外”，社会工作者在服务对象生命历程中寻找到曾经目标达成的情况；第四阶段是结束会谈反馈，每次会谈结束，社会工作者要积极回馈；第五阶段是评估服务对象进展。焦点解决短期治疗常用的干预技巧主要有奇迹问题、例外问题和评量问题。奇迹问题常用的描述是“假设有一天

---

① Barbra Teater：《社会工作理论与方法》，余潇、刘艳霞、黄玺译，华东理工大学出版社，2013，第 195—197 页。

出现了奇迹，在你沉睡的时候你的问题都解决了，你如何知道这一变化？会有什么不同？”[①]。所有问题都有例外，通过例外问题可以找到服务对象力量所在，进而寻找到解决问题的钥匙。评量问题是用0到10分来评估服务对象自己的生活，通过量化分数的变化可以询问导致变化的原因。

焦点解决短期治疗关于服务对象的优势、未来和探寻例外的技巧对禁毒社会工作具有积极的启示意义。吸毒经历使得服务对象往往在社会上遭受歧视和排斥，并表现出自卑倾向，对未来不抱希望，进而出现“破罐破摔”的心理，发生复吸。焦点解决短期治疗关注服务对象的优势，为服务对象构建充满希望的未来，可以为服务对象提供戒毒动力，有利于其对目前戒毒的坚持。此外，由于服务对象在戒毒生涯中往往存在一些有效的坚持时间段，例外的技巧对于寻找服务对象的戒毒策略有积极的意义。通过对例外的挖掘，社会工作者可以为服务对象找到过去发挥作用的戒毒策略从而为当下戒毒提供借鉴。

① Barbra Teater：《社会工作理论与方法》，余潇、刘艳霞、黄玺译，华东理工大学出版社，2013，第198页。

第四章

禁毒社会工作政策

禁毒社会工作是禁毒工作的重要组成部分，是推进平安中国、法治中国和中国式现代化建设的重要制度安排。为进一步贯彻落实中共中央关于加强禁毒工作的决策部署，提升禁毒社会工作参与毒品问题治理的专业能力，根据《中共中央关于构建社会主义和谐社会若干重大问题的决定》等社会治理政策，以及《禁毒法》《戒毒条例》《关于加强禁毒工作的意见》等禁毒工作政策，国家禁毒办等部门联合印发了《关于加强社区戒毒社区康复工作的意见》《关于加强戒毒康复人员就业扶持和救助服务工作的意见》《全国社区戒毒社区康复工作规划(2016—2020年)》《全国青少年毒品预防教育规划(2016—2018)》《关于加强禁毒社会工作者队伍建设的意见》等禁毒社会工作政策。本章将呈现系列政策所提出的总体目标要求、具体职责任务以及相应服务内容，并对有关政策进行分析。

第一节　社会治理政策

为加强和创新社会治理、构建社会主义和谐社会以及巩固党的执政基础，综合考虑不同时期、不同阶段国内外发展趋势和我国发展条件，一系列社会治理政策相继出台，对我国社会治理作出系统谋划和战略部署。

一、政策要求

(一)《中共中央关于构建社会主义和谐社会若干重大问题的决定》

2006年10月，中共十六届六中全会通过了《中共中央关于构建社会主义和谐社会若干重大问题的决定》。该文件明确了社会主义和谐社会的性质及其定位、构建社会主义和谐社会的指导思想、奋斗目标、主要任务以及必须遵循的正确原则。

1. 主要内容

《中共中央关于构建社会主义和谐社会若干重大问题的决定》分为三大板块、八个部分，主要内容有：

(1) 明确了构建社会主义和谐社会的重要性和紧迫性。把中国特色社会主义伟大事业推向前进，必须坚持以经济建设为中心，把构建社会主义和谐社会摆在更加突出的地位。

(2) 明确了构建社会主义和谐社会的着力点之一是完善社会管理、增强社会创造活力，走共同富裕道路，推动社会建设与经济建设、政治建设、文化建设协调发展。

(3) 坚持协调发展的道路，加强社会事业建设。

(4) 加强制度建设，保障社会公平正义。

(5) 建设和谐文化，为巩固社会和谐奠定思想道德基础。坚持正确导向，哲学社会科学要坚持以马克思主义为指导，以重大现实问题研究为主攻方向，发挥认识世界、传承文明、创新理论、咨政育人、服务社会的作用。

(6) 完善社会管理，保持社会安定有序。

(7) 激发社会活力，增进社会团结和睦。

(8) 加强党对构建社会主义和谐社会的领导。

2. 服务要求

《中共中央关于构建社会主义和谐社会若干重大问题的决定》提出以下几点服务要求：

(1) 完善公共服务政策体系，提高公共服务质量，增强政府公信力。推进政事分开，支持社会组织参与社会管理和公共服务。

(2) 加强社会治安综合治理，增强人民群众安全感。坚持打防结合、预防为主、专群结合、依靠群众的方针，完善社会治安防控体系，广泛开展平安创建活动，把社会治安综合治理措施落实到基层，确保社会治安大局稳定。加强对流浪儿童、服刑人员子女的关心教育，强化吸毒人员感化和管理，改进刑释解教人员帮教安置工作。

(3) 建设宏大的社会工作人才队伍。造就一支结构合理、素质优良的社会工作人才队伍，是构建社会主义和谐社会的迫切需要。建立健全以培养、评价、使用、激励为主要内容的政策措施和制度保障，确定职业规范和从业标准，加强专业培训，提高社会工作人员职业素质和专业水平。制定人才培养规划，加快高等院校社会工作人才培养体系建设，抓紧培养大批社会工作急需的各类专门人才。充实公共服务和社会管理部门，配备社会工作专门人员，完善社会工作岗位设置，通过多种渠道吸纳社会工作人才，提高专业化社会服务水平。

构建社会主义和谐社会战略任务的提出，使中国特色社会主义事业总体布局，由社会主义经济建设、政治建设、文化建设三位一体发展为社会主义经济建设、政治建设、文化建设、社会建设四位一体，从而使中国特色社会主义的发展模式更加清晰。

（二）《关于加强社会工作专业人才队伍建设的意见》

2011 年 11 月，中央组织部、中央政法委、民政部等十八个部门和组织联合发布了《关于加强社会工作专业人才队伍建设的意见》。该文件全文共分为六个部分，包括加强社会工作专业人才队伍建设的重要性和紧迫性，指导思想、工作原则、目标任务，大力加强社会工作专业教育培训，积极推动社会工作专业岗位开发和专业人才使用，切实推进社会工作专业人才评价和激励，加强党对社会工作专业人才队伍建设的领导等。

1. 主要内容

《关于加强社会工作专业人才队伍建设的意见》的主要内容可概括如下：

（1）在发展定位上，将“社会工作专业人才”界定为“具有一定社会工作专业知识和技能，在社会福利、社会救助、慈善事业、社区建设、婚姻家庭、精神卫生、残障康复、教育辅导、就业援助、职工帮扶、犯罪预防、禁毒戒毒、司法矫治、人口计生、应急处置等领域直接提供社会服务的专门人员”。该文件明确提出社会工作专业人才在解决社会问题、应对社会风险、促进社会和谐、推动社会发展方面的重要基础性作用。这一界定既反映了社会工作专业人才的本质要求，也赋予了社会工作专业人才以新的时代内涵。

（2）在发展思路上，明确了“以人才培养为基础，以人才使用为根本，以人才评价激励为重点，以政策制度建设为保障”的总体要求。

（3）在发展方向上，确立了坚持“党的领导、政府推动、社会参与、突出重点、立足基层、中国特色”的指导原则。

(4) 在发展目标上，系统提出了今后一个时期社会工作专业人才队伍、制度、环境建设的战略目标。

(5) 在发展政策上，围绕“培养、评价、使用、激励”四个重要环节提出了一系列创新性、配套性政策措施。

(6) 在发展举措上，设计了一批具有引领性示范性的重大人才工程与计划。实施重大人才工程计划是许多国家打造人才竞争优势、参与国际竞争的重要经验。

(7) 在发展力量上，明确了党委、政府统一领导、组织部门牵头抓总、民政部门具体负责、有关部门密切配合、社会力量广泛参与的社会工作专业人才推进格局。

2. 服务要求

《关于加强社会工作专业人才队伍建设的意见》对于服务的要求有：

(1) 以基层为重点配备社会工作专业人才。城乡基层特别是城市社区要注重配备和使用社会工作专业人才，提高社会服务专业水平，促进社会服务业发展。适应社会主义新农村建设要求，加大为农村特殊群体和困难群众提供服务的社会工作专业人才培养力度，在乡镇和有条件的农村社区探索吸纳和使用社会工作专业人才。创造条件引导和鼓励社会工作专业人才到农村社区开展服务。在少数民族聚居和信教群众较多的社区，可根据需要配备政治立场坚定、熟悉民族和宗教事务的社会工作专业人才。

(2) 建立社会工作专业人才和志愿者队伍联动服务机制。志愿者队伍是社会工作专业人才开展服务的重要补充力量。建立健全面向全社会的志愿服务动员系统，进一步完善志愿服务体系，普及志愿理念，强化志愿意识，弘扬志愿精神，倡导志愿行为，完善激励机制，培育一支参与广、功能强、作用好的宏大志愿者队伍。建立健全社会工作专业人才和志愿者相互协作、共同推行服务的机制，通过社会工作专业人才的引领，规范志愿者招募注册与管理，提升志愿者服务水平，丰富社会工作专业人才资源，拓展社会工作专业服务范围，增强社会工作专业服务效果。

《关于加强社会工作专业人才队伍建设的意见》成为努力造就一支高素质的社会工作专业人才队伍，为构建社会主义和谐社会提供有力人才支撑的指导性纲领。

（三）《民政部 财政部关于政府购买社会工作服务的指导意见》

2012年11月，民政部和财政部联合发布了《民政部 财政部关于政府购买社会工作服务的指导意见》。该文件强调要充分认识政府购买社会工作服务的重要性与紧迫性，并对政府购买社会工作服务的指导思想、工作原则、主要目标、主体、对象、范围、程序、监督管理以及组织领导等方面做了详尽说明。

1. 主要内容

《民政部 财政部关于政府购买社会工作服务的指导意见》的主要内容有：

（1）充分分析了政府购买服务的重要性与紧迫性。政府购买社会工作服务关乎社会工作发展、公共财政投入方式的创新，以及政府职能的转变。

（2）政府购买社会工作服务要以中国特色社会主义理论体系为指导，坚持立足需求、点面结合、公益导向等原则，分别在工作机制改革、服务提升、人才队伍建设和服务机构发展等方面设立具体目标。

（3）政府购买社会工作服务的购买主体是各级政府，购买对象是符合该意见规定的专业团队、社会团体、民办非企业单位、基金会以及具备相应能力和条件的企事业单位，购买范围包括城市流动人口、农村留守人员、困难群体、特殊人群和受灾群众所需的社会工作服务，购买程序依次为编制预算、组织购买、签订合同、指导实施，监督管理则设立了一系列购买规则。

（4）加强对政府购买服务的组织领导。要建立健全领导体制和工作机制，建立健全政府购买社会工作服务制度，培育发展社会工作服务载体，加大政府购买社会工作服务经费投入，加强政府购买社会工作服务宣传交流等几个方面。

2. 服务要求

《民政部 财政部关于政府购买社会工作服务的指导意见》强调了以下几点服务要求：

（1）坚持立足需求、量力而为，从人民群众最基本、最紧迫的需求出发设计、实施社会工作服务项目。

（2）加快培养一支高素质的社会工作专业人才队伍，发展一批数量充足、治理科学、服务专业、作用明显的社会工作服务机构，提高其承接政府购买社会工作服务的能力，使社会工作服务的范围、数量、规模和质量适应经济社会发展要求，有效满足人民群众个性化、多样化、专业化服务需求。

《民政部 财政部关于政府购买社会工作服务的指导意见》为建立健全政

府购买社会工作服务制度,加快推进社会工作专业人才队伍建设,加强以保障和改善民生为重点的社会建设指明了方向。

（四）《中共中央关于坚持和完善中国特色社会主义制度 推进国家治理体系和治理能力现代化若干重大问题的决定》

2019年10月,党的十九届四中全会表决通过了《中共中央关于坚持和完善中国特色社会主义制度、推进国家治理体系和治理能力现代化若干重大问题的决定》。该文件第一次系统描绘了中国特色社会主义制度的图谱,它由十三个部分组成,包括坚持和完善党的领导制度体系,提高党科学执政、民主执政、依法执政水平,坚持和完善共建共治共享的社会治理制度,保持社会稳定、维护国家安全,以及加强党对坚持和完善中国特色社会主义制度、推进国家治理体系和治理能力现代化的领导等。

1. 主要内容

《中共中央关于坚持和完善中国特色社会主义制度 推进国家治理体系和治理能力现代化若干重大问题的决定》的主要内容涉及:

(1) 坚持和完善统筹城乡的民生保障制度,满足人民日益增长的美好生活需要。必须健全幼有所育、学有所教、劳有所得、病有所医、老有所养、住有所居、弱有所扶等方面国家基本公共服务制度体系,尽力而为,量力而行,注重加强普惠性、基础性、兜底性民生建设,保障群众基本生活。创新公共服务提供方式,鼓励支持社会力量兴办公益事业,满足人民多层次多样化需求,使改革发展成果更多更公平惠及全体人民。

(2) 社会治理是国家治理的重要方面,坚持和完善共建共治共享的社会治理制度,保持社会稳定、维护国家安全。

2. 服务要求

《中共中央关于坚持和完善中国特色社会主义制度、推进国家治理体系和治理能力现代化若干重大问题的决定》对于服务的要求如下:

(1) 必须加强和创新社会治理,完善党委领导、政府负责、民主协商、社会协同、公众参与、法治保障、科技支撑的社会治理体系,建设人人有责、人人尽责、人人享有的社会治理共同体,确保人民安居乐业、社会安定有序,建设更高水平的平安中国。

(2) 健全社区管理和服务机制,推行网格化管理和服务,发挥群团组织、社会组织作用,发挥行业协会商会自律功能,实现政府治理和社会调节、居民自治良性互动，夯实基层社会治理基础。推动社会治理和服务重心向基层下移，把更多资源下沉到基层，更好提供精准化、精细化服务。注重发挥家庭家教家风在基层社会治理中的重要作用。

该政策文件是坚持和完善中国特色社会主义制度、推进国家治理体系和治理能力现代化的行动纲领和政治宣示。

（五）《中共中央关于制定国民经济和社会发展第十四个五年规划和二〇三五年远景目标的建议》

2020 年 10 月，党的十九届五中全会表决通过了《中共中央关于制定国民经济和社会发展第十四个五年规划和二〇三五年远景目标的建议》。该文件按照党的十九大对实现第二个百年奋斗目标做出的分两个阶段推进的战略安排，综合考虑未来一个时期国内外发展趋势和我国发展条件，紧紧抓住我国社会主要矛盾，深入贯彻新发展理念，对“十四五”时期我国发展做出系统谋划和战略部署。

1. 主要内容

该文件包括十五个部分和结束语。主要内容涉及：改善人民生活品质，提高社会建设水平。坚持把实现好、维护好、发展好最广大人民根本利益作为发展的出发点和落脚点，尽力而为、量力而行，健全基本公共服务体系，完善共建共治共享的社会治理制度，扎实推动共同富裕，不断增强人民群众获得感、幸福感、安全感，促进人的全面发展和社会全面进步。

2. 服务要求

“十四五”规划和远景目标所提出的服务要求如下：

（1）发挥群团组织和社会组织在社会治理中的作用，畅通和规范市场主体、新社会阶层、社会工作者和志愿者等参与社会治理的途径。

（2）帮助弱势群体就业；建立协同育人机制、同步提升教师和学生素质；健全养老设施，完善孤残社会福利制度；发展普惠型养老服务，构建协同、协调的养老服务体系，健全养老服务综合监管制度。

这是开启全面建设社会主义现代化国家新征程、向第二个百年奋斗目标进军的纲领性文件，是今后五年乃至更长时间中国经济社会发展的行动指南。

（六）《中共中央 国务院关于加强基层治理体系和治理能力现代化建设的意见》

2021 年 4 月，《中共中央 国务院关于加强基层治理体系和治理能力现代化建设的意见》发布，强调基层治理是国家治理的基石，要统筹推进乡镇（街道）和城乡社区治理，为实现国家治理体系和治理能力现代化打好基础。

1. 主要内容

《关于加强基层治理体系和治理能力现代化建设的意见》分为七个部分，主要内容有：

（1）明确了加强基层治理体系和治理能力现代化建设的总体要求、工作原则和主要目标。

（2）完善党全面领导基层治理制度。加强党的基层组织建设，健全基层治理党的领导体制；构建党委领导、党政统筹、简约高效的乡镇（街道）管理体制；完善党建引领的社会参与制度。

（3）加强基层政权治理能力建设。增强乡镇（街道）行政执行能力；增强乡镇（街道）为民服务能力；增强乡镇（街道）议事协商能力；增强乡镇（街道）应急管理能力；增强乡镇（街道）平安建设能力。

（4）健全基层群众自治制度。加强村（居）民委员会规范化建设；健全村（居）民自治机制；增强村（社区）组织动员能力；优化村（社区）服务格局。

（5）推进基层法治和德治建设。推进基层治理法治建设；加强思想道德建设；发展公益慈善事业。

（6）加强基层智慧治理能力建设。做好规划建设；整合数据资源；拓展应用场景。

（7）加强组织保障。压实各级党委和政府责任；改进基层考核评价；保障基层治理投入；加强基层治理队伍建设；推进基层治理创新；营造基层治理良好氛围。

2. 服务要求

《关于加强基层治理体系和治理能力现代化建设的意见》对于服务的要求有：

（1）乡镇要围绕全面推进乡村振兴、巩固拓展脱贫攻坚成果等任务，做好农业产业发展、人居环境建设及留守儿童、留守妇女、留守老人关爱服务等工作。街道要做好市政市容管理、物业管理、流动人口服务管理、社会组织培育引导等工作。

（2）完善支持社区服务业发展政策，采取项目示范等方式，实施政府购买社区服务，鼓励社区服务机构与市场主体、社会力量合作。开展“新时代新社区新生活”服务质量提升活动，推进社区服务标准化。

(3) 完善社会力量参与基层治理激励政策，创新社区与社会组织、社会工作者、社区志愿者、社会慈善资源的联动机制，支持建立乡镇(街道)购买社会工作服务机制和设立社区基金会等协作载体，吸纳社会力量参加基层应急救援。完善基层志愿服务制度，大力开展邻里互助服务和互动交流活动，更好满足群众需求。

(4) 研究制定加强城乡社区工作者队伍建设的政策措施，市、县级政府要综合考虑服务居民数量等因素制定社区工作者配备标准；健全社区工作者职业体系，建立岗位薪酬制度并完善动态调整机制，落实社会保险待遇，探索将专职网格员纳入社区工作者管理。加强城乡社区服务人才队伍建设，引导高校毕业生等从事社区工作。

《关于加强基层治理体系和治理能力现代化建设的意见》的发布有利于夯实国家治理根基，增进人民福祉，推动政府治理同社会调节、居民自治良性互动，提高基层治理社会化、法治化、智能化、专业化水平；有利于打造基层治理共同体，分阶段实现基层治理体系和治理能力现代化的目标，充分显示中国特色基层治理制度优势。

二、政策分析

借用罗伊·罗斯维尔(Roy Rothwell)和沃尔特·泽格维尔德(Walter Zegveld)的政策分析视角，从环境型政策工具(目标规划、法规管制)、供给型政策工具(人才培养、科技支撑、资金投入、公共服务)、需求型政策工具(服务领域、岗位开发、成立组织)三个方面对本节所提及政策进行简略分析[①]，统计结果如下：环境型政策文本 47 条，占比为 58.7%；供给型政策文本 25 条，占比为 31.3%；需求型政策文本 8 条，占比为 10.0%。

(一) 环境型政策分析

环境型政策是指党和政府通过目标规划和法规管制等外部政策影响禁毒社会工作的外部环境。社会治理类政策侧重于做全局性和规划性的工作安排，政策条文精细化程度高，多项内容与禁毒社会工作相关。比如，“加强和创

① Roy Rothwell and Walter Zegveld, *Reindusdalization and Technology* (London: Logman Group Limited, 1985), pp.83 - 104.

新社会治理”“维护社会稳定和安全”，以及“优化村（社区）服务格局”等。这些政策条文为禁毒社会工作参与禁毒工作和社会治理营造了良好氛围，创造了有利条件。就环境型政策工具的两个维度而言，目标规划意在布局禁毒社会工作的开展过程或展望预期成效，这涉及禁毒社会工作的各个方面，目标规划文本的数量（46）和占比（97.9%）一方面显示出禁毒社会工作发展和参与的充足机会，另一方面也暗含着禁毒社会工作的复杂性和艰巨性。法规管制是指与目标规划相关的法律法规，比如《中共中央关于构建社会主义和谐社会若干重大问题的决定》中所提及的“完善法律制度，夯实社会和谐的法治基础”。法规管制作为政策的一种配套措施，有利于规范禁毒社会工作，协调不同主体的利益关系，及时应对矛盾和冲突，保障禁毒社会工作有序推进。对于社会治理政策来说，因其所特有的统筹性和整体性，目标规划在环境型政策工具中的比例或许仍将维持在较高的水平，这也将持续为禁毒社会工作提供指引和方向。

（二）供给型政策分析

在供给型政策工具中，人才培养类条文，主要是社会工作专业人才培养，占供给型政策的48%，比重较大。从中共中央十六届六中全会做出“建设宏大的社会工作人才队伍”的决定，到中央组织部等十八部委联合发布《关于加强社会工作专业人才队伍建设的意见》，社会工作在顶层设计中获得的制度性承认，支撑着社会工作人才队伍的蓬勃发展。《“十四五”民政事业发展规划》数据显示，截至2020年，全国社会工作专业人才总量达到157.3万人，其中持证社会工作者达66万人。

社会工作专业人才数量虽然在一定程度上彰显着社会组织发展的专业化水平，但也不能完全保证社会组织持续性的、高质量的服务供给。供给型政策的其他三个维度，科技支撑，资金投入以及公共服务的占比分别为24%，16%，12%，显示出目前政策在科技支撑、资金投入、公共服务补充等方面的力度不足。

从整体来看，社会治理政策中供给型政策数量偏少，占比低，内部比例不均衡，尚不足以成为禁毒社会工作发展的强大推动力。

（三）需求型政策分析

对比来看，需求型政策的数量最少，占比最低。从其内部划分的三个维度来看，服务领域拓展、岗位开发以及成立组织等相关政策条文分别只有2条、4条、2条。纵观上述政策，“培育发展社会工作服务载体”，“发展一批数量充足、治理科学、服务专业、作用明显的社会工作服务机构”，以及“设立社区基金会等协作载体”等政策条文的呼声渐起。在这种支持性的政策环境中，社会工作等专业社会力量开始参与到犯罪预防、禁毒戒毒、司法矫治、人口计生、应急处置等工作中去。与成立组织以及服务领域拓展相匹配的岗位开发，也有了一定的发展。除了社会组织吸纳社会工作专业人才，政策对鼓励相关事业单位、行政部门和群团组织加大社会工作人才岗位开发及人才使用力度也有了进一步规定。

结合以上分析，从环境型政策工具的角度来看，社会治理政策的目标规划在保持较高比例的同时，要适当增加法规管制条文，以及时应对禁毒社会工作发展中难以预料的矛盾和冲突，并为地方政策或行业标准等配套措施的出台提供方向指引；从供给型政策工具的角度来看，社会治理政策应增加科技支撑、资金投入和公共服务条文的比例，这些都是保障可持续性和高质量禁毒社会工作服务的关键；从需求型政策工具的角度来看，社会治理政策要针对促进禁毒社会工作服务发展、继续保持服务领域拓展、岗位开发以及成立组织的协调发展制定更多政策，以为禁毒社会工作高质量发展提供制度和政策支持。

第二节　禁毒工作政策

为全面综合规范禁毒工作，根据禁毒工作的实际需要及多年来禁毒工作的实践经验，我国出台多部禁毒工作的法律及政策，主要包括《中华人民共和国禁毒法》《戒毒条例》《关于加强禁毒工作的意见》。

一、政策要求

（一）《中华人民共和国禁毒法》

2007 年 12 月 29 日，第十届全国人大常委会第三十一次会议通过了《中华人民共和国禁毒法》。该法从禁毒宣传教育、毒品管制、戒毒措施、禁毒国际合作、法律责任等方面对禁毒工作做出了法律规定，并正式提出了社区戒毒（康复）概念。

1. 主要内容

《禁毒法》主要规定了以下内容[①]：

---

① 全国人大常委会法制工作委员会刑法室：《〈中华人民共和国禁毒法〉释义及实用指南》，中国民主法制出版社，2013，第 1—2 页。

(1) 禁毒工作的方针、体制。规定了禁毒是全社会的共同责任,规定了从预防到治理的各项举措和方针,以及政府统一领导、有关部门各负其责、社会广泛参与的工作机制。

(2) 禁毒宣传教育。规定了国家采取各种形式开展全民禁毒宣传教育,普及毒品预防知识,增强公民的禁毒意识,提高公民自觉抵制毒品的能力。

(3) 毒品管制措施。规定了对不同种类毒品的管制措施,并具体规定了一些对毒品的防范和查缉措施。

(4) 戒毒措施。针对吸毒成瘾的不同情况,分别规定了戒毒期间和戒毒后相对应的措施。戒毒期间主要指社区戒毒、强制隔离戒毒和社区康复期间相对应的措施。社区戒毒期间,城市街道办事处、乡镇人民政府,以及县级人民政府劳动行政部门对无职业且缺乏就业能力的戒毒人员,应当提供必要的职业技能培训、就业指导和就业援助。戒毒人员应当履行协议,定期接受检测和检查。根据戒毒的需要,强制隔离戒毒场所可以组织戒毒人员参加必要的生产劳动,对戒毒人员进行职业技能培训。组织戒毒人员参加生产劳动的,应当支付劳动报酬。对于被解除强制隔离戒毒的人员,强制隔离戒毒的决定机关可以责令其接受不超过三年的社区康复。社区康复参照社区戒毒的规定实施。戒毒后相对应的措施主要有:戒毒人员在入学、就业、享受社会保障等方面不受歧视。有关部门、组织和人员应当在入学、就业、享受社会保障等方面对戒毒人员给予必要的指导和帮助。

2. 服务要求

《禁毒法》规定了以下服务要求:

(1) 禁毒工作实行政府统一领导,有关部门各负其责,社会广泛参与的工作机制。

(2) 国家鼓励志愿人员参与禁毒宣传教育和戒毒社会服务工作。地方各级人民政府应当对志愿人员进行指导、培训,并提供必要的工作条件。

(3) 县级以上地方各级人民政府对社会力量依法开办的公益性戒毒康复场所应当给予扶持,提供必要的便利和帮助。

《禁毒法》的实施,对于预防和惩治毒品违法犯罪行为,保护公民身心健康,维护社会秩序,具有重要的意义。

(二)《戒毒条例》

2011 年 6 月 22 日,国务院第 160 次常务会议通过了《戒毒条例》。提出戒毒工作坚持以人为本、科学戒毒、综合矫治、关怀救助的原则，采取自愿戒毒、社区戒毒、强制隔离戒毒、社区康复等多种措施，建立戒毒治疗、康复指导、救助服务兼备的工作体系。

1. 主要内容

《戒毒条例》具体内容如下：

(1) 规定了各级政府的相应职责。县级以上人民政府建立政府统一领导，禁毒委员会组织、协调、指导，有关部门各负其责的工作格局。

(2) 自愿戒毒。对自愿接受戒毒治疗的吸毒人员，公安机关对其原吸毒行为不予处罚。戒毒医疗机构与自愿戒毒人员或者其监护人签订自愿戒毒协议，并且履行一定的义务。

(3) 社区戒毒。社区戒毒人员应当自收到责令社区戒毒决定书之日起 15 日内到社区戒毒执行地乡(镇)人民政府、城市街道办事处报到，自报到之日起计算，社区戒毒的期限为 3 年。乡(镇)人民政府、城市街道办事处，应当在社区戒毒人员报到后及时与其签订社区戒毒协议，明确社区戒毒的具体措施、社区戒毒人员应当遵守的规定以及违反社区戒毒协议应承担的责任。

(4) 强制隔离戒毒。规定了县级、设区的市级人民政府公安机关对于吸毒成瘾严重的人员，可以直接作出强制隔离戒毒的决定。强制隔离戒毒的期限为 2 年，自作出强制隔离戒毒决定之日起计算。明确了对性别、年龄、患病等情况强制隔离戒毒人员实行分别管理，对吸食不同种类毒品的，应当有针对性地采取必要的治疗措施；根据戒毒治疗的不同阶段和强制隔离戒毒人员的表现，实行逐步适应社会的分级管理。

(5) 社区康复。对解除强制隔离戒毒的人员，强制隔离戒毒的决定机关可以责令其接受不超过 3 年的社区康复。社区康复在当事人户籍所在地或者现居住地乡(镇)人民政府、城市街道办事处执行，经当事人同意，也可以在戒毒康复场所中执行。规定了戒毒康复场所应当具备的管理措施和康复条件。

(6) 法律责任。规定了公安、司法行政、卫生行政等有关部门工作人员应当履行的职责，并罗列出应当给予处分和依法追究刑事责任的行为。

2. 服务要求

《戒毒条例》提出以下服务要求：

(1) 紧跟禁毒法所规定的工作机制。

(2) 对戒毒人员戒毒的个人信息应当依法予以保密。对戒断 3 年未复吸的人员，不再实行动态管控。

(3) 国家鼓励、扶持社会组织、企业、事业单位和个人参与戒毒科研、戒毒社会服务和戒毒社会公益事业。

(4) 社区戒毒专职工作人员、社区民警、社区医务人员、社区戒毒人员的家庭成员以及禁毒志愿者共同组成社区戒毒工作小组具体实施社区戒毒。

(5) 采取下列措施管理、帮助社区戒毒人员：戒毒知识辅导；教育、劝诫；职业技能培训，职业指导，就学、就业、就医援助；帮助戒毒人员戒除毒瘾的其他措施。

(6) 强制隔离戒毒场所应当配备设施设备及必要的管理人员，依法为强制隔离戒毒人员提供科学规范的戒毒治疗、心理治疗、身体康复训练和卫生、道德、法治教育，开展职业技能培训。

(7) 负责社区康复工作的人员应当为社区康复人员提供必要的心理治疗和辅导、职业技能培训、职业指导以及就学、就业、就医援助。

这有助于进一步规范戒毒工作，帮助吸毒成瘾人员戒除毒瘾，维护社会秩序。

(三)《关于加强禁毒工作的意见》

2014 年 7 月，中共中央、国务院印发了《关于加强禁毒工作的意见》。该文件提出了“源头治理、以人为本、依法治理、严格管理、综合治理”的基本原则，坚持“预防为主、综合治理，禁种、禁制、禁贩、禁吸并举”的工作方针。同时明确提出要积极引导全社会力量参与禁毒工作。

1. 主要内容

《关于加强禁毒工作的意见》的基本内容如下：

(1) 提出了禁毒工作的阶段性目标。到 2020 年，全民禁毒意识，新吸毒人员滋生速度、制毒贩毒问题、毒品区域性问题、禁毒国际合作、禁毒专业力量，以及相关保障和法律法规持续呈现向好态势。

(2) 毒品预防教育。建立由各级禁毒部门牵头、党委宣传部门协助、有关部门齐抓共管、社会各界广泛参与的全民毒品预防教育工作体系。在全社会营造珍爱生命，远离毒品的禁毒氛围。建立学校、家庭和社区毒品预防教育衔接机制。

(3) 创新吸毒人员服务管理。把吸毒人员纳入网格化社会管理服务体系，构建戒毒治疗、康复指导、救助服务相结合的戒毒工作体系。

(4) 严厉打击毒品违法犯罪活动。

(5) 加强易制毒化学品和麻醉药品、精神药品管理。

(6) 务实开展禁毒国际合作。

2. 服务要求

《关于加强禁毒工作的意见》强调以下四点服务要求：

(1) 工作体制进一步细化为党委和政府统一领导、禁毒委员会组织协调、有关部门齐抓共管、全社会共同参与的禁毒工作社会化格局。

(2) 建立学校、家庭和社区毒品预防教育衔接机制，普及家庭防毒知识，强化社区禁毒宣传教育。

(3) 创新吸毒人员服务管理，加强戒毒人员管理，积极探索科学有效的戒毒康复模式，构建戒毒治疗、康复指导、救助服务相结合的戒毒工作体系。

(4) 积极引导全社会力量参与禁毒工作，鼓励社会资金参与禁毒公益事业。逐步建立禁毒社会工作专业人才和志愿者队伍，发挥中国禁毒基金会等禁毒社会组织作用。

这对于深入推进平安中国、法治中国建设，维护国家长治久安，保障人民群众健康幸福，实现"两个一百年"奋斗目标和中华民族伟大复兴的中国梦，具有十分重要的意义。

二、政策分析

借用罗伊·罗斯维尔和沃尔特·泽格维尔德的政策分析视角，从环境型政策工具(目标规划、法规管制)、供给型政策工具(人才培养、科技支撑、资金投入、公共服务)、需求型政策工具(服务领域、岗位开发、成立组织)三个方面对本节所提及政策进行简略分析[①]，分析结果如下：环境型政策条文 15 条，占比为 93.8%；供给型政策条文 1 条，占比为 6.2%；需求型政策条文为 0 条。

(一) 环境型政策分析

从环境型政策的数量和占比分析来看，禁毒工作政策做了统筹性的考量，依然偏向于整体性和宏观性的论述，意在为禁毒社会工作的发展营造良好的环境。这些工作安排的共性在于明确了社会力量在禁毒工作中的位置。具体

① Roy Rothwell and Walter Zegveld, *Reindusdalization and Technology* (London: Logman Group Limited, 1985), pp.83 - 104.

来说，这是指党委和政府统一领导、禁毒委员会组织协调、有关部门齐抓共管、全社会共同参与的禁毒工作社会化格局。

从环境型政策划分的两个方面来讲，目标规划类 14 条，法规管制类 1 条。目标规划不仅聚焦于吸毒人员的服务管理、打击违法犯罪活动、社区戒毒、强制隔离戒毒，以及社区康复等措施，还涉及毒品预防教育、国际合作以及组织保障。整个禁毒工作链条包括源头控制、组织领导、戒毒康复人员服务，以及协同治理，总体较为完备。法规管制条文只有 1 条，出现在《戒毒条例》"法律责任"一章，虽然没有具体点明所遵循的法律条文，但政策规定了不同主体的行为边界，有利于相关工作人员强化自身责任意识，切实履行职责，保证禁毒社会工作有序开展。

（二）供给型政策分析

供给型政策占比极小，而且从具体划分的四个维度来看，缺失情况严重。

理想状态下，供给型政策通过人才培养、科技支撑、资金投入和公共服务的政策规定，为禁毒社会工作的开展提供动力。从政策分析来看，人才培养、资金投入、科技支撑类条文均为 0，只有 1 条公共服务条文。随着社会的变迁，禁毒领域日益呈现出新的阶段性特点。比如，戒毒康复人员的就业歧视，吸毒人员日益低龄化，以及禁毒社会工作者专业化水平有待加强等。一方面，这些新问题、新情况亟须通过制定政策去引导禁毒社会工作相关人员不断更新自己的服务方向和服务内容；另一方面，禁毒社会工作涉及不同主体之间的合作，工作流程较多，工作情况复杂，公安机关、行政人员、社区工作者、医务人员以及社会工作者等相关人员的工作负担较大，这些新问题、新形势需要禁毒工作政策在人才培养、科技支撑、资金投入和公共服务方面有所回应。

（三）需求型政策分析

需求型政策的条文数量为 0，禁毒工作政策没有专门章节或单元讨论服务领域拓展、岗位开发与成立组织，但政策中的部分论述和需求型政策相关。

就服务领域拓展而言，随着禁毒工作的深入，禁毒工作要求日益提高，禁毒工作人员方法和技术也在逐步提升，这为辨识戒毒康复人员个性化、多样化的问题和需求，不断细化和拓展服务领域奠定了基础。禁毒工作政策提及的服务领域包括戒毒治疗、心理治疗和辅导、道德法治教育、职业技能培训、就学、就业、就医援助等，禁毒工作逐步形成"生理—心理—社会"的服务体系。在服务领域拓展的同时，岗位开发和成立组织也在推进，但岗位开发仅见于

“强制隔离戒毒场所应当配备设施设备及必要的管理人员”，其他场所未见提及。对于成立组织而言，“国家鼓励、扶持社会组织、企业、事业单位和个人参与戒毒科研、戒毒社会服务和戒毒社会公益事业”的政策条文，不仅点明了国家对禁毒工作中成立社会组织的重视程度，也划定了组织的工作范围，比如戒毒科研、戒毒社会服务以及戒毒社会公益事业。

结合以上分析，从环境型政策工具的角度来看，禁毒工作政策内部的比例极不平衡。法规管制条文少，禁毒工作政策可以继续引入相关法律法规，比如《禁毒法》，以保证禁毒工作顺利、平稳开展；从供给型政策工具的角度来看，新问题、新形势下，禁毒工作政策应重视对于禁毒社会工作人才的培养，特别是研究型禁毒社会工作人才和复合型禁毒社会工作人才，以此为禁毒社会工作提供知识支撑；加大资金投入力度，为禁毒社会工作相关人员提供激励和保障；引入大数据分析等科学技术，为禁毒社会工作提供有效的服务证据，减轻禁毒社会工作相关人员负担，提高工作效率；围绕戒毒康复人员个性化和多样化的问题与需求，发展公共服务，丰富禁毒社会工作的形式与内容。从需求型政策工具的角度来看，禁毒工作政策要重视服务领域拓展、岗位开发与成立组织，在增加政策条文以为禁毒社会工作提供拉力的同时，注意保持三者之间的平衡发展。

第三节　禁毒社会工作政策

为认真贯彻实施社会治理政策和禁毒工作政策的意见要求，有效发挥社会工作专业人才队伍在禁毒工作和构建社会主义和谐社会中的重要作用，国家禁毒办等部委相继联合发布了系列禁毒社会工作政策。

一、政策要求

（一）《关于加强社区戒毒社区康复工作的意见》

2013 年 1 月，国家禁毒办、中央综治办、公安部等十个部委联合颁布了《关于加强社区戒毒社区康复工作的意见》。该文件强调，要充分认识加强社区戒毒社区康复工作的重要性和紧迫性，进一步明确社区戒毒社区康复工作的指导思想和基本原则。该文件提出，要建立健全社区戒毒社区康复工作体系，切实落实社区戒毒社区康复工作措施，切实加强对社区戒毒社区康复工作的组织领导。

1. 主要内容

《关于加强社区戒毒社区康复工作的意见》的主要内容有：

（1）指出了加强社区戒毒社区康复工作的重要性和紧迫性，明确了社区戒毒社区康复的指导思想和工作目标。

（2）建立健全社区戒毒社区康复工作体系。健全管理机构，配备工作人员，落实保障政策。

（3）切实落实社区戒毒社区康复工作措施。依法作出决定，落实衔接措施，及时签订协议，加强监督管理，规范戒毒治疗，促进就业安置，加强信息维护。

（4）切实加强社区戒毒社区康复的组织领导。加强协调指导，加强协作配合，加强典型扶持，加强督导考核。

2. 服务要求

《关于加强社区戒毒社区康复工作的意见》所指出的服务要求有：

（1）依靠基层组织，依托社区资源，建立戒毒治疗、康复指导、救助服务兼备的工作体系，充分发挥社区、家庭的作用帮助吸毒成瘾人员戒除毒瘾。

（2）着力建立政府统一领导、禁毒委员会组织实施、有关部门各负其责、社会力量广泛参与的工作体制，着力构建集生理脱毒、身心康复、就业安置、融入社会于一体的社区戒毒社区康复模式，着力加强社区戒毒社区康复工作机构、戒毒康复场所、戒毒康复人员就业安置基地建设，积极帮助社区戒毒社区康复人员戒除毒瘾、融入社会，最大限度地减少毒品的社会危害，促进我国禁毒斗争形势持续好转。

（3）根据工作实际需要，按照辖区每 30 名实有吸毒人员原则上至少配备 1 名专职工作人员的比例，配齐社区戒毒社区康复专职工作人员，专门从事社区戒毒社区康复人员管理和服务工作。

（4）设立社区戒毒社区康复工作办公室，落实办公用房、活动场地等基础设施，为社区戒毒社区康复人员提供心理辅导、职业技能培训、职业指导、社会支持网络重建、社会功能修复、社会融入服务以及就学、就业、就医援助。

（5）公共就业服务机构应当认真做好社区戒毒社区康复人员的就业服务工作，为有就业愿望的社区戒毒社区康复人员进行失业登记，提供免费的职业指导和职业介绍服务。

(6) 民政部门要指导基层组织将社区戒毒社区康复工作纳入社区建设和社区管理范围，指导民办社会工作服务机构和专业社会工作者参与社区戒毒社区康复工作，依照有关规定落实好符合条件的社区戒毒社区康复人员的最低生活保障或临时救助。

《关于加强社区戒毒社区康复工作的意见》对于进一步提高对吸毒人员的管理和服务工作水平，切实落实戒毒治疗、康复指导、就业安置、救助服务措施，最大限度地减少毒品的社会危害具有重要意义。

(二)《关于加强戒毒康复人员就业扶持和救助服务工作的意见》

2014 年 4 月，国家禁毒办、中央综治办、公安部等十一部委联合发布了《关于加强戒毒康复人员就业扶持和救助服务工作的意见》。该文件强调，完善就业扶持政策，积极帮助戒毒康复人员融入社会；加强职业技能培训，提高戒毒康复人员就业创业能力；落实社会保障政策，改善戒毒康复人员生活条件；加强组织领导，切实落实戒毒康复人员就业扶持和救助服务工作措施。

1. 主要内容

《关于加强戒毒康复人员就业扶持和救助服务工作的意见》的具体内容包括：

(1) 完善就业扶持政策，积极帮助戒毒康复人员融入社会。明确就业扶持对象，重点促进社会面上有就业愿望和劳动能力的吸食阿片类毒品的戒毒康复人员就业。加强失业登记和就业援助，探索建立就业安置基地，鼓励企业吸纳戒毒康复人员就业，大力支持自主创业和自谋职业，积极开发社区就业岗位，利用戒毒康复场所促进就业。

(2) 加强职业技能培训，提高戒毒康复人员就业创业能力。要开展职业技能培训，落实职业技能培训补助政策。

(3) 落实社会保障政策，改善戒毒康复人员生活条件。落实医疗保险政策，开展戒毒医疗，做好养老保险和失业保险工作，落实社会救助。

(4) 加强组织领导，切实落实戒毒康复人员就业扶持和救助服务工作措施。明确职责任务，创新管理机制，加强督导考核。

2. 服务要求

《关于加强戒毒康复人员就业扶持和救助服务工作的意见》对于服务的要求有：

(1) 各地可以根据实际需要，依托社区、企业和社会力量，引进劳动生产项目，统筹规划建立集戒毒、康复、培训、劳动、就业、救助于一体的就业安置基地（点），集中安置戒毒康复人员。

（2）民政部门要把戒毒康复人员及其家庭列为社区服务对象，纳入专业社会工作服务范畴，做好社会救助工作。

（3）各地区、各有关部门要坚持以人为本、科学戒毒、综合矫治、关怀救助的戒毒工作原则，进一步创新工作理念，改进管理方法，体现人文关怀，提高服务水平，使戒毒康复人员有学可上、有业可就、病有所医、困有所帮。建立社区戒毒、强制隔离戒毒、社区康复、戒毒药物维持治疗、戒毒康复场所康复与促进戒毒康复人员就业相互衔接的工作机制，形成集生理脱毒、身心康复、就业扶持、融入社会等功能于一体的戒毒康复新模式。

（4）对在戒毒康复人员就业扶持和救助服务工作中做出突出贡献的企业单位负责人、禁毒工作者给予表彰奖励。

《关于加强戒毒康复人员就业扶持和救助服务工作的意见》既有助于巩固戒毒成果、减少毒品危害，也有助于创新特殊人群管理服务、改善保障民生、维护社会和谐稳定。

（三）《全国青少年毒品预防教育规划（2016—2018）》

2015 年 8 月，中宣部、教育部、国家禁毒办等十四部委联合出台了《全国青少年毒品预防教育规划（2016—2018）》。该文件以 10—25 岁青少年为重点对象，力争通过 3 年努力，构建完善的青少年毒品预防教育工作体系。这一文件提出了包括提升学校毒品预防教育工作水平，实现各类青少年群体毒品预防教育全覆盖、拓展应用毒品预防教育社会资源、完善青少年涉毒问题监测处理机制、加强青少年毒品预防教育工作保障等任务要求。

1. 主要内容

《全国青少年毒品预防教育规划（2016—2018）》首先提出了全国青少年毒品预防教育的指导思想、总体目标和任务要求，其余内容涉及：

（1）提升学校毒品预防教育工作水平。落实毒品预防专题教育课时；建立毒品预防教育师资队伍；丰富学校毒品预防教育资料。

（2）实现各类青少年群体毒品预防教育全覆盖。将就业青年毒品预防教育列入职业培训范围；落实城市社区青少年毒品预防教育责任；关注农村留守儿童和外出务工青年毒品预防教育。

（3）拓展应用毒品预防教育社会资源。建设禁毒教育基地、园地；建立网上禁毒展览馆；开展禁毒直观教育；组织禁毒社会实践和志愿服务活动；重视家庭禁毒宣传教育；营造浓厚的禁毒舆论氛围。

(4) 完善青少年涉毒问题监测处理机制。建立青少年涉毒问题日常监测制度；制定学生涉毒事件处置预案；做好涉毒青少年帮教保护工作。

(5) 加强青少年毒品预防教育工作保障。健全青少年毒品预防教育工作队伍；动员社会力量参与青少年毒品预防教育工作；建立青少年毒品预防教育经费保障机制；开展青少年毒品预防教育效果评估；建立青少年毒品预防教育责任追究制度。

2. 服务要求

《全国青少年毒品预防教育规划(2016—2018)》提出的服务要求有：

(1) 各级共青团组织要会同公安、禁毒、民政等部门，将处于失学、失业、失管状态的城市社区青少年纳入网格化管理，依托青少年事务社会工作专业队伍等社会力量，为他们提供就业帮助、心理咨询和毒品预防教育服务，防止其游离于社会管理边缘，误入毒品歧途。

(2) 禁毒、教育部门要通过组织戒毒康复人员、优秀禁毒工作者进学校现身说法、以案说法等形式，提高禁毒宣传教育的效果。

(3) 2016 年秋季开学前，各级教育、禁毒部门要建立涉毒青少年心理干预和帮教服务团队，对涉毒青少年提供一对一心理服务。

这一文件为不同服务主体建立协同工作机制、设立具体服务目标、明确具体服务内容提供了详细指导。

(四)《全国社区戒毒社区康复工作的规划(2016—2020 年)》

2015 年 12 月，国家禁毒办、中央综治办、公安部等十一部委联合发布了《全国社区戒毒社区康复工作规划(2016—2020 年)》。该文件提出的指导思想之一是：紧密结合社会管理创新，广泛动员各方面社会力量，统筹利用各方面社会资源，全面推进社区戒毒社区康复工作。该文件提出的任务目标是，通过五年努力，实现社区戒毒康复工作体系全面形成，社区戒毒、社区康复专职工作人员队伍全面建立，各项戒毒康复措施全面落实，社区戒毒康复执行率稳步提高。其中，2020 年的目标之一是，全国社区戒毒社区康复工作走上制度化、规范化、常态化轨道，专业队伍保持稳定，社会工作人才队伍稳步发展。此外，该文件明确提出发展社会工作人才队伍，到 2019 年底禁毒戒毒社会工作者占社区戒毒社区康复专职工作人员比例达到 30%以上。

1. 主要内容

《全国社区戒毒社区康复工作规划(2016—2020年)》强调以下几点内容:

(1) 指导思想、基本原则和任务目标。以党的十八大和党的十八届三中、四中、五中全会精神为指导,认真贯彻落实党中央、国务院关于加强禁毒工作的系列重要决策部署,深入贯彻实施《中华人民共和国禁毒法》《戒毒条例》,深入贯彻落实《关于加强社区戒毒社区康复工作的意见》。坚持以人为本、关怀救助,科学戒毒、综合矫治,部门参与、社会共治,因地制宜、分类指导,以点带面、整体推进,突出重点、改革创新等原则,分步实现各阶段目标。

(2) 健全工作体系。成立领导小组,建立办事机构,配备工作人员,发展社会工作人才队伍,建立志愿者队伍,加强教育培训。

(3) 落实工作措施。严格依法查处,健全制度规范,落实衔接管控,实行网格化管理,加强帮扶救助。

(4) 加强组织协调。统筹规划部署,明确责任分工,完善保障机制,创建示范典型,强化检查督导,严格落实奖惩。

2. 服务要求

《全国社区戒毒社区康复工作规划(2016—2020年)》中提到的服务要求有:

(1) 建立集动态管控、戒毒治疗、心理矫治、帮扶救助、就业指导、宣传教育等"六位一体"功能的社区戒毒社区康复服务中心,实现建设标准化、工作规范化、功能项目化、服务精细化、效能优质化。

(2) 到2019年年底禁毒戒毒社会工作者占社区戒毒社区康复专职工作人员比例达到30%以上。

(3) 完善鼓励社会力量参与社区戒毒社区康复工作的政策,探索推进政府向社会力量购买社区戒毒社区康复服务,引导社会组织参与社区戒毒社区康复工作。

(4) 社区戒毒社区康复专职工作人员要把发展志愿者作为重要职责,原则上对每名社区戒毒社区康复人员应当至少发展2名志愿者,在工作人员带领、指导下,对社区戒毒社区康复人员开展宣传、帮教工作。

《全国社区戒毒社区康复工作规划(2016—2020年)》详述了五年内社区戒毒社区康复工作的指导思想、阶段任务和具体目标,成为社区戒毒社区康复工作以及社会工作人才队伍建设的参照和指引。

（五）《关于加强禁毒社会工作者队伍建设的意见》

2017 年 1 月，国家禁毒办、中央综治办、公安部等十二部委联合颁布了《关于加强禁毒社会工作者队伍建设的意见》。该文件明确了禁毒社会工作是禁毒工作的重要组成部分，是坚持“助人自助”价值理念，遵循专业伦理规范，运用社会工作专业知识、方法和技能预防和减轻毒品危害，促进吸毒人员社会康复，保护公民身心健康的专门化社会服务活动。禁毒社会工作者是从事禁毒社会工作的专职人员。发展禁毒社会工作、加强禁毒社会工作者队伍建设，是增强禁毒工作专业力量、完善禁毒工作队伍结构、推进禁毒工作社会化的重要途径，是健全禁毒社会服务体系、创新禁毒社会服务方式、提升禁毒社会服务水平的有力手段，是推进毒品问题治理体系和治理能力现代化的必然要求。该文件同时规定了禁毒社会工作者的职责任务主要包括提供戒毒康复服务、帮扶救助服务、参与禁毒宣传教育和协助开展有关禁毒管理事务等。

1. 主要内容

《关于加强禁毒社会工作者队伍建设的意见》的主要内容有：

（1）加强禁毒社会工作者队伍建设的总体规划。充分认识加强禁毒社会工作者队伍建设的重要意义，切实增强责任感和紧迫感，并在提升从业人员专业素养和职业能力，人才培养模式，社会工作者职业评价，购买禁毒社会工作服务制度，以及人才数量等方面达到既定目标。

（2）明确禁毒社会工作者的职责任务。提供戒毒康复服务，开展帮扶救助服务，参与禁毒宣传教育，协助开展有关禁毒管理事务。

（3）培养壮大禁毒社会工作者队伍。加强禁毒社会工作专业教育，加强禁毒社会工作岗位培训和继续教育，规范禁毒社会工作者职业评价，优化禁毒社会工作者配备使用，强化禁毒社会工作者职业保障。

（4）建立健全禁毒社会工作服务制度。建立健全政府购买禁毒社会工作服务制度，建立健全禁毒社会工作服务标准规范，建立健全禁毒社会工作服务协同机制。

（5）加强对禁毒社会工作者队伍建设的组织领导。明确责任分工，加大资金投入，完善政策法规，加强宣传示范。

2. 服务要求

《关于加强禁毒社会工作者队伍建设的意见》对于服务的要求有：

（1）提供戒毒康复服务。调查了解戒毒康复人员的行动趋向、生活状况、社会关系、现实表现等情况，开展戒毒康复人员心理社会需求评估；为戒毒康复人员提供心理咨询和心理疏导、认知行为治疗、家庭关系辅导、自我管理能力和社会交往能力提升等专业服务；帮助戒毒康复人员调适社区及社会关系，营造有利于戒毒康复的社会环境。开展有利于戒毒康复人员社会功能修复的其他专业服务。

(2) 开展帮扶救助服务。为戒毒康复人员链接生活、就学、就业、医疗和戒毒药物维持治疗等方面的政府资源和社会资源。组织其他专业力量和志愿者为戒毒康复人员及其家庭提供服务，协助解决生活困难，提升生计发展能力，改善社会支持网络，促进社会融入。

(3) 参与禁毒宣传教育。参与组织禁毒宣传活动、普及毒品预防和艾滋病防治等相关知识、宣传禁毒政策和工作成效，增强公民禁毒意识，提高公民自觉抵制毒品的能力。倡导禁毒社会工作理念，减低并消除社会歧视与排斥。

(4) 协助开展有关禁毒管理事务。协助开展吸毒人员排查摸底工作；协助建立相关档案资料，做好工作台账，对工作对象的戒毒康复情况进行定期评估。协助做好强制隔离戒毒人员出所衔接，督促、帮助社区戒毒社区康复人员和戒毒药物维持治疗人员履行协议，努力减少现实危害。发现社区戒毒社区康复人员拒绝报到或严重违反协议的、参加戒毒药物维持治疗人员严重违反治疗规定的，向乡镇(街道)禁毒工作机构报告，协助收集提供有关材料。

(5) 不断健全完善吸毒人员的服务网络。要建立禁毒社会工作者与禁毒志愿者、禁毒民警、医务工作者、心理卫生工作者、政府社会保障服务提供者、网格员及其他禁毒社会力量的服务协同机制，针对吸毒人员不同阶段、不同类型的服务需求开展信息共享、服务转介与服务合作，推动实现禁毒社会工作服务的精准衔接、无缝覆盖。

《关于加强禁毒社会工作者队伍建设的意见》有力推动了禁毒社会工作者队伍建设，促进了禁毒工作的专业化、精细化和人性化发展。

二、政策分析

借用罗伊·罗斯维尔和沃尔特·泽格维尔德的政策分析视角，从环境型政策工具(目标规划、法规管制)、供给型政策工具(人才培养、科技支撑、资金投入、公共服务)、需求型政策工具(服务领域、岗位开发、成立组织)三个方面对本节所提及政策进行简略分析[①]的统计结果如下：环境型政策文本 48 条，占比为 57.8%；需求型政策文本 18 条，占比为 21.7%；供给型政策文本 17 条，占比为 20.5%。

（一）环境型政策分析

禁毒社会工作政策中，环境型政策条文的占比依然最高，这为禁毒社会工作营造了良好的发展环境。这一努力体现在环境型政策的两个层面，包括目标规划和法规管制。目标规划有 39 条，法规管制有 9 条。禁毒社会工作政策中的目标规划是对社会治理政策、禁毒工作政策以及自身服务要求的进一步细化，它将偏向于宏观的政策安排，具体落实到各个主体层面，明确了不同主体所要承担的具体职责。比如，《关于加强社区戒毒社区康复工作的意见》中提及“加强协调指导”，明确了县级以上人民政府，各级社会管理综合治理办公室，以及各级禁毒委员会办公室所要承担的职责任务。再比如，系列政策较多采用量化的方式来设定总体目标，并且规定了不同阶段所要达成的具体目标。这既有利于规范禁毒社会工作服务，也有利于禁毒社会工作服务朝精细化方向发展。相较于其他政策，禁毒社会工作政策最大的不同是法规管制条文数量上升，作为细分领域，禁毒社会工作有较多可援引的法律条文，有利于规范禁毒社会工作中不同主体的行动，协调各主体之间的利益关系。

（二）需求型政策分析

在 18 项需求型政策条文中，服务领域类 8 条，岗位开发类 5 条，成立组织类 5 条，服务领域是禁毒社会工作政策关注的焦点。

禁毒社会工作政策中的服务领域除了延续社会治理政策和禁毒工作政策所强调的帮扶救助以及禁毒管理，还回应了吸毒人员日益低龄化的趋势，将禁毒社会工作服务向学校拓展。比如，《全国青少年毒品预防教育规划（2016—2018）》提及“禁毒、教育部门要通过组织戒毒康复人员、优秀禁毒工作者进学校现身说法、以案说法等形式，提高禁毒宣传教育的效果”。岗位开发的政策要求也有更新，政策条文从之前的“配备使用社会工作者”向“优化社会工作者配备使用”迈进，这对禁毒社会工作人才管理提出了更高的要求，也需要更多人才培养相关的政策条文进行回应。成立组织的政策条文显示，组织类型较

---

① Roy Rothwell and Walter Zegveld, *Reindusdalization and Technology* (London: Logman Group Limited, 1985), pp.83 - 104.

为多样，比如领导小组、办事机构以及安置就业基地，这种精细化的分类方式也在回应戒毒康复人员更为个性化和多样化的问题与需求。

（三）供给型政策分析

在供给型政策17项条文中，公共服务类8条，人才培养类7条，资金投入类2条，科技支撑类0条，供给型政策条文内部比例不均衡，存在缺失状况。

具体来看，公共服务类政策条文显著增多，禁毒直观教育，共青团、禁毒部门组织禁毒社会实践和志愿服务活动，以及重视家庭禁毒宣传教育等多项公共服务，显示出政府在政社关系转型过程中依然承担起自身的责任，参与禁毒工作。上述政策也有利于为戒毒康复人员提供更具选择性的康复环境。人才政策的重点是关注人才队伍的建立、教育和评价，多样化的人才培养模式有利于提高禁毒社会工作人才队伍的专业化水平，进而提升禁毒社会工作服务质量。政策条文依然较少强调资金投入，但《关于加强禁毒社会工作者队伍建设的意见》做出了较为全面详细的论述，内容涉及多元化投入机制、成本核算、支出预算，以及依托基金会等。

结合以上分析，从环境型政策工具的角度来看，禁毒社会工作政策内部的比例虽不平衡，却有进一步细化，目标规划更为清晰。同时，禁毒社会工作政策对于法律管制和多元主体协作的重视，有利于继续营造持续向好的禁毒社会工作服务环境；从需求型政策工具的角度来看，禁毒社会工作政策通过强调高质量的禁毒社会工作服务来回应社会治理的发展需求。较为明显的不足来自供给型政策工具，科技支撑仍未引起禁毒社会工作的足够重视，这虽然不会对禁毒社会工作产生负面影响，但可能使得禁毒社会工作的跨越式发展缺乏动力，禁毒社会工作的进一步发展有待大数据分析等智能化服务方式的推动。

第五章
禁毒社会工作个案管理及流程

戒毒康复人员的问题和需求多元复杂，其身心、生活、生计等多方面都可能陷入困境，而困境的应对、问题的解决和需求的满足则涉及多方资源的整合与协调，需要整个社会系统、家庭系统、医疗体系、福利体系等方面的介入。为此，在禁毒社会工作服务中，适合多重需求或困境应对的个案管理方法变得不可或缺。

第一节　禁毒个案管理概述

个案管理根植于个案工作、小组工作和社区工作，是现代社会一种重要的社会服务传输策略，也是回应社会服务体系不完整以及非人格化的产物，被认为是进行成本控制和效能提升的一种方法，越来越受到社会工作实务的青睐。

一、个案管理的含义

（一）个案管理概念

个案管理（Case Management）是专业的社会工作者根据服务对象及其家庭的需要进行评估，在适当的时机，通过对其提供安置、协调、监督、评估和倡导等系列服务，以满足特定服务对象的复杂需要。与社会工作的个案工作相比较，特别强调计划、协调、评估、转介、监督、跟进的包裹式服务。沃雷基斯和格林认为个案管理有八个特别重要的实践技能：确认服务对象和外展工作；个人和家庭的评估及诊断；计划和资源的界定；联络服务对象和链接所需资源;履行服务和协调职责;控制服务输送;倡导服务的获得;评估①。

个案管理的概念最早可追溯至成立于19世纪60年代的美国慈善委员会,当时该组织通过协调公共救助金并妥善运用社会服务经费,以社会救济的形式协助贫穷及身心有困难者。此后,睦邻之家及慈善组织会社等社区组织在处理个案问题时,逐步发展成联合多种专业、建立有效管理、整合协调服务的机制。20世纪初,社会工作专业奠基人玛丽·里士满(Mary Richmond)亦特别强调社会工作服务过程中资源协调的重要性,积极倡导社会服务机构之间合作的实践,奠定了个案管理理论与方法的雏形。1970年"个案管理"一词始见于社会服务研究文献中。自1980年后,个案管理成为美国社会工作实务中的一项重要的服务模式,成为服务传输中必不可少的部分。其间也有不少专业人员和服务对象反对使用"管理"一词,因其蕴含着控制,未反映出服务对象的参与性和主体性,进而用"服务协调"和"照顾协调"之类的词语来替代。②

(二) 个案管理特征

有效的个案管理者在服务实践中常常担当了联结和监察服务、直接服务的双重角色。个案管理具有整合式服务、持续性照顾、自决与参与、系统性记录等主要特征。

1. 整全式服务

在个案管理过程中,个案管理者需要用全人观来看待服务对象,链接各种资源,提供包括社会生活、心理、医疗、经济、教育和就业等多方面的整全式服务,以尽可能避免或减少服务的支离破碎及重复。

2. 持续性照顾

个案管理蕴含着服务的无间隔与连续不断,重视结案后的后续跟踪及服务跟进,在已结案服务对象需要的时候,仍及时提供相应的协助或建议,是一种相对持续的系统性照顾和服务。

3. 自决与参与

个案管理在助人过程中始终将服务对象摆在核心位置上,强调对服务对象文化背景及个人优势的知晓,在服务传输过程中每一环节,包括识别问题、

① 雷克斯·斯基德莫尔:《社会工作行政:动态管理与人际关系》,张曙等译,中国人民大学出版社,2005,第55页。

② 玛丽安娜·伍德赛德、特里西娅·麦克拉姆:《社会工作个案管理:社会服务传输方法(第四版)》,隋玉杰等译,中国人民大学出版社,2018,第4—5页。

收集资料、确立目标、拟定计划、实施计划和评估计划等都有充分的参与和自决，让服务对象担当合作伙伴角色，以求助人自助与自力更生。

4. 系统性记录

个案管理涵盖直接服务、评估、转介、协调等环节，涉及多部门的沟通与连接，良好的档案文件方能将个案管理过程串联到一起。为此，个案管理需要提供和保存系统性的记录，即需要为服务对象建立翔实的文档，在整个服务传递过程中，有必要保存初始评估、制定计划、提供服务、结案评估时的各类文件资料，以及跟所有合约和服务有关的详细资料。

二、禁毒个案管理的适切性

伴随禁毒社会工作的发展，具有整合性服务特征的个案管理的服务方法愈发受到禁毒社会工作者的青睐，较为广泛地应用于禁毒社会工作实践。个中原因主要有以下两点。

（一）禁毒个案的复杂性

个案管理适用于多重问题的解决。个案管理的服务对象是那些有多重问题的服务对象，个案管理的优势在于将纷繁复杂的服务资源与个人的多种需求相连接，确保人们得到适当、及时、有效率的照顾。禁毒社会工作的服务对象为戒毒康复人员，这一群体面临着基本生存、心理情绪、家庭关系、就业、社会交往、毒友引诱与毒品诱惑等多种问题，需要基本生活保障、心理情绪疏导、家庭关系重建、就业培训与指导、社会交往改善、预防复吸等多层次、多方位的社会福利服务。单一的介入模式难以达至理想的防治结果。个案管理模式能够整合各种资源，针对服务对象的差异提供不同的服务，以寻求毒品防治的最佳途径。为此，个案管理适合禁毒社会工作服务对象的服务供给。个案管理者一方面是咨商者，对戒毒康复人员进行直接辅导，激发和培养戒毒康复人员的动机与能力；另一方面又扮演着协商者的角色，与不同的资源提供者进行沟通协调，保证资源输送管道的畅通。

（二）禁毒工作的特殊性

个案管理提供系统与多元的服务，旨在回应服务体系不健全、服务体制不整合、服务资源易浪费等问题。[①] 禁毒社会工作涉及多个政府职能部门的沟通

① 王增勇：《照顾与控制之间——以个案管理在社工场域的论述实践为例》，《台湾研究社会研究季刊》2003 年总第 51 期。

与资源链接，是具有较强政府主导色彩的社会工作服务领域。行政本位主义或部门主义易造成禁毒社会服务体系的割裂，尤其需要个案管理的整合。此外，个案管理亦建立在多部门服务供给的基础上，海外个案管理的兴起正是由于在相关服务蓬勃发展后，彼此之间缺乏协调，服务对象及家属在各服务机构间疲于奔命。纵观国内近年来禁毒社会工作的发展，禁毒社会工作逐渐受到制度的认可和社会的接纳，出现了多部门和多机构提供服务供给的局面。为此，禁毒个案管理也是正当其时。

禁毒个案管理有利于专业团队的合作和服务体系的构建。毒品防治有赖于多专业的团队工作，社会工作者借助个案管理的功能，有利于将专业团队加以密切地整合，发挥其最大效益。与此同时，个案管理者作为整合者和倡导者，充分调动街镇民政部门、司法所、派出所、安置企业、相关社会服务机构和志愿者团体等正式组织的积极性，同时广泛联系戒毒康复者的家属、朋友、邻里等，取得他们的理解、配合和支持，最大限度地将政府有关部门、社会服务福利团体、志愿服务人士和服务对象的非正式支持系统团结在一起，形成合力，使资源发挥最大效用，更好地为服务对象提供协助与支持[①]。注重于服务内容系统性和服务方法多样性的个案管理模式，进一步助推戒毒支持系统网络的构建和禁毒社会工作体系的完善。

三、禁毒个案管理发展

个案管理作为一种整合性的服务工作模式，在 20 世纪 80 年代成为社会工作实务领域的一项重要服务模式，广泛应用于医疗、养老、戒毒等领域。虽然个案管理作为一种正式工作模式用于国内社区戒毒与社区康复的起始时间较晚，但是在此之前已有国家进行了初步探索。

（一）国外禁毒个案管理实践

1990 年，美国国家滥用药物研究院指出个案管理是毒瘾治疗极为重要的要素，呼吁美国所有的治疗中心都尽可能为吸毒人员提供个案管理服务，助其解决戒毒过程中的多种问题和需求。此后，美国开始将个案管理作为一种正式的工作模式，大规模用于社区戒毒。

日本建立的“社区治疗地域网络模式”，结合警察、保健所、精神病医院、福

① 钟莹、梁国勋：《个案管理：社区戒毒工作的新模式》，《华东理工大学学报》2008 年第 2 期。

祉事务所及职业安定所等机构，给毒品戒治者提供生活上的协助与辅导，以防止复吸。这种包括安全、医疗、就业等在内的全方面服务模式与个案管理中强调的“协调各种机构资源为服务者提供服务”的主张不谋而合。

成立于 20 世纪 70 年代的意大利团结中心是一个旨在协助年轻人解决吸毒问题的社会组织。中心工作人员会对吸毒人员进行初步评估，根据评估结果将他们送到各个合适的治疗中心。在治疗中心，工作人员会根据每个人的特点为他们匹配合适的治疗项目和方案，这样的治疗方式可以最大限度地考虑到不同人员的差异性，使得治疗方式更加具有针对性。团结中心的工作人员实际上也就扮演了转介和整合资源的“个案管理者”角色。

（二）港澳台禁毒个案管理实践

在我国，港澳台地区比较早应用个案管理开展毒品滥用防治工作。澳门倡导在毒品滥用防治工作中建立个案管理机制，在戒毒过程中主张通过外展活动来强化吸毒者的戒毒动机，订制个人化的戒毒计划，与吸毒者的家人、朋友等通力合作尽可能满足其多方面的需求，在完成戒毒后还要有适当的善后跟进服务机制。在香港，作为个案管理角色的禁毒社会工作者在协助吸毒者完成生理方面的戒毒之后，还要积极地协调整合各种支持性服务，比如职业发展服务、义工小组服务、义务跟进、家庭生活重整等。个案管理在台湾的司法体系矫治社会工作和毒品危害防制中心被广泛应用。鉴于戒毒服务的输送面广泛牵涉法务、警政、社政、医疗、教育等多个部门，为建立有效的跨部门协调管理制度及贯穿各相关部门的信息流通机制，以掌握戒毒人员的动态，并提供心理康复及追踪辅导等各项服务，台湾地区法律主管部门着力打造毒品成瘾者单一窗口服务，建立起跨部门运作的标准作业程序。毒品危害防制中心专设个案管理师，通过资讯系统，全程管理列管成瘾者的后续辅导服务。[①] 相对而言，在我国内地，个案管理模式在药物防治领域的应用尚处于学者倡导和少数禁毒专业机构的初步探索阶段。

第二节　个案初始评估

个案管理的过程主要分为初始评估、计划制定和落实三个阶段。初始评

① 蔡佩真：《物质滥用社会工作实务手册》，巨流图书公司印行，2017，第 192—193 页。

估是个案管理的首要环节，是对服务对象及其环境的诊断，涉及与服务对象的初步接触、识别问题以及收集初始评估资料，重点是评估服务需要或其所请求的服务，判断是否与机构提供的服务契合，并确定服务对象是否有资格得到服务。

一、初步接触与资料收集

资料收集是个案管理者开展服务的基础和前提，贯穿于服务全过程。个案管理者只有全面、系统、深入地了解和认识服务对象，才能准确地把握其需求和问题、正确认识其赖以生存的环境和资源、制定有针对性的服务方案、提供科学精准的社会工作服务。初步接触便已开始收集和评估申请人的资料，确定其是否符合服务资格要求并评估服务需求。

（一）资料收集的内容

收集戒毒个案的资料包括时间、空间、时空交织三个维度。从时间维度看，需要全面把握服务对象个体及其家庭的生命历程资料；从空间维度看，需要全面把握服务对象个体及其家庭的现实状况；从时空交织的维度看，需要全面把握服务对象个体及其家庭在不同历史时期的不同状况，特别是在特定历史时期发生的一些重大事件及其影响。收集的资料包括服务对象个体及其家庭、环境、个体及其家庭与环境交织情况等方面的内容。

1. 个体方面的资料

主要涉及：（1）生理状况，包括相貌特征、身体状况、疾病状况、病史、毒品的生理依赖状况等；（2）心理特点，包括服务对象的行为举止、人格特质、兴趣爱好、毒品心理依赖状况等；（3）社会关系状况，包括家庭关系、社会交往、毒友圈状况等；（4）思想状况，包括价值观、社会观、吸毒观念等；（5）需求与问题，包括面临的主要需求及问题、违法犯罪及戒毒情况、问题产生的原因及影响等；（6）资源状况，包括对服务对象戒除毒瘾和康复的有利或不利资源等；（7）自我关系状况，包括自我管理、自我适应、自我调节、自我支持、就业状况等。

2. 家庭方面的资料

包括家庭成长历程、家庭结构、家庭关系、家庭资源等。

3. 个体与家庭关系方面的资料

包括家庭责任、家庭信任、家庭自我管理、自我适应、自我调节、自我支持状况等。

4. 环境方面的资料

包括服务对象居住的社区环境状况、工作场所的环境状况等方面。具体来说，主要包括物理环境，如所居住社区的整体物理环境、所居住社区或周边是否存在可能导致复吸的街角等；文化环境，如街角文化、社区文化，包括社区文化的开放性、社区包容性等；社区所拥有的资源状况，如有利于戒毒与康复的政府、企业、社会资源等。

（二）资料收集方法

收集资料的方法众多，就禁毒社会工作个案管理者的资料收集而言，更多地采用文献法、访谈法和观察法等。

文献法是通过查阅相关文献或文档了解和认识申请人或服务对象的一种方法。在实际工作中禁毒社会工作者需要阅读两类文献：一类是与服务对象直接相关的文献，如戒毒康复人员的档案；另一类是与服务对象间接相关的、有利于深化认识服务对象的扩展类文献，如禁毒政策、服务对象吸食毒品类型的文献、与其需求和问题相关的文献等。

访谈法是指个案管理者与戒毒康复人员或其家庭等利益相关者开展面对面直接沟通交流获取需要资料的方法，通常分结构式访谈和非结构式访谈两种类型。结构式访谈较为正式，带有很强的目的性，在访谈前需做好相应的访谈问卷或访谈提纲，并按照相应程序就问卷或提纲展开访谈。非结构式访谈则是没有相应设计的、比较自由的访谈。一般而言，个案管理者在最初收集资料时，最好采取结构式访谈法。

观察法是指个案管理者在确定目标的基础上，制定观察指标，运用自己的感觉器官或借助相应的辅助工具观察申请人或服务对象，以收集相应资料的方法。一般而言，禁毒社会工作者在常规工作中都会对戒毒康复人员进行观察，核心的问题在于是否有明确的观察目标、观察指标，以及对观察资料的分析。

为了获得翔实、全面、系统的资料，个案管理者在资料收集过程中，要特别注意坚持平等、尊重、保密等原则，明确资料收集目标，规范资料收集过程，科学运用相应资料收集技术，为后面的工作环节奠定坚实的基础。

二、接案面谈

面谈是个案管理过程中的关键部分，也是非常重要的服务工具。个案管理者需要借助面谈来与服务对象沟通、收集信息、确认其是否具备服务资格，以及制定和实施服务计划。为此，个案管理者在面谈过程中也需要营造一种理解和舒适的良好氛围，以使服务对象感到被理解和接纳，并且邀请和鼓励服务对象积极参与问题的探讨，经过磋商，明确解决问题的初步方案。

（一）优势评估提问

面谈的首要目标是协助服务对象探索其处境，增加他们对自身处境的理解，并识别出自身的资源和优势。面谈过程中的优势评估提问将有利于激发和呈现服务对象的优势。评估与干预专家丹尼斯·塞勒伯(Dennis Saleebey)提出优势评估的五类问题，即生存问题、支持问题、例外问题、可能性问题、自尊问题，对个案管理者在思考与服务对象的初次面谈时有着较强的指导意义。作为我国内地最早成立的禁毒社会工作机构的上海市自强社会服务总社历经二十余年的发展，提炼出内容涉及参与戒毒康复治疗、休闲娱乐、人际关系、就业、自身内在能力等十方面的优势能力评估实务操作指南，为禁毒个案管理中的优势评估提问提供了指引。①

1. 日常生活技能问题

是否能保持仪表整齐，保持个人卫生，会购买食品、日用品以及其他一些生活必需品，自己做饭或者协助做饭，自己洗衣服，会乘坐公共交通，会使用一些公共资源（如电话簿、图书馆等），能够准时赴约，有驾照或其他仍然有效的证件，有阅读能力，知道现在周围都发生些什么等。

2. 经济状况问题

是否能保持合法收入来源，有合适的经济资助人，觉得有必要并且愿意承担经济上的责任，知道怎么支付账单，有建设性地花钱，保持一个储蓄账户，为某个目标存钱，适当使用信用卡，能保持收支平衡，能为家庭提供适当的经济支持，按时偿还贷款，信贷记录良好等。

3. 休闲娱乐问题

是否有正当的业余爱好，乐于参与集体活动或户外运动（如网球、篮球、踏青等），会弹奏乐器，喜欢阅读，乐意参加艺术活动（如画画、雕塑、陶艺、写作等），愿意和家人一起进行休闲活动，能有规律地参加社区活动，愿意参加公益

---

① 傅鹂鸣、赵芳：《优势视角理念下增能理论在社区戒毒康复领域中的运用》，载赵芳主编《社会工作教学案例与课程设计》，复旦大学出版社，2020，第227—230页。

活动，从事志愿服务等。

4. 人际关系问题

是否能够信任别人，能够尊重别人，对与他人关系有比较现实的期望，能够灵活处理人际关系，善于与他人合作，能积极地解决争端，与家庭成员保持良好互动，与伴侣或配偶能保持健康的关系，与子女有交流，有正常社交能力，了解社会有哪些可用的资源，建立健康的朋友圈，知道到哪里可以认识朋友，参与健康的社会组织活动，与不吸毒的朋友保持友谊等。

5. 就业问题

是否有职业道德，能够证明自己有职业技能，会使用网络、社区就业援助等公共职业服务资源，为申请和面试工作做准备，愿意找工作，愿意参加职业培训，在工作中会得到自我满足，有过与工作有关的积极经验，有明确的职业目标，能与上司和同事搞好关系，努力工作，得到奖励或升迁等。

6. 学习问题

是否有继续受教育的愿望，有明确的教育目标，总体来说很享受学习，有好的学习习惯，将经济来源用于教育，取得了学位，学历证书，总体来说能与老师、同学搞好关系等。

7. 身体健康问题

是否能够使用社区医疗资源，有医疗保险，知道家族病史，了解自身健康状况（如慢性疾病、危险致病因素等），对健康问题有一定的关注度，能有规律地进行体检或牙科检查，对艾滋病的危险、预防及治疗有足够的知识，能避免艾滋病危险行为，保持健康饮食习惯，遵医嘱服药，经常或者有规律地运动，愿意或正在尝试改变不良生活习惯（如吸烟、赌博、日夜颠倒）等。

8. 心理健康问题

是否能够使用社区心理健康资源，知道家族心理疾病史，了解自身心理健康问题，对心理健康问题有一定的关注度，需要时会有规律地去看心理医生，遵医嘱服药，知道到哪里看心理医生，知道且使用心理辅导热线等。

9. 自身内在能力问题

是否能有目标地生活，理解自己的行为会怎样影响他人，表达愿望和需要，能够认识到自己的能力和天赋，能够认识到自己的兴趣，做事之前会先考虑到后果，能够认识到自己的成就，坚持自己的信念和价值，关注自己的精神需求，愿意寻求协助来解决问题，在适当的时候会承担责任，做适当努力来尝试实现自己的目标，觉得对自己的生活有控制能力，能适当地表达感情，言出必行，能够有建设性地处理让人不适的情绪（如生气、伤感、悲哀、嫉妒）等。

10. 戒毒康复治疗问题

是否有持续戒毒的愿望，曾经主动寻求治疗，愿意定期与社会工作者面谈，试图改变吸毒行为，正在接受戒毒治疗，正在保持康复中，愿意参加同伴支持小组，避免吸毒现象普遍的地方和人群，和有协助的人群保持持续的联系，和不吸毒的人保持友谊，有预防复吸的计划等。

（二）有效面谈技巧

1. 尊重与真诚的态度

面谈者的个人特征强烈地影响助人工作的成败。作为一名面谈者，个案管理者的态度和特征在初次面谈中尤为重要，与自我相关的态度包括自我意识和个人一致性，与对待他人相关的态度涉及尊重、同感和文化敏感性。初次面谈的首要目标是要传递热情、接纳和真诚，营造有利于信息交换的氛围。个案管理者需要以问候、起身、眼神接触、握手、面部表情和友好的回应等方式将助人态度传达给服务对象。此外，在进行面谈时，个案管理者需对民族、性别、年龄和性取向等话题保持敏感，让服务对象感受到对差异的尊重。

2. 积极倾听

个案管理者不仅应该特别努力地去听说了什么，也要听没有说什么，要善于“用眼睛去听”。一个能够敏锐捕捉服务对象传达的非语言和语言信息的面谈者，会获得更多关于服务对象真实情况的信息。好的倾听包含专注行为、反应性倾听和积极倾听，需要采取开放的姿势，记住身体要不时地向对方倾斜，保持良好的眼神接触和身体的相对放松，通常不打断服务对象的叙述，除非服务对象意图改变谈话主题、过度重复或是陷于过度苦恼中，允许沉默，倾听沉默。

3. 提问的艺术

问题的用词通常不如提问的方式和语气重要。提问的节奏和问题的多寡亦需要微妙的平衡。问题过多会使服务对象感到困惑或产生防卫，问题过少可能遗漏一些需要探索的重要信息。提问的节奏太缓，服务对象可能认为面谈者缺乏兴趣，节奏太快会导致重要信息的遗漏。面谈者不要依赖问题去支撑交流。当面谈陷入沉默的时候，人们往往会提问，而焦急地提问可能导致更多的问题，这样个案管理者就得集中注意力想出更多问题，而不是倾听服务对象在说什么。

4. 有效的非语言沟通

沟通是面谈过程的核心，面谈过程中的所有行为都具有沟通价值。面谈中的非语言沟通的效力并不弱于语言沟通，有时在表达态度和情感时的效果要比语言表达想法更好，具有传递情绪的功能。[①] 面谈在于促进语言和非语言交流，需要重视身体移动、姿势、面部表情以及语音语调等，保持语言与非语言信息的一致性。因为信息含义的主要部分由非语言传递，当语言与非语言信息有明显冲突时，服务对象很可能会相信非语言信息。

5. 警惕面谈误区

一个有效的面谈者会专心地倾听、谨慎地提问以及使用其他有协助的回应去获取信息和促进服务对象理解。个案面谈需要警惕以下三大误区：一是仓促地解决问题或提供建议。仓促的行为会无形中损害到服务对象的自决权，并且仓促的建议往往也会缺乏影响力，影响到服务对象对个案管理者的信心。二是过度依赖封闭性问题。封闭性问题通常是指示性的，聚焦于事实，极少提供探索的机会。一系列封闭性问题还可能使服务对象产生防卫心理。三是急于填补沉默。沉默不代表什么也没发生，事实上，沉默确实是有意义的，服务对象可能在等待面谈者的指导、思考到目前为止说了什么，或者只是在感受一种情绪。有技巧的个案管理者会学着倾听沉默。[②]

三、个案研判与评估

（一）个案资料的整理

资料整理分析是需求评估和问题诊断的基础。在资料收集阶段，禁毒社会工作者所收集到的资料可能存在杂多、零散不系统、真假资料混合、无序不规范等诸多问题，需要对所收集的资料进行整理分析，去粗取精，去伪存真，由此及彼，由表及里。资料整理涉及资料审核、资料复查、资料分类、记录等环节。

---

① 罗纳·B. 阿德勒、拉塞尔·F. 普罗科特：《沟通的艺术》，黄素菲、李恩译，北京联合出版公司，2018，第186页。

② 玛丽安娜·伍德赛德、特里西娅·麦克拉姆：《社会工作个案管理：社会服务传输方法（第四版）》，隋玉杰等译，中国人民大学出版社，2018，第177—178页。

1. 资料审核

对已有资料进行审查和核实，以去除虚假、无用的资料，保证资料的准确性和有效性。常用的方法有三种。一是经验判断法。即当禁毒社会工作者发现所收集的资料与已有经验和常识不符合时，表明资料的真实性存在问题，需对资料的真实性进行再审核。二是资料比较分析法。当禁毒社会工作者对某些资料的真实性产生怀疑，而掌握的资料又比较丰富时，可以对资料进行比较分析，确定资料的真实性。三是资料来源判断法。禁毒社会工作者收集的资料源自多个方面，既可能是戒毒康复人员本身，也可能是其家属亲朋，还可能是派出所和居（村）委会工作人员、邻居、同事等。资料来源不同，其真实性也存在差别，禁毒社会工作者可据此判断资料的真实性。当依据单一主体资料来源仍然很难判断时，可就多个资料来源主体的资料进行比较分析。

2. 资料复查

这是指为了保证资料的真实性和准确性，再次进行调查的活动和过程。资料复查通常不需要全面进行，主要针对比较重要的资料，或资料中各种矛盾比较突出的资料，也可以对随机抽取的资料进行复查。

3. 资料分类

这是将繁杂的资料系统化、规范化、条理化，把性质相同的资料整理在一起的活动和过程。资料分类最核心的要素是要找到一个分类标准，这取决于社会工作者自身的知识结构、工作经验、习惯偏好等因素。比如，可以将资料分为身、心、思想观念、社会等不同方面，也可以将资料分为个体资料、环境资料、个体与环境交互资料等。资料分类标准一旦明确，适宜将之贯穿于资料分析的全过程。

4. 记录

这是将相关资料及其分析、认识撰写到备忘录的活动和过程。由于戒毒康复人员情况的复杂性，每位禁毒社会工作者都有多个服务对象，易把资料混淆，加上资料本身的复杂性、多样性，新发现、新思想、新创见、新对策的易逝性等因素，使得在实际工作中仅靠记忆是远远不够的，因而禁毒社会工作者应在整个服务过程中形成随时记录、及时记录、摘要记录的良好习惯。

（二）问题或需求的分析判断

社会工作者在面谈、收集服务对象资料的基础上，需对服务对象存在的问题、需求,以及服务对象与环境的互动等方面进行综合的分析判断,形成一个暂时性的基本评估。

1. 问题诊断

所谓“问题”,是指事物在发展中出现了失衡现象,且被人们所反映。个案管理者在问题诊断环节,需要重点思考以下问题:服务对象所关心的是什么问题?其问题有什么明确的指标?问题行为在何处发生?在何时发生?问题行为发生的频率如何?问题行为持续了多久?问题产生的后果是什么?为什么会发生这个问题?服务对象对问题的定义、归因及情绪反应是什么?

2. 服务对象内在系统与外部环境的分析

服务对象的个人内在系统与外在环境因素的分析,可协助加深对服务对象所存在问题的认识,并找到解决问题的助力与阻力。服务对象内在系统分析涉及服务对象的生理、认知、情绪、动机、优势与劣势等。分析过程需着力思考:服务对象是如何解决自己存在的问题的?解决问题所需的技巧是什么?服务对象寻求改变的动机如何?服务对象具有哪些有利于问题解决的技巧和长处?哪些阻碍会影响服务对象解决问题的能力?外部环境分析涉及服务对象的家庭状况、社会支持网络、人际互动等因素的考察。在外部环境分析需重点回应:服务对象的问题中相关的人与系统有哪些?他们是如何互动而造成或维持此问题的?文化、社会等因素对服务对象的问题有什么影响?服务对象现有的或需创造的社会支持系统是什么?评估社会支持系统时,需特别关注支持系统中的关键人物、特别支持、关系的长久性等。

(三)初始评估报告撰写

初始评估报告是在资料分析和问题诊断后提出的一份建基于事实和理论之上的有关服务对象个人、家庭及其生态系统的摘要报告。各社会服务机构对评估报告的撰写要求可能不太一致,有的要求简洁,一目了然;有的则要求详细全面;有的设计了专门的表格,只需要填入要点;有的需要像叙述故事般娓娓道来。因此,社会工作者需要根据禁毒社会工作领域和机构要求来完成初始评估报告。不过一般而言,初始评估报告主要涉及以下内容:工作者的姓名、接触日期、撰写日期;服务对象的人口特征资料——姓名、地址、电话号码、转介或申请编号等;接案面谈中的信息来源;呈现的问题;背景及问题相关的社会生活史概述;以前与机构的接触;诊断性的总结陈述;治疗建议等。

第三节　制定服务计划

计划是在个案研判的基础上，为解决问题和达到目标而进行的一系列解决方案的思考和决策过程，是对服务对象系统的问题和需要、情境及长处的综合预估。计划阶段着重于设定介入行动的目标及目标达成的可能路径，涉及行动方案的设计与选择。具体和完善的服务计划有助于目标的实现，计划是社会工作者介入的前提。

一、设立禁毒个案管理的服务目标

服务目标的设立有助于澄清服务对象的问题所在，促进服务对象的参与，引导解决问题的行动方向，同时服务目标也是服务评估的重要指标。鉴于禁毒社会工作服务对象问题与需求的复杂性，相应的个案管理更需要清晰的目标设计。

（一）服务目标含义

服务目标是服务所期望达到的境界。服务计划中所涉及的目标可分为总目标和具体目标。总目标是对服务对象想要达到境界的宽泛、总体的陈述，它所表达的是想得到的结果、理想的境界、助人关系的长期目标，不一定是可测量的。具体目标则是指服务对象在其行为和情境方面希望发生的具体变化的清楚表述，通常是可观察和可测量的。具体目标是要达到总目标的那些较小的、增量的成果，个案管理需要设定许多具体目标，以实现单一的总目标。例如：社区戒毒人员丁某和其 70 岁的父亲关系很差，他和社会工作者商议的总目标为改善丁某和父亲的亲子关系，而具体的目标就不能笼统，须是明确且具体可行的，可包括以下几点：

第一，每天至少 1 小时在一起交谈、倾听和放松；

第二，从 2 月到 4 月，每 2 周一次会见社会工作者以加深对对方的理解；

第三，为更好地了解自己，并知道更多有关如何和高龄老人相处的知识和技巧，丁某每周五晚上参加为期 6 周的家庭教育学习班；

第四，为更好地戒瘾及更好地与家长相处，丁某每周六下午参加为期 2 个月的社区戒毒康复活动；

第五，在丁某和社会工作者合作期间，学会探讨发怒的行为，并控制自己的脾气，不顶撞、不刺激老人或者实施冷暴力，而是跟父亲好好交谈。

（二）有效服务目标特征

在个案管理中，有效的服务目标通常具备以下特征[①]。

1. 能紧扣服务对象的问题或需求

目标是通过提供服务想要获得的结果而不是服务本身。脱离服务对象需求而设定的目标是不切实际和无效的。禁毒个案管理服务目标的设定应建立在预估的基础上，须明确从问题到目标至最后的评估都是环环相扣的。

2. 与服务对象协商共同制定

只有服务对象参与、认可的目标，才有可能成为改变的动力。服务对象与社会工作者共同讨论和确定目标的过程，也是鼓励服务对象分析问题、解决问题及思考个人未来的过程，能促进服务对象的主体性激发和增能，从而使其更有能力及更主动地去实现改变。

3. 具体目标的描述应是明确而可测量的

目标越是明确越能产生执行力，明晰的目标旨在让参与服务的人明白“谁在什么时间内完成什么?”诸如“解决服务对象的生活困难”的目标相对模糊，若改为“社会工作者李某将在一个月内协助服务对象办妥申领最低生活保障金”，就较为明确和具体。另外，目标是监察确认目的是否实现的基础，必须可以测量。例如，“让服务对象感觉更好”就很难测量，如改为“让服务对象感觉更好，即一周内至少有 5 天晚上睡眠在 6 小时以上，正常饮食，而且在贝克(Beck)沮丧量表的得分至少提高 15%”，这样的目标更有可测性，亦有助于评估。

4. 目标的设定应该切实可行

不能直接与服务对象需求联结的目标无助于目的实现。目标的设定要考虑服务对象完成目标的能力以及环境中可能对目标完成的不利因素。例如，一位服务对象在出所后希望能和妻女团聚，可妻子及其家人不能原谅他的过去，坚决要和他离婚，并不愿接受他。在这种情况下，社会工作者可能同意帮服务对象做妻子及其家人的工作，但若其妻子去意已决，社会工作者再同意设定这样的目标是不妥的。此外，目标是否实际可行也需兼顾机构的资源或能力所及。

---

① 朱眉华：《社会工作实务(上)》，上海社会科学院出版社，2003，第 153—156 页。

5. 目标的描述宜正向并强调成长

定义目标是用收获而非丧失，更能增强服务对象的动机并减轻改变的障碍。例如，“在家庭成员中减少对戒毒康复人员指责和批评的次数”，可以正向地表达为“增进家庭成员对彼此优点、长处的觉察，并增加正面语言进行交流的次数”。正面的语言表达目标更能体现社会工作者对服务对象的尊重，更易被服务对象所接受，同时也能激发服务对象从优势视角看待改变，增进力求改变的信心。

（三）服务目标设置步骤

个案管理者在与服务对象共同设置服务目标时通常会经历以下四个步骤①。

1. 确定服务对象的准备状态

在与服务对象就其问题进行充分讨论后，若服务对象已准备好进入协商目标的阶段，社会工作者可以通过征询意见的方式以确定服务对象的准备状况。例如：“前面你对你的问题和情况做了很好的介绍，我想我都已经了解了，我在考虑你是否已经准备好现在开始谈谈我们的目标，也许你觉得还有必要再讨论些其他的信息。”如果这时服务对象表示已准备好了，便可以进入下一环节。

2. 解释设定目标的目的

解释设定目标的目的可以让服务对象了解下一步要做什么，为什么要这样做，这种做法将有利于服务对象的参与和投入。例如，社会工作者可以说：“我们已经花了一段时间探讨你的问题，你也想改变你和丈夫之间的紧张关系，我希望你现在想一想这 3 个月里你想要完成哪些特定的目标。因为我们设定一些工作目标后，就像走路有了方向，不会在岔道上越走越远。有了目标，我们也可以评估你的进步，看看我们的努力成功了多少。目标代表你最重要的改变，我对设定目标也会有一些看法，会和你一起分享。事实上也可能和你的目标是一样的，让我们来讨论一下，可以找到哪些是你认为最重要的目标。”如果服务对象对社会工作者的解释能有很好的理解，就会产生被尊重和认同等正面的反应。如果服务对象还是显得很困惑，就有必要继续探讨他们的感觉，并进一步澄清目标的功能。

---

① 朱眉华：《社会工作实务（上）》，上海社会科学院出版社，2003，第 158—161 页。

3. 共同选择适当的目标

一方面，引导服务对象说出其想要实现的改变，及时做好笔记，随时澄清服务对象的意思，协助他们渐渐地使目标变得清晰。另一方面，引导服务对象思考目标的可行性及可能的利益与危险。在商讨目标的可行性时，可以这样问："你觉得会有什么障碍阻止你实现这个目标？"或者"这个目标听起来你很有决心，但我真的不愿意看到你为一个达不到的目标苦苦挣扎，让我们想想，为实现这个目标，你该做些什么呢？"在与服务对象讨论目标可能带来的利益时，会增强服务对象实现目标的欲望和信心。例如，向一位参加篆刻比赛的服务对象问道："参加比赛对你个人及家庭会有什么样的好处呢？"在探讨益处的同时，社会工作者有责任和义务与服务对象讨论为达到目标可能产生的风险。例如，要跟不公平的雇主争取应有的权利就要冒着失去工作的风险；要跟团体成员分享自己的痛苦经历一定会感到内心的焦虑和不愉快。

4. 目标排序

在共同商定一系列目标后，社会工作者需要协助服务对象在这些目标中排出优先顺序，通常从最重要和最关键的目标开始。同时，目标排序既要尊重服务对象的需求，也需兼顾法律规定的强制命令目标的优先性及社会伦理。如果是和多人相关的案例，如家庭、团体等，不同的成员会有不同的目标，他们各自排出的目标优先顺序也可能不同。关键在于，社会工作者要和其成员共同商量，分别列出个人和系统的目标，并对个人和系统的目标排出优先顺序，通过协商来统一分歧意见。

二、制定禁毒个案管理的服务方案

社会工作服务方案的制定是明确目的、订立目标和决定具体干预措施的过程，这个过程从综合所有现有资料开始，经过仔细审查，将个案的图景尽可能地完整呈现出来。除了前面有关目的和目标的设定外，服务方案的制定需要确定行动步骤，明确行动主体的责任和任务。

（一）确定行动步骤

基于服务目标，确定行动步骤，制定详细的行动方案。合理地确定目标或任务实现的时间节点，是行动方案制定的重要环节。一张时间表对有效地实施计划大有帮助。较为直观的甘特图表常见于行动方案之中。此外，亦有更具体地将目标达成的预期时间分为乐观时间、最可能时间、悲观时间。乐观时间是可能提前完成的时间节点，悲观时间是可能延迟完成的时间下限。简言之是在目标时间的基础上确定目标实现的上限和下限。

（二）明确任务与责任

个案管理者、服务对象及其他相关人员需要明确各自的责任和任务，即各自在什么时候需要做什么。行动中的每个人都应该知道自己的角色和责任。在禁毒社会工作中，个案管理者需与服务对象基于服务目标协商制定服务计划，明确在申请最低生活保障金、获取购买廉租房资格、链接社区资源、开展就业服务和帮教服务等服务中各自的责任和角色。任务和责任落实到每一个人，是目标管理和有效管理的精髓。

（三）选择最优方案

服务方案包含了服务目标、服务时间、服务主体等基本要素。个案管理具有一定的复杂性，因为个案管理的服务对象的需求具有复杂性，涉及的利益相关者较多，因此在方案制订过程中需要尽可能地列出所有可行方案，预测和判断每种可行方案的结果。方案选择是一个前瞻性过程，需要试着去估计未来可能出现的变化或问题。譬如，在为戒毒康复人员提供就业服务的方案中，亦需研判未来一段时间的经济走势和政策导向。政策导向或偏好影响就业服务方向，经济发展状况直接关涉市场上的就业岗位供给。最优方案的选择也是建立在对自身能力和自身机构资源充分评估和判断的基础之上。

第四节　服务传输与服务协调

计划的实施是一个将计划转化成服务行动的服务传输与服务协调过程。其间个案管理者不仅需要激活服务对象及环境系统的各种资源，不断增强服务对象的力量，而且需要运用自己的知识、经验与技巧来保持计划的推进和适时地改进计划，以促进服务对象朝着既定的目标稳步前进。

一、服务传输

协助服务对象开展戒毒康复是禁毒社会工作的重要任务。国内当前的戒毒形式主要分为强制隔离戒毒、社区戒毒与社区康复、自愿戒毒三类。强制隔离戒毒在强制隔离戒毒场所进行，社区戒毒与社区康复在戒毒或康复对象的户籍所在地或常住地的社区进行，自愿戒毒在有特定资质的卫生医疗部门内开设的戒毒医疗机构内进行。广义上也可分为院所戒毒与社区戒毒(康复)两类。禁毒社会工作在这两类场所开展不同形式的服务。

(一) 院所服务传输

院所服务传输是指禁毒社会工作者在戒毒所或戒毒医疗机构内为戒毒人员所开展的服务。对于戒毒院所的社会工作者而言,通常都有明确的工作职责和服务要求。譬如在强制隔离戒毒所内,社会工作者通常需要提供的服务有:服务对象的入所指导、服务对象的直接或间接调查、服务对象的家庭社会关系评估及处理、个案社会工作服务、团体辅导、课程编排与教授、社会资源的运用、服务对象出所后的联系、其他有关社会工作及调查事项等。在具体的服务传输过程中,社会工作者的角色是多重的,如临床或改变的角色、教育和咨询的角色、中介或倡导的角色、个案管理者的角色等。

戒毒康复人员通常面临多重困境,需要家庭、社区、医疗机构、福利机构等多系统的介入。为此,个案管理者的角色不可或缺,且显得尤为突出。个案管理者的产生,是以系统的观点在协助处理个案的问题,希望个案的问题可以有所进展与改善。社会工作者须有能力转介、整合与监督服务的输送。强制隔离戒毒所内的社会工作者须接触和熟悉服务对象的管教人员、卫生科的护士或药师、所内其他咨商人员,如心理咨询师或其他社会工作者、服务对象的家庭、服务对象所在的社区、有关服务对象福利的单位系统等。社会工作者与管教人员的互动是为了解服务对象在舍房或小组的适应状况,就服务对象家庭变故等突发事件与管教人员沟通,可以请管教人员关注并注意安抚服务对象情绪。与卫生科室人员的互动,可以及时了解服务对象当前的身体状况及医生的评估结果。与其他咨商人员的互动,可以了解服务对象在与其他人员辅导时的进展与状况。与服务对象家庭的互动是为了了解服务对象在所外的实际状况以及服务对象家庭的支持程度。与相关福利部门的互动则是为了协助服务对象解决出所后的就业、住房、子女教育及照顾等问题。

就服务对象进入院所进行戒治的生涯而言,入院所初期与出院所前后往往是个案管理者最需关注的两个阶段。入院所初期会面临适应问题,作为个案管理者,需要充分了解服务对象的整体信息,与院所多个相关部门有相应的信息沟通,以促进其他部门工作人员对服务对象的接纳并提供有针对性的服务。出院所前后,对于服务对象而言,也会存在焦虑和不适应的状况,如出所后的社会适应问题、家人信任或是工作、居住问题等。出所前社会工作者与个案需多次讨论和了解服务对象需求，与个案共同评估出所后可能面临的问题，做好因应的准备。社会工作者可以邀请职业介绍人员进行职业辅导，人力资源和社会保障部门人员、民政部门人员等进行相关福利政策的解释及福利申请程序的讲解。通过职业介绍所、就业服务站或所内的就业辅导活动预先做好准备。院所内社会工作者也会与社区戒毒和社区康复社会工作者积极联系，所社衔接，做好转介社区戒毒机构的准备，并做好出所后的跟进辅导工作，跟进辅导的方式包括电访及家访。深化对服务对象的跟进辅导效能，提升家访服务的数量和质量，越来越受到个案管理者的重视。

（二）社区服务传输

对于成瘾性不高、生理反应不明显，或者由于身体原因没有办法执行强制隔离戒毒的服务对象，按规定进入社区参与社区戒毒，为期三年；对于必须进入强制隔离戒毒所的服务对象，在经过两年的所内戒毒之后，须到户籍所在地或者居住地参与社区康复，为期三年。针对社区戒毒与社区康复对象，社会工作者提供和传输的服务也是多方面的，在实际工作中往往涉及服务对象的身心社灵等多个层面。诸如，生理需求层面，对于难以在短期内摆脱生理“瘾”患的服务对象，社会工作者可以协助其申请美沙酮治疗服务；心理需求层面，社会工作者可以对服务对象进行心理辅导或将其转介给心理咨询师进行心理治疗；社会支持层面，社会工作者需要整合多方面的资源，促进服务对象的问题解决和社会关系的重建。灵性层面，社会工作者也可以尽可能地整合灵性资源，协助服务对象心灵的重建。

作为个案管理者，社区禁毒社会工作者所要整合的资源，既可以是体制内的，也可以是体制外的。体制内的资源整合，社会工作者需与社区戒毒和社区康复相关的各种体制资源进行联结和互动。就一线的个案管理者而言，需要对街镇基层行政部门的职责、功能、资源进行充分的了解，与派出所、居委会、职介所、法律援助机构、社区事务受理中心等建立紧密的关系。体制外资源主要涉及与禁毒、健康、救助等相关的社会力量，社会工作者会梳理各种社会资源，建构戒毒服务资源中心或支援中心。

对于社区戒毒与社区康复的个案管理者而言，所社衔接也是个案管理服务的重要环节。针对初入所的服务对象，社会工作者通常运用通信或电话的方式，保持与服务对象的联络。双方通过信息的互相确认，建立平等、信任的专业关系。强戒所内的服务对象会有一个亲情电话，极少数服务对象会留社会工作者的电话，通常一个月1～2次的亲情通话，保持与服务对象的联络。通信方面，有机构规定社会工作者须在服务对象入所半年内去信，若收到服务对象的回信，须在一个月内回复信件，尽可能地把握其需求和心理动态，予以适时的疏导，增强其适应性，坚定其戒瘾的信心和决心。针对临近出所的服务对象，社区禁毒社会工作者会及时走访服务对象的家庭，了解其家庭成员结构，争取先与服务对象的家庭人员建立专业关系，共同探讨服务对象出所后的基本生活安排，对服务对象回归社会后可能存在的困难进行预估；通过走访居委会干部和群众，告知其服务对象入所、出所的信息，探讨服务对象出所后可能在经济上需要相关政策支持的可能性，挖掘可利用的资源；通过走访街道、派出所，协商接所事宜。

二、服务协调

个案管理的核心功能在于服务协调。几乎没有一个社会服务机构或单独的专业人士能够提供服务对象需要的所有服务。对于个案管理者来说，知道资源所在很重要，同样重要的是，同服务传输系统进行协商以获取服务对象所需的资源。为此，需要协调、倡导与合作。

（一）协调服务

1. 转介

因成瘾问题的特殊性，社会工作者需要识别出服务对象的需求和与之相符的服务，选择能够满足这些需求的人、项目或机构。又因成瘾问题的复杂性，需要多部门或多专业的合作，鲜见社会工作者个体能解决服务对象的所有问题，满足其所有需求，一旦超出了社会工作者个体的能力范围，转介便成为必要和可能。转介是将服务对象与机构内或其他机构资源相联结。个案管理者在转介过程中一定程度上充当了经纪人的角色，即在那些寻求服务和提供服务的人之间扮演着中间人的角色。个案管理者成功转介的关键点在于：一是评估服务对象的能力，即查明服务对象凭借自己的力量能够做些什么，具备哪些优势；二是了解个案管理者在转介过程中的角色，即个案管理者既要考虑服务对象的需求，还要考虑自己与其他专业的工作者或机构的关系；三是服务对象的参与，即在决定是否要转介，以及转介到哪里时，服务对象应参与其中。具体而言，个案管理者需与服务对象一起商讨相关资源提供的服务，讨论的内容涉及：为何需要转介，转介有何助益，服务对象对此有何感受，以及应提供哪些信息。如果要共享服务对象的信息，那么服务对象或监护人应签署一份同意书。

2. 监察服务

一旦完成转介，监察服务的传输便成为个案管理的焦点。个案管理者的监察服务需要加强与转介部门及服务对象的联系，跟踪服务进展，如遇服务对象转介后的不适，还得及时协助、协调及调整，或进行再一次的转介。在监察服务的过程中，个案管理者在此考察服务对象所接受的服务，检查订立计划后可能发生的任何改变，审查依照计划的目的或目标进展的程度。提供监察服务的过程实为服务的过程评估，在监察服务过程中，个案管理者需要反复回答以下问题：原来认定的问题是否发生了改变？转介是正确无误的吗？期望的结果实现了吗？服务计划是否应当变更？是否应当结案？等等。①

（二）社会倡导

倡导，即为他人的利益代言和辩护，或站在他者的立场。对于个案管理者来说，社会倡导非常重要。服务对象常常无法明确表达自己的需求，也不明白当下的选择。他们可能缺乏应对现状的必要信息和技能，常常处于无法为自身权益做倡导的境地。与此同时，个案管理涉及多部门之间的联动，社会倡导也是一种动员机制，有利于促进多部门对服务对象的理解、接纳和服务。当然，倡导者并非一个容易承担的角色，需要具备自信、控制感以及对服务系统的理解力。个案管理者在采取倡导行动之前，须做好若干准备：首先，要收集有关情况的证据，确定服务对象的申诉是否合法，或者服务对象所提要求是否正当；其次，确定进行倡导是否比其他办法更合适；最后，和服务对象一起讨论倡导的必要性，在倡导行动前，需要征得服务对象的同意。有效的倡导过程包括：挑选一个倡导目标，运用数据和研究做倡导，识别倡导的对象，制定和传递倡导信息，建立联盟，做有说服力的陈述，为倡导工作筹款，评估倡导工作等。②

（三）团队合作

与其他专业人员一道工作是个案管理过程中的重要组成部分。个案管理

---

① 玛丽安娜·伍德赛德、特里西娅·麦克拉姆：《社会工作个案管理：社会服务传输方法（第四版）》，隋玉杰等译，中国人民大学出版社，2018，第256—262页。

② 同上书，第267—271页。

涉及多个主客体，社会工作者需要和服务对象、服务对象的家人和朋友、同事、其他专业工作者以及其他机构建立关系。这些关系包括：团队中的工作关系，与家庭之间的辅导关系，与其他机构、企业、政府单位或部门间的伙伴关系。例如，对于一位刚出戒毒所不久、贫困患病、无多少就业能力、家有未成年孩子上学暂无着落、家庭冲突严重的服务对象而言，社会工作者需要协助其申请低保、医疗救助，处理家庭关系、就业及其孩子就学等诸多问题，这就需要禁毒社会工作者与社区事务受理中心、社区调解委员会、社区就业援助中心、社区周边学校等不同的专业人士进行沟通和资源整合。有经验的一线社会工作者通常会注重与基层管理部门及企事业单位的专业人士建立良好的合作关系，形成一个类似于个案管理的团队。

团队合作可让团队中工作的专业工作者共担服务对象的责任，也可以一起分担情感上的负荷。当一组专业人员共同提供服务时，他们更有可能考虑到服务对象方方面面的情况，也可以共享彼此的经验和知识。团队成员可以相互提供支持和批评意见。团队工作有利于满足服务对象的多种需求，还能增加可获取资源的数量。当个案管理者与相关资源有着良好的关系时，提供转介与监察服务都更容易实现。其他专业工作者在文化背景、职业性质上存在着多样性，不同主体间亦存在不同的机构或部门利益，团队合作并非一蹴而就，需要沟通来缓解冲突和清除障碍。良好的沟通首先需要做好沟通前的准备，需要收集一切所需要的背景信息，了解其他专业人员，明白自己的角色和处境，意识到自己的优势和局限。其次，在沟通过程中要善于识别彼此的共同点、善于倾听、考虑妥协等。最后，沟通后需要回顾总结、跟进及安排必要的非正式接触。总的原则是要尽可能避免因为专业间冲突、部门间冲突而损及服务对象利益的问题发生。[①]

第五节　服务评估与结案

服务评估是对个案管理服务过程、结果及质量的评价，涉及服务目标的完成情况、服务对象的改变和满意度等，是个案管理不可或缺的环节。结案是禁

① 玛丽安娜·伍德赛德、特里西娅·麦克拉姆：《社会工作个案管理：社会服务传输方法（第四版）》，隋玉杰等译，中国人民大学出版社，2018，第259—279页。

毒社会工作者在法定时间内为服务对象提供服务的最后环节。服务评估贯穿个案管理全程,是结案及跟进服务的前提和基础。

一、禁毒个案管理服务评估

(一)服务评估的意义

服务评估是指在个案管理方案实施完成后,禁毒社会工作者对方案实施过程、成效等进行反思和评价的活动和过程。评估是个案管理的重要环节,具有十分重要的意义。首先,评估是对个案管理经验的总结和整体检验,是个案管理成效呈现的重要依据。其次,评估有利于禁毒社会工作者对服务开展过程进行整体把握,提升其服务能力和服务质量。评估的过程既是一个了解和调查方案实施及其效果的过程,也是社会工作者重新反思、总结自己工作的过程。在这个互动过程中,会带来禁毒社会工作者的能力增进和服务品质的提升。通过评估,禁毒社会工作者、相关机构也会对方案及其实施的效果有新的认识,这种认识也必然促进禁毒社会工作者及其机构服务质量的提升。最后,评估有利于禁毒社会工作者寻找下一步的工作方向。一方面,通过评估,禁毒社会工作者对服务对象各方面的变化有了新的认识和把握,还可以发现他们可能产生的新问题,这或许是禁毒社会工作者下一个服务方案设计的重要依据;另一方面,在评估中禁毒社会工作者可能发现方案实施过程中存在的问题,并提出相应的对策或解决方案。

(二)服务评估的类型与流程

就评估类型而言,根据不同的标准可以区分为不同类型:以服务评估的主体为依据,可以分为由政府部门实施的评估、由社会工作服务机构实施的评估、由禁毒社会工作者进行的评估、由行业及主管部门进行的评估、由服务对象进行的评估等。以服务评估的目标为依据,可以分为过程评估、成效评估等。其中,过程评估贯穿于整个社会工作介入过程,从接案开始一直延续到工作关系的终结,是对整个助人过程的评估。成效评估注重社会工作介入对服务对象所产生的改变。以服务评估的实施时间为标准,可以分为前期评估、中期评估和后期评估。在实际操作中,各种类型的评估具有交叉性。

就评估流程而言,大体上可分为评估准备、评估设计、评估实施、评估总结四个阶段。在评估准备阶段,评估主体应做好明确评估目的、评价评估条件等工作。在评估设计阶段,主要任务是设计评估方案,主要包括评估目标,基于目标的评估指标体系，收集和分析评估资料的方法和步骤，评估过程设计，评估成果的主要呈现形式，其他相关方的参与等。在评估实施阶段，评估主体按照评估设计的基本程序进行评估，是把评估方案操作化为具体行动的过程。在评估总结阶段，评估主体要对相关信息进行整理和分析，形成评估结果，撰写评估报告。

（三）服务评估工具的运用

1. 个案记录

个案记录是评估服务对象的重要工具，因为个案记录包含了服务的大量信息，可随时了解和评估服务的进展。个案记录通常包括了服务对象的基本个人资料、转介的来源、呈现的问题、社会工作者的预估、服务协议和行动计划、社会工作者和服务对象互动的文字材料、其他机构服务提供的情况、服务对象对面谈的反应及面谈以外的表现、结案的总结和评估等。个案记录本身也是社会工作者工作职责的一部分。根据不同机构的要求，个案记录的具体形式可以是概要记录、过程记录、叙事性记录或以问题为取向的记录。

2. 目标实现程度量表

目标实现程度的度量是评估服务对象进步水平的一种方法，主要评估和测量服务对象是否已经达到了其所预设的目标及达到的程度。这种方法从内涵上更强调正向的、希望达到的境界。对于戒毒康复人员而言，不仅要看其心瘾控制，还要看其操守保持、意义升华等。目标实现程度量表不仅适合运用于个体的服务对象，也可以运用于不同层次的服务对象系统。

3. 任务完成情况量表

一般用于以任务为中心的实务评估和研究工具。在社会工作者的介入过程中，为实现预设的目标，往往将目标分解成若干任务，每项任务要求在一定的时间里完成。这些任务是社会工作者与服务对象协商的结果，服务对象不仅要清楚地了解这些任务，同时这些任务也是直接为实现目标而服务的。威廉·里德和劳拉·爱泼斯坦用四点标准来决定任务完成情况的评分。每个任务的进展可以这样来记录：4 代表完全完成；3 代表基本完成；2 代表部分完成；1 代表少量完成；0 代表没有进展。

4. 服务对象满意度调查表

服务对象满意度调查表是评估服务对象满意程度的方法，它对社会工作者了解服务对象对介入的反应非常重要，也是机构了解社会工作者服务品质的重要途径，它可以用于个案，或同一个社会工作者所服务的很多服务对象，也可以是机构所拥有的服务对象。因此，它既可以用来评估直接服务，也可以评估整个项目。通过问卷调查，可以协助了解现有服务的不足，服务中还存在的问题或空白点。

二、结案及跟进

（一）结案及情绪处理

任何助人的活动都有一个期限，结案及跟进阶段的任务就是工作者结束与服务对象之间的关系，并对整个服务过程进行一个回顾、总结和后续跟进，其目的是巩固已有的改变，增强服务对象自身的解决问题的能力。通常情况下，当个案管理服务在计划时间内达到服务计划目标时，就进入到结案环节。结案意味着服务与工作关系的结束。在结案前，需要收集和准备结案的材料。以社区戒毒与社区康复为例，禁毒社会工作者需陪同服务对象准备尿检或者唾液检测以及毛发检测等材料印证，逐级送往派出所、乡镇或者街道禁毒办、区公安分局、区禁毒办等部门，在被认定戒断毒品后，方可解除社区戒毒康复。

结案意味着服务对象接受社会工作者服务的结束和另一种新生活经验的开始。服务对象在这个阶段可能会出现两极情感反应：一方面，对即将结案而产生的与社会工作者分离的焦虑，由此产生失落、难过、否认、倒退、愤怒、抱怨、讨价还价等负面情绪；另一方面，也可能充满兴奋、成就感和对未来的希望等正面情绪。结案时社会工作者要对服务对象的正面反应给予肯定并适时地进行强化，以增强服务对象面对未来的信心。针对结案期服务对象可能会有的负面反应，社会工作者可以采取下列具体方法：

第一，与服务对象一起讨论他们对结案的准备情况；

第二，提前让服务对象知道结案时间，早些做好心理准备；

第三，在结案阶段社会工作者要逐渐减少与服务对象的接触，提醒服务对象要学会自立，给服务对象以心理支持，告诉他们在有需要时社会工作者将继续提供协助；

第四，社会工作者也要估计一些可能会破坏改变成果的因素，预防问题的产生，为服务对象提供能够对其有协助的资源系统的支持；

第五，必要时安排正式的接案活动，让服务对象分享各自的收获，以建设性的方式表达感受，相互鼓励，面向未来。

（二）跟进服务

为了巩固和完善个案管理已有的工作成效，社会工作者仍需根据实际情况继续对已经结案的服务对象进行必要的服务，即跟进服务。对于禁毒服务对象而言，跟进服务尤有必要，因为戒毒与康复是一个长期过程。解除社区戒毒社区康复并不意味着服务对象彻底戒断了毒瘾，他们还可能面临管理弱化、服务断裂、社会适应困难等导致的复吸风险。这需要社会工作者不断掌握信息，给予他们持续的支持，以让他们更好地戒除心瘾、融入社会。

基于不同的分类标准，我们可以将禁毒社会工作服务的跟进分为以下几种类型：

第一，根据跟进情境，可区分为内循环性跟进与外循环性跟进。前者是指在法定社区戒毒社区康复期间，经过社会工作介入，情况好转，按照社会工作的一般要求，可以结案。但由于法定时间未到，社会工作者仍需为其提供服务。后者则是指解除社区戒毒社区康复后的跟进，这种跟进可能长达三年以上的时间。

第二，根据跟进内容，可区分为巩固性跟进与完善性跟进。前者是指禁毒社会工作者在已经获得的干预成效基础上，开展以巩固服务成效为目的的跟进。后者是指禁毒社会工作者在总结已有工作基础上，通过反思，发现已有服务面临的问题，对未来禁毒社会工作服务工作思路等提出改进和完善措施。

第三，根据跟进方式，可区分为转介跟进和持续跟进。前者是指服务过程中或服务结束后，服务对象转介给其他社会工作者或工作人员，继续为其提供服务。后者则是在服务结束后，跟进工作仍然由原来社会工作者承担，是社会工作者原有服务工作的延续。从我国目前禁毒社会工作的跟进情况看，持续跟进是最主要的跟进方式。

就跟进的方法或形式而言，在跟进服务中社会工作者多采取面访或电话回访的方式跟进。此外，现代信息化手段也是重要的跟进方式，如微信、QQ等。在这些跟进方式的基础上整合志愿者、解除戒毒康复人员家属和亲戚朋友等其他力量进行跟进也是重要的跟进方式。就跟进服务的内容而言，在跟进环节，社会工作者更多的是为解除戒毒康复人员提供支持性服务，包括物质性支持服务，如协助和支持他们申请低保、廉租房等；个人成长性支持服务，主要是技能提升支持，如协助和支持他们报考驾照，包括与服务对象一起跟进系统更新情况、报考流程学习、报考资料准备；各种就业技能培训支持，包括与他们一起讨论和制订职业规划、开展技能培训、提供就业信息、简历制定和投放等；情感性支持服务，包括个体心理和社会方面的一些问题解决，特别是在面临复吸危机时的情感性支持服务、家庭关系疏导等。[①]

① 张昱、谭杏：《禁毒社会工作十步法之第十步：跟进》，《中国禁毒报》2020 年 7 月 10 日。

第六章
禁毒社会工作方法

社会工作专业方法是社会工作专业体系的核心构成部分，也是社会工作专业教育及职业训练的重要内容。一般在服务、评估等实践中，是否运用专业方法提供服务活动是判断服务是否具有专业性的最直接因素。在社会工作专业问世后的百余年发展历程中，社会工作一直试图形塑专业方法的边界，建构科学的方法体系，至今已初步形成了一套较为完整的方法体系，包括个案工作、小组工作、社区工作三大直接专业方法，以及社会工作行政、社会工作研究两大间接专业方法。需要注意的是，在实践中，各种方法并没有严格的界限、彼此分离，通常是两种或多种方法交叉整合运用，以达成服务目的。在禁毒社会工作领域中，社会工作者通常运用个案、小组、社区和整合性方法开展专业服务。本章重点介绍在禁毒社会工作服务中三大方法及整合性运用。

第一节　禁毒个案工作

个案工作是社会工作专业方法中产生时间最早的方法之一，其运用范围非常广泛，禁毒社会工作者通常采用个案工作方法开展服务。

一、禁毒个案工作概述

（一）禁毒个案工作的概念及内涵

个案工作是个案社会工作或社会个案工作的简称，这一方法的雏形可以追溯至 19 世纪末 20 世纪初。当时，“慈善组织会社”盛行于欧美国家，会社中的“友善访问员”以“个别化”的方式对贫民家庭提供援助。社会工作先驱玛丽·里士满(Mary Richmond)在其1922年出版的著作《什么是社会个案工作》中认为,社会个案工作是人与环境互动中,通过社会工作者对服务对象有意识的影响,促进服务对象人格发展的过程,这是最早对个案工作的定义。1956年,美国社会工作者协会出版的《社会工作百科全书》认为,个案工作所注重的并非社会问题本身,而是“个案”,尤其注重为社会问题所困扰或无法正常融入社会环境、社会关系的个体及家庭,个案工作的目的是帮助陷入困境的个人及家庭恢复、提升或改造社会功能。[①] 在国内,王思斌主编的《社会工作导论》、李迎生主编的《社会工作概论》、许莉娅主编的《个案工作》都对个案工作进行了解释及界定。全国社会工作职业水平考试教材《社会工作综合能力(初级)》将个案工作定义为:个案工作是指运用专业知识、方法和技巧,通过专业的工作程序,帮助有困难的个体或家庭发掘和运用自身及周围的资源,改善其与社会环境之间适应状况的专业服务活动[②]。这一定义普遍被实务界采纳及认可。参考以上定义,结合禁毒社会工作的实践特征,本书认为,禁毒个案工作是社会工作者遵循及运用社会工作价值、理论和方法技巧,通过专业的工作程序,帮助戒毒康复人员及其家庭发掘和运用自身及周围的资源,改善其与社会环境之间适应状况的专业服务活动。

从以上定义可以看出,禁毒个案工作具有以下特点:首先,禁毒个案工作是以个别化的方式开展服务,强调社会工作者和服务对象(个人或家庭)以一对一的方式有针对性地采用专业技术和策略提供服务;其次,禁毒个案工作的主要服务对象是戒毒康复人员及其家庭;再次,禁毒个案工作是一种专业行动,需要在专业知识体系的指导下运用专业方法技术;最后,禁毒个案工作的目标是帮助戒毒康复人员戒除毒瘾,实现社会康复。

(二)禁毒个案工作的原则

开展禁毒个案服务,需要遵循接纳、非评判、个别化、保密、自决等社会工作实践原则。

1. 个别化原则

在禁毒服务工作中,尽管服务对象都受吸毒、戒毒的困扰,但不同服务对

---

① 张雄:《个案社会工作》,华东理工大学出版社,2003,第4页。

② 全国社会工作者职业水平考试教材编委会:《社会工作综合能力(初级)》,中国社会出版社,2021,第69页。

象对自身困境的认知、处境及所拥有的资源等皆存在差异，社会工作者也应重视服务对象自身问题背后的特殊经历、对于问题的感受和见解。因此，社会工作者需要针对性地制定个别化服务方案或策略。

2. 接纳原则

接纳原则指社会工作者尊重服务对象作为一个独立存在的个体所具有的价值，并看到服务对象的独特性。接纳并非赞同、认可，它实际是一种中性客观的态度取向，不是反对也并非认可，而是接纳服务对象作为人的价值所在。在禁毒社会工作服务中，服务对象基本有吸毒经历和吸毒史，社会大众容易对他们产生偏见。但是，专业社会工作者需要正确对待他们的吸毒经历，接纳并尊重他们作为独立存在的个体所具有的价值，并提供专业化服务。

3. 非评判原则

在服务过程中，社会工作者应该尽量以非评判的态度来面对服务对象，不用与个案工作不相关的个人情感、态度、看法来左右专业服务。社会工作者也不应该以说服教育、道德评判的方式提供服务或评价服务对象。

（三）禁毒个案工作的专业关系

一般而言，个案工作中的专业关系指的是建立在一种动态的、持续性的互动基础上而形成的专业助人关系。社会工作者通常需要通过助人关系来开展助人活动，运用专业技巧来帮助需要协助的服务对象。专业关系的建立和持续有赖于社会工作者和服务对象的共同参与、投入及互动，而且双方的投入程度、态度等均会引起专业关系的变化。专业关系更需要社会工作者与服务对象的相互信任，并在服务过程中不断向服务对象提供专业指导和参考意见，鼓励他们完善自我和提升问题解决能力。概括而言，专业关系具有以下特征。第一，专业关系是双向互动的关系，需要社会工作者和服务对象的共同参与及投入。第二，专业关系有两个重要维度，一方面社会工作者要以专业知识作为指导来计划专业行动；另一方面专业关系需要情感反映及投入，并能使服务对象感受到被理解、被支持和同理，从而激发其改变的动力。第三，助人关系建立的主要目的是以服务对象能够接受的方式给予协助。第四，助人关系强调人在情境中，注重此时此刻的感受，协助服务对象从过去的挫折中走出来，将注意力集中到当前能做的和应该处理的事。第五，在助人关系的建立、发展及维持过程中，社会工作者需要运用不同的技巧并整合不同的资源来协助服务对象面对问题①。

二、禁毒个案工作的主要模式

（一）心理社会治疗模式

心理社会治疗模式是个案工作最普遍的模式之一，也是最为传统的工作模式，该模式的起源最早可以追溯到里士满于1917年出版的《社会诊断》一书。1937年，美国学者戈登·汉密尔顿（Gordon Hamilton）的著作《个案工作基本概念》中正式提出心理社会治疗学派。20世纪中期，美国哥伦比亚大学弗洛伦丝·霍利斯（Florence Hollis）出版的《个案工作——一种心理与社会治疗》中对心理社会治疗模式进行了全面系统的梳理，使该模式的运用更加成熟。

心理社会治疗模式认为，人的发展主要受到生理、心理和社会三个方面要素的影响，而且这三大要素互相建构，共同作用于人的成长与生活。服务对象的问题及困扰也是这三个方面要素影响的结果，依据心理社会治疗模式所强调的“人在情境中”的观点，要理解和把握服务对象的问题就要深入到其所处的环境中去，尤其是亲朋好友、邻里、学校或单位等人际关系网络，这些“人际圈”能真实呈现出服务对象的生活状态，有助于社会工作者理解服务对象的问题或困扰。受精神分析理论的影响，心理社会治疗模式认为，造成服务对象困扰的主要原因是其当前所处的环境压力，这使得服务对象再现儿童时期未被满足的欲望和情绪，导致服务对象出现行为偏差和心理困扰失衡等问题。心理社会治疗模式重视人际沟通对于服务对象的重要性，同时认为服务对象是有价值的，具备发展的潜力。个案工作的目的就是要挖掘服务对象的潜力，增强其自我解决问题的能力。

（二）理性情绪治疗模式

理性情绪治疗由美国心理学家阿尔伯特·艾利斯（Albert Ellis）于1955年正式提出，其基本假设是，人生来就具有理性思考和非理性思考两种潜能，人们的情绪主要源于我们的信念以及对所处情境的反应。该疗法的治疗整体模型“ABCDE”（见图6-1），是在艾利斯“ABC理论”的基础上建立的，他强调人的情绪问题并不是由生活中遇到的困难、挫折等激发事件（Activating event）本身

① 许临高：《社会个案工作——理论与实务》，台湾五南图书出版公司，2003，第125—132页。

直接引起的，而是由人们对遭遇事件所持有的不正确认识、评价和非理性信念(Belief)所引发，这一非理性信念导致了特定情境中的不良情绪和行为后果(Consequence)。因此，ABC 理论是理性情绪治疗的核心理论，这种疗法的关键在于以理性认识替代非理性认知，帮助服务对象以合理的思维方式代替不合理的思维方式，以合理的信念代替具有绝对化、过分概括或以偏概全、灾难化等特征的非理性观念(Irrational beliefs)，并与这些非理性观念进行辩驳和驳斥(Disputing intervention)，从而不断纠偏不合理的信念所造成的负面情绪，在此基础上建立合理认知，并产生新的情绪体验和新的行为应对方式(New emotive and behavioral effects)。在禁毒社会工作服务中，有部分戒毒康复人员会错误地认为吸毒是其个人的选择，不应受到他者的干预，从而造成其在戒毒治疗康复过程中的改变动机不强。另外，也有一些戒毒康复人员在自己的吸毒经历被曝光后遭受一系列的挫折和歧视，再加上戒毒难度远超乎自己预计的情况，他们给自己贴上了过于负面的标签。

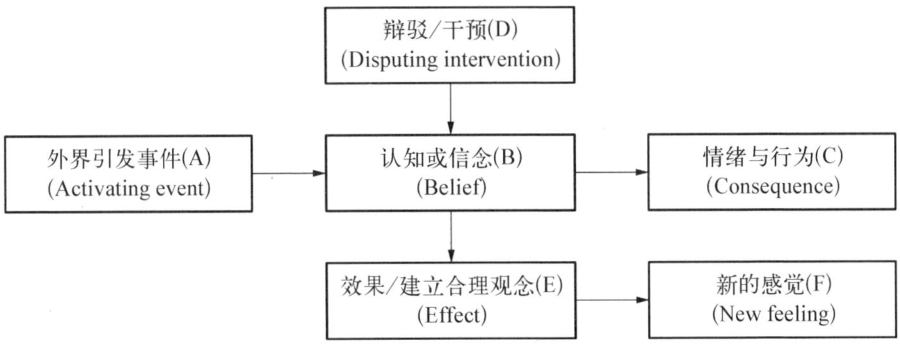

图 6-1　理性情绪治疗干预模式[①]

(三) 任务中心模式

任务中心模式兴起于 20 世纪 50 年代，芝加哥大学学者威廉・里德(William Reid)和劳拉・爱泼斯坦(Laura Epstein)尝试以“有聚焦的短期干预治疗”取代过去长期治疗的方案，注重把服务焦点集中于处理外显问题而非内在因素。任务中心模式充分整合了心理动力、问题解决、行为学派和实证研究结果等理

① 依据阿尔伯特・艾利斯的理性情绪行为治疗方法(REBT)展现各要素间的关系和情绪行为改变历程。参考阿尔伯特・艾利斯、黛比・约菲・艾利斯:《理性情绪行为疗法》，郭建、叶建国、郭本禹译，重庆大学出版社，2015，第 25—30 页。

论知识与技术，它的基本假设是服务对象问题的产生是因为其能力受限，而不是一些病理性的因素；问题解决的困难在于服务对象所处的环境或资源的不足；当服务对象陷入困境时就会激发改变动力，但也有一些适应性问题；服务对象一般只想把问题缓解到可以承受的状况，而不是从根本上解决问题；当服务对象了解到自身有问题时，会采取相关的行动策略。任务中心模式是一种短期的实务工作方法，主要聚焦于解决服务对象个人或家庭特定的心理社会问题。它的适用范围主要包括八个层面：人际关系、社会关系、正式组织中的问题、角色扮演困难、社会转型中的问题、情绪问题、资源不足问题和行为问题。在禁毒社会工作服务当中，社会工作者通常也会针对戒毒康复人员的某一特定问题，采用任务中心取向的模式来开展服务。比如，协助戒毒康复人员完成低保申请、寻找就业信息、协调家人关系、发挥同伴示范能力等。

（四）萨提亚家庭治疗模式

萨提亚家庭治疗模式又称联合家庭治疗，它是个案工作中非常普遍的一种治疗模式，在 20 世纪 60 年代由世界著名心理学家和家庭治疗师维吉尼亚·萨提亚（Virginia Satir）创立。萨提亚家庭治疗模式认为，个人的良好自我观念和自我评价对于个人及家庭都非常重要，正确的自我价值感能够带来良好的个人行为以及家庭健康。萨提亚家庭治疗模式注重用系统性的观点来看待家庭，她认为家庭是家庭成员成长的重要基础，家庭成员之间的互动构成了家庭，家庭的沟通形式反映了家庭成员各自的自尊程度。萨提亚家庭治疗模式已经被证明在吸毒人员服务、犯罪人员的服务中具有非常明显的积极作用，是一种有效的专业方法。其应用主要包括冰山原理、家庭重塑、萨提亚语言模式、雕塑以及一致性沟通等技术。[①] 在禁毒社会工作服务中，社会工作者已发现戒毒康复人员吸毒的重要原因之一是服务对象与家庭的病态沟通形式。由此，在戒毒治疗过程中，社会工作者要帮助戒毒康复人员形成良好的家庭沟通。

（五）危机干预模式

危机干预模式始于 1943 年，埃里克·林德曼（Erich Lindemann）在对美国波士顿火灾服务的研究中发现，危机的出现是正常且暂时的，可以通过短期

---

① 维吉尼亚·萨提亚、约翰·贝曼、简·格伯等：《萨提亚家庭治疗模式》，聂晶译，世界图书出版公司，2013，第 135—266 页。

的干预加以治疗，帮助服务对象走出危机。1946 年林德曼与杰拉尔德·卡普兰(Gerald Caplan)正式提出危机调试这一概念和“平衡—失衡”理论。自 20 世纪 50 年代开始，美国建立了预防自杀的危机干预中心。1974 年后，美国将危机干预模式正式列为社会服务的重要模式，并在个案工作中广泛运用该模式。危机干预治疗模式是一种聚焦短期干预的具体工作方法，主要通过借鉴和吸收心理及社会干预的理论基础和干预技术，对处于危机中的服务对象提供专业服务，协助他们化解危机。危机干预模式认为，危机同时包含了风险和机遇，一方面风险虽然会给服务对象造成巨大精神压力、心理负担甚至是身体伤害，另一方面也孕育着新机，危机迫使服务对象转变认知，促进自我改变和成长，一旦服务对象渡过危机就有可能发生积极的转变。危机干预的主要目的包括协助服务对象减轻精神压力，防止意外情况的发生或危机的恶化；帮助服务对象建立有效的支持网络，缓解引发危机的冲突，预防危机带来的不良后果；帮助服务对象重新恢复良好的身心状态，帮助其更加成熟。①

戒毒康复人员在其社会康复过程中，常常会因一些压力事件或突发事件而陷入危机中，会出现自残、攻击等过激行为，需要禁毒社会工作者运用危机干预模式开展服务，化解危机并指导其改变。

三、个案工作的基本过程

个案工作的过程是指在个案服务工作中，社会工作者根据服务对象的问题，遵循个案工作的原则，运用专业知识、技术与服务对象共同解决或探索解决问题方法的过程。

(一) 接案与协议签订

接案就是社会工作者和服务对象建立专业关系的初始阶段，也是双方相互了解和接触的阶段。在禁毒社会工作领域中，大部分的服务对象都是非自愿性的服务对象，需要社会工作者主动联系服务对象或与基层相关部门对接服务工作，有研究将之称为“找案”。根据社区层面开展禁毒社会工作的实践经验，社会工作者与服务对象第一次见面大部分是由社区民警、居(村)委会等第三方工作人员陪同，或者是社会工作者提前进入戒毒所内开展无缝衔接服务，再逐渐与其建立专业关系，并发展其成为固定的服务对象。

---

① 杜景珍：《个案社会工作——理论·实务》，知识产权出版社，2007，第 222—227 页。

在初步建立专业关系、框定服务目标的基础上，社会工作者可以与服务对象签订服务协议，规范双方在解决问题过程中的责任、权利义务、投入、时间、地点、期限及所需要整合的资源。比如，在社区戒毒/康复服务中，戒毒康复人员需要签订《社区戒毒/社区康复协议书》。

（二）预估与诊断

在第一阶段完成后，社会工作者主要针对服务对象的问题进行了调查，了解服务对象的成长经历、家庭结构及概况、社会网络等。简言之，就是要从服务对象的生理、心理、社会功能、社会环境等多个层面收集服务对象的资料，在充分收集、整理及分析资料的基础上对服务对象的问题进行初步的评估与诊断。

（三）服务计划制定

在初步对服务对象的问题作出诊断结论后，就要制定服务计划。服务计划的制定有助于双方进一步明确需要解决的问题，以及对如何解决或缓解问题、达成服务目标形成共识。服务计划是整个服务过程的指引，但并不意味着服务计划从始至终固定不变。在服务过程中，社会工作者通过观察、评估和访谈等不同方式，随时跟进服务对象的改变情况，适时调整服务计划。

（四）服务介入

服务介入是指服务计划的实施，这标志着服务进入到干预阶段。服务介入按照个案服务计划为服务对象提供戒毒康复以及帮扶救助等不同层面的服务，具体包括协助开展日常的尿样（唾液、毛发）检测、个案访谈、家庭辅导、心理辅导或心理咨询、能力建设、社会关系调适等，并以此为戒毒康复人员整合及链接生活、就学、就业、医疗和戒毒药物维持治疗等方面的政府资源和社会资源。

（五）评估

当社会工作服务开展了一定的周期或服务目标完成后，就需要对整个服务过程进行总结性评估。一般而言，评估是运用科学的方法和技术系统对整个服务过程、结果进行评价，评估服务是否有效、是否达到了预期服务目的。其中，评估的重点是服务对象的改变情况和服务过程的服务效益。

（六）结案与跟进服务

结案是个案工作整个过程的最后阶段，标志着个案服务工作即将进入尾声。它也是整个服务过程中非常重要的环节，是服务对象问题最终解决和个案工作服务的重要组成部分。个案工作的结案可以分为正常情况下的结案和非正常情况下的结案。正常情况下的结案包括个案工作的服务目标已经达到，服务已经完成，服务对象实现了自我成长，问题不断地好转或得到改善等。非正常情况下的结案包括服务对象的问题发生了质的变化，机构、社会工作者或者服务对象的情况发生了变化，专业关系发生改变以及其他一些不可控的突发情况发生。在社区层面的禁毒社会工作服务过程中，结案的原因通常包括：因解除社区戒毒/社区康复结案，美沙酮服用者因解除社区戒毒/社区康复结案，因复吸被强制隔离戒毒结案，因严重违反《社区戒毒/社区康复协议书》结案，因判刑结案，因死亡结案等。

四、个案工作技巧

（一）访谈技巧

虽然个案工作服务的会谈一般在室内进行，但并不限于此，大多数情况下，社会工作者应深入到服务对象的家庭等生活环境中开展面谈、家访等，去深入了解他们的真实状态。访谈是禁毒社会工作服务中的重要内容，也是个案工作必须掌握的技巧。

1. 访谈前的准备

社会工作者对访谈的时间、地点、时长等基本内容要与服务对象做充分的沟通和准备。第一次访谈之前，社会工作者要全面收集服务对象的相关资料信息，明确自己的访谈目的，告知社会工作者的职责，同时针对可能发生的各种突发情况设计应对策略。

2. 访谈过程中需注意的技巧

社会工作者要体现出专注的态度，并做好倾听及倾听中的回应；要注意提问的技巧；还需要体现出社会工作者应有的同理心、真诚等。

3. 做好访谈记录

访谈后要及时追记访谈内容并进行资料整理，还要适时评估，分析访谈记录。

4. 访谈的场地选择

访谈要注意场地的选择，既遵循保密和安全原则，又营造比较轻松、舒服、和谐的交流氛围。访谈时需同时注意服务对象及家人的态度、服务对象的表情变化等细节。

（二）记录技巧

个案记录指的是社会工作者通过文字、录音、录像等多种记录方法，按照专业规范，对个案工作中各个环节的服务内容及过程进行记录、整理分析，记录类型主要包括过程式记录、摘要式记录和问题取向记录。个案记录中要注意记录的完整性、规范性、独特性、专业性、及时性和保密性。同时也要注意几个问题：第一，在个案工作服务的初期阶段，社会工作者应该关注服务对象对于个案记录的反应，同时也要做出必要的解释或调整。第二，个案工作的现场记录和个案会谈不能本末倒置。第三，个案记录最好是在会谈后进行事后整理，尽量减少对个案会谈的干扰。第四，个案记录要尽量使用规范的专业术语。第五，个案记录要条理清晰，突出重点，避免简单的流水账式记录。

（三）特殊情况的个案处理技巧

在禁毒社会个案工作服务当中，社会工作者可能会遇到各种各样特殊情况的服务对象，如沉默、拒绝反抗、愤怒、痛哭等等。那么，处理好这些特殊情况就要掌握以下技巧。一是对于沉默的服务对象。沉默可以分为三种形式，包括创造性的沉默、自发性的沉默和冲突性的沉默。对于创造性的沉默，社会工作者不要着急打破沉默，给服务对象一定的思考空间或自我反思空间，在一定时间的等待之后，看看服务对象是否还有要表达的内容。自发性的沉默是由于服务对象不知道说什么或不知道如何表达而导致的。处理这种沉默的时候，社会工作者可以放缓访谈的节奏，可以用“你现在在想什么？”“你可以把你的想法表达出来”等问题来打破沉默。冲突性的沉默可能是由害怕、愤怒或者愧疚引起的。社会工作者可以通过转移问题、真诚表达、适当等待来处理。总而言之，沉默是在个案服务当中经常出现的情况，社会工作者对此情况不必害怕，也不要刻意回避，要调整自身的心态来处理这一情况，正确面对才能很好地利用沉默。二是对于愤怒的服务对象。社会工作者要协助服务对象揭露潜在的感觉，引导他们用语言而不是用行动表达愤怒，并决定如何处理愤怒。社会工作者在这个过程当中必须倾听，要尝试了解愤怒的原因，如果发现服务对象的愤怒在合情合理的范围内，是有道理的，那么社会工作者就要允许他们表达，如果是无理由的愤怒，社会工作者就需要正确引导他们正确宣泄愤怒的情绪。三是对于痛哭的服务对象。如果遇到面谈时服务对象突然痛哭，社会工作者要正确看待服务对象的痛哭行为，哭也是服务对象表达情绪或对社会工作者产生信任的一种方式。在服务对象痛哭的时候，社会工作者要适时递上纸巾，不要着急让他们停止哭泣或有身体的接触，如拍拍肩膀、握握手，这些都可能传达出让服务对象不要哭泣的信息，在服务对象的情绪还没有处理完成之前，先避免这类动作。一般来说，服务对象会边哭边讲自己的事情，也有的服务对象哭的时间较长一些。社会工作者需要包容服务对象的痛哭行为，同时自己要镇定，并且加以适时引导。

五、个案工作在禁毒社会工作中的具体运用

个案工作方法是禁毒社会工作方法中被运用最为普遍的专业方法，也是国内禁毒社会工作实践中最先予以运用的专业方法。① 从 2003 年开始，上海市禁毒社会工作专业服务实践主要在社区层面以个案工作方法为切入点，开展个体和家庭治疗，探索专业服务内容。目前，关于个案社会工作方法在禁毒社会工作领域的运用主要体现在两个层面。其一是运用个案社会工作理论和专业方法介入服务对象改变。禁毒个案工作以在册社会面吸毒人员为主要服务对象，通过社所无缝衔接及分类评估，以正在执行社区戒毒、社区康复的戒毒人员为重点个案对象建立了接案—预估—制定服务计划—实施服务计划—过程评估与结案，以及结案后定期回访、预防教育等具体服务流程。有研究者认为禁毒社会工作个案流程、手法与传统个案工作存在差异，如禁毒社会工作中的个案起始于“找案而非接案”，进程中需要“对服务对象进行再分类”，专业关系建立过程中需要“运用非专业化的手段推进专业化”等等。② 个案工作服务内容主要聚焦于建立戒毒人员服务档案，带领尿样唾液毛发检测、心理辅导、个人及家庭关系调适、生计能力建设、就业辅导等不同方面。经过多年实践，增能理论③、生态系统理论④、行为理论⑤等个案社会工作理论被运用于禁毒个案工作实践，已经探索出了包括动机激发、防复吸训练、优势拓展、提前介入、危机干预、家庭辅导等多种禁毒社会工作服务方法⑥。其二是个案管理模式在禁毒实践中的运用。个案管理作为一种介于直接社会工作与间接社会工

---

① 范志海：《“过渡社会工作模式”的建构与上海禁毒经验》，《社会科学》2005 年第 6 期。

② 同上。

③ 倪娜：《社会工作介入戒毒的理论与实践探索》，《法制与社会》2009 年第 26 期。

④ 卞华、王文斌：《用增能理论助涉毒少女走出迷惘》，《中国社会工作》2018 年第 3 期。

⑤ 黄敢洋、段炼、王达平等：《家庭综合服务中心介入社区戒毒服务模式的思考》，《中国药物滥用防治杂志》2015 年第 5 期。

⑥ 上海市地方标准：《禁毒社会工作服务指南》，DB31/T 1261－2020，2020 年 12 月 17 日发布，2021 年 4 月 1 日实施。

作之间的工作方法，其介入禁毒实践的必要性和可行性得到了社会工作学界和实务界的肯定。学者们分别从资源网络构建、社会功能恢复等角度对禁毒社会工作实践中个案管理方法的运用提出建议，认为禁毒资源的联结、多种服务整合输送并建立支持系统，形成禁毒资源网络形态，是个案管理方法应用于禁毒社会工作实践的重点和方向。[①]

第二节　禁毒小组工作

禁毒小组工作方法是社会工作者在禁毒社会工作服务中经常使用的方法之一，同时也是一项充满挑战的工作方法。比如，运用小组工作方法可以把具有相同经历的戒毒康复人员组织起来形成“自助互助”小组，但同时也要防止“交叉感染”等可能风险的发生。

一、禁毒小组工作概述

（一）禁毒小组工作的概念及内涵

小组工作也常被称为团体社会工作、团体辅导或社会群体工作[②]，依据中华人民共和国民政部行业标准《社会工作方法 小组工作》[③]的规定，本书统一称之为小组工作。小组工作是一种专业方法，在社会工作者的协助或引导下，小组成员通过组建小组形成小组关系和小组动力，借助小组内的互动，组员获得成长经验，实现个体、小组及社区发展的目标。一般而言，小组可以分为教育小组、成长小组、支持小组、心理治疗小组、任务小组等。鉴于小组工作的定义，禁毒小组工作可以理解为是社会工作者将具有共同需求的服务对象组织起来构成小组，通过组织小组活动和引导组员进行充分互动，使组员获得戒毒及康复治疗等正向经验，并促成组员与环境之间的良性互动，进而促进其行为改变、社会康复、回归社会的一种专业方法。

---

① 赵环、孙国权：《刍议个案管理模式在禁毒社会工作中的运用》，《社会工作》2008 年第 8 期；魏三珊、黄瑞斌：《个案管理模式介入戒毒人员“回归社会”的探讨》，《法制与社会》2009 年第 26 期；杨碧、周小琳：《社区戒毒人员再社会化工作分析——基于个案管理模式的研究》，《法制与社会》2011 年第 17 期。

② 李迎生：《社会工作概论》，中国人民大学出版社，2010，第 215 页。

③ 《社会工作方法 小组工作》(MZ/T 095—2017)已由中华人民共和国民政部于 2017 年 12 月 29 日发布，自发布之日起实施。

（二）禁毒小组工作实施的基本原则

根据行业标准《社会工作方法 小组工作》的内容及禁毒社会工作实践的基本情况，实施禁毒小组工作需要遵循以下原则。

1. 民主原则

应创造有利于小组组员参与和投入的小组氛围，鼓励和引导组员自由充分地参与小组决策和活动。尤其是禁毒小组的组员长期处于边缘境地，缺乏自我决定的机会，更要注重激发他们的参与意识和潜能。

2. 互助原则

应促使组员彼此关注，加强互动，建立互助、合作的关系，共同实现小组目标。社会工作者要注重引导组员间的互助和相互鼓励，通过营造小组动力带领组员积极戒毒，顺利回归社会。

3. 增能原则

戒毒康复人员有自我戒毒康复的需求和潜能，社会工作者帮助组员建立自信，协助组员运用自己的能力来改变自己的生活，实现自助，并借助个人层面的改变，实现群体关系和社会环境的变化。

4. 个别化原则

在小组中，社会工作者要了解每一位小组组员的独特性和特别的需求，有针对性地设计干预方案，具体目标要因人而异。

5. 差别化原则

在小组设计中，应差别化地对待每个小组，相信每个小组都是独特的，在服务设计中，要根据每个小组的特定要求来设计需要的服务。

二、禁毒小组工作的主要模式

从 20 世纪 60 年代中后期开始，随着小组工作这一专业方法的应用范围逐渐扩大和成熟，众多社会工作者在总结实务工作经验的基础上，提出了一些小组工作的理论模式来指导小组社会工作的开展。在禁毒小组工作中，社会工作者也通常借鉴和采用这些工作模式来指导小组工作实务。

（一）社会目标模式

社会目标模式的基本目标是培养小组组员的民主意识、社会责任感，增强他们的社会生活适应能力。其核心理论概念是社会责任、社会变迁和社会意识，在动员居民参与、形成社会共识与共同完成任务方面与社区工作方法存在诸多相通之处。社会工作者主要培养组员的社会意识，并在小组中建立新的价值系统，同时凭借社会工作者自身的社会责任感来引导组员的改变。社会工作者组织戒毒康复人员开展志愿活动，通过禁毒宣传、服务弱势人群等，传递禁毒理念和公益精神，同时提升了戒毒康复人员的戒毒信心和能力，这类服务，基本上是属于社会目标模式的具体运用。

（二）互惠模式

互惠模式又称互动模式或调解模式，其主要目标是要让组员在社会归属和资源共享中得到满足感，在小组成员之间构建开放和互助自助的关系。它既关注个体主体性作用的发挥，也关注外在环境的作用，它强调要通过个体、小组和社会系统三者之间的开放和互相影响来达到组员和社会功能的恢复及完善。互惠模式强调组员之间的平等地位，社会工作者扮演着协调者的角色，社会工作者既不直接参与小组的方案设计，也不控制小组发展过程，而是主要提供咨询服务，并鼓励小组成员自己主导小组发展。在禁毒小组工作中，尤其是“同伴教育”的小组活动中，社会工作者常会遵循该种模式的方法及理念。

（三）治疗模式

治疗模式是将个人的治疗视作小组工作的主要任务，帮助个人通过小组达到心理、社会环境及文化等方面的调适，它是在借鉴个案工作相关模式的基础上形成的一种小组工作模式。治疗模式将小组看作一种治疗的工具或是环境，强调通过小组经验来治疗个人的问题。它也认为，通过小组的经验获得改变能够进一步预防个人问题的发生。一般而言，治疗小组的成员通常在认知行为、人格、精神及行为等方面存在偏差或问题。因此，在这类小组当中社会工作者通常扮演技术专家的角色。如理性情绪治疗小组、家庭照管能力培训小组、防复吸技能训练小组等，均是该治疗模式在禁毒社会工作领域中的具体运用。

（四）发展模式

发展模式的理论基础主要包括发展心理学、社会关系和社会结构理论、小组动力学三大方面。它的基本原则是关注人的社会功能的提高，包括恢复个人的社会功能，预防个人社会功能的失调以及提升个人的社会功能，它关注的是个人的社会功能性发展，注重自我成长与自我实现。发展模式主要是强调如何激发个体潜能，寻求解决问题的方式，而不是关注个体的不足而加以治疗。发展模式的主要目标是释放阻碍个人有效完成社会行动的一些负面情绪，通过小组的归属感，为个人提供支持，激发其内在的潜能。该模式主要适用于有困难的、面临危机的个人或者是寻求自我实现的个人。比如，在禁毒社会工作中，一些已经成功戒毒的组员为了回报社会或实现自我价值而自主组建小组，助力更多服务对象实现社会康复，也减弱了社会或社区相关人士对服务对象的歧视效应。

三、禁毒小组工作过程

禁毒小组工作强调禁毒社会工作者需要按照一定的目标组织活动，通过小组过程和小组动力来影响和改变戒毒康复人员等组员的态度与行为，从而帮助他们获得心理行为的改变，社会功能的恢复及问题的解决。禁毒小组工作是一个动态的发展过程，根据禁毒社会工作服务领域中小组工作的一般特点，本书把禁毒小组工作分为小组筹备、方案设计、开始形成、冲突、成熟、结束评估等几个阶段。

（一）小组工作筹备

禁毒小组工作开始前的工作准备阶段被称为小组筹备阶段，在这一个阶段，禁毒社会工作者处于中心位置，扮演着领导者的角色，要准备小组工作的各类事务。罗纳德·托斯兰德(Ronald Toseland)提出，本阶段具有七个基本步骤：一是明确小组目标和目的，二是评估小组赞助机构和小组成员的潜力，三是招募与遴选小组成员，四是组成小组，五是协助组员了解并融入小组，六是订立契约，七是创造小组环境[①]。一般来说，需求评估和目标的确定是小组筹备阶段首先要处理的事务。当禁毒小组的服务目标确定之后，接下来就要对小组的开展进行初步的构想，包括确定小组的结构和小组的规模、时间、组员等。在实际的服务领域中，禁毒小组成员的选择和确定所面临的困难比较大，一方面戒毒康复人员不太愿意参加公开性活动，另一方面是禁毒服务机构和行政部门对戒毒康复人员共同参与活动心存疑虑。但也有通过开展禁毒小组工作取得不错效果的成功案例，如上海的同伴教育模式，其中某戒毒康复小组组员的筛选条件是[②]：

---

① 顾东辉：《社会工作概论》，复旦大学出版社，2008，第139页。

② 张昱、费梅苹、厉济民等：《禁毒社会工作同伴教育服务模式研究——上海的实践》，华东理工大学出版社，2016，第120页。

第一，有强烈的戒毒决心与信心，能保持操守一年以上；

第二，愿意参加同伴教育辅导小组活动；

第三，有一定的表达能力、写作能力和组织能力；

第四，家庭能支持其参与同伴教育辅导工作。

在正式进行第一次小组工作活动前，禁毒社会工作者还需要做好充分的准备工作。比如，做好组员参加活动的通知工作，充分考虑首次活动的时间、地点，合理确定小组的周期、平均活动的频率和聚会的时间，做好社会工作者之间的任务安排与分工以及其他可能出现的突发情况的应对策略等工作。

（二）小组工作方案设计

禁毒小组活动方案设计是指禁毒社会工作者运用小组动力学、小组相关理论知识等专业知识对小组活动进行设计、组织规范，以帮助禁毒社会工作者带领小组成员，实现小组的充分互动，完成小组的目标。一份专业可行的小组工作方案既能够清晰地展示小组的目标步骤，也有助于禁毒社会工作者和小组成员对小组目的有明确的认识，能够帮助禁毒社会工作者为小组活动的实施和开展做好充分的准备。

禁毒小组工作是发展的动态过程，在每个阶段，根据小组的发展其设计小组内容的侧重点也有所不同。首先，在禁毒小组工作初期，重点设计相对温馨、氛围轻松的活动。比如，相对轻松愉悦的破冰活动、澄清组员对小组期望的活动，以及组员共同订立小组规范的环节等。借助这些活动，消减组员们的疑虑，建立融洽的小组氛围，为小组工作的顺利进行铺垫良好的基础。其次，禁毒小组中期的设计重点。当禁毒小组工作发展到中期阶段，小组进入到一个新阶段，禁毒社会工作者、小组成员都会发生一些变化。社会工作者在设计活动方案的时候，要设计一些加强组员们沟通合作、深化信任关系、增强小组凝聚力和处理小组冲突等类型的主题活动。比如，设计探讨人际关系的活动，为组员提供共同合作机会，引导成员进行有效的分享，还可以针对小组成员的需求来设计活动。小组活动要充分兼顾组员的需求，当多数组员出现新的需求时，社会工作者就要考虑设计与需求相关的活动。最后，小组后期设计的重点。小组进入结束期后，组员经常出现离别情绪，对小组结束的事实予以否认和逃避，或是对重新进入社会存在担心等问题。社会工作者要设计一些活动帮助组员回顾小组经验，巩固已经获得的经验，同时要处理离别情绪和未完成的事项。

总的来说，小组要依小组成员的特性、问题的性质、目标功能的不同而设计不同的活动，当小组发展到不同阶段，小组活动也应该有所调整，同时整个方案的设计必须和小组的整个目标功能紧密结合起来。

（三）小组工作开始阶段

当小组进入到开始阶段，就意味着小组真正进入到实施阶段。在小组开始阶段，要创造机会让组员间建立关系，通过小组活动，形成彼此认同的小组目标和规范，以此形成小组动力。

小组的开始阶段是组员从陌生到熟悉的过程，组员的情感较为复杂，对小组既充满好奇，又存有紧张、担心的情绪。组员通常出现焦虑担心、客气地寒暄、对小组持观望态度、组员较为沉默、对小组工作者比较依赖等不同情况。小组初始阶段的主要目的是让组员打破陌生感和距离感，初步建立关系，并对小组有正确的期待，让组员通过小组看到改变的希望。因此，对于工作者来说，在小组初期阶段要尽可能营造安全信任的气氛，凝聚和吸引小组成员投入小组活动中去，让组员们真正感到小组环境的信任感和安全感，并能渐渐融入活动。除此之外，小组工作者还要帮助组员积极参与小组活动、共同参与制定小组规范、敢于表达自己在小组内产生的想法与感受、学习如何与小组成员互动。小组工作者同时体现出信任、尊重、接纳与同感，消除组员的戒备心理，使小组有趣且有吸引力。

（四）小组工作冲突阶段

小组的冲突阶段也被称为小组中期或转换期，小组完成开始阶段后就进入了冲突阶段。这个阶段组员关系更加密切，同时小组内部权力的竞争也逐渐展开。如果小组工作者能通过专业性的辅导，成功协调和处理组员之间出现的竞争和可能的冲突，小组则顺利进入更加和谐的下一阶段。在小组冲突阶段，组员的心理和行为尚未稳定，容易出现焦虑和抗拒，伴随对权力和控制权的争夺。组员之间的沟通互动比小组初期，虽然有所增强，但自我肯定、安全感、真诚的互动尚未完全实现。这一阶段，小组常见的特征包括小组互动增强且对小组产生认同、组员产生防卫和冲突状态、挑战和质疑小组工作者等。在这一阶段，小组工作者最主要的任务是要及时处理好小组内部出现的竞争和冲突以及组员出现的负面情绪，巩固和强化组员对小组的认同感和组员之间的信任感，引导小组朝着小组目标顺利发展。

（五）小组工作成熟阶段

当小组的关系结构趋于稳定，组员状态更加良好，组员之间也有了进一步的了解和被了解，更愿意接纳彼此且持合作、支持、肯定、鼓励的态度时，就标志着小组进入了后期的成熟阶段。后期成熟阶段是小组工作的理想阶段，在这一阶段，小组成员彼此接纳与信任，小组规范被组员内化，小组的内在结构已经实现良好整合。小组的凝聚力不断增强，小组关系结构趋于稳定。组员对小组的信心提升，小组内实现互助与改变。社会工作者的角色从领导地位转化为引导辅助地位，与组员一起为实现小组目标而工作。在小组后期成熟阶段，小组工作者工作的重点应该放在协助组员学习和掌握新的知识和技能、探讨和解决问题、实现小组目标等方面。比如，协助组员从小组中获得新的认知和技能并把认知转化为行动，继续保持小组良好氛围，鼓励组员合作互助，以身作则，亲身示范，塑造被期待的行为。

（六）小组工作评估

小组工作评估是指通过一系列科学的评估方法、工具和步骤，收集并应用相关的资料、技术，在整个小组过程中，以小组组员的需求为重点，对小组工作的需求、目标、范围、过程与结果进行全方位、持续的单一或综合的评价。小组评估的目的是评价和分析社会工作者干预小组的效果，从而发现问题、提供信息作为决策和改进的依据，保证小组工作过程和结果的有效性。小组工作评估的最终目的是要了解小组工作过程的有效性，组员的改变状况以及社会工作服务机构管理的有效性等。从这个层面上来讲，小组工作评估既是一种工作方法也是一种研究方法，这是小组工作者必须掌握的一个技巧，贯穿整个小组工作过程之中。小组工作评估的内容是多方面且比较复杂的，包括小组成员之间以及小组成员与社会工作者之间的关系、方案设计方法和技巧的应用、小组环境的评估等。因此，小组评估也需要从多个层面开展。小组评估的过程由于小组类型、评估目的和评估方式的不同而存在差异，但一般的流程包括制定小组评估方案、明确小组评估指标体系、建立小组评估要素、实施评估、评估审核和撰写评估总结等。

小组评估报告是对整个小组工作的总结和评估。主要包括对小组工作目标、小组进程、小组安排及内容、小组互动状况、小组成员表现、工作者专业态度及方法技巧等方面的综合评估。具体格式如下：

小组工作评估报告概要

1. 背景资料：小组名称、性质、周期、小组共活动次数、活动频率、每次活动所需时间、参加者资料、出席人数等。

2. 小组目的及工作目标。

3. 小组活动进程。

4. 评估。

4.1　小组目的及目标是否达到；

4.2　招募及宣传；

4.3　小组结构：所招募的组员、活动时间、长度、地点、费用等是否合适？

4.4　活动的适切性：内容及方式；

4.5　个别组员的表现/改变；

4.6　小组互动：沟通交往模式、小组气氛、小组规范、小组凝聚力、领导模式、解决冲突的方式等；

4.7　小组发展的阶段及方式；

4.8　工作者角色；

4.9　工作者之专业态度及所运用的知识和技巧。

5. 财政报告。

6. 遇到的困难。

7. 建议。

四、禁毒小组工作技巧

（一）组织小组的技巧

小组其实就是社会工作者开展专业服务的工具，是一个群体性互动的过程，如何有效组织，以便于小组更有效地完成服务目标就显得非常重要。社会工作者在组织小组时一般要注意这些事项。第一，小组前期的准备。社会工作者需要熟悉及了解社区或强制隔离戒毒所的小组工作场所特点及环境要求，了解组员组成及特点，了解开展小组活动能够整合到的各类资源。第二，明晰小组目标。小组目标的确定要考虑到社区、机构、戒毒康复人员和社会工作者各方面的情况，小组目标应该是灵活的、可调整的，也是符合组员需求的。第三，小组规模。禁毒小组工作一般是治疗性、教育性的小组，其规模不能太大，一般控制在8～12人。第四，地点选择。活动地点一般要相对固定，安全舒适，能让组员感到温馨放松，在禁毒小组工作中还要注意保护组员的隐私。第五，小组活动的频率与小组期限。要根据组员的实际情况来设定小组活动的频率和时间，一般每周或每月开展一次，每次为60～90分钟。

（二）激发与促进小组动力的技巧

小组动力一般源自小组成员之间互动所产生的力量，小组动力一旦形成之后，就会对组员以及整个小组的行为产生影响。小组动力背后的理论基础是小组动力理论，包括研究小组的维持和发展、组员之间的关系变化、小组的领导、小组的冲突等内容[①]。在小组工作实施过程当中，社会工作者最重要的任务之一就是激发小组动力的形成及发展，以便在完成小组任务及实现小组目标的时候，能够增进组员之间的互助。托斯兰德和罗伯特·理瓦斯（Robert Rivas）所著的《团体工作实务》认为，促进有效的小组动力的策略包括五个方面：第一，小组一开始活动、组员持续互动时，要留意各种可能的小组动力的形成；第二，评估个别组员和整个小组对小组动力的影响；第三，评估小组动力对该小组未来功能的影响；第四，检视小组动力对来自不同文化和社会经济地位的个别组员的影响；第五，提供并引导小组动力发展的机会，使成员获得参与小组的满足，以及促进小组目标的实现。小组动力的形成是组员特性、小组需求任务、小组的内外情境、小组运作、组员改变、任务完成、小组发展等七个要素交互作用的过程。小组是不断发展变化的状态，也是小组内各个要素不断互相建构的过程，其中小组沟通和社会工作者的领导对小组动力具有非常重要的作用[②]。

五、禁毒小组工作的运用

禁毒小组工作方法指的是在禁毒社会工作者的引领和组织下，以具有同质性的戒毒人员为小组成员组建小组，通过组员之间的互帮互助形成小组动力，产生积极的互动效果，促进组员的戒毒动力并巩固戒毒效果。一些禁毒社会工作服务机构运用小组工作方法，助力服务对象实现社会康复取得了较好的服务成效[③]。目前，关于小组社会工作方法在禁毒社会工作领域的应用性研

---

① 赵芳：《小组社会工作：理论与技术》，华东理工大学出版社，2015，第32页。

② 同上书，第70页。

③ 曹霞：《“小组社会工作”方法在本土禁毒社会工作中的应用——嘉定“亲子平行小组”的例子》，《中国药物依赖性杂志》2007年第5期。

究成果主要聚焦在三个方面，且主要以上海市自强社会服务总社提供的服务为主。第一，注重家庭在戒毒康复中发挥的重要作用所形成的小组，如“家庭联谊会”[①]、“亲子平行小组”[②]。第二，利用同伴之间的共性和相似性，通过榜样的示范带头作用，使同伴更好地接收信息，对同伴施加影响[③]，以此形成前期的“同伴自助小组”“女性戒毒沙龙”[④]等，之后在此基础上形成“涅槃重生：同伴辅导教育小组”[⑤]、“美沙酮治疗美宁湾小组”[⑥]等。第三，针对戒毒人员共性问题形成的小组，如为提升戒毒人员生活技能、创造就业机会等形成的“篆刻艺术小组”[⑦]、改善戒毒人员认知行为的“知与行——药物滥用认知行为改变小组”[⑧]等。从小组工作方法运用的总体状况来看，禁毒社会工作者开展禁毒小组工作基本是在个案工作基础上进行的，禁毒社会工作者通过个案服务与戒毒康复人员建立基本信任关系，再通过评估将有共同需求的戒毒康复人员发展成为小组组员，进而开展小组工作[⑨]。小组工作协助戒毒康复人员走出“毒圈子”，构建起积极的人际交往圈，通过小组的正向引导和组员的积极互动，使他们之间相互学习新观念与行为。戒毒康复人员在参与小组过程中也获得多方的支持，感受到重新被接受的积极情绪，有助于他们回归家庭、融入社会。

第三节　禁毒社区工作

作为禁毒社会工作方法之一，禁毒社区工作有丰富的内涵和独具特色的

---

① 孙飞飞：《戒毒社会工作中的依恋关系研究——以上海市自强社会服务总社 MH 家庭联谊会为例》，华东师范大学，2012，第 1 页。

② 曹霞：《“小组社会工作”方法在本土禁毒社会工作中的应用——嘉定“亲子平行小组”的例子》，《中国药物依赖性杂志》2007 年第 5 期。

③ 费梅苹：《意义建构：戒毒社会工作服务的实践研究——以上海社区戒毒康复服务中的同伴教育为例》，《华东理工大学学报(社会科学版)》2011 年第 2 期。

④ 唐斌：《社会工作专业干预下的同伴教育——以上海市 P 镇“女性戒毒沙龙”为例》，《青少年犯罪问题》2008 年第 6 期。

⑤ 叶雄：《涅槃重生同伴辅导教育小组》，《社会工作》2009 年第 12 期。

⑥ 章昉：《同伴教育在美沙酮门诊的应用》，《中国药物依赖性杂志》2008 年第 5 期。

⑦ 彭善民：《篆刻艺术小组：戒毒社会工作的本土创新》，《福建论坛(人文社会科学版)》2010 年第 7 期。

⑧ 曹霞：《认知行为疗法在药物滥用人员小组工作中的实践与应用——以“知与行——药物滥用认知行为改变小组”为例》，《都市社会工作研究》2017 年第 1 期。

⑨ 王佑宇：《社会工作专业方法应用于社区戒毒工作的探讨》，《中国药物滥用防治杂志》2017 年第 4 期。

工作模式。本节主要从禁毒社区工作的概念、发展模式、基本过程、主要技巧以及禁毒社区工作在具体案例中的运用这五个方面予以介绍。

一、禁毒社区工作概述

（一）禁毒社区工作的概念

社区工作的内涵非常丰富，不同的学者对此有不同的定义。李迎生等通过梳理社区工作的发展历史，提出社区工作是社区组织和社区发展二者的综合体，是一种以社区为基础的社会工作方法，由专业的社会工作者本着助人的价值理念和专业技艺，与其所服务的社区居民一起工作，推动与社区居民福利有关的社会行动的开展及社区发展方案的制定①。学者甘炳光与莫庆联将社区工作的内涵界定为：社区工作是以社区为对象的社会工作介入方法，它通过组织社区内居民参与集体行动，厘清集体需求，合力解决社区问题，改善社区环境及居民素质；在参与过程中，发掘社区居民对社区的归属感，培养自助、互助及自决的精神；加强社区居民参与社区决策的能力和意识，发挥居民的潜能，培养社区领袖才能，以达至更公平、正义、民主与和谐的社区氛围②。

通过上述学者对社区工作概念的描述，可以发现社区工作是相对于个案工作、小组工作的社会工作方法，它的工作对象是社区，它的手段是激发和培养社区居民的意愿和能力，它的目标是推动社区环境的改善。由此，可以把禁毒社区工作界定为：通过将社区居民组织起来参与社区禁毒工作，在此过程中增强社区居民参与社区禁毒工作的意识和能力，从而改善社区禁毒工作水平，营造良好有序的社区禁毒工作环境，发展切实有效的社区禁毒工作模式。

（二）禁毒社区工作的目标与范围

根据社区工作的定义，社区工作的目标可以进行不同维度的划分，包括解决问题与培养能力、结果导向和过程导向、社区为本和以人为本等。社区工作的目标在实践中的不同导向，生成了社区工作的不同目标，但也正是如此才体现出社区工作的多面性。禁毒社区工作的实践由此可以分为不同层次的目标，借鉴社区工作目标分类，大致可以将禁毒社区工作的目标拟定为：解决社区禁毒工作存在的问题，培养社区居民参与禁毒工作的意愿，提升社区居民在

① 李迎生：《社会工作概论》，中国人民大学出版社，2004，第190页。
② 李易骏：《当代社区工作：计划与发展实务》，台湾双叶书廊有限公司，2012，第2页。

禁毒工作中的能力，营造良好的社区禁毒工作模式，提升社区禁毒工作的整体水平等。

艾伦·特韦垂斯（Alan Twelvetress）认为社区工作应该包含价值和技术双重面向。[①] 价值是立场的选择，是一种偏好；技术是工具性的体现，是一种手段。社区工作的价值面向，决定了社区工作的方向；社区工作的技术面向，决定了社区工作的方法。由此，根据禁毒社会工作的定义，以及禁毒社区工作的目标，可以认为，禁毒社区工作的范围涵盖了社区内有关禁毒工作的各项事务，它指向的是提升社区禁毒工作的能力，通过社区禁毒工作氛围的形成，并综合各项工作方式来创造良好的社区禁毒工作环境。

（三）禁毒社区工作中社会工作者的角色

禁毒社区工作是一项严肃而复杂的工作，一般的社区居民会缺乏相应的知识，也不具备相应的能力。因此，需要有外部的专业力量来予以介入和协助。国家禁毒委等颁布的《关于加强禁毒社会工作者队伍建设的意见》明确了禁毒社会工作者的职责任务，包括：提供戒毒康复服务，开展帮扶救助服务，参与禁毒宣传教育，以及协助开展有关禁毒管理事务。由此可以看出，在禁毒社区工作中，社会工作者在不同层面扮演不同的角色。这些角色既展现在微观层面的具体服务中，又体现在宏观层面的管理事务中。社会工作者不仅是具体服务的专家，还是良好戒毒康复环境的倡导者，以及政府部门的合作者。社会工作者运用其拥有的专业价值理念、伦理规范、专业知识、方法和技能，来协助推动禁毒社会工作的进步，提升社区禁毒工作的水平。

二、社区工作的主要模式

（一）罗斯曼的三大社区工作模式

美国学者杰克·罗斯曼（Jack Rothman）在总结美国社区工作经验的基础上概括出了社区工作的三大模式，即社区发展模式、社区计划模式和社区行动模式。三种社区行动模式侧重点不同，适用于不同类型的社区。

1. 社区发展模式

社区发展模式的目标在于建立社区自助的能力和社区的整合。社区工作者应着重推动社区内不同组织和居民广泛地参与社区活动，明确组织及自身

① Alan Twelvetress, *Community Work* (New York: Palgrave Macmillan, 2008), p.105.

的需求，通过自助和互动的方式去改善社区关系，解决社区问题，从而改变整个社区。这一模式适用于发展基础良好和情况较为简单的社区。

2. 社区计划模式

社区计划模式强调依靠专家的意见，通过有关专家的调研、论证、计划，然后落实、推行，去解决社区内的问题。这一模式强调专家的作用，居民在其中处于被动的状态，只限于对计划提出一些修改意见。社区工作者是组织实施者的角色。这一模式较适用于处理复杂的社会问题。

3. 社区行动模式

社区行动模式主要针对社会不公平、不平等与剥削的现象，社区工作者动员、组织社区居民，采取集体行动尝试解决这类不公平、不平等的问题。社区工作者首先要觉察到社区居民对某些问题的特别关切，利用这些问题发动居民组织起来或者采取一些行动。这一模式的实施与社会制度条件有密切关联。

（二）社区照顾

社区照顾是社区社会工作者与社区成员直接面对面互动的具体过程，是解决社区居民特殊困难的一种途径，是社区社会工作中的重要内容和工作方式。[①] 社区照顾可以解决社区成员之间双向照顾和双向关怀的问题，能够减轻有需要的社区对象的个人照顾成本，能够加强社区整合，提升社区互助意识，进而促成社区形成一个完善的功能体系。我们可以从四个方面来理解社区照顾：

第一，它是一个社会服务网络；

第二，它是一个社会服务过程；

第三，它是一种专业化和职业化的工作方式；

第四，它有着特定的工作对象。

社区照顾有“专门机构模式”和“社区发展协会模式”两种模式，前者强调专业力量的介入和协助，后者强调社区自我的发展。社区照顾的专业过程，包括以下几个步骤：资源调动、社区联络、社区教育、社区照顾训练等。由此，可以概括出社区照顾的目标：促进社区互助意识的形成、提升社区成员的社区意识、建立政府机构与社区组织的合作关系。

社区照顾是针对社区有特定需要人群的工作模式和工作方法。禁毒社区

---

① 周沛：《社区社会工作》，社会科学文献出版社，2002，第221页。

工作的重要对象是社区内的戒毒康复人员，禁毒社会工作者可以通过建立戒毒康复人员的支持小组、家属互助小组、志愿者小组等，给这类人员提供帮助，形成社区成员对社区戒毒康复人员的接纳和帮扶意识，并通过此过程来构建社区内有效戒毒康复的氛围，提升禁毒社区工作的能力。但由于社区戒毒康复群体是所谓“高危弱势群体”，因此禁毒社会工作者不仅为他们提供正常的满足基本需要的照顾服务，如帮助解决就业问题、低保问题、就学问题、家庭关系问题、心理问题、社会功能恢复问题等，还承接着一部分政府社会管理职能，如公安机关委托的定期尿检工作以及其他维护稳定的工作等。这些管理职能在一段较长时间内还将继续存在。因此，在社区戒毒康复服务中的社区照顾模式的基本特征是照顾与管理的统一，可以简称为“社区照管”①。

（三）社区教育

社区教育的目的在于提升社区居民在社区中的责任意识和融入意识。社区教育具有两个方面的指向：一方面是面向社区群众的教育，另一方面是面向社区戒毒康复人员的教育。社区教育可以采取多种方式，其中最为简单的是通过对社区工作者、受助者家属、朋友、义工等进行社区照顾教育；也可以通过各种形式的展览、讲座、经验介绍等宣传方式进行教育；还可以通过上门走访，或者社区集中调查，结合社区居民的亲身体会，了解社区教育的成效，从而真正推进社区成员融入社区交往和社区互动。

通过社区教育开展禁毒社区工作旨在提升社区禁毒工作的整体水平和能力，社区教育通过宣传普及社区居民的禁毒知识以及社区戒毒康复知识，提升社区居民对社区戒毒康复人员的接纳程度，营造良好的社区禁毒工作氛围；通过对社区戒毒康复人员的教育，帮助其树立正向的认知和主体性意识，从而能够顺利地戒断康复并回归融入社区。比如，云南戴托普的 TC 矫正教育模式。不同于传统的戒毒康复模式，该模式从赋权理论出发，以社区教育形式为依托，通过人为封闭设定形成治疗社区②，借助结构化和等级化的家庭氛围，对戒毒康复人员进行主流文化价值观教育，并注重戒毒康复人员的相互帮助和相互制约，最终实现戒毒康复人员个体行为和人生观的转变③。再比如，在上海

① 范志海、吕伟、余金喜：《社区戒毒康复模式的初步探索——以上海禁毒社会工作为例》，《中国药物依赖杂志》2009 年第 2 期。

② 戚冰：《赋权理论视角下药物滥用人群教育模式研究——以云南戴托普治疗社区（TC）教育模式为例》，首都师范大学，2009，第 1 页。

③ 高朝霞：《对国外戒毒模式的借鉴与探索》，《中国司法》2009 年第 3 期。

的禁毒社区工作中，社会工作者组织戒毒康复成功人士成立“同伴巡讲团”，进入社区开展公益讲座，开展禁毒宣传，较好地达到了社区教育的目的。社会工作者还通过“优势拓展项目”的项目成果展示会，向社区居民、社会人士及政府部门展示社区戒毒康复人员热爱生活、积极康复的生活态度，并倡导社会各界人士关注、理解社区戒毒康复人员，支持他们康复及改变。

（四）社区组织

社区组织可以从两个方面予以理解，从名词化的角度理解，社区组织是社区内既存的组织；从动词化的角度理解，社区组织是将社区内的居民组织起来。社区组织无论是名词化的理解，还是动词化的理解，在社区工作中，社区组织的核心是把居民组织起来解决社区内存在的问题。社区组织是维系社区运作的社会关系系统，社区组织的存在也为社区集体行动提供了可能。一般而言，社区内的组织存在以下几种类型：

第一，由社区居民依据各自兴趣爱好成立的组织；

第二，社区居民自发组织参与社区治理的自组织；

第三，参与社区共治的志愿者组织；

第四，社区内的其他类型的社会组织。

比如，国内社区戒毒社会工作的重要本土方法创新中，篆刻艺术小组就是首先由具备篆刻艺术特长的社会工作者组织成立的，他们通过组织戒毒康复人员学习篆刻艺术从而获得了良好的戒毒成效，继而辅导班逐渐发展成为社区自组织，得到广泛推广。①

三、禁毒社区工作的基本过程

（一）准备进入阶段

一般情况下，禁毒社会工作者是以“外来者”身份进入社区开展戒毒康复工作的，为了能够扎根社区开展专业服务，禁毒社会工作者需要与社区各类组织建立合作关系，这也需要在进入社区时就要着手准备各项工作。首先，需要对目标社区做一些基本的准备，其中较为重要的是与社区各类组织建立关系，如与社区居委会的综治部门、禁毒部门、街镇派出所等建立良好的合作关系。

---

① 彭善民：《篆刻艺术小组：戒毒社会工作的本土创新》，《福建论坛（人文社会科学版）》2010 年第 7 期。

有了专业的合作关系后,对社区禁毒工作要素的特点以及各要素之间的关系进行分析。比如,社区戒毒康复工作的基本情况等。其次,需要分析社区戒毒康复人员的总体概况、特征,根据人群的特征来设计服务行动方案。从以上方面综合把握如何开展禁毒社区工作。

如此,只有掌握了社区禁毒工作基本情况和社区戒毒康复人群的基本情况,才能够对社区禁毒工作可能存在的问题做更为准确的分析,做到有的放矢。禁毒社区工作的工作内容是围绕禁毒工作展开的,在进入社区前,需要了解社区的社会基础和社区基本概况,从而能够为更有效地开展禁毒社区工作奠定良好的基础。

(二)问题分析与评估阶段

禁毒社区工作的目标是解决社区在禁毒工作中存在的问题。为了更好地提供服务和解决问题,准确地分析问题则非常必要且重要。分析社区禁毒工作问题需要以进入社区前的准备为基础,了解社区禁毒工作的基本情况和戒毒康复人群情况等多个方面,并且需要深入社区内部收集相关材料,寻找和分析当前社区在禁毒工作方面存在的短板及挑战,从中厘清禁毒社区工作的主要问题,为开展服务做更充足的准备。

评估是社会工作专业服务阶段的重要一环。评估有助于为提供专业服务奠定基础。评估与进入社区前的准备阶段不同,评估更加带有目的性,是一种具有行动导向的资料收集活动。禁毒社区工作的评估聚焦于社区禁毒工作的能力、资源、组织体系等多个不同方面的要素,并需要根据社区禁毒工作的基本情况来拟定禁毒社区工作的计划,从而改变禁毒社区工作的状况,改善禁毒社区工作的氛围。

(三)进入工作阶段

禁毒社区工作的主要内容是做好禁毒宣传、建设社会支持网络等工作。社会工作者主要扮演的角色大致可以分为教育者、资源提供者和推动者。[①] 具体实施的主要目的是通过营造良好的社区戒毒环境,协助社区中的戒毒康复人群巩固戒毒效果。[②]

社会工作者参与基层禁毒工作小组的日常工作,街镇派出所紧密联系,针

---

① 苏景辉:《社区工作:理论与实践》,台湾巨流图书公司,1997,第 123 页。
② 王思斌:《社会工作概论》,高等教育出版社,2006,第 146 页。

对戒毒康复人员的基本情况，着力开展有利于社区环境改善的专业活动。在禁毒宣传工作中，社会工作者联合其他社区组织、企事业单位，以“6·26”国际禁毒日等重要节日为契机开展大型禁毒宣传活动；还通过进学校、进企业、进网吧等途径主动开展禁毒宣传活动。同时针对服务对象情况，积极构建社会支持网络，为其社会康复营造有利的社区环境。

（四）服务评估

禁毒社区工作评估的目的是及时修正工作方案，并使其取得成效，获得社区民众的认可，这既检验着社区行动者的能力，也为完善未来的计划提供帮助。评估的原则主要包括以下两点：第一，要确定科学的评估方法，制定完整的评估体系，使得评估项目具体化，涵括社区各个方面的要素，以及采取不同的评估方法；第二，由社区工作者、社区行政人员、社区群众以及其他专家学者参与，确保评估的真实性、客观性和中立性。禁毒社区评估工作是一个相对动态的过程，社区行动会根据社区评估结果及时地做出调整和优化。同时，禁毒社区工作也是与社区行动对象一起提升服务成效的工作。

禁毒社区工作的服务评估检验着社区行动计划的预见性、社区行动者的能力以及具体服务的有效性。服务评估是禁毒社区工作中非常重要的一环，是提升和优化服务，并为下一步开展工作拟定计划提供帮助的工作。

四、禁毒社区工作的主要技巧

技巧是一种有组织的行为操作系统，它经由学习获得，围绕某一活动或者某个特定目标而具体展开。[①] 禁毒社区工作的主要技巧包括访谈、组织与动员居民、资源整合等方面。

（一）社区访谈

社区访谈是禁毒社区工作的重要技巧之一，是收集资料、建立关系、开展工作的重要方法。社区访谈可以采取多种形式进行，包括街头访问、电话访谈和入户访谈等。社区访谈所秉持的原则理应在尊重、倾听的基础上，聚焦访谈目标，开展深入有效的访谈工作。禁毒社区工作中社区访谈的对象，不仅是戒毒康复人员和社区的居委会干部，更有社区内的其他居民。禁毒社区工作旨在提升社区禁毒工作的整体水平，并改善社区禁毒工作的氛围。由此，具体的

① 王思斌：《社会工作概论》，高等教育出版社，2006，第103—104页。

访谈需要根据访谈对象的不同采取不同的访谈技巧。

（二）组织与动员社区居民

组织和动员居民是社区访谈的另一重要技巧，也是社区工作的重要目标所在。组织和动员居民的主要技巧包括：

1. 动员居民

社区居民是社区禁毒工作的重要行动主体，培养社区居民参与社区行动的意识和能力是社区工作取得成效的根本前提和保证。

2. 发掘和培育社区领袖

在社区内发现有领导力的社区居民是推动社区计划得以顺利实施的关键，从社区居民内部发掘和培育的社区领袖更能获得社区居民的认可，也从另一方面增强了社区自我行动和计划的能力。

3. 居民组织的建立与运作

社区居民组织的建立以及组织化的运作，是社区计划和行动得以落实和持续发展的保障。通过组织志愿者队伍建设，加强志愿者队伍管理，能逐步形成良好的社区志愿服务氛围。

4. 提高社区参与水平

通过开展多种形式社区行动，培养居民参与禁毒社会工作服务的意愿、动力及能力，如结对、家庭探访、资源链接、参与禁毒宣传等。通过培养公共精神、获得良好参与体验，慢慢营造居民主动参与及积极参与的社区氛围和参与机制。社会工作者在居民中间发展和培育禁毒志愿者队伍，是促进社区参与的重要策略之一。

（三）社区资源调查与资源整合

资源是禁毒社区工作得以有效开展的保障和支撑。社区资源调查和整合是社区工作的重要环节，社区资源调查和整合需要采取的是动员社区内部资源和链接社区外部资源。通过资源调查，明确社区现存的资源，这些资源包括已拥有的资源和潜在的资源。其中，已拥有的资源可以直接运用，潜在的资源需要通过特定的工作方式予以激活。

动员社区内部资源需要通过社区居民需要形成目标共识和策略共识，从而使得社区居民将社区内的潜在资源予以激活，这能够增加在执行计划时所需的资源。社区资源在解决特定的问题时也会存在资源不足等问题，因而需要链接外部资源。这需要在形成共识的基础上，进一步明确社区资源存在的短板，以此采取相应方式来链接资源，从而为社区计划的落实提供保障。比如，禁毒社区工作者首先要整合街镇的禁毒资源，把分散在各部门的资源进行有效整合；此外，还需要加强与医疗卫生机构、心理咨询与辅导机构以及有关企业等戒毒组织的合作，为戒毒康复人员提供更加系统化的康复服务。

五、禁毒社区工作的运用

禁毒社区工作也是一种有效的专业方法。该方法是在更宽阔的空间范围内，通过整合多方面的社区资源直接或间接为戒毒人群提供专业服务。当前国内不少地方禁毒社会工作服务的开展本身也是以社区为基本单元的，禁毒社会工作服务中社区社会工作方法的运用具有以下三个特征。第一，禁毒社区工作的主要目标是推动建立良好的社区环境，营造改变和巩固成效的良好氛围。禁毒社会工作者运用协调、协商等技巧，动员、组织社区居民和志愿者进行社区倡导，减少对戒毒康复人员的社区排斥和污名化，为戒毒康复人员顺利回归社区营造友好的社区环境①，并促进政策调整和制度倾斜；禁毒社会工作者综合运用辅助性、支持性技巧，帮助戒毒康复人员提升沟通、交流等能力②，引导戒毒康复人员与社区积极互动，参与社区建设与服务③，逐步回归正常的社区生活。第二，禁毒社区工作主要体现为社区照顾和社区支持④。禁毒社会工作者通过整合社区的就业岗位、救助补贴等公共资源、政策资源，并将其输送给戒毒康复人员，让他们感受到来自社区的关怀。同时，禁毒社会工作者依托由社区工作者、家庭成员、志愿者、邻居等人员组成的非正式支持网络，发挥其照管的作用。第三，禁毒社区工作也较为重视社区禁毒宣传教育⑤。禁毒社会工作者和各方支持力量共同致力建立“无毒社区”⑥，通过制定针对不同群体、不同层次人群的教育方案，开展社区专题教育、模拟法庭、“互联网＋”时

---

① 王佑宇：《社会工作专业方法应用于社区戒毒工作的探讨》，《中国药物滥用防治杂志》2017 年第 4 期。

② 范志海、吕伟、余金喜：《社区戒毒康复模式的初步探索——以上海禁毒社会工作为例》，《中国药物依赖杂志》2009 年第 2 期。

③ 赵芳：《区戒毒社会工作模式的探索与实践》，《社会工作》2015 年第 5 期。

④ 李蓓：《论云南省禁毒社会工作本土化路径建构——基于发达地区禁毒社会工作的实践》，《云南警官学院学报》2018 年第 4 期。

⑤ 唐浩：《戒毒康复人员的社会支持体系与干预方法》，《中国刑警学院学报》2021 年第 4 期。

⑥ 王瑞鸿：《综合支持：上海戒毒社会工作的本土实践与创新》，《上海青年干部管理学院学报》2007 年第 1 期。

代下的VR体验技术等多种融入式、参与式的活动进行禁毒宣传教育[1]，提高社区居民在毒品认识和毒品预防方面的能力。

禁毒社区工作服务是一项复杂的工作。鉴于禁毒社会工作的特殊性和社区工作的复杂性，各方面的要素需要予以综合考虑。目前，禁毒社区工作仍在实践中不断探索和完善，从既有经验来看，通过成立社区禁毒工作小组，发挥社会工作者的支持性和引导性，禁毒社区工作已经取得了非常好的成效。未来禁毒社区工作的发展，仍需要因时因地因人拟定更加具有针对性的禁毒社区工作计划，把计划落到实处，切实提升禁毒社区工作的成效，真正发挥出禁毒社会工作服务在基层社区治理中的专业作用。

第四节　禁毒社会工作方法的整合运用

近些年来，在党和国家政策的支持下，尤其是《禁毒法》《戒毒条例》和公安部、国家禁毒办等部门联合发布的《关于加强社区戒毒社区康复工作的意见》《全国社区戒毒社区康复工作规划（2016—2020年）》实施后，我国禁毒社会工作进入到快速发展阶段。比如，成立了一批专业服务机构，培养了一批专业人才，探索出本土性的服务模式。同时，以上努力也切实帮助了众多戒毒康复人员戒断毒瘾、回归社会。但在具体工作中也存在地域发展失衡、人才总量不足、社会工作专业性和规范化不够等问题，尤其是在专业方法方面还存在理论支撑不够、方法之间割裂及碎片化运用的问题，这很难有效应对复杂的戒毒康复情境。因此，为消解社会工作知识内部结构的张力，打通方法之间的壁垒，为处理复杂问题提供一套持续系统的解决方案[2]，整合倾向的社会工作实践呼声越来越高[3]。整合性的实践模式强调理论范式、实务取向、方法技术等多个维度的整合。对于综合性较强的社区戒毒康复服务，“综融取向”的社会工作介入策略的应用尤为必要。

一、服务实践主体的整合

社会工作者参与禁毒工作尤其是社区戒毒康复工作，推动了戒毒康复工

---

① 赵雪莲：《社区戒毒的困境与政府购买禁毒社工服务的路径探索——以四川省为例》，《中国药物依赖杂志》2016年第6期。

② 文军、吴越菲：《超越分歧：社会工作整合理论及其应用》，《社会科学》2016年第3期。

③ 杨发祥、徐选国：《农村社区灾后生计发展项目的社会工作介入——一个整合性脱贫行动的分析框架》，《西北师大学报（社会科学版）》2014年第1期。

作主体向“多元协作”模式的建构。在社区禁毒工作中，其工作主体一般包括街镇禁毒部门、派出所、社区居委会、社会工作机构、医疗卫生机构和其他社会组织、社会团体等，而这些服务主体根据自身组织要求，有其自身任务及要求，服务的侧重点也有所差异。社会工作者或社会工作机构作为参与主体之一，除了要提供服务之外，还需要在各个服务主体间做协调，将各服务主体提供的服务或开展的活动进行协调与梳理，从而将各类服务有序输送给服务对象，提高服务的协调性和整体性。

二、服务层次的整合

国家政策导向下的禁毒社会工作的服务内容主要包括戒毒康复服务、帮扶救助服务、禁毒宣传教育，以及协助开展有关禁毒管理事务等。从专业自身内涵来看，禁毒社会工作的服务内容还包括开展禁毒社会工作研究、服务政策研究与倡导、社会环境改善等。一言以蔽之，禁毒社会工作服务的内容既包括微观层面的服务，也涵盖中观层面的服务。前者主要针对戒毒康复人员提供心理咨询和心理疏导、认知行为治疗、家庭关系辅导、自我管理能力提升和社会交往能力提升等专业服务；后者包括社区环境倡导、资源整合、禁毒知识倡导和禁毒社会工作理念倡导，减弱并消除社会歧视与排斥等工作。同时，社会工作还要在宏观层面上开展国家和地方政策研究与倡导等。这三个层次的服务内容虽然有直接与间接之别，但实际上它们并不是割裂的，而是一体的、连续性的。禁毒社会工作只有通过具体的微观服务才能进行有效的倡导且营造积极的社区环境，进而为开展政策研究和专业研究积累丰富的实践素材和经验。

三、专业方法的整合

禁毒社会工作的主要目标是协助戒毒康复人员实现康复，戒毒康复人员也是禁毒社会工作的主要服务对象。根据传统的服务经验和服务模式，禁毒社会工作者主要采取个案工作、小组工作和社区工作三大方法为服务对象提供专业服务。但是在实践中，社会工作者发现，戒毒康复人员通常具有多重性问题，并且导致问题发生的原因也比较复杂，仅采用某一种方法难以达成服务目标，方法的短板也不断被暴露出来。因此，社会工作者在实践中逐渐强调对戒毒康复人员的整合性介入，即多种专业方法同时介入的策略。整合性的介入策略不是强调对戒毒康复人员个体的介入，而是强调个体是系统中的个体，需要注重整体性、系统性的介入。社会工作者持续超越个案、小组和社区方法的单一使用，以降低戒毒康复人员复吸率、提升戒断率和戒毒康复人员的康复及回归社会为核心服务目标，通过个案、小组和社区等专业方法整合使用的服务策略，为戒毒康复人员提供“微观—宏观”“治疗—恢复—发展”等不同层次的服务内容。

四、服务流程的整合

一般情况下，禁毒社会工作服务的流程包括无缝连接、社区戒毒/康复协议签订、资料收集与资料整理分析、问题诊断、制定服务方案、方案实施与介入、服务评估、解除社区戒毒/康复协议和跟进等环节。社会工作者在服务流程的各个环节中充当着重要的协调人与整合者的角色，将服务梳理得更加顺畅且有效。比如，在无缝衔接环节，社会工作者在戒毒康复人员出所前就进入强制隔离戒毒所开展提前介入，有效预防了戒毒康复人员出所后的流失。在无缝衔接中，社会工作也要将确定衔接对象、收集和分析资料、制定计划、与强制隔离戒毒机构建立关系、实施无缝衔接计划、戒毒人员出所时接所等各个环节有效衔接整合起来。

总而言之，整合取向的社会工作实践追求全方位分析和看待服务对象问题，并注重系统分析问题，尝试综合运用多种方法，整合多重资源来协助服务对象。具体开展服务时，整合导向下的社会工作服务注重系统性的介入，包括微观、中观和宏观等多个系统。同时，也注重服务的各个环节之间的有效衔接与整合，以不断提高服务的效益及效率，使服务资源效用得到最大程度发挥。

第七章

禁毒社会工作直接服务

禁毒社会工作直接服务是指以戒毒康复人员个体、群体及其家庭为关注对象，针对个人、群体和家庭采取的行动，意在改变服务对象与其环境中的个人和社会系统之间的关系与互动方式。本章主要依据《关于加强禁毒社会工作者队伍建设的意见》对禁毒社会工作者职责任务的界定及中国本土禁毒社会工作实践的经验，介绍禁毒社会工作直接服务所涵括的心理调适、认知行为治疗、自我管理、家庭关系修正、同伴教育、社会交往、帮扶救助等内容。

第一节 心理调适

因长期被毒品困扰，戒毒康复人员普遍心理压力大、心理健康水平较低。本节主要介绍开展心理调适的方法和技术，并且结合案例加以说明。

一、心理方面的服务需求[①]

心理调适是戒毒康复人员重要且常见的服务需求，主要指个体适应、应对和处理日常生活中挑战的心理过程[②]。戒毒康复人员在重新适应和融入社会的过程中需要经历心理调适过程，其心理调适大致可以归为以下几个方面。

（一）吸毒行为前后落差的心理调适

绝大多数吸毒人员都会面临因吸毒行为而导致家庭关系紧张或破裂，被

① 本章有关服务需求的内容是作者依据上海自强社会服务总社的个案案例内容归纳而得。

② 约翰·W. 桑特洛克：《心理调适》，王建中等译，机械工业出版社，2015，第 2 页。

亲情所“疏远”;或消耗大量钱财,导致经济陷入困窘。同时,吸毒对身体所造成的难以恢复性的伤害,也使得他们大多需要面对病痛的折磨。因此,相较于吸食毒品之前平静安适、自由自在和受人尊重的生活而言,他们在吸戒毒期间的生活状况实际上困难重重。一方面,原有生活的巨大落差及回归社会要克服的困难十分容易造成他们丧失生活信心;另一方面,大多数服务对象都会对以往的吸毒行为感到悔恨,但若仅停留在悔恨之中,过多消极情绪的堆积也会迫使服务对象逃避或消极对待。

(二)面临日常生活困境的心理调适

1. 家庭关系紧张的心理调适

服务对象的吸毒行为会造成家庭成员关系紧张,因而会面临不信任、家庭沟通不畅甚至是亲情关系破裂等问题。面对家庭关系的损坏,服务对象首先需要做的是对自身行为的清醒认识和对家庭状况的理性看待,并通过自身努力去予以修复和弥补。因此,服务对象需要明确自己在家庭中的角色和担当,进而重获亲人的认可,重新构建美好的家庭生活环境。

2. 人际关系的心理调适

服务对象在戒毒康复的过程中需要与过去的不良朋友圈切断联系,重塑自己的人际关系圈,从而获得社会支持。而在重塑人际关系时最为重要的就是信任问题,因而对人际关系重塑的心理调适,需要协助服务对象通过自身积极的生活状态和面貌来获得周围人的认可,在行动中重建自己的人际关系圈。同时,在被标签化的背后,服务对象难免会产生被排斥和自卑的心理,如何克服消极心理、进一步拓展自己的人际关系圈也是服务对象心理调适的重要任务。

3. 面对突发事件的心理调适

由于服务对象当前的生活困境和能力局限,他们在面对困境和挫折时容易产生消极逃避的心理。如临时救助金的发放审核、家庭关系的冲突、就业过程中的政审等,这些都会使服务对象对自我产生怀疑,对家庭或社会产生不满。因而,当发生诸如此类的突发事件时,社会工作者需要开展危机介入或者任务中心模式的介入,快速、准确识别服务对象的问题,协助其摆脱突发事件对心理所造成的冲击和影响,使其冷静客观地面对生活,尽快恢复正常生活。

二、社会工作介入的方法与技巧

本部分选择心理社会治疗模式、心理调适理论中的介入方法和步骤,对如何开展社区戒毒康复人员的心理调适服务做基本介绍。

（一）心理社会治疗模式的实施步骤[①]

1. 开展心理社会调查

在会谈初期，社会工作者运用支持、积极地倾听等技巧，与服务对象建立一段良好的专业关系。让服务对象能够在会谈过程中畅所欲言而不受苛责，感受到安全、信任与支持，从而订立契约；收集服务对象的个人及家庭成员、家庭经历、求助问题、求助意愿等信息资料。

2. 进行心理及社会诊断

社会工作者根据收集到的资料进行分析、总结，找到问题存在的根本原因，并“对症下药”，制定合适的服务方案。但是随着服务的推进，社会工作者对服务对象问题的了解越来越深入，会对服务方案进行适当的修正及完善。心理及社会诊断分为三种形式：心理动态诊断、病原诊断和分类诊断[②]。心理动态诊断是指分析服务对象的本我、自我、超我是如何进行互动的，哪部分占据主导地位，最后造成什么结果。病原诊断是指通过分析服务对象与他人之间的关系、互动情况，过去的经历、现实情况，找到服务对象求助问题的本质、源头。分类诊断是指对服务对象的情况按照生理、心理、社会三个方面的影响因素进行逐一评估。

3. 进行专业治疗

专业治疗在会谈初期就已经开始，治疗按照服务计划稳步推进，其目标不仅要满足服务对象的需要，还要协助他提升个人能力、改变个人的情境，从而达到增加服务对象实现期望的机会。专业治疗分为直接治疗和间接治疗。

直接治疗指直接针对服务对象本人开展的治疗活动，主要分为非反映性沟通动力和反映性沟通动力两种技术。非反映性沟通动力技术包括社会工作者表达对服务对象及其家庭成员的支持；运用强调、提议、忠告、坚持和实际干预五种技术直接影响服务对象及其家庭；通过积极地倾听、同理、接纳等技巧让服务对象对自己的感受、情绪进行探讨、描述和宣泄。反映性沟通动力技术包括：第一，人在情境中反映讨论，即让服务对象感知自己的现状并了解他们的反应；第二，心理动力模式讨论，即协助服务对象通过回顾早年的家庭经历

---

① 顾东辉：《社会工作概论》，复旦大学出版社，2008，第 106 页。

② 朱东武、朱眉华：《家庭社会工作》，高等教育出版社，2011，第 172 页。

来感知自己某些不恰当的心理形态和倾向及其来源；第三，人格发展反映讨论，即协助服务对象探索其早年经验对自身信念和行为的影响并对其加以控制。

间接治疗是指针对服务对象生活环境的改变。当服务对象不愿意接受社会工作者的服务时，社会工作者可以对服务对象的生活环境进行改变，如改善家庭成员的关系等来实现对服务对象的治疗[①]。

（二）心理调适的具体疗法

1. 空椅子疗法

空椅子疗法是指当服务对象与其他个人产生冲突或者自我出现冲突时，社会工作者通过让服务对象对着空椅子模拟两人之间的对话，在对话中让服务对象宣泄情绪，同时从对方的角度看待问题，进而使服务对象能够得到人格的统整及多角度地看待问题[②]。空椅子疗法不仅可以让服务对象在治疗的过程中达到与自我、与他人的和解，还可以学习到换角度看问题的技巧，即在进行心理调适的同时也提升了自我调适的能力。但是，使用空椅子疗法的前提是社会工作者与服务对象建立了比较信任的关系，并且对服务对象的问题有一个深入的了解。

空椅子疗法的实施步骤主要包括[③]：

第一，营造一种真实的氛围。社会工作者要充分了解空椅子所代表的个体的详细情况，然后通过语言描述这个个体的外貌、表情、动作、声音等，将其告诉服务对象，让服务对象感受到个体就真真实实地坐在椅子上，等待与他交流。

第二，创设"第一人称"的对话情景。社会工作者要引导服务对象全身心地去体验两个角色，必须使用"第一人称——我"说话，并且尽量呈现两个角色不同的行为方式、语气、动作或者特征，让两个角色都充分表达自己的感受、想法等，甚至可以谩骂、责备或批评。总之，充分地表达自己。

第三，在两个角色的对话陷入僵局时，社会工作者引导角色双方进行协调，让服务对象了解双方的需要、立场等，从而使服务对象能够完成对自我信念、情绪的处理。

---

① 朱东武、朱眉华：《家庭社会工作》，高等教育出版社，2011，第 172—173 页

② 李国民：《咨询员培训》，辽宁教育出版社，2009，第 42 页。

③ 同上。

2. 发泄疗法

发泄疗法是指通过各种发泄方法，让服务对象心里积压已久的压力、愤怒、痛苦等不良情绪得到抒发。这些情绪可能是服务对象在生活中某个时刻、某个情境中所受到的各种心理创伤，也可能是持续不断积累的心理压力等；通过发泄，服务对象可以减轻或消除心理压力，避免精神崩溃，从而更好地适应社会环境。① 发泄疗法能够使服务对象内心的不良情绪、感受等得到释放，可以避免心理压力过大而出现更严重的心理问题，并且在释放完之后还有一个自我反思，这也是服务对象学习自我心理调适的过程。

发泄疗法的实施步骤主要包括②：

第一，疏通。社会工作者创造一个安全、舒适的环境，引导服务对象回忆那些让自己产生心理压力以及不良情绪的事件、情境、人物等，重新去体验当时的情绪反应，并通过语言倾诉、运动或者心理剧的方式将这些不愉快全部发泄出来。

第二，矫正。社会工作者与服务对象一起探讨发泄前后的情绪变化、心理感受，引导服务对象意识到旧有的反应方式的原因、产生的后果，让服务对象思考是否有其他新的、更好的反应方式，在反思中获得成长。

第三，巩固。社会工作者使用一系列正负强化手段引导服务对象形成并巩固正确的反应方式。

3. 松弛反应训练

松弛反应训练是一种通过自我调整训练，由身体放松进而导致整个身心放松，以对抗由于心理应激而引起交感神经兴奋的紧张反应，从而达到消除紧张和强身祛病目的的行为训练技术。一般的松弛反应训练方法，使用较多的是渐进性松弛法。此法可使被试者学会交替收缩或放松自己的骨骼肌群，同时能体验到自身肌肉的紧张和松弛的程度以及有意识地去感受四肢和躯体的松紧、轻重和冷暖的程度，从而取得放松的效果③。松弛训练可以让服务对象注意到自己因为压力、情绪等问题而引起的身体反应，身体的不适会造成心情不快、情绪低落；而通过放松身体的肌肉来达到放松心灵的效果，也是心理调

---

① 陈度、石起才：《吸毒人员心理与行为矫治》，苏州大学出版社，2008，第 192 页。

② 同上书，第 192—202 页。

③ Barbra Teater：《社会工作理论与方法》，余潇、刘艳霞、黄玺译，华东理工大学出版社，2013，第 178 页。

适的一种途径。

松弛反应训练的实施步骤主要包括①：

第一，热身活动。在放松训练开始前，社会工作者应该让服务对象先自行紧张、放松身体多次，每次 10 秒钟，让服务对象能够控制自己身体的紧张与放松。

第二，正式训练。在一个安静、光线柔和、舒适的环境中，社会工作者用平稳、镇静、低沉的声调讲述设计好的指示语，有序地指导服务对象进行放松训练（一般都会有指示语）。训练部位分别是手、手臂、脸部、颈部、躯干和腿部，紧张持续 5 秒钟后放松。

三、案例分析与讨论

（一）服务案例②：

老刘出生在 20 世纪 60 年代，因染上赌博和吸毒的恶习，2002 年到 2012 年的十年间基本上在看守所和强制隔离戒毒所度过。多年的吸毒行为，使家人对老刘失去了信心，见面几乎不说话。他在戒毒所接受强制隔离治疗时，家人也不曾前去探望。起初老刘觉得无所谓，以为自己不需要别人的帮助，也能过得好好的。但是三年前一次意外摔倒导致老刘面瘫，他彻底蒙了，这时的他痛苦、郁闷、孤独，多么需要家人的照顾、亲人的陪伴，但他不知道家人能不能接受他，害怕被家人拒绝。懊悔、失落和孤独的心理交织在一起，老刘寝食难安。

社会工作者在与老刘的面谈后了解了他的心理状况和想法。社会工作者充分理解他的境遇，耐心劝导其放松紧张心理，表示会与老刘一起想办法克服困难。社会工作者运用空椅子法，让老刘尝试学会向家人表达内心想法，老刘不知所措，难以启齿。在社会工作者的慢慢解释和开导下，老刘的心情渐渐平静了下来，他由断断续续词不达意，到滔滔不绝地倾诉，把多年来对自己的悔恨、对家人的愧疚和期待，都表达了出来，心情有了明显好转。老刘对社会工作者说："这么多年了，我也曾经答应过很多次要戒掉，但是都没有做到，不能怪家人不相信我，是我没有给他们足够的信心……""我尝试和他们沟通过，可每当我一开口，他们就是那一句话，'你的话我们不要听！'一下子把我的话堵

---

① 李国民：《咨询员培训》，辽宁教育出版社，2009，第 42 页。
② 根据上海市自强社会服务总社的社区戒毒社区康复服务案例改编。

死在嘴里，一直无法沟通，压抑在心里。以前建立的那一点点的信任，也灰飞烟灭。现在的我幡然醒悟，毒品和赌博害苦了我，一个人过真的很寂寞……”

服务对象的心理状况好转后，在征得服务对象的同意下，社会工作者联系到老刘的母亲，介绍了老刘的近况和想法后，母亲只说了一句话：“回来吧，回来就好。”老刘的妻子也表示，会好好照顾他们的小孩。家人的“不放弃”，让老刘喜出望外，他感到了家人的爱和支持。

回到家里，虽然生活有人照顾了，每天也过得很有规律，但老刘依然很有压力。一方面是对自身身体疾病的担忧，另一方面是对今后生活没信心，加上老刘性格内向不善沟通，与家人关系再次陷入紧张。家访中，社会工作者一方面指出老刘过分夸大自己的不足或缺陷，被烦恼、焦虑、自卑情绪所困扰，自身缺乏有效解决问题的能力，另一方面鼓励老刘要从烦恼、焦虑、抑郁的低落情绪中走出来，积极地面对现实，在家人的帮助下逐步克服困难。社会工作者同时也指出了由于老刘小时候家庭不良教养方式造成其形成了任性、偏执和不负责任的性格，并且为他耐心地讲述家庭沟通的技巧，建议家人改变互动方式。在社会工作者的指导和帮助下，老刘与他家人的关系有了明显改善。接着，社会工作者积极为老刘拓展社会支持系统，带领老刘参与了同伴教育小组活动，在同伴乐观开朗的情绪感染下，老刘也舒缓了自己的情绪，并看到了榜样的示范，对今后的生活有了希望。此外，社会工作者还积极整合资源，两次带老刘参加健康体检，协助老刘成功申请了最低生活保障金，为老刘争取到了帮困补助金，为其女儿申请了爱心教育基金。社会工作者整合各类社会资源给予老刘支持和帮助，老刘深受感动，生活压力缓解很多，心理状况明显得到了改善。

“社工老师，我不知道怎么和家人说，我真的没有吸毒，请你相信我。”一次尿检后面对阳性结果，老刘焦虑地对社会工作者诉说道。社会工作者一面安抚其情绪，一面与老刘一起冷静地分析情况，了解老刘因面瘫、脑梗所服用的药物说明书中有孕妇慎用、运动员慎用等字样，并在医生那里得到了证实，再结合老刘平时的表现，社会工作者果断地做出了决定，让老刘在身体允许的情况下，停药一天后再做一次尿检。老刘暂时定了心，怀着惴惴不安的心情回了家。第二天，老刘在家人的陪同下来到卫生服务中心做尿检，但结果还是呈阳性。家人难以相信眼前的一幕，他们难以接受平时一直状况稳定，各方面表现较好的老刘居然复吸了。伤心欲绝的他们对社会工作者说：“你怎么处理都可以，这是他咎由自取，我们再也不会相信他了。”看着一脸无辜的老刘，社会工作者权衡再三，决定谨慎行事，一方面积极做好老刘及其家人的思想工作，另一方面又积极商量办法。在协商一致的情况下，社会工作者与老刘一家达成几点协议：第一，在家人的监督下，再停药一天，明天再做检查；第二，再次体检。在社会工作者的耐心劝说下，老刘的家人勉强同意，而老刘也好像是抓住了最后一根救命稻草一样，脸上露出了一丝光芒。事情终于发生了转机。首先，在接下来的这一天，老刘终于通过了尿检；在体检中，医生也查出了由于身体的状况和长期的服药，老刘肾功能减退，使得药物在体内停留的时间较长，导致前几次出现了阳性检测结果。该事情可谓虚惊一场，但其结果会让老刘和其家人更加认识到信任和沟通、积极协商共同面对困难的重要性，危机事件促成老刘与其家人的沟通能力的提升，良好的家庭氛围也让老刘的戒毒行动变得越来越积极。经过三年的不断努力，老刘终于拿到了三年戒断认定证明。

老刘说：“我也曾经通过付出心血、汗水和努力，获得过成功，享受过超常收入和心理荣耀，站在人生的巅峰，也希望这份荣耀和被关注永远保留下去。但是在巨大的压力和超常的工作量下，将‘溜冰毒’作为缓解情绪、释放压力的工具，甚至将它作为一种时尚的事物来炫耀，如今想想真是太幼稚了。现在有社会工作者、家人和社会的帮助，我已经有了很大改变，希望通过自己的不断努力，一直保持下去。”

（二）案例分析

上述案例中的服务对象老刘，陷入了因多年吸毒而身体疾病严重的困境，家人关系疏离，缺乏社会支持，导致痛苦、郁闷、孤独，生活没有了方向和希望。社会工作者通过与老刘的耐心接触、细致关心和尽力帮教，与老刘建立了专业关系，并针对老刘的特殊情况和康复需求，运用情绪疏导、空椅子法等，减缓了老刘的心理压力。同时，社会工作者从环境层面介入，首先是改善老刘的家庭关系，通过改善家庭沟通方式，提升了家人对老刘的照管能力；其次是通过同伴教育，使老刘看到了榜样的力量，获得了改变的信心；再次是通过整合康复医疗资源、协助申请各类社会救助，缓解了老刘的经济困难和生活压力。社会工作者灵活运用专业方法，对老刘的心理及社会关系进行干预，缓解了老刘的心理压力。

特别是在一次尿检呈阳性的危机事件中，面对老刘陷入无助无望，家人绝望并打算放弃的危机情境，社会工作者一方面尽力安抚老刘及家人的情绪，另一方面协助老刘分析问题原因，商量弥补措施，尽可能地协助老刘摆脱困境。终于在社会工作者的帮助下，在民警的支持和医疗卫生部门的通力合作下，老刘查出了尿检不合格的原因并找到了应对办法，此次尿检事件避免了由于意外事故而导致家庭关系的破损，也在事件处理的过程中，协助老刘及其家庭增强了应对疾病的能力，同时对如何保持家人之间的信任和支持有了深切的认识。

社会工作者在本案例中，从服务对象个体的情绪疏导、压力缓解，到在家庭和社会层面开展关系调和、资源整合，缓解了服务对象老刘的心理困扰，提升了老刘的社会功能，协助老刘度过了三年社区康复期。

第二节　认知行为治疗

由于存在认知偏差，或有非理性信念，服务对象可能会经常发生情绪失控，或陷入压力困境。本节主要介绍认知行为治疗的方法和技术，并结合案例加以说明。

一、认知方面的服务需求

认知行为治疗以认知模式为理论基础，该模式假设，人的情感、行为及生理反应会被他们对事件的认知或思考过程所影响。[①] 而认知的形成过程往往会受到自动化思考机制的影响，包括许多错误想法、不理性思考、荒谬信念、零散或错置的认知等。就戒毒康复人员而言，其认知偏差主要表现在以下三个方面。

（一）毒品认知偏差

1. 认为吸食毒品不会上瘾

部分服务对象认为偶尔吸食几次不会成瘾，尤其是冰毒、K 粉、大麻等新型毒品普遍都被认为没有明显的戒断依赖症状，因而相较于传统毒品而言，并不会或者不容易上瘾且生理依赖性不强。[②] 这进一步造成了戒毒康复人员尤

---

① Judith S. Beck：《认知疗法：基础与应用》，张怡、孙凌、王辰怡等译，中国轻工业出版社，2013，第 36—43 页。

② 林少真：《“我吸的是冰，不是海洛因”：比较视野下的吸毒者自我表达——以上海市新型毒品使用者为例》，《前沿》2010 年第 1 期。

其是青少年对新型毒品的认知误区，并认为自己可以自主控制对毒品的使用。

2. 认为毒品拥有正向功效

研究发现，成瘾者对药物使用持有正向的结果期待，他们往往会高估毒品的功效。[1] 下述对毒品功效的认识误区常发生于服务对象群体中：一是认为毒品有助于摆脱烦恼和逃避痛苦，能满足自身情感方面的需求；二是认为毒品可以治病止痛；三是认为毒品可以减肥；四是认为毒品可以使人精力充沛，缓解身体上的疲劳；五是认为毒品可以提高性能力；六是认为毒品具有积极的符号意义，是时尚有身份的象征，是获得自我认同的有效途径。

3. 认为吸毒与他人和社会无关

部分戒毒康复人员认为吸毒是个人自由、是用自己的钱来满足个人欲望，不会影响到任何人，与他人和社会无关。因此，他们对于强制隔离戒毒或者公安部门对吸毒行为的打击，在态度上主要有三种形式的偏差：第一，无视的态度，认为被强制隔离没有什么大不了，或者认为由于身体的原因，即使被抓也不会进去；第二，敌对的态度，认为更应该被抓的是贩毒的人而不是吸毒的人，对强制隔离戒毒多有怨言；第三，无知的态度，认为只要是公安不打击、不处理的就不是违法行为，或者将吸毒被抓看作一时运气不好。

（二）自我认知偏差

1. 由于吸毒经历而自卑

服务对象在回归社会后往往会因为曾经的吸毒经历而感到自卑，觉得在家人、亲戚、街坊邻居等面前抬不起头来。一方面，他们自己会在吸毒被抓后感觉无颜面对家人；另一方面，他们也总会担心其他人用歧视、异样的眼光看待自己。

2. 对自己的能力持否定或怀疑态度

社会调查普遍显示，戒毒康复人员学历低、缺乏相应的工作技能，这些都阻碍了他们的顺利就业。同时，加上吸毒的“前科”，他们大多会产生一些负面想法，如“我没什么出息”，“我是没用的人、失败的人、被社会抛弃的人”，“不会有单位要我了”。除了找工作遇挫之外，服务对象也常常会对自己的办事能力、自我价值等深感怀疑，进而形成自我否定、自我批评等消极的思维惯式，觉

① G. A. Aarons, S. A. Brown and E. Stice, et al., “Psychometric Evaluation of the Marijuana and Stimulant Expectancy Questionnaires for Adolescents,” *Addictive Behaviors* 26, no.2 (2001): 219 - 236.

得自己没有改变现状的能力。

（三）社会认知偏差

1. 人际交往中的认知偏差

当生活、工作中发生一些不如意的事件时，服务对象常常会自动将其归因为过往的吸毒经历而遭受了来自家人、同事、社会等各个方面的歧视；认为同事对自己有偏见，或者家庭成员嫌弃甚至是怨恨自己。有的时候，他们还会认为其他社会大众看不起自己并且这种看法是不会改变的，因而选择自暴自弃。

2. 对帮扶救助的认知偏差

部分服务对象在接受帮扶救助的过程中会产生一些非理性的认知，认为自己是社会弱势群体，或者将自己目前遇到的困难归结于社会，认为政府部门的相关工作人员或者社会工作者等理应帮助他们解决生活中的困难，或者认为给予他们低保和补助也是理所应当的。而当自己的某些意愿无法得到满足时，就认为自己受到了不公平的对待。

3. 就业过程中的认知偏差

服务对象在就业过程中的一些观念存在着较大的偏差，主要表现在两个方面：其一，以自己年龄大、学历低、能力差、有吸毒前科、没有相关工作技能、用人单位对吸毒人员存在歧视等为由而拒绝外出找工作，其二，即使找到工作，也有一部分服务对象会由于工作辛苦、收入少或者在工作过程中与其他同事发生矛盾等原因而不愿意继续工作。

二、社会工作介入的方法与技巧

本部分将介绍认知行为理论中的几种方法与技巧。

（一）认知行为治疗

斯蒂芬·霍夫曼（Stefan Hofmanm）对于酒精成瘾的治疗策略[①]可以为禁毒社会工作者开展认知行为治疗提供参考。

1. 心理教育与认知干预[②]

在这一治疗中，社会工作者的主要任务是帮助服务对象重构认知。通常

① Stefan G. Hofmann, *An Introduction to Modern CBT* (New Jersey: Wiley - Blackwell, 2012), p.135.

② Stefan G. Hofmann, *An Introduction to Modern CBT* (New Jersey: Wiley - Blackwell, 2012), pp.138 - 139.

来讲，个体的行为方式与信念是保持一致的，如果不一致，就可能产生不舒适的心理紧张感，这种紧张感可以通过改变个体行为或信念得到缓解。根据认知失调理论，行为的改变主要取决于个体与该行为不一致的信念和与该行为一致的信念之间的关系。如果失调认知的出现频率以及重要性高于协调认知，这一行为就很可能发生改变。而当人们不得不去做一些与他们信念不一致的行为时，人们就可能会改变自己的信念，以确保与自己的行为相协调。在这一过程中，可引导服务对象考虑自身成瘾行为产生的问题，并将其与行为改变的优点进行比较；在此比较之下，服务对象会呈现紧张、犹豫、矛盾的情绪，而一旦内部斗争减弱，且倾向于修正自我行为时，机会便出现了。社会工作者需要帮助服务对象保持新的行为习惯，并深入信念之中，不再轻易摇摆，这一过程可能会较为漫长。

在此期间可以借鉴动机强化疗法（MET），这是一种短期干预方法。针对整个改变的过程，帮助服务对象接近并达到目标。动机访谈的四个基本原则是：第一，同理；第二，发现矛盾；第三，松动阻力；第四，提高自我效能感。改变动机的六大基本方法为：第一，对服务对象的反馈；第二，明确服务对象对于改变的责任；第三，给予服务对象一定的建议与支持；第四，提供服务对象多种可供选择的治疗方法；第五，在温暖的氛围与环境中进行个案辅导；第六，提高服务对象对于改变的自我效能感[①]。

2. 后效强化

后效强化是通过改变行为后果，或改变那些维持个体纠正有问题行为的技能和社交背景来强化治疗效果。个案辅导的目的不仅仅是让服务对象戒除吸毒行为，还需要增加一些更为健康的日常活动来代替之前的偏差行为。包括鼓励服务对象重新规划自己的日常活动，尽量避免进入诱使复吸的环境与社交网络；帮助服务对象建立新的、更为健康的生活方式与社交网络。

社会工作者可以尝试布置一些家庭作业来巩固和强化治疗效果。不同的家庭作业背后存在不同的目的与任务，以下列举家庭作业的几种类型[②]：

（1）行为激活，建议服务对象离开床铺、沙发，恢复正常的活动；

---

① Stefan G. Hofman, *An Introduction to Modern CBT*（New Jersey：Wiley - Blackwell，2012），p.135.

② Judith S. Beck：《认知疗法基础与应用（第二版）》，张怡、孙凌、王辰怡等译，中国轻工业出版社，2013，第 335—336 页。

（2）监控自动思维；

（3）评估并对自动思维做出反应，在每一次的面谈中社会工作者都需要帮助服务对象调整其不良想法，并记录思维的新方式，可建议服务对象定期阅读他们的治疗笔记，以此进行强化；

（4）问题解决，如在面谈中探讨出了解决方案，可建议服务对象在下一次面谈前实施；

（5）行为技巧，为了解决问题，服务对象需要学习新的技巧，这些技巧可以通过家庭作业的方式进行练习；

（6）行为试验，有时面谈无法改变服务对象的自动思维，便需要让服务对象在作业中去测试其自动思维的效度；

（7）阅读疗法，可以针对面谈中涉及的重要概念向服务对象布置一些阅读的作业以增强概念内化，并要求服务对象在进行阅读时注意自己的反应，包括对文字材料的什么内容是同意的，什么是不同意的，以及这些材料有什么问题；

（8）为下次面谈做准备，每次面谈前让服务对象提前思考需要交流的重要内容，这样可以加快开始的进度，为后续治疗做准备。

（二）理性情绪疗法

理性情绪疗法认为，各种非理性信念都会产生丧失功能的负面情绪。艾利斯整理出来的三种主要的非理性信念如下①：

“无论处于何种情况下，我一定要达到重要任务且得到重要他人的认同，否则我就是一个不适应、不值得人爱的人！”这种信念通常会产生焦虑、忧郁、无价值或自责等感受。

“无论处在何种情况下，别人绝对要公平地对待我，否则他们就是卑鄙可耻的小人！”这种信念通常会产生生气、愤怒、仇恨、战争、诽谤等不良情绪或行为。

“我所处的任何情境绝对要依照我要的方式进行，立即满足我的欲望且不会要求我过度努力改变或改善这些情境，否则就很可怕，我无法容忍这些事，我根本无法快乐起来！”这种信念通常会造成挫折、容忍度低或不舒服、不安、

① 艾伯特·艾利斯、凯瑟琳·麦克赖瑞：《理情行为治疗》，刘小箐译，四川大学出版社，2005，第35—36页。

忧郁、拖延及懒散。

其他常见的非理性信念还包括①：

第一，绝对的“必须”和“应该”。比如：“我一定不可以被人误会。”

第二，灾难化。比如：“被人误会是一件糟糕且可怕的事。”

第三，我无法容忍这件事。比如：“我无法容忍被人误会。”

第四，责备自己和他人。比如：“如果被人误会我会是一个很糟糕的人，而且人家会认为我真的偷了东西。”“误会我的人都是坏人，因为他们乱栽赃。”

第五，过度概括化：“如果张三、李四批评我，其他人也会起而效仿，到时候我就孤掌难鸣了！”

第六，贸然下结论：“如果张三、李四批评我，一定是我太糟了！”

第七，只注意负面信息：“李四皱眉头，他一定是对我不满。”

第八，误解正面信息：“张三约我出去，只不过是可怜我这个傻瓜。”

第九，贬抑好事：“今天我跟张三聊得不错，可是通常我的口才很糟，他对我的印象应该很差。”

第十，个人化：“李四说他忙得没有工夫见人，可是他真正的意思是他不想见我。”

第十一，表里不一：“这一次我违背自己的行事风格善待张三，事实上我是一个表里不一的人，根本不算好人。”

第十二，完美主义：“这一次我跟张三、李四相处不错，不过我犯了一些愚蠢的错误，假如我是一个完人就不会失手，我应该要完美才对。”

运用理性情绪疗法的主要技术有以下四种。

1. 评估

(1) 服务对象的认知、情绪和行为困扰，以及缺乏的技能(C)是什么？

(2) 哪些诱发性事件(A)与令人不快的结果(C)同时出现？

(3) 哪些理性信念和非理性信念(B)可以用来评估诱发性事件(A)及其导致的情况(C)？

(4) 哪些认知上的驳斥(D)及情绪行为技巧可以维持服务对象的理性信念并且改变他们的非理性信念，使他们可以有力和持续地获取有效的理性哲学(E)？

① 艾伯特·艾利斯、凯瑟琳·麦克赖瑞：《理情行为治疗》，刘小箐译，四川大学出版社，2005，第38页。

(5) 什么样的思考、感觉和行动，最能维持服务对象的进步，并帮助他们更好地实现且享受自我？

在理性情绪治疗的初期阶段，社会工作者需要关注服务对象的元情绪问题，与服务对象共同探讨其真正的情绪问题而非该情绪问题衍生的其他情绪。例如，对于由嫉妒产生的愤怒，社会工作者应当聚焦于服务对象的嫉妒情绪而非愤怒。在精确定位服务对象的情绪问题后，需要进一步引导服务对象对该问题产生的具体背景进行描述。社会工作者应该先倾听服务对象对于自我情绪的描述，包括程度、原因等，并寻找其中的逻辑与关键信息，从而精确定位服务对象的非理性信念与情绪。①

2. 驳斥

驳斥是让服务对象辨认、思考，最后取代造成困扰、死板且缺乏变通的信念，同时可以教他们如何将这些功能良好、务实且合乎逻辑的挑战运用到其他领域。

(1) 驳斥的方式

工作者可以通过教导或苏格拉底的方式驳斥非理性的信念。教导方式是指，会谈中由治疗师向服务对象解释各种名词，说明理性与非理性信念之间的差异。如理性信念是灵活、可调整的、能够帮助我们达到目标且与社会实际状况吻合；非理性信念是死板、教条式的，无法完全符合社会实际状况，且大部分会阻碍我们达到目标。苏格拉底的方式需要服务对象投入更多，通过一系列引导式的问题，社会工作者将更能精确看出，服务对象的思考、感受和行为为何以及哪里出错。

(2) 驳斥的步骤

驳斥分为两个阶段：第一阶段是引导服务对象逐句地与不合理的信念对话；第二阶段是帮助服务对象发展出合情合理的人生哲学。

倾听找出服务对象不合理信念。

复述一次服务对象的信念"所以你是不是认为……"

区分合理与不合理的信念。

说明期待与希望是合理的。

---

① Windy Dryden and Michael Neenan, *Rational Emotive Behavioural Counselling in Action* (London: Sage Publications, 2004), p.32.

重复不合理的信念部分。

开始与服务对象讨论，使用各种质疑讨论方式。

当服务对象的信念开始有所松动时，可以询问服务对象的情绪是否好一些。

重复 ABC，然后说明，如果我们的想法内容有所改变，我们对事件的看法也会不同，这样，情绪是否也会不同。

(3) 驳斥的类型

功能型驳斥。这类驳斥的目的是让服务对象对于所持信念的功能产生怀疑，协助服务对象评估所持信念是否能帮助他实现自己的目标。

“这对你有用吗?”

“继续这样想（或这样做、这样感觉）对你的生活会产生什么影响?”

事实型驳斥。这类驳斥的目的是评估服务对象信念的事实部分，验证服务对象所持信念究竟是否符合社会实际情况。

“支持这个信念的证据在哪?”

“你说是真的，证据在哪?”

逻辑型驳斥。这类驳斥主要是质疑服务对象因为非理性思考而将渴望和希望变成不合逻辑的要求。

“事情怎么会因为你希望那样而且对你又十分方便，就应该那样?”

“X 之后一定要有 Y，请问其中的逻辑在哪里?”

3. 回家作业

每次个案辅导结束之后，需要通过布置相应的回家作业巩固已经萌发的理性信念。回家作业可以根据个案辅导的内容进行调整，针对认知、行为、情绪等进行设置。社会工作者在作业的环节必须与服务对象达成一致并认真准备，这是保障整个治疗过程效果的重要一环。回家作业需要给服务对象适度的挑战，让服务对象在完成作业的过程中收获成就感；回家作业量需要进行评估，确保服务对象可以按时完成。

4. 结案

结案的标准是理性信念的内化，也就是 ABC 模式中 E 的形成。在结案时，可以与服务对象共同回顾理性信念内化的过程；同时也应当设立一些话题检验服务对象的内化情况，确认是否可以结案。最后鼓励服务对象成为自己的助人者，在遇到情绪困境时，能够自我治疗，建立理性信念。

三、案例分析与讨论

（一）非理性信念驳斥案例

表 7－1、7－2、7－3 以表格形式展示了三个案例，并对其中非理性信念进行驳斥。

表 7－1　案 例（一）

案　　例	注　　解
服务对象愤怒地说："就因为我曾经吸食过毒品，没法开具'无违法犯罪记录'，现在就找不到工作了。" 社会工作者："你是说由于曾经吸毒，无法开具'无违法犯罪记录'，所以就找不到工作了？" 服务对象："对！只要吸毒，无法开具相关证明，就找不到工作。"	倾听，找出不合理信念并复述
服务对象激动地说："社会一直提倡公平，我必须受到公平的对待。工作单位凭什么因为我过去的情况，就整个否定我这个人，这是不公平的。" 社会工作者："我理解，由于曾经吸毒，现在你在找工作方面困难重重，这个对你来说压力很大。你希望能找到一份工作的希望是合理的，但是不是就一定会找不到工作呢？据我所知，有些工作是不需要这些证明的，我也了解老张的情况与你差不多，但前几天他告诉我他已经找到了一份保安的工作开始上班了。" 服务对象："老张那样的工作我是不愿意的，我必须找到有一定工资水平的正式工作，才能养活我自己。"	同理，区分合理与不合理的信念，说明期待与希望是合理的。进行事实型驳斥
社会工作者："哦，所以，现在的情况是，不是找不到工作，而是找不到收入较高的工作，是吗？" 服务对象："算是吧。新闻里不是一直说要创建和谐社会吗，不是宣传要人人平等吗，那不就是公平的意思吗？" 社会工作者："你是说，如果你找不到理想的工作，就是社会不公平不和谐，所以一个理想的和谐社会的标准就是必须保证每个人都按照他的要求得到想要的工作，是这样吗？" 服务对象："倒也不完全是吧。"	重复、澄清
社会工作者："虽然我们多么希望作为一个和谐公平的社会能够满足每个人的要求，但显然这个希望是不太可能实现的，如果真能实现，倒未必是公平，也可能有其他不公平的现象出现。" 服务对象："那倒也是。"	找出不合理的信念部分
社会工作者："所以，在找工作这件事情上，如果我们的想法内容有所改变，就不会这么容易生气和气愤了，情绪也有了不同，是吗？" 服务对象："好像是这样的。"	说明期待与希望是合理的。驳斥
服务对象："看来也只能这样，那你觉得我可以怎么办呢？" 社会工作者："那我们可以谈谈，究竟做些什么努力，可以使得找工作这件事变得容易些。" 服务对象："好吧。" ………… 服务对象的情绪趋于稳定。	当服务对象的信念开始有所松动时，可以询问服务对象的情绪是否好一些

表 7-2　案 例（二）

案　　例	注　解
服务对象：“昨天我接了个电话，出去了一会，我妈就又怀疑我去找以前的朋友，又去吸毒了，所以我一回来她就像在审犯人……”	
社会工作者：“遇到这样的情况确实会不开心。你当时的反应是什么呢？”	
服务对象：“我开始对我妈妈是好好解释的，但她就是不听，不断地唠唠叨叨责怪我，后来我就火了，与妈妈吵了起来。”	找 C
社会工作者：“当时你怎么想的？”	找 B
服务对象：“我觉得再怎么解释，他们都不会相信我，在他们眼里，我永远改不好了……”	
社会工作者：“你是说，不管你怎么表现，也不管怎么解释，在家人的眼里，你永远改不好了，是这样吗？”	复述服务对象的信念
服务对象：“是啊，因为我曾经吸过毒，所以老觉得别人不会相信我，就连父母也不例外。他们这样管我，我心里很受伤的，简直烦透了……他们越是这样不相信我，我就越想往外跑……”	
社会工作者：“你是说只要父母管你，就是不相信你。也就是说，管你的唯一原因就是不信任你，是这样吗？”	指出服务对象的信念
服务对象：“那倒也不是，他们管我，也是不希望我再与毒友有交往，我知道他们也是为我好。”	
社会工作者：“那就是说，妈妈管你，除了可能不信任你这一点外，也会是出于担心，为了防止你再次染上毒品，是吗？”	驳斥非理性信念
服务对象：“算是吧。但他们总是管我，我感到很烦的。”	
社会工作者：“那就是说，并不是说在家人眼里你永远是改不好的，而是家人对你不放心而管得比较严，你不知道怎么办而感到烦？是这样吗？”	修正信念，辨识
服务对象：“是的。”	
社会工作者：“那有没有曾经发生过你出去了，回来后妈妈并没有对你唠叨不放心的情况？”	
服务对象：“有，上次我初中同学聚会，我事先跟他们说了，玩到很晚，我回来父母也没说什么。”	
社会工作者：“那次与这次相比，有什么不同呢？”	
服务对象：“那次我跟妈妈提前说明了，而且还告诉了具体聚会的人和地点，他们对我的行程有了了解，对我交往的人也了解，所以比较放心了吧。”	
社会工作者：“那也就是说，你要出门，事先与家人沟通清楚，并保证见面的朋友不是毒友圈的，家人还是信任你的，对吗？”	事实型驳斥
服务对象：“是，看来他们主要还是关心我，怕我和以前的吸毒朋友来往。”	
社会工作者：“如果你和以前的吸毒朋友来往过于密切，万一他们要你一起吸的话，那么你会怎么办？”	

续 表

案　　例	注　解
服务对象:“我可能会挡不住诱惑,撇不开面子,最后前功尽弃的。” 社会工作者:“那你现在能理解父母为什么不放心你吗?” 服务对象:“想想也是的,他们主要还是担心我和以前的吸毒朋友在一起又吸毒。” 社会工作者:“如果你有朋友也遇到了和你一样的问题,你会对他说什么?” 服务对象:“我会劝他,叫他多体谅父母,可怜天下父母心。” 社会工作者:“那你现在会做些什么?” 服务对象:“我会和父母多沟通,如果以前的吸毒朋友来找我,我会想办法推脱。有事外出的话,我会事先向父母说明是什么事,什么时候回来,并且用行动让他们放心。”	修正信念 新的行为

表 7-3　案 例（三）

案　　例	注　解
服务对象,男性,51 岁,已婚,高中文化程度,刚从强制隔离戒毒所出所。 服务对象自述:出所后,他前往居委会和街道讨要帮困金,居委会和街道居然不给,他非常生气,使原本出所后的喜悦心情瞬间转差,感到郁闷,想不通,与工作人员大吵大闹。 社会工作者:“你怎么吵架了呢?” 服务对象:“当然是居委会和街道的那帮人不好啊,都是他们不给我钱,我刚从强戒所出来身无分文。他们当然应该给我钱,其他人强戒所出来后街道都会给钱,我们街道比其他街道都有钱,居然一点小钱都不给。” 社会工作者:“你的意思是街道必须给强戒所出所人员钱? 否则就是没道理,就要与他们吵?” 服务对象:“是的,街道怎么能不给我们这些人钱呢?” 社会工作者:“按照你的说法,你是强戒出所人员,街道必须给钱。” 服务对象:“那当然了。我刚出所没有经济来源,街道不管谁管呢? 没钱我就会去吵去闹,逼我走极端,可能会去偷去抢,到时出了事街道还要给我擦屁股。总之街道就应该给我钱。” 社会工作者:“按你所说的,你是从强戒所出来的有困难的人,街道必须给钱。否则他们就是不讲道理的街道,就不是一个好街道,与他们吵就理所应当?”	 问导致 C 的原因 找出 B 重复“非理性信念”,把非理性信念与行为联结

续　表

案　　例	注　解
服务对象："对的。" 社会工作者："你刚出所困难，希望得到政府经济上的帮助，这个愿望是可以理解的。但现在你认为你没有实现愿望，是因为你遇到了一个不好的街道。是这样吗？能不能再想想，除了不给钱是因为这个不是好的街道之外，还有别的什么原因你得不到救助金吗？" 服务对象："还能有什么原因？" 社会工作者："我们来打个比方，如果你朋友有困难问你要钱，你没给，你就是一个不好的人，是这样吗？"	说明期待与希望是合理的；重复不合理的信念部分；开展事实型驳斥 比喻
服务对象："（犹豫）好像也不全是，如果朋友真有困难，我会在能力范围内帮助他，给他钱，可是他如果不是真的困难或者我没钱，我就不会给他钱。" 社会工作者："也就是说朋友有困难向你要钱，你不给，除了你是一个不好的人这个可能性之外，还有别的原因。你没有给朋友钱，并不证明你是一个不好的人？"	松动其非理性信念
服务对象："（沉默）是的……" 社会工作者："那现在你有困难向街道救助要钱没有得到，除了这个让你感到它是不好的街道而气愤之外，是否还有别的原因呢？"	松动其非理性信念
服务对象："这个……" 社会工作者："据我了解，国家对于发放困难补助是有政策的，街道在执行政策发放补助金中，要核实你的经济条件是否符合政策要求，如果不符合是不可能发放给你补助金的。并不是每个出强戒所的人都理所当然能得到困难补助，而是符合政策条件的申请者才能得到补助，这个你能理解吗？"	事实型驳斥
服务对象："（片刻沉默）我有些明白了，你的意思是说我朋友不是真困难我可以不给他钱，街道也可以因为我不是真的困难不给我钱，也就是说我不能要求街道在我不是真的困难的情况下给我钱？" 社会工作者："是的，你希望得到街道帮助这个心情是可以理解的。但如果你得不到就觉得这不是好的街道的时候，就会生气吵架，而当你现在这样想的时候，心情是否好一点，没那么生气了？"	询问服务对象的情绪是否好一些
服务对象："是的，是好多了。我之前生气就是认为街道无论我是否困难都要给我钱，我要是当初不这样要求就不会这么生气了。" 社会工作者："所以，以后遇到生气的事情时，要换个角度多想想，事实究竟是什么？是否还有别的原因？生气是否能解决问题。如果让自己冷静下来，多想想，不钻牛角尖了，心情也会变好，事情也能好好地去解决，你觉得是这样吗？" 服务对象："是的。"	重复 ABC，然后说明，如果我们的想法内容有所改变，我们对事件的看法也会不同，情绪也有不同

续　表

案　　例	注　解
社会工作者:"当你的想法走向绝对钻牛角尖时,你就会很生气,但当你的想法调整了,情绪自然也会好很多。所以,遇到事情导致生气或情绪不好,不是基于这件事情发生的本身,而是基于你对所发生事情的想法,以后再遇到这样的情况,就要先想想自己的想法、观念,坚持认为的观点是否符合事实,是否有逻辑,再进行下调整,让自己的想法不再那么绝对,可能就会保持比较理性的态度,处理事情也就会平和很多,是这样吗?" 服务对象:"是的,经过你的辅导,我感到心情好了很多,以后遇到事情会多想想的,谢谢!"	

（二）个案案例①

1. 接案

小文是由张警官转介给社会工作者的。当时 26 岁的小文就像一个中学生露出腼腆的表情。社会工作者向小文介绍了自己的工作性质和职责,他略带懵懂地点头。社会工作者微笑着对小文说:"欢迎来到我们社会工作机构,我们愿意成为你戒毒康复的最重要的支持者、陪伴者。"为了消除小文的紧张感,社会工作者还自我披露说有个与小文差不多年龄的儿子,平日里也愿意与年轻人沟通交流,机构也有不少服务项目是可以回应小文的康复需求的。接着社会工作者详细向小文介绍了《社区戒毒期间违法行为后果告知书》以及《社区戒毒协议书》的主要条款,希望小文能详细了解相关规定,并在了解的基础上签署协议。小文瞄了两眼长长的协议条款,静静地签上了自己的名字。

2. 预估

第二次见面是在社会工作机构的个案会谈室,社会工作者与小文聊了一个多小时。"说说你记得的小时候的生活吧!"社会工作者是这样开头的。小文望了望微带笑容的社会工作者,沉默片刻,慢慢地打开了话匣子。

在小文的叙述中,童年的小文是幸福的,妈妈是个会计,爸爸是个公司职员。家里经济条件较好,爸爸妈妈经常带着小文外出旅游。上小学了,妈妈陪伴着做作业,爸爸每天做出一桌美味的饭菜。

① 根据上海市自强社会服务总社的社区戒毒社区康复服务案例改编。

但在小学四年级后，家里经常不见了爸爸的踪影。有时候会几天看不见爸爸，妈妈说："爸爸出差了……"但小文常常会在半夜睡得懵懵懂懂时听到爸爸妈妈在吵架，后来他终于听明白一些事情，"爸爸在外面有女人了"。爸爸妈妈越吵越凶，爸爸回来的次数越来越少，等他上初中的时候，爸爸会几个月"出差"在外，甚至只有到过年的时候才回来。妈妈把所有关注放在小文身上。

进入初中以后，妈妈对小文管得更严了，不允许小文外出与朋友一起玩，要求做很多课外作业，周末也排得满满的，都是参加各种补习班。但小文越来越不愿听妈妈的安排和管教了，经常顶撞妈妈，并开始逃学，慢慢地迷上了网络游戏，结识了一帮朋友，学习成绩急剧下降，勉强初中毕业了，在外面混了两年却混不出名堂。妈妈无奈之下想方设法托人找关系，后来找到关系并被承诺说，只要笔试过线，就可以上警校。小文认真上了半年的复习班，考试分数也过线了，但是最终这个机会被爸爸的情人的老公给搅黄了。小文成了爸爸外遇的牺牲品……说到这里的时候，小文低下了头，眼中含着泪，表情充满了伤心和怨恨，他停下不说了。在社会工作者的鼓励下，小文眼睛红红地说："他根本就不在乎！" 停了很久，小文说："后来，有人'玩冰'，我就一起玩了……"小文说，"不瞒你说，我之前已经玩了六年了，而且几乎是天天弄的……几个月我是忍得住的，但以后碰到什么刺激我的事就不保证自己能忍住了……"

与小文面谈后，社会工作者大致了解了小文的成长经历及吸毒的原因和程度。为了进一步了解小文的情况，社会工作者约见了小文妈妈。这位坚强且辛劳的妈妈谈到自己失败的婚姻对儿子的影响时，潸然泪下："对这个男人我已经不再抱希望……对儿子，我恨不得一天 24 小时跟着他，我怕他学坏……我几乎把自己所有精力都用在他身上了，结果还是走到了这一步……"作为一个母亲，她将自己的心力交瘁摊开在社会工作者面前……说到目前的状况，妈妈总算有一丝安慰："还好，他这次被行政拘留十天，跟单位（铁通公司）用请假方式处理，没有影响到工作（网络运维）……他的女朋友（一个医院的药剂师）现在跟我们住在一起，两人已经准备领证了……"

3. 介入

(1) 危机介入

在与小文母亲面谈一周后的某晚九点多，社会工作者突然接到小文母亲的电话:“你快打他电话帮帮我,刚才他跟女朋友说结婚的事,我只是说钱都被你前几年浪费掉了,你们结婚我拿不出多少别怪我,他就一下子发作了,摔门出去说要去‘溜冰’,然后自己去报警!”社会工作者立刻拨通小文的电话,小文在电话中先是一言不发,社会工作者只能自己说:“我不是来劝你不要‘溜冰’的,我知道你现在心情很不平静,只是想跟你聊聊天,看看能不能让你稍微平静一点……”小文在电话里承认自己的确就是想把自己“送进去”,“我了解过里面,进去也没什么大不了!”小文的话让社会工作者既吃惊又担心。社会工作者以温和口吻推心置腹地向小文谈起自己作为母亲在与儿子相处时的用心和困惑,对小文现在的心情充分理解,不断安抚小文的情绪,慢慢地小文平静了下来。接着社会工作者在电话中问小文,刚才感到愤怒和想复吸进强戒所时在想什么,还将理性情绪治疗模式向他进行了简单的解释:“让人受伤的不是发生的事件本身,而是你对事件的解读。比如同样是下雨,你想出门打伞真麻烦,就会不高兴,但如果你想雨后的空气更清新就会舒心很多。所以在与妈妈发生冲突时的发怒,源于当时自己的想法,如果改变一下当时的想法,就不至于这么摔门出走闹得危机四起……”社会工作者与小文在电话中足足聊了一个多小时,最终小文不好意思地向社会工作者说:“我现在就回去了,你不用担心。”放下滚烫的电话,社会工作者才长长吁出一口气。

(2) 面谈

快过年了,社会工作者询问小文家里打算怎么过。坦率的小文说出了自己的心情:“越是过年的时候越是不开心,他(指他的爸爸)现在过年也不回来了……”

社会工作者:“是啊,爸爸现在过年也不回来,你很不开心,是吧!那你是怎么想的呢?”

小文:“我当然希望他能回家啊。很多年前我爸就提出离婚的呀,我妈不表态,我明确表态——不允许。他想离,我跟他说,那大家都不要过了,我把自己的房子点着了火……后来110也来了,119也来了……他后来不敢再提了……”

社会工作者:“那是很多年前了,你还小,你想用自己对爸爸的爱还有爸爸对你的爱来留住这个家,但是这么多年过去了,你觉得你留住了吗?”

小文:“至少名义上我留住了。”

社会工作者:“你也清楚这是名义上的,这个名义对谁有好处?”

小文："……"

社会工作者："让我们试着用理性情绪治疗模式来分析一下吧，看看是不是能让你有所改变……"

社会工作者："爸爸当时提出离婚，你当时的想法是什么？"

小文："一个家'一个都不能少'才是幸福快乐的家，如果离婚了就不再有完整的家，就不会有幸福快乐了。"

社会工作者："你是说离婚了就不是一个完整的家，离婚了的家庭就一定不会幸福快乐了，是吗？"

小文："当然是啊，家都散了，家人之间的关心和爱也就没了，当然就没有幸福可言了。"

社会工作者："所以你的想法是，一个离了婚的家庭，是不会对家人有关心和爱了，对家人有关心和爱的唯一条件是不能是离婚家庭，是这样吗？"

小文："应该是吧。"

社会工作者："那让我们来讨论一下吧，是否离婚了的父母，对孩子就不会有关心和爱了？你看看不少离婚后的夫妻，他们之间是没感情了，但他们作为父亲或母亲的角色不会改变，他们对孩子的关心和爱也依然可以维系啊。还有，对于你的父母来说，你觉得一对彼此没有了感情的夫妻，靠维持名义上的婚姻能维持住彼此的关心和爱吗？这个可能吗？"

小文低下头沉默不语。

社会工作者："我知道，作为一个孩子，是多么希望父母恩爱，家庭和睦，爸爸妈妈不要分开，有这种期待是人之常情。但是，生活常常有不如意的地方，是靠我们个人的力量阻止不了的。而我们能做的，就是看看如何让不如意的事件带给我们的损失和不良影响减到最小，这个你能同意吗？"

小文轻轻地点了下头。

社会工作者："你以前认为，只要父母离婚，就不会再有对孩子的爱，就不会再拥有幸福和快乐。所以只要父亲提出离婚，你就用威胁予以阻止。面对父母婚姻破裂，你用逃避、对着干等行为来表示不满和抗议。但是父亲依然没有回家，妈妈始终陷在痛苦中，只能把所有的期望寄托在你身上，把全部的爱压在你的身上，你越来越无法承受。但你也没有去想想这样的家庭该如何做出调整，你可以采取什么态度和行为使你和妈妈过得快乐些。如果你可以把父母离婚一定会导致一个人不幸福快乐，一个家庭如果父母离婚了，就不会再有彼此的关心和爱了的这些想法作出调整，认识到即使父母离婚了，还是可以想办法获取快乐，对孩子的爱依然可以表达和维系。如果能这么想，你是否可以更有弹性地去思考父母的婚姻关系？从如何更有助于每个人幸福的角度去看看，如何协助家庭去面对长期以来不敢触碰、无法心平气和解决的关系问题？你已经是成年人了，应该负起这个责任了。”

小文：“是的，谢谢你，帮我把长期以来深陷其中的心结打开了。我是应该换一种想法，从更有利于解决问题的角度去思考，为了我妈妈的幸福，我也应该主动担负起解决这个问题的责任了……”

4. 改变

小文的社区戒毒之路已经走过整整一年，在这一年中，虽然有过冲动、有过要放弃的念头，但最终都平安渡过了。小文的母亲最近给社会工作者打了个电话，在电话中告诉社会工作者一件事：“以前都是我给他过生日，他从来也不管我什么时候生日，这次破天荒，生日那天，他们小两口给我买了个生日蛋糕……我真的很激动，这孩子长大了……谢谢你，陈老师！”

…………

小文还在社区戒毒的过程中，他现在开始主动关心妈妈了，也对父母的婚姻有了更多理解，愿意从更有利于每个人生活快乐的角度去思考问题了。

5. 案例分析

在上述案例中，社会工作者主要运用了理性情绪 ABC 理论，协助小文修正非理性信念，改变生活态度和生活方式。

第一次运用理性情绪治疗方法是在开展危机介入的过程中，社会工作者运用该方法安抚了小文的情绪，解决了危机事件。如社会工作者对小文充分理解，并运用 ABC 理论，帮助小文逐一分析处于危机情境 A 时所导致的 C，并协助小文分析当时的 B，将理性情绪治疗模式传授给小文，启发小文思考如果调整 B，并看到调整了 B 后就会改变情绪和行为反应：“让人受伤的不是发生的事件本身，而是你对事件的解读。比如，同样是下雨，你想出门打伞真麻烦，就会不高兴，但如果你想雨后的空气更清新就会舒心很多……，所以在与妈妈发生冲突时的发怒，源于当时自己的想法，如果改变一下当时的想法，也不至于这么摔门出走闹得危机四起……”

第二次运用理性情绪治疗方法是在与小文的面谈对话中，社会工作者循着小文的叙述，协助小文辨识 B ，对 B 进行质疑，比如，通过举例用事实质疑：

“那让我们来讨论一下吧，是否离婚了的父母，对孩子就不会有关心和爱了？你看看不少离婚后的父母，他们之间是没感情了，但他们作为父亲或母亲的角色不会改变，他们对孩子的关心和爱也依然可以维系啊。”社会工作者还运用逻辑质疑：“你觉得一对彼此没有了感情的夫妻，靠维持婚姻能维持住彼此的关心和爱，这个可能吗？”以上两种方式帮助小文将原来的认知转变为对家庭、父母、婚姻等更为弹性的认知，从而作出调整，并思考如何改变自己的行为。

在案例面谈对话中，社会工作者运用 ABC 理论及技术的能力较强。个案取得了较好进展，对小文有明显帮助。

第三节　自我管理

不少服务对象的自我管理能力较弱。本节主要介绍提升自我管理能力的相关方法和技术，并结合案例加以说明。

一、自我管理方面的服务需求

自我管理主要指个体在一定目标的指引下，充分利用各种资源，通过自我激励、自我监控、自我评估等活动有效管理自我的认知、情绪、行为等方面，将既定目标付诸实践的过程。[①] 具体到戒毒康复人员，他们在戒除毒瘾、实现康复的过程中所涉及的自我管理主要包括以下几个方面。

（一）控制对毒品的渴求感

在戒毒康复的过程中，服务对象很有可能会由于自身缺乏坚定的戒毒信念或吸毒史过长，抑或面对生活中的困难，陷入糟糕的情绪状态；或者戒毒康复环境不佳，容易接触以前的毒友等种种情况而走上复吸的道路。因此，如何协助服务对象有效应对上述高危情境，使他们在面对毒品时能够控制对毒品的渴求感、避免走上复吸的道路便成为自我管理的关键任务。

（二）建立良好的日常生活状态

1. 健康管理

戒毒康复人员是艾滋病、梅毒、丙肝等传染性疾病的高危高发群体，同时，

---

① 闫青：《大学生自我管理能力培养研究》，山西大学，2015，第 11 页。

多年吸食毒品也对他们的身体造成了不可挽回的伤害，导致其身体器官各项功能都存在着健康隐患。因此，健康管理不仅要求服务对象对自己的身体健康状况有了解并形成治疗计划，还要在生活起居及日常行为中，对自身的健康严格地自我管理，才能降低由于复杂身体疾病状况而带来的风险。

2. 情绪管理

服务对象在面对可能导致复吸的高危情境时，很有可能会出现悲观、焦虑、愤怒等情绪激动状况，并选择通过复吸来应对这样一些事件。因此，有必要协助他们学会控制和管理自己的情绪，澄清对待生活事件所具有的非理性认知，逐步提高情绪的自我调节能力，进而拥有一个良好的情绪状况和稳定的生活节奏。

3. 时间管理

时间管理是指个体对时间资源的使用和运筹①，通过计划时间从而进行自我监控是非常重要的②。然而，很多服务对象从戒毒所出来以后，在没有正常就业的情况下，整天无所事事，生活习惯十分不好，作息时间、进餐时间等一般都不规律，这些都严重影响了他们的精神状态和生活状态。

4. 业余生活管理

据调查，戒毒康复人员的业余时间基本是在家里和家人在一起（70.4%），也会上网聊天、打游戏、看电影（48.0%）。有部分服务对象（27.4%）会与朋友到娱乐场所或服务场所玩。值得注意的是，有 4.8%的服务对象表示自己在社区康复期间会有偶吸的行为。③ 由此可见，戒毒康复人员在实现康复的过程中不仅会面临心瘾难除、找工作不顺利和社会歧视等诸多困难，他们的生活也因缺乏与社会的联结而陷入失序状态。如果不能有效进行生活管理，他们复吸的可能性就比较大。

（三）培养家庭责任感

与家庭的联结对于促进戒毒康复人员顺利戒除毒瘾而言，其作用是不容忽视的。但是，很多戒毒康复人员却由于药物成瘾而没有尽到作为一名家庭成员的责任，存在对配偶不忠实、对子女不抚养或对父母不赡养等各种情况。家庭对他们毫无约束能力，导致他们在考虑事情的时候不念亲情，对家人的劝

---

① 张锋：《中学生时间管理自我监控量表的研究》，《心理科学》2007 年第 3 期。

② 张锋、刘聪：《中学生时间管理自我监控与学业成绩的关系》，《心理研究》2012 年第 4 期。

③ 数据引用自费梅苹于 2013 年撰写的《浦东新区吸毒人群成因研究》课题报告。

告也常常无动于衷。培养他们建立起对家庭的责任感,可以促进家庭关系及功能的恢复及改善,有利于获得更多支持实现戒毒康复。

(四)明确人生目标

戒毒康复人员对于自身的生活缺乏规划,时常处于“走一步算一步”的状态;也没有明确的人生目标,对自己以后的生活感到非常茫然,并不清楚自己能做或者想做什么。如果能够协助他们寻找到明确的生活目标,其戒毒的决心和毅力也会更加坚定。

二、社会工作介入的方法与技巧

(一)自我管理

1. 自我管理的过程

自我管理其实是一个螺旋上升的连续过程,其中包含个体的自我计划、自我学习、自我协调和自我监控。[①] 这些过程不断递进,最终实现个体良好的自我管理。

第一,自我计划及设定目标。这是自我管理的第一步,也是平衡和评估整个自我管理过程的指向标。个体首先要对自己有一个清晰的认识,以防止设定的目标过高,最终会导致信心丧失,自我效能感降低。在设定目标时,要强调目标管理的重点在于实施的过程而不是完成。目标有长期目标和短期目标之分,以更为具体积极地指导其完成自我管理。

第二,自我学习。目标的设定是一个理想的状态,实现目标需要个体不断努力学习来实现各个击破。学习的过程是自我改变的过程,在改变的过程中不断提升自我能力,增强自我效能感;同时自我学习也是个体按照目标弥补不足的过程,不断提高自己的素质,这些都是表面实现自我目标而内在深化自我管理的过程。

第三,自我协调。即个体将自我计划周旋于减少自身与环境的不良影响,并学会利用自身与环境的积极因素,协调各方利弊。协调的技巧有很多,比如针对行为或反应的先前事件,通过暗示策略来逐渐减少刺激和排除刺激;如通过激励矫正对行为或反应后果的改变而对行为或反应进行自我强化和自我惩

---

① 郭海龙:《个人自我管理与人的现代化》,《理论与现代化》2006年第3期。

罚的权变处理策略[①];也可以“未雨绸缪”,将可能具备的各种情况进行罗列并演练,提前做好防范准备。

第四,自我监控。主要包括两个方面。其一,自我控制自我计划的执行。个体根据自身以及外界环境的状况,执行自我计划或纠正计划中出现的问题,或调整自我计划中不合理的部分,充分调动个体的自我能动性。其二,自我控制行为情绪等状态。个体在自我管理过程中,其实也是对个体生活、情绪、行为与环境关系的管理。自我控制最难实现,也最关键,需要个体的量化记录及评估自己的行为和情绪状态,同时自我控制也需要技巧,需要个体不断学习和练习。

2. 自我管理在戒毒康复人员中的运用

吸毒成瘾的行为模式作为一种习得性行为,对其矫正也可以通过习得良好行为而实现[②]。戒毒过程涉及多方问题,不只包括生理上的脱毒,还包括戒毒康复人员心理的脱毒、康复及后续的照管[③]。因此,戒毒康复人员自我管理能力的提升,是实现戒毒康复的关键要素。

在戈登·马拉特(Gordon Marlatt)和朱迪丝·戈登(Judith Gordon)提出的预防复吸模型(见图 7-1)中[④],也有相应的干预方法。社会工作者需要在高危情境出现之前与戒毒康复人员共同进行自我监管方面的训练,具体方法包括:社会工作者与戒毒康复人员共同制定康复计划;根据计划探索可能出现的高危情境并针对此进行应对技巧训练;当高危情境出现时,戒毒康复人员必然会出现焦虑等情绪激动状况,这时社会工作者应给予戒毒康复人员放松训练,使其平和应对问题。在这一过程中,社会工作者主要培养戒毒康复人员的理性思维及应变权衡的能力。此外,还可以通过对戒毒康复人员进行鼓励以及与其前期吸毒行为进行对比等方式呈现其进步所在,以此提高戒毒康复人员的自我效能感。比较清晰直观的方式是“写日记”,即社会工作者引导戒毒康复人员以日记的形式来记录自己的成长与进步,以此发现

---

① 杨廷忠、李智巧、黄丽:《自我管理理论和方法对现代护理的启示》,《中华护理杂志》2003 年第 11 期。

② James G. Barber:《戒瘾社会工作》,范志海等译,华东理工大学出版社,2014,第 99—127 页。

③ 李伟兰:《戒毒康复人员复吸原因心理分析及其对策》,《学理论》2016 年第 6 期。

④ G. A. Marlatt and J. R. Gordon, “Determinants of Relapse: Implications for the Maintenance of Behavioral Change,” in P. Davidson and S. Davidson eds., *Behavioral Medicine: Changing Health Lifestyles* (New York: Brunner/Mazel, 1980).

自身的变化并及时调整康复计划，同时这也能够对戒毒康复人员起到一定的自我监管作用。

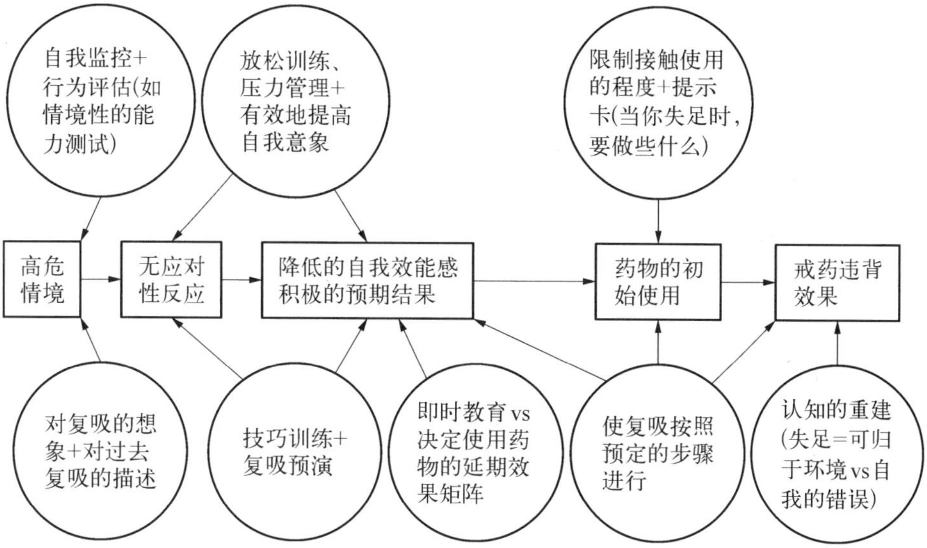

图 7-1　预防复吸模型

如若戒毒康复人员由于自我监管能力不足导致偶吸，社会工作者应第一时间传授戒毒康复人员一些缓和或终止复吸的技巧，并与戒毒康复人员协商复吸后立马停止，选择其他积极的活动代替吸毒行为，比如，第一时间联系社会工作者，或者到户外走走等。同时，对于戒毒康复人员复吸，社会工作者应在认知层面给予正向鼓励，希望他们能够从这次复吸中吸取教训。①

（二）现实疗法

1. 现实疗法的目标和流程

戒毒康复人员健康回归社会是终极目标，在这一过程中，戒毒康复人员要能够自如地处理个体的生活、家庭、环境的适应及对工作的投入，这其实是戒毒康复人员自我管理的重要方面。对此，现实疗法是比较有效的干预方法，其运用于自我管理服务的目标可以包括：提升服务对象自我决策和自我管理的能力；协助服务对象有效地制定目标且诚信地尽力执行；培养服务对象勇于负

① G. A. Marlatt and J. Gordon, *Relapse Prevention: Maintenance Strategies in the Treatment of Addictive Behaviors* (New York: Guilford Press, 1985).

责的态度，来面对自己的生活；协助服务对象正确地检视、核查自己的行为表现；协助服务对象知晓如何对自己的行为进行有效的评估。

关于现实疗法的运用流程，威廉·格拉瑟(William Glasser)阐述了八条原则：发展相互融合的服务关系；探讨当前行为；帮助服务对象评价自己的行为；帮助服务对象选择、设计负责任的行为；帮助服务对象承诺履行行为计划；当服务对象未能履行计划时，不接受任何借口和开脱；不使用惩罚手段，但要求服务对象承担行为后果；决不放弃。[①] 后来格拉瑟对其干预流程进行修改，提出现实治疗过程分为咨询环境设置与WDEP咨询疗程两个部分，其具体干预流程如下：

(1) 建立共融的关系。社会工作者要与服务对象建立一种支持性的环境，并通过了解服务对象个人、环境等各方面来帮助建立很好的关系，共融关系贯穿干预始终，可以通过倾听，积极关注等方面获得。

(2) 促进服务对象改变原有的态度和行为。这一过程中，社会工作者要与服务对象订立契约，设计生活及对未来目标的计划，并按照计划实施。这一过程要求社会工作者聚焦服务对象当下状态，引导其探索需求，并对自己的行为负责。对于生活习惯的养成或者未来工作等回归社会的适应状况，社会工作者起到监督的作用，并帮助服务对象坚持完成计划。当遇到服务对象想要放弃等想法时，社会工作者要给予服务对象鼓励，并表明自己对服务对象改变的坚定信心。

上述两个步骤需要社会工作者与服务对象之间形成良好融洽的关系，接下来可以按照WDEP模式开展服务。

(3) 期望探索(Want)：这一阶段社会工作者与服务对象一起探索其欲望、需求，协助其探索自己生活的各个层面。

(4) 行动阶段(Doing)。在这一过程中，虽然要了解服务对象的过去事件，但最终还是聚焦在当下的状况，并针对当下能做的事情进行有效的能够满足其需求的介入。例如，社会工作者可以直接询问服务对象：你现在在做什么？你现在想做什么？

(5) 评估过程(Evaluation)。评估应用于判断服务对象的行为、需求、观念、计划可行性、计划完成性等，评估行为也同样伴随介入过程始终。例如，社

① W. Glasser, *What Are You Doing* (New York: Haper & Row, 1980).

会工作者可以通过检查作业完成状况评估服务对象计划完成度;在访谈过程中社会工作者可以通过面质等技巧了解其某些行为的有效性。

(6) 重新计划并且做出承诺(Plans)。在探索出服务对象当下需求和观念后,社会工作者可以邀请其共同拟定相应的改变计划,为了目标的实现,实施的计划要求是立即执行的、简单的、可进行的、可评估的。社会工作者与服务对象共同为完成计划而努力,这既是对他们的一种控制,也是服务对象一个习得的过程,在满足需求和欲望的过程中获得成功的经验。在这里,社会工作者需要时刻提醒服务对象要对计划负责,对自己的行为负责和对自己负责。

2. 现实疗法的技术

(1) 建立信任关系。对于服务对象要完全接纳,平等看待与尊重,非批判并给予持续性回应。在这一过程中,社会工作者与服务对象建立关系并相互影响,社会工作者引导服务对象正视他们的现实行为,并对此负责。

(2) 制定计划。社会工作者可以引导服务对象共同制定、修正及实施介入计划。介入计划包括对其回归社会中不适应的各个方面通过共同制定计划,学习实现自我管理。

(3) 角色扮演。角色扮演是广泛应用于干预过程中的,在现实疗法中社会工作者与服务对象共同设计可能出现的高危情境,并通过角色扮演来掌握解决问题的技巧,在这一过程中他们通过学习行为掌握抵抗挫折的方法。

(4) 契约。契约包括书面契约和口头契约。契约要先于计划,是一种承诺,这一承诺是服务对象逐步内化的过程,也是支持其不断进步的动力。

(5) 拒绝借口。对于不能完成的计划,服务对象可能会试图通过借口逃避责任,社会工作者要以坚定的态度,不参与也不支持服务对象找理由,并帮助和鼓励其修改计划并继续实施。

(6) 提供榜样。社会工作者与服务对象之间的关系是平等但有微妙变化的,其实社会工作者在其中还可以充当引导和榜样的角色。对榜样的学习行为也是其改变的过程,社会工作者在这一过程中要负责并以身作则。

(7) 运用幽默。现实疗法注重运用幽默,认为幽默在干预过程中传递着正确的信息,能用来帮助服务对象更好地洞察自己的问题①。

---

① 余祖伟:《现实疗法微探》,《广西民族学院学报》2011 年第 7 期。

(8) 语言刺激。这一技术类似于咨询中的面质技术,其目的主要是帮助服务对象立足于现实,抛弃那些不符合现实的行为①。

(9) 步步跟进。社会工作者在介入过程中不止有一种角色,还可以灵活运用其他角色来监督和控制服务对象的计划完成情况及计划实施的细节。

(10) 反论。对于服务对象的抵抗情绪,社会工作者可以运用反论技术进行介入。首先鼓励和引导其强化甚至夸大自己坚持的问题行为,通过这个过程帮助其觉察到自己对行为的可控性,降低无助感,从而发现自己对问题行为的抵触,认识到自己可以控制行为,也可以消除行为②。

三、案例分析与讨论

(一) 个案案例③

小王从戒毒所出来已经有一年多了,基本生活和工作状态都比较稳定。

小王从小父母离异,一直跟妈妈生活。小王在读技校期间,交友不慎染上了毒瘾。这次从强戒所出来后,小王在一家酒店做服务生。外公、外婆、妈妈和他共同生活在一起,妈妈一直鼓励和支持着他。小王年近三十还是独身,妈妈希望他能早点成家,能负起责任并踏实过上安稳的日子。

社会工作者在与小王接触了一段时间后发现,提升小王的自我管理能力,激发小王心灵深处的动力,是改善小王生活状态的比较切合实际的服务方向。在与小王交流后,以提升小王自我管理能力为目的的个案服务开始实施。

1. 第一次面谈

社会工作者:"小王,上次你妈妈找到我,说你现在的情况都挺好,所以想开始为你物色女朋友了,但看你貌似对生活没有什么要求,也少有热情,不知你是怎么考虑的?"(小王有些腼腆,把头低下来,看着自己的脚尖)

小王:"这事呀,我哪敢想呀,别说热情了,想也不会想的。"

社会工作者:"是吗? 能跟我说说为什么吗?"

小王:"我以前的事你最清楚,我都快三十了,很珍惜现在的工作,这份工作养活我自己还可以,要想谈恋爱那是绝对负担不起的,如果真有可能结婚,要养家更是'压力山大',我怎么可能做到。"(小王带着一丝苦笑,头转向

---

① 董飞翠:《强化青少年心理发展的干预技术:现实疗法应用研究》,陕西师范大学,2014,第6页。
② 同上书,第7页。
③ 根据上海市禁毒办2017教案案例改编。

了窗外）

社会工作者:“你目前的生活安排是怎样的？能告诉我吗？”

小王:“上班的时间比较固定，目前这个班是早九晚五，以后换其他班次我就不知道了。单位离家近，走路 15 分钟就到了，所以早上可以睡到八点半，晚上打游戏，所以睡得很晚。大部分休息时间都是在打游戏吧。”

社会工作者:“看起来比较安逸，这样的状态你满意吗？”

小王:“这样的状态我接受，接受不是最好的选择吗？”

社会工作者:“你选择接受，那也就是说你还有其他选择，是吗？”

小王:“应该是有的，但那会挺困难，我……还是算了吧。”（小王再次低下头）

社会工作者:“最让你感到难以突破的问题是什么？”

小王:“我自己吧，我也说不清楚……”

社会工作者:“人有时候最不了解的是自己，这也是现代人的通病。你想多了解你自己吗？也许我可以协助你。我们聊聊如何增加自我了解，如何更好地自我安排，好不好？”

小王:“好吧……”

第一次面谈较为顺利，小王没有明显阻抗，但对于改变也没有过多期待。

2. 第二次面谈

第二次面谈开始时，小王又有所倒退，想选择逃避，社会工作者使其直面此事，不给其逃避的机会。社会工作者先采用半开放式访谈请小王完成了自我管理能力测试量表，接着社会工作者再次与小王开始了面谈。

社会工作者:“好，问题填写完毕。你能对可以做到和不能完成的自我管理项目分析一下吗？”

小王:“我说吧，想改变是很困难的。我几乎没有很坚定地完成的。”

社会工作者:“我不这样认为呢，你看，虽然是我们要求定期体检、尿检，你是在按照我们的协议完成任务，但你都做到了，不是吗？”

小王:“哈，这不是难事，再说我们有协议在先，体检、尿检也是对我自己好。”

社会工作者:“你的责任心还是挺强的，因为还是有很多人做不到呀。”

小王:“好吧，谢谢。”

社会工作者:“当然，我们还有很多事要做。留个作业好吗？你按照今天的问卷结果，把你有改进空间的部分列出来，想想自己可以怎样改进，下次我们再来进一步探讨。”

小王：“好吧，我尽力吧。”

评估表表明小王目前的状态是放任自流型和被动接受型。小王被动接受的程度挺高，需要做好避免复吸，控制好底线，这些有利于其发生改变。

3. 第三次面谈

第三次面谈开始时，小王表现出漫不经心和自我否定，不断对社会工作者进行试探，如果社会工作者退让，他就继续回避。社会工作者直击问题的症结给予足够的信心，口头形成“三人联盟”：小王、妈妈、社会工作者。三人一起行动，为获得改变而努力。

社会工作者：“我们先来分析你现在的每日生活作息。”

小王：“这个简单，三件事：上班、睡觉、游戏。”

社会工作者：“对的。上班、睡觉的时间是不能压缩的，那游戏的时间可以压缩吗?”

小王：“说白了，游戏是幌子，是我逃避压力、害怕改变的幌子。在游戏中我最安全，无忧无虑，偶尔还能尝到王者的威严，即使是短暂和虚拟的。但我也挺怕的，如果我以前的朋友再来找我，我没有托词，又跟他们混在一起不是很危险？我答应过我妈妈，我不再跟他们在一起了，我坚决不会再复吸了。”

社会工作者：“你有这个决心真好！我看到游戏是你的盔甲。”

小王：“没有了这个盔甲，病毒容易入侵呀!”

社会工作者：“盔甲也有自重，会给身体带来伤害，所以总有一天要卸下盔甲。在盔甲没有完全卸掉之前，我们要增加自身的抵抗能力，对吧?”

小王：“该怎么做，我完全没有方向。”

社会工作者：“我们可以从共同制订一份一周的日常生活作息表开始，要求两周内严格执行计划。”

小王想了想，点头同意。

本次会谈中小王最大的进步就是能够直面自己的问题，并且敢于说出自己的真实想法。社会工作者与小王一起制定了较为具体的日常生活作息表，并制定了每日生活评估表，让小王学会对每天的计划执行情况进行自我记录和自我评估，鼓励小王通过执行计划养成良好的生活习惯，并从行动上巩固自己的改变。

4. 第四次面谈

小王执行日常生活作息表已经两周，这也是第一个疲倦期的开始，这次面谈可以协助他巩固已有的成果。社会工作者与小王就回家后做的作业仔细进行了分析。

社会工作者：“经过14天的实践，你认为你这张时间表完成得怎么样？”

小王：“这14天并不好过呀，感觉一旦想改变自己时，各种阻力就来了。本可以用游戏麻痹自己，但现在是挣扎着不再打游戏。”

社会工作者：“开始的困难会让我们有各种放弃的理由，能坚持14天就很了不起。”

小王：“我要感谢我妈妈，她的改变比我大。本来她对我的态度是放任的，有了这个时间表，她非常准时地做好她的那一部分，如早饭一定是7点就准备好，而且是换着花样来，我好像回到了幼儿园时期，那时候我不好好吃早饭，体检是轻度营养不良，妈妈就每天换着花样给我准备早饭，我喜欢吃什么就做什么，不但要有营养还要样子好看……”

社会工作者：“妈妈对我们的爱是永远不会减弱的，只是有时候是我们忽视了。妈妈按照时间表监督你和协助你，有妈妈的陪伴，又有很大信心了吧。”

小王：“是。妈妈就像一个定时器，分毫不差。”

社会工作者：“那你呢？按时间表来完成日常生活作息最困难的地方在哪里？”

小王：“计划不如变化快。不是要从虚拟世界中走出来嘛，我的兴趣就变成打麻将了，邻居家也爱打麻将，‘三缺一’时就找我。第一、第二次我是很高兴的，可后来要来通宵局，这不是跟我的时间表冲突了吗？所以我把我时间表里的运动时间压缩，都用来打麻将了。这点我挺纠结，是不是从一个虚拟世界走入了一个沼泽？但麻将桌上的‘三缺一’，都是朋友也不好推脱呀。”

社会工作者：“似乎朋友的邀请让人盛情难却，同时你也在思考是否需要做相应的调整了。”

小王：“是，我需要调整，还没有想好该怎么调整。”

社会工作者：“关于如何与朋友相处这个困惑，你现在终于要面对和挑战它了，相信你也是可以一点点克服的。需要我的时候可以随时找我，我相信你能自己调整好。”

第一阶段14天的执行是挑战,同时也有收获,坚持后的收获不是单纯的行为改变,而是在心中燃起了“希望之火”。同时,社会工作者和母亲给“希望之火”输送了氧气,使其更有生命力和威力。

5. 第五次面谈

日常生活作息表已经执行了一个月。小王的母亲称,小王变化很大,状态也好了很多,希望孩子能对自己的生活更有信心,发现更强大的自己。

社会工作者:“从你妈妈这里了解到你最近的变化很可喜。你自己也给自己一个评价吧。”

小王:“这段时间我又做了调整,我还是坚持每日运动,把时间调整成下班后,运动好回家吃饭。没人来叫打我麻将,我就自己打一会游戏或看个电影,基本能保证大致的作息。但如果他们来叫我打麻将了,我就又碍于面子,去打,只能这样了。”

社会工作者:“记得你说过,当时染上毒瘾,也是碍于朋友的面子,让你一起去‘溜冰’,一次两次后就成瘾了。但你想想,那么困难的毒瘾你都戒断了,还有什么比它更难的呢?”

小王:“是啊,我好好想想。我需要每天监督自己检查自己,这个自我检查的方法还是有效的。”

社会工作者:“今天我们可以一起探讨真实的自己、你理想中的自己吗?”

小王:“这个问题?关于真实的自己,我一直都是真实的自己;理想中的自己,没有想过,是怎样的呢?”

社会工作者:“如碍于朋友的邀请,会放弃自己本该坚持的,把对朋友的责任看得很重,这是真实的你,但也是理想中的你吗?”

小王:“当然不是,我希望我可以果断,可以有坚定的目标,不因外力而改变。”

社会工作者:“那我们来探讨一下你的优点,好吗?”

小王:“我哪有什么优点呀。有时候的想法也知道是空想,我做不到的。”

社会工作者:“还记得你做的自我管理能力测试量表吗?评估测试结果表明你很有耐性、重友谊、责任感强,心态好不浮躁。”

小王:“还真是这样的。”

社会工作者:“实现理想中的自己,优点是推力、缺点是阻力,你认同吗?”

小王:“是。”

社会工作者："那我们尝试用好这些推力。"

…………

6. 第六次面谈

经过三个月的陪伴，小王看到了自己在改变，并且肯定了改变是他希望的那样。

社会工作者："那我们再来做一次自我管理能力测试量表，看看有什么变化。"

…………

社会工作者："你看，现在你在决定要做一件事之前，通常会权衡这件事办成的可能性及利弊。"

小王："是啊，我在这方面有很大进步，现在我愿意每一步都多想想，这样可以让我少走弯路。"

社会工作者："我个人认为这是思维方式的变化，你的努力有成效了，你看到这个变化了吗？"

小王："确实，这点变化我忽略了，但对我确实很重要。"

社会工作者："你对自己的兴趣和自己将来发展的关系，现在有些清晰的概念吗？"

小王："起初还真没弄明白是怎么回事，原来我漠视了这些方面。现在我想这两个问题都该考虑了，如果能很好地结合起来就更完美了。"

社会工作者："我赞成。"

…………

小王："问卷中显示我没有完全变化的内容，如'有朋友邀你去玩通宵，但你第二天早上有一件重要的事情要办，你所去玩的可能性'。对这个问题的回答，我实际的情况是去的可能性仍然很大，这可能是我的本性，天生的。不是一时半会能改的。"

社会工作者："任何事情都有两面性，就比如你把朋友看得很重，重情义，这是好的一面，如果过了一个度，造成伤害或有损失的就是你自己了。我们真有重要的事，是真朋友也会体谅我们的。"

小王："是，分寸和适度是我把握不好的。"

社会工作者："没关系，你已经有明显进步，这个你也看到了。可能对于现在的不足，需要从自己整体的自我管理计划中去慢慢改善。我们来制定一个健康的生活目标好吗？看看距离这个目标的实现你最大的困难是什么？该怎么突破？这样，关于时间的安排，关于与朋友的关系，你自己的把控和自我评估也有明确方向了。”

小王：“好的。”

…………

（二）案例分析

在本案例中，社会工作者首先与服务对象建立了相互信任关系；接着，根据服务对象的现状，开展自我管理量表的前后测以完成需求评估，促进服务对象改变原有的态度和行为。在这一过程中，社会工作者与服务对象约定从记录及改变生活作息时间开始，引导其探索需求，并对自己的行为负责。社会工作者协助服务对象进行合理时间规划和管理，通过制定日常生活作息表，对日常生活时间进行合理安排。对于日常作息时间的执行，社会工作者建立了“母亲督促”“服务对象自我监管”“社会工作者检查回家作业和及时跟进”等监督方式，促使服务对象慢慢形成有规律的作息时间，并帮助服务对象坚持完成计划。当遇到服务对象动摇或放弃等想法时，社会工作者给予其鼓励并坚定其信心。服务对象逐渐养成了比以前更为健康的生活方式，形成了一定的自控能力、思考能力和自我调节能力。社会工作者在陪伴的同时更多的是引导和肯定，不断让服务对象看到自己的一丝改变都有相应的收获。同时，使其能再进一步改变。

社会工作者按照 WDEP 模式继续开展服务对象自我管理能力辅导服务。

首先，社会工作者协助服务对象开展期望探索（Want），探索其欲望、需求。了解其想要什么，协助其探索自己生活的各个层面。接着，社会工作者进入行动阶段（Doing），了解到服务对象当下最需要的是如何与朋友交往，如何有个合适的度及交往策略，并学会有效的自我管理。服务过程是社会工作者对服务对象的行为、需求、观念、计划可行性、计划完成性不断评估的过程（Evaluation），例如社会工作者通过检查作业完成状况评估服务对象计划完成性；在访谈过程中社会工作者通过面质等技巧了解其某些行为的有效性。当探索出服务对象当下需求和观念后，社会工作者重新计划并且做出承诺（Plans），邀请服务对象共同拟定相应的改变计划。社会工作者与服务对象共同为完成计划而努力，在保证服务对象保持戒毒康复成效的同时，培养他的责任感。

通过服务，服务对象初步掌握和实施了合理的时间规划与管理，并能积极巩固阶段性服务成效，此服务阶段的重点目标已经达成。同时社会工作者协助服务对象开展自我探索，并进行自我评价。但由于本案例干预时间只有三个月，服务时间较短，对于个人理想、长期规划尚未涉及。服务对象重朋友义气，委屈自己，虽然服务对象已认识到这种情况，但难有改善，目前还没有找到很好的方法来应对。其个人性格特质也影响其发展，社会工作者在此方面的服务将继续进行。社会工作者在服务过程中也需要更好地改善评估手段，促进服务对象更好地自我评估，并协同服务对象对服务计划不断做出有效的改善。

本案例显示，现实疗法作为理论基础，可以在服务对象自我管理能力提升的专业服务中发挥较好的逻辑指引作用，强调服务对象的责任，强调每个人都拥有抉择的能力，面对困难可以做最佳的抉择，一旦做了抉择，应信守承诺，全力执行，不推诿，不找借口，必须为自己的行为负起完全的责任；强调服务对象此时此刻当前的行为；要求服务对象必须经常评价自己的行为是否做得正确、是否恰当。这些都是本案例对开展自我管理能力提升服务的专业启示。

第四节　家庭关系修正

基于戒毒康复普遍存在的家庭关系紧张、家庭沟通不畅等现象，本节主要介绍修正家庭关系的方法和技术，并结合案例加以说明。

一、家庭关系方面的服务需求

家庭是戒毒康复人员在戒毒过程中最大的支持力量，在良好的亲子关系、夫妻关系中，子女、伴侣能够更好地理解、关注、关爱戒毒康复人员，帮助其战胜困难，回归正常生活。但戒毒康复人员的家庭却普遍存在诸多问题，导致他们缺乏家庭支持，面临个人与家庭的双重困境。

（一）改善家庭关系的需求

戒毒康复人员的不良家庭关系主要表现在亲子沟通方式不当、家庭教养方式不当、家庭关系存在矛盾和冲突等。

1. 亲子沟通方式不当

亲子沟通主要指是家庭中父母与子女之间交换资料、信息、观点、意见、情感和态度的过程，有效的沟通常被认为是良好家庭功能的重要特征。戒毒康复人员的亲子沟通存在若干方面的障碍，主要包括亲子双方无法就生活中遇到的困难或问题达成共识，以及亲子沟通中缺乏情感交流、多有埋怨和指责。

2. 家庭教养方式不当

父母的教养方式对子女的心理成长、人格形成等方面有着极其重要的影响。对子女的理解、关心、尊重及恰当的指导、管教可以促进他们健康人格的发展。但是，专制型、溺爱型和放任型等不当教养方式在戒毒康复人员家庭中较为常见。父母对他们缺乏关心、放任或过分严厉、处罚不当，这些都是致使他们走上吸食毒品道路以及复吸的重要因素。

3. 家庭关系存在矛盾和冲突

所谓家庭关系，指的是一个家庭中不同家庭成员之间的关系，如夫妻关系、亲子关系、婆媳关系等，具体表现为家庭成员之间的联系方式和互助方式。① 家庭成员之间关系长期不和(包括服务对象和父母之间由于意见不一等而导致的关系紧张，也包括其他家庭成员之间的矛盾)，可以说是戒毒康复人员在戒毒过程中面临的主要困难之一，常常使得他们因不愿意或无法面对，而选择再次吸食毒品。

（二）构建良好家庭支持系统的需求

建立一套依靠家人或亲属协助戒除毒瘾的行之有效的家庭支持系统，对于戒毒康复人员有效应对生活中的压力、提升他们戒断毒瘾的信心等都是十分有助益的。② 但是，大量的案例表明，家庭成员及其他亲属对戒毒康复人员的排斥、嫌弃、怀疑等往往会导致他们自暴自弃，失去重新开始正常生活的信心。

1. 家庭成员疏远服务对象

服务对象在长期使用毒品的过程中，往往会失去与家人之间的联结，对家庭缺乏最基本的关心，甚至为了获得毒品而不惜与家人产生冲突，最终使得整个家庭支离破碎。长此以往，其他家庭成员也逐渐对其疏远或者避之不见。有的服务对象甚至面临着“妻子不原谅自己、儿子不认自己、父母怕自己”的孤立处境，这种状况导致其虽然心里想回归家庭、不再让家庭成员担心，但又找

---

① 张文霞、朱东亮：《家庭社会工作》，社会科学文献出版社，2005，第 23 页。

② 陈度、石起才：《吸毒人员心理与行为矫治》，苏州大学出版社，2008，第 231—232 页。

不到一个合适的理由和机会可以回到家中。

2. 家庭成员不理解、不接纳服务对象

服务对象多次吸食毒品的行为，使得家人对他们逐渐失去了信心，不知如何理解和接受他们的反复行为，因而不愿意宽容他们、接纳他们。此外，也有一些家庭在经济、情感等方面能够给服务对象足够的支持，但是仍然缺乏专业的后续照管技巧与方法，不知道如何协助服务对象实现戒毒康复。

3. 家庭成员不信任服务对象

在服务对象多年吸毒和屡次被公安打击处理的经历中，家人往往会想尽一切办法、用尽一切手段期望服务对象戒掉毒品，但却面临一次次的失望、一次次的担惊受怕。因此，家人通常会在服务对象再次回归社会后非常谨慎地对待他们。但是，家人的反应对于服务对象而言，却意味着一旦自己有了什么“不正常”的举动或者有任何的“风吹草动”，都会引来家人的猜疑，甚至会凭直觉断定服务对象复吸。这种“不信任”和“不放心”给服务对象造成了非常大的心理压力，使得他们想逃离家庭，并最终导致他们期待过上正常生活的愿望破灭。

（三）提升亲职能力的需求

亲职能力，是指拥有成功扮演称职父母角色的经验，即成为一名合格家长所需的能力。[①] 然而，很多身为家长的戒毒康复人员却由于自己多年的吸毒经历而导致监护缺失或陪伴失当，或者由于自己过往的经历影响了子女的前途而对子女深感愧疚。

二、社会工作介入的方法与技巧

家庭关系的紧张不仅是戒毒康复人员个人的问题，而且是整个家庭的问题。因此，戒毒康复人员的问题需要整个家庭的努力，家庭社会工作方法是协助服务对象缓解家庭问题的有效方法。

（一）家庭治疗模式的运用

1. 评估

评估是对家庭关系或家庭功能状况做出分析和专业判断，以据此形成家

① 盖笑松、王海英：《我国亲职教育的发展状况与推进策略》，《东北师大学报（哲学社会科学版）》2006 年第 6 期。

庭治疗方案。不同的家庭治疗模式,对评估的内容及重点有所不同。

(1) 家庭系统治疗模式的评估不仅需要评估家庭成员个人的困扰,更需要评估整个核心家庭的情况,还需要对家庭脉络进行系统的分析。另外,由于家庭系统治疗模式治疗的关键点是重新开放封闭的家庭联结以及化解三角关系,因而在评估其个人、家庭以及家庭脉络的时候,应该注重评估其家庭联结以及三角关系。

(2) 结构家庭治疗模式认为,随着家庭结构的调整或者改变,家庭中的问题往往也会随之解决。因此,结构家庭治疗模式运用于戒毒康复人员的评估时,治疗者应注重评估该家庭的形态和结构、家庭系统的弹性、家庭系统的回馈、家庭的生命周期、家庭成员的症状、家庭交往方式等。①

(3) 萨提亚家庭治疗模式的评估贯穿于家庭治疗的始终,对戒毒康复人员进行评估的目的是通过对收集到的家庭基本资料的分析,评估家庭的结构混乱程度以及家庭功能失调的情况。

(4) 叙事家庭治疗模式的评估意味着通过故事去了解戒毒康复人员家庭中出现的问题是什么,以及家庭成员对这一问题的预先设定。叙事评估不是单纯地了解家庭故事,而是在家庭成员们讲述故事的时候,治疗者通过有技巧的、重构式的询问帮助其认识到自己拥有解决问题的能力,协助其从沮丧的心情中走出来。

2. 介入

家庭治疗的模式可以按照接案、资料收集、评估、制定服务计划、治疗、结案的步骤进行服务。但是,不同的家庭治疗模式其侧重点与服务技巧各有不同。

(1) 家庭系统治疗模式

运用家庭系统治疗模式重在让戒毒康复家庭成员了解有关三角关系的概念,增强其自我意识和识别思考与情感的能力,用这样的能力帮助家庭成员解构三角关系等问题,最终减轻情绪反应。②

(2) 结构家庭治疗模式

结构家庭治疗模式的开展一般都遵循以下步骤③:

---

① 于晶利、刘丽艳:《家庭社会工作实务》,格致出版社,2012,第 71 页。

② 同上书,第 64 页。

③ 陈志霞:《个案社会工作》,华中科技大学出版社,2006,第 273—282 页。

第一，介入与适应。社会工作者事先了解服务对象家庭的规则与习惯，在进入家庭前，社会工作者应该先接纳和适应这些规则和习惯。

第二，与家庭展开交互作用。社会工作者参与到服务对象的家庭生活中去，观察家庭成员的互动方式、家人的交往关系，了解家庭的联盟、对抗、适应能力、边界、权力结构以及家人间的影响力，并根据实际情况调整自己贴近、中立和疏远这三种立场。

第三，描述和分析家庭结构。画出家庭结构图，包括家庭成员及其详细的个人情况，如受教育程度、工作性质、性格特点，还有家庭特有的文化、特色、价值观、家庭成员之间的交流反馈情况等，社会工作者从自己收集到的资料中，找出家庭的结构，例如家庭内的联盟情况、对峙情况、边界是否清楚、家庭分工是否合理等。

第四，注意和修正互动状态。社会工作者要改变家庭的观念，让家庭成员从认为他们其中的某一个人有问题转变为意识到是他们之间的互动方式导致问题出现。转变互动方式是困难的，社会工作者在这个过程中必须积极引导、鼓励、支持家庭成员坚持改变。

第五，建立界限。社会工作者要改变家庭结构，调整家庭中原本不合理的次系统，重新为家庭划清界限。社会工作者可以让两个家庭成员能够在不被打扰的情况下进行对话，加强联系，协助家庭成员制定家庭规则，让新的、健康的次系统得以形成。

第六，打破平衡状态。家庭的权力往往掌握在某些人手里，社会工作者要协助家庭中的弱者来挑战这种权力结构，建立一种新的权力平衡的状态。

第七，质疑家庭的价值观。家庭中可能存在某些期望、要求、价值观、道德观，但是有可能有些是错误的价值观念，社会工作者要有针对性地改变家庭中这些错误的观念。

重构家庭结构可以从改变成员的位置以打破不良的互动模式、增强夫妻子系统的界限和权力、建立清楚的弹性界限以及寻找更多替代性的方式这四个主要方面进行。[①]

（3）萨提亚家庭治疗模式

萨提亚家庭治疗模式中的主要治疗技巧包括维护、追查、重构、重演、现实

---

① 于晶利、刘丽艳：《家庭社会工作实务》，格致出版社，2012，第 71 页。

化、划分界限、运用症状等。在这一模式中,社会工作者的角色主要是:

第一,解释者。解释戒毒康复人员家庭成员中存在的问题。

第二,示范者。为戒毒康复人员家庭成员示范表里如一的沟通方式以及真诚直接的沟通方法。

第三,引导者。引导戒毒康复人员的家庭成员改变自己,接纳家庭成员,建立更好的关系。

一般治疗步骤包括[①]:

第一,准备好内外一致的自己。社会工作者要做好内外的准备,包括外在的环境、自己的仪容,保证自己内在情绪、感受的平静、安宁,将关注点集中在来访的服务对象身上。

第二,与服务对象接触并建立连接,收集信息。社会工作者可以通过握手、眼神等与服务对象进行近距离的接触,营造一个安全、信任的环境,通过自我暴露、积极倾听等拉近与服务对象的关系,让服务对象能够尽情地表达自己。在这个过程中,社会工作者尽可能收集服务对象的过去经历、价值观、正发生的事件、家庭成员、家庭规则等方面的资料。

第三,透过问题,利用冰山等工具进行评估。社会工作者根据服务对象的表述来还原其"冰山",即服务对象对事件的行为反应,服务对象的感受、观点、期待、渴望等,了解该事件对服务对象造成的影响及他的应对方式,包括讨好、指责、超理智和打岔。如果需要,社会工作者可以与服务对象一起描绘家庭图和影响轮,通过这些评估工具,社会工作者可以了解服务对象的资源、未完成的事件、应对姿态、个人内在世界、家庭沟通方式、家庭规则等。

第四,设定改变的目标。社会工作者询问服务对象来访的目标,并和服务对象一起设定具体目标,但最终社会工作者都要导向四个目标,即自我价值的提升、选择的能力、对自己负责、和谐一致。

第五,使用应对姿态初步接触。社会工作者通过观察服务对象,了解其包括讨好、指责、超理智、打岔等不同的应对姿态。对于讨好者,社会工作者要关注他们的感受;对于指责者,社会工作者要关注他们的期待;对于超理智者,社会工作者要先问观点,探索其身体反应,再深入其感受;对于打岔者,社会工作

---

① 从扬洋:《找到意想不到的自己:萨提亚治疗模式国内权威教程及解读》,武汉大学出版社,2015,第311—316页。

者要先从情境出发，如探索现实环境、做游戏、心理测试等，以使服务对象安定下来，再建立关系。

第六，选择不同的治疗工具。使用雕塑、隐喻、戏剧、重构、幽默、触摸等技术元素对服务对象及其家庭开展正向引导，使他们实现转变。

第七，巩固改变。给服务对象布置具体的家庭作业，比如，进行指责前，审视自己的期待，让服务对象能够坚持新模式。

(4) 叙事治疗模式

叙事治疗主要有外化、解构和重写三种技巧。外化是指社会工作者帮助戒毒康复人员去关注问题是如何影响到整个家庭的，通过一些拟人化、轻松的手法将家庭成员带到“问题外”的位置，让他们更好地理解问题。解构是帮助戒毒康复人员及其家庭成员一起探索问题的起源、对家庭的影响及其造成的结果，让他们看清楚问题是如何被建构的，以找到不同的看问题的角度。重写指在找到新的看问题的角度之后，社会工作者可以引导戒毒康复人员及其家庭成员在原有经历的基础上，看到之前没有注意到的事件、想法和情绪，从而形成新的意义。①

(二) 其他改善家庭关系的方法与技巧

1. 家谱图

许许多多的疾病和痛苦都源于家庭的断裂和破碎，吸毒行为也不例外，而绘制家谱图是寻找吸毒行为与家庭间的联系，是走向治愈的第一步。从当前的吸毒行为入手，对家庭背景信息提问，收集有关原生家庭成员的信息、文化因素、生活事件和个体家庭功能、家庭关系、家庭力量和平衡，解读家谱图，寻找吸毒行为产生的家庭根源。

家庭治疗大师萨提亚认为，很多成年以后出现的问题(包括吸毒行为)都不是成年阶段所生存的环境造成的，而是和他的原生家庭有着千丝万缕的联系。通过绘制家谱图，可以掌握戒毒人员的家庭结构、家庭生命周期、家庭的代际传承、家庭经历和家庭关系模式，而这一切原生家庭的核心因素都可能影响吸毒行为的产生，了解和解读这些因素，就能跨越时间和空间，追踪戒毒康复人员家庭模式，寻找吸毒行为产生的家庭根源。②

---

① 于晶利、刘丽艳：《家庭社会工作实务》，格致出版社，2012，第 82 页。
② 邓刚、刘学灿、汤吉：《家谱图在戒毒康复中的应用》，《中国药物滥用防治杂志》2017 年第 2 期。

2. 爱的五种语言

盖瑞·查普曼(Gary Chapman)在《爱的五种语言》一书中提出，人们基本上有五种爱的语言，即肯定的言辞、精心的时刻、接受礼物、服务的行动、身体的接触。[①]

面对戒毒康复人员在戒毒期间遇到的问题，社会工作者可以鼓励家庭成员之间先从肯定的语言开始，用肯定的语言表达对对方的感激或是赞美，肯定对方为自己所做的努力，增强彼此间应对困难的信心。接受或送出礼物也是表达自己对家人的爱的一个重要方式，在服务对象的康复过程中，生活的重心总是在戒毒上，这个时候不妨给其他家庭成员精心准备一件礼物，既能表达爱意，又能够让生活多一点惊喜，给彼此带来快乐，营造和谐的家庭氛围。在戒毒康复的过程中，不同的家庭成员会产生一些特殊的需求，这些需求的满足可以通过其他家庭成员的支持，这就是服务的行动，为自己爱的人服务、行动。最后一条也是最重要的一条，身体的接触可以建立或破坏一种关系[②]，家庭成员之间要有身体的接触，在对方脆弱无助的时候，一个温暖的怀抱能够给对方带来安全感，帮助其重拾希望，战胜困难。

(三) 亲职教育

1. 亲职教育目标

(1) 协助父母有效地扮演好做父母的角色；

(2) 协助父母了解子女成长过程中身心发展的特征以及发展中的阶段性任务与危机；

(3) 强化父母与子女间的沟通技巧与沟通渠道；

(4) 改善父母对子女的管教态度；

(5) 了解家庭气氛对子女成长的影响；

(6) 及早发现与辅导子女的异常行为表现。

2. 理论基础

(1) 父母效能训练。这是一套提升父母教养能力与促进亲子关系的训练模式。该模式是以当事人中心学派的论点为基础，将之应用在亲职教育上，教导如何能成为一位有效的辅导者，如何强化父母与子女间的亲子关系，如何运

---

① 盖瑞·查普曼：《爱的五种语言》，王云良译，中国轻工业出版社，2006，第3页。

② 同上书，第121页。

用接纳、尊重、同理、倾听等辅导技巧与子女做有效的沟通。整体而言，父母效能训练主要包括三个重点：

第一，积极倾听，即训练父母掌握倾听的能力，以便成为子女的心理辅导员。该技巧主要包括下列几个要项：

能接纳子女。

能从子女观点看问题。

能尊重子女的自主性。

能让子女承担自己问题的责任。

提供子女探索自己问题的机会。

关怀但不批判。

第二，使用我—信息，即训练父母学习以我开头来传达信息与子女沟通。我—讯息的要点有下列几项：

说出父母本身的感受。

说出为何有此感受。

说出为何父母对子女某些行为不高兴。

第三，积极沟通，即训练父母学习如何与子女做积极沟通。可以运用下列的技巧：

接纳：让子女自由表达思想观念与情感。

专注：能专心地聆听子女心声。

使用沉默技巧：适当沉默，不必多话。

寻找共识且不必受限于小问题。

排除障碍：避免分心、做白日梦，并把不必要的东西排除。

避免矛盾：清楚表达思想观念，不要混淆。

有耐心：不急促、不催赶，有耐心做沟通。

（2）有效亲职系统训练。有效亲职系统训练（Systematic Training for Effective Parenting，STEP）则是一种以个体心理学为理论基础的训练模式。该训练模式的主要论点有下面两点：

第一，帮助父母了解子女不当行为的行为目标的产生过程，以及如何消除这些不当的行为表现。该理论认为，每个人的行为均属意识行为，也就是很清楚自己在做什么，很清楚自己的行为目标，比如追求卓越、克服自卑及实现未来的目标，这是在寻求别人的注意，表示自己是重要的一员。当这种心理无法得到满足时，子女便会有自暴自弃的感觉，于是诉诸武力或采取暴力行动，不当的行为就会因此产生。做家长的可以学习如何使用尊重、接纳、了解和鼓励等较为正向的技巧，用家庭会议的方式来帮助子女们去除这些不当的错误行为，并且以其他较有用的方式来替代错误的行为目标。

第二，帮助父母了解自然结果与逻辑结果的基本观念，用以改变子女的不当行为。这一部分的训练主要是要让父母了解使用自然结果或逻辑结果的处理方式与处罚的概念完全不同。处罚的意义是负向的，会引起子女的反弹，会伤害到子女的自尊；但是自然结果与逻辑结果的处理因表达的方式与讲话口气都较为温婉、友善，给子女的感觉是正向的，是被关注的。最大的不同点是逻辑结果给子女们提供了可以做选择的余地，这里表达了尊重接纳与学习负责的重要观念。因为，子女们有权做自己的选择，学习负责，做了选择之后，他们必须接受行为的后果。父母要学会让子女为自己的不当行为负完全的责任。

三、案例分析与讨论

（一）个案案例：调适家庭关系①

小李从强戒所回归社会戒毒有两年多了，状态趋于稳定。小李略显清瘦，但比较精神。说起 25 岁吸毒被抓的那段经历，心有余悸的他，眼中不时露出惊恐。

小李的父亲是知青，回城后靠承包经营烟酒杂货店赚钱养家。小李父亲脾气暴躁，一直是家里说一不二的掌权人，母亲基本上发表不了什么意见。在小李的记忆中，父母常常吵架，总是父亲吹胡子瞪眼地责备母亲，母亲暗暗独自流泪……

看到父亲经常责骂母亲，小李心里非常难受。初中后，为躲避家里的矛盾，小李开始在外结交朋友，找各种理由晚回家，不久就结识了一个所谓大哥及他的朋友，成为跟在大哥后面的小弟。父亲发现了小李的偏差行为，常常棍棒相加予以训斥，妈妈心痛小李想阻止，却换来父亲加倍的恼怒和责怪，家里的争吵加剧，小李开始终日与大哥混在一起不愿回家。

大哥对小李处处照顾，让他感受到家里没有的温暖。大哥圈子里朋友玩

① 根据上海市禁毒办 2016 年教案案例改编。

"溜冰"，说玩这没事的。虽然吸食前知道冰毒的危害，但为了合群，也就"溜"上了。现在想想，其实玩的那群人为兜售毒品，起初会戴着所谓"朋友"的面具，顺着你的心意来关心你。但那时候，为了能与大哥们混在一起，压根就不会考虑后果。"溜冰"2 年多，小李有了心瘾，常常需要"溜冰"来放松。"溜冰"后，透支体力，垮了身体。在一次吸食毒品后，小李产生了幻觉，感觉被一大群人追杀，场面惊心动魄，一阵阵难以承受的恐惧感瞬间袭来。小李回忆说，午夜的空气里弥漫着令人窒息的味道，情急之中，他跑到小区的屋顶，老式房子屋顶有"老虎窗"，当时撬开一家，就纵身跳了下去。那家人家在惊恐中报警，小李被抓。而当时小李却感觉到有旁人在踏实多了，安全多了……说起这段往事，小李重复最多的一句话就是："如果不是那次被抓，后果就不堪设想了。而关在里面，失去了自由，那种感觉让我下定决心不能再这样下去了！"

从强戒所回到社区后，小李意识到毒品会严重伤害身心，改变体内的生化环境，使人产生心瘾，使行为失控。唯有努力改变，才能重新拥有自己可控的生活。小李陈述道，那时沉迷冰毒，追求的是"偷来"的刺激感。但吸食后，精神颓废，记忆力受损，视力明显下降，天天生活在惊恐中，总担心警察哪天来抓，失去自由。现在那种刺激感早已荡然无存，幡然醒悟的他开始明白，受制于毒瘾的代价太大，这不是他想要的生活。为此，他开始努力找工作，先后在 4S 店，奶茶铺、超市打短工，虽然吃苦耐劳，可都是临时性的工作。就在最近，小李的低保被取消了，他一下子感到了沉重的生活压力，不知如何是好。

小李知道，由于他的错，加剧了家庭矛盾，目前父亲独自一人住浦西，小李和母亲住浦东。虽然小李认为父母分居对缓解家庭矛盾也有一定的作用，但当小李找不到工作，失去低保，生活陷入困境时，父亲还是对小李母子大发雷霆。小李内外交困，感到生活没有什么盼头了。

社会工作者一方面辅导小李改善情绪困扰，并通过提供就业信息，开展就业辅导缓解小李的压力；另一方面，社会工作者认为，青少年发展过程中的问题往往与家庭不良互动关系密切相关，家庭成员不知不觉地共同维系着问题状态。戒毒不是一蹴而就的，也不全是靠个人毅力能完全解决的，能提供助力的最佳资源存在于家庭亲情关系之中。为了改变家庭互动关系，建立父母对小李实现社会康复的有效支持，社会工作者决定约见一下小李父母，从家庭入手开展关系调和服务。

在征得小李同意后，社会工作者约见了小李的父母。刚进小李家门，父亲就大声招呼着，颇为自豪地说起自己的“奋斗史”。他说自己当了十年知青，在改革开放初期又抓住时机从工厂辞职，靠承包烟酒杂货店赚到不少钱。说到动情之处，小李父亲脱口而出的口头禅便是，“这个家没我行吗”，“我们这代人辛辛苦苦靠奋斗换来好的生活多么不易，可是儿子却这么不争气”。

小李父亲在其原生家庭排行老大，弟弟妹妹的事情都由他安排，家事一向由他说了算。平时在家以一家之主自居，母亲在一边常常是沉默不语。谈到小李，父亲抱怨责骂之声越演越烈，一旁的母亲极力想打断，可父亲不以为意，继续念叨儿子没啥能力，经济尚未独立，日常开销全要靠家里接济。母亲只是嘟哝一句：“别提这些事了。”父亲就斥责道：“儿子都被你宠坏了！”母亲反驳说：“你总是打压数落儿子……”话音刚落，父亲立即反击，双方争执很快升级到互揭过往家庭矛盾的地步。

社会工作者举手示意他们打住，停下来一起看看刚才的互动方式。母亲说，父亲习惯了“一言堂”，要么不让人说话，要么动辄将问题归责于他人。社会工作者鼓励母亲直接说出自己的感受和困扰，她叹着气说：“感觉自己被推开，从来不被理解，仿佛回到小时候，自己也是这样被父亲责骂。”她还提到80多岁的婆婆，虽年事已高说话却依旧强势，经常不给儿媳面子。父亲又插话指责说母亲没啥本事，生性敏感。社会工作者问父亲：“你刚才在听吗？她在说些什么？”母亲说：“情况总是这样，我一说话，就被他打断，他自顾自地说，根本无法交流。”

社会工作者说，“从刚才的交流中，我看到你们家是由父亲说了算，母亲几乎插不上嘴。一个家庭，如果家庭成员之间不能相互尊重、平等交流，那这种家庭互动方式是不和谐的，一定会对家庭成员的发展造成影响。如果你俩都做些改变，情况会有所不同，你们能有所改变吗？”父亲听了若有所思地说：“我想我会努力去更好倾听！”虽然听得出有些迟疑，但至少这是一个好的开始。这个想法至少表明小李的父亲开始有所感悟了，他开始察觉到夫妻之间这样的互动方式是无效的。

家庭问题的出现，虽然会对家庭成员造成影响，但也为对立的父母提供了改善关系、加强协作的机会。社会工作者将问题抛回给父母，让他们一起想办法。激发他们改变的意愿，通过改善互动关系，恢复家庭的弹性。此次社会工作者单独约见父母的意义在于启发父母转变视角，拓宽眼界，正向关注孩子成熟的一面，看到孩子潜在的优势和能力，支持其成就社会角色。社会工作者向父母展示小李发来的短信信息，上面所列内容简单实用，从公交路线到地铁换乘一应俱全，并细致周到地附上父母的联系方式。母亲不断点头表示认同，父亲也抿嘴笑了，还乐呵呵说起儿子上学时理科竞赛获奖的情景，现场沉闷的气氛得到缓解，整个谈话的调子变得轻松起来。整个家访过程中，社会工作者没有直接挑战父亲权威，也没有过度卷入家庭关系中，而是邀请父母一起参与探讨，从家庭事件及其应对中条分缕析，找到孩子药物滥用问题行为与家庭关系问题的关联，调整家庭各子系统（夫妻系统、亲子系统）的关系，顺应家庭成员的发展需求。

过了一周，社会工作者邀请一家三口见面。一开始，社会工作者感觉家里的气氛有些凝重。父亲一脸怨气，儿子一声不吭，母亲不知所措。原来是父亲看不惯儿子的消费习惯，认为儿子生活靠家里供养，还乱花钱，实在过分。父亲还认为，儿子刚认识的女友也出手阔绰。为此他加强了管教，要求儿子日常消费要事先征求父亲意见。面对父亲的训斥，儿子觉得是歪曲事实，很是委屈，想要极力辩解，却双方各执一词难以沟通。社会工作者仿佛看到了一场权力争斗，父子彼此情感冷漠，充满怒气。父亲沿袭着对儿子行为的刻板偏见，没有倾听儿子的诉说、不顾孩子的情绪和感受，而是习惯性做出防御的反应，不时打断和纠正孩子的看法。

按照家庭系统理论，如果父母缺乏共情能力，一味抱怨指责只会让子女更为疏远。子女感觉在家人眼里自己做什么都是错的，自己说出来，父母也不会认同，所以更加会对父母疏离。当家庭成员已经体验到关系中的疏离，将彼此视作障碍，家人关系就不再是资源。那么，如何打破家庭系统僵化的互动方式，将阻碍发展的关系转为促进成长的关系？社会工作者认为首先是互动关系中的接纳与理解。社会工作者首先协助家长去除刻板印象，不是将小李视作“问题”青少年，而是视作一个遇到困境的儿子，协助父亲接纳其现状，注意倾听提高理解，尤其是学会尊重儿子寻求改变的自主权，引导家长不是基于控制的手段施加对孩子的影响力，而是支持孩子表达长期压抑的情绪——受伤的感受；强调父母更多倾听及感受孩子的情感需求，修复亲子间情感依恋；理解他一时冲动的对抗行为（吸毒）虽然并不恰当，但也是他处理情绪困扰的一种方式。

当然，对家庭而言，改变原有的互动模式，修复家庭关系是一个非常困难的过程，不时会有反复。家人在付出努力后，短期没有收获预期效果时，会有焦虑。当小李说道："这些年，生活对我而言太压抑了，在家里，看到父母日日争执不休，心里乱极了，我担心的是这个家。但在这个家里，我没啥好说的，没人顾及我的感受。"父亲在长时间的沉默后说："我也不明白，为什么会是这样？"母亲眼圈又红了起来。三人互动呈现出来的情况是，回避和退却是小李一家惯用的应对方式。孩子真诚表达情感却得不到父母的回应，消极表达又使得一些误解得不到解决，再次阻碍了家庭解决问题的进程。互动中，父母没有一起合作形成家长团队，难以有效协助孩子应对问题。

在家庭介入中，社会工作者鼓励大家一起参与，并仔细观察家人的互动行为和关系。在社会工作者的协助下，大家认识到，退休在家的父亲，本想更多关注家庭，可是孩子渴望独立，觉得父亲妨碍自己的生活。父亲固执己见，不懂变通，自然屡屡受挫。父亲也认识到，管教儿子，施以经济控制，不顾孩子尊严，只会加剧孩子毫无作为的生存状态。作为儿子，当感到改变会违背自己的意愿，是受制于人或被操纵时，就会通过抵制改变来维护自己的自主权，而不再为取悦重要他人（父母）坚持改变。经过讨论和反思，大家认识到，家庭成员间齐力协作的改变，是最大的资源和动力。社会工作者引导他们反思如何阻断这种模式，重构家的力量，激发新的能量。为此，社会工作者给出的回应是："刚才的互动，我们都看到了原来家庭成员的互动中存在的问题，也都表达了改变的愿望。究竟在哪些方面开展哪些改变呢？不如你们回去好好想想，下次一起来聊聊感受。"家人都点头表示赞同。

在随后的多次家访中，社会工作者协助小李全家制定家庭规则，学会共同交流，有事多协商，遇到沟通不畅建立警示机制及时阻隔，慢慢地，小李一家的沟通交流渐渐民主和温和了很多，父亲和母亲对家务事也经常商量，关系日趋和谐。2 年后的一天，社会工作者电话回访父母时，那端传来父亲开怀的笑声。小李已经有了新的职业，在强生公司开出租车。在那一段岁月，为证明自己的能力，刷新自己的人生轨迹，小李付出了非常艰辛的努力。如今小李娶妻生子，开始了更有责任担当的生活。为了照顾小宝宝，父母也与小李一家住在一起，三代同堂，其乐融融。

（二）个案案例：促进家庭沟通[①]

服务对象宏杰，男，30岁，已婚，与父母亲同住。过往吸毒前科：(1) 2009年6月30日因吸毒被行政拘留5天；(2) 2012年10月20日因吸食冰毒被行政拘留10天，处社区戒毒；(3) 2013年2月26日因吸毒被强制隔离戒毒2年。宏杰于2015年2月19日出强戒所回归社会，签订社区康复协议。与宏杰初次接触时，社会工作者找不到切入口，他的情绪总是比较低落，有一茬没一茬地应付着。社会工作者通过联系宏杰所属居委会的干部、派出所民警、宏杰的家人朋友等尽可能多地了解宏杰的性格和目前的生活状况。通过分析发现，宏杰个人是希望尽早戒毒康复的，也可以说是真心想戒掉毒品的，对社会工作者也没有抵触情绪。社会工作者在进一步走访中了解到，宏杰与其父母关系较为紧张，最近发生过几次争吵。那宏杰低落的情绪状态是否源于家庭环境的影响呢？社会工作者决定开展家访，以对宏杰有进一步的了解。

在一次家访中，宏杰父母不在家，社会工作者发现宏杰床头的破柜子上有一个相框，相框里一个年轻美丽的女子，笑得楚楚动人。这和躺在床上的宏杰，以及房间内破旧的几件家具，显得极不协调。社会工作者问宏杰："这照片上的女子，是你女朋友吗，好漂亮啊！"宏杰回答说："是的，这个是我女朋友。"宏杰脸色柔和了起来。社会工作者继续称赞说："这么漂亮的女友，你有本事的啊。"社会工作者之所以说这句夸奖他的话，是因为在前期的几次接触和外围调查中，了解到宏杰从小就受着周围环境的歧视，自己生活也历经坎坷，受到各种处罚，如果能够协助他接纳自己，帮他寻找以前生活的亮点，让他逐渐找回自信是很重要的。果然话题起到了作用，宏杰第一次打开了话匣子，谈起了他的家庭，他的吸毒史，他现在的生活状况。原来，因为他屡次吸毒被公安机关打击处理，父母对他很不放心，看管得特别紧，去哪里都会询问，一定要宏杰说出明确地点，跟谁出去、去做什么事情才会让其出门。宏杰表示自己没有过多的私人空间，虽然自己这次回归后戒毒决心强烈，但父母的不信任还是让其感到沮丧。几次争吵也改变不了这个现状，宏杰灰心丧气，甚至想复吸。

了解到情况后，社会工作者开导道："咱们将心比心，天下哪有父母不盼着自己子女好的呀，你和父母的关系有可能可以通过改善沟通来缓解。我了解到你17岁的时候，为了在约定的时间还钱，宁愿在学校里饿三天肚子，所以我

---

① 根据上海市禁毒办2016年教案案例改编。

相信你一定是一个言出必行的男子汉，既然说了决心要戒毒，那我相信你一定可以做到，我支持你。至于你父母不相信，我们可以通过沟通交流，并以实际行动来慢慢换得信任。我也会跟他们二老交流，我相信精诚所至、金石为开。你父母也不是不讲道理的人，他们这样做可能是太在乎你、太关心你，哪有不心疼自己儿女的父母嘛。我相信只要你父母看到你的那份戒毒决心，他们肯定会打心眼里高兴的。”宏杰听完社会工作者的话后，情绪有所好转。

那天父母回老宅了，社会工作者拜访了他的父母。脱漆的大门，狭小的空间，陈旧的家具，几把老旧的竹椅、凳子，零落地散在方桌周围。“里面有人吗?”社会工作者招呼着没回应，过了一会，“请问宏杰父母在家吗?”几声招呼声，宏杰父母从里屋走出来，宏杰父亲看到是社会工作者，马上搬过来一张椅子，并询问:“有什么事吗?”社会工作者说:“宏杰爸爸好，我们在接宏杰出强戒所时见过面的。”宏杰爸爸连连点头称是，并表示感谢。社会工作者接着说:“今天主要是想跟你们交流下一些关于你们儿子的事。”父亲的脸马上阴沉了下来。在随后的交谈中，社会工作者了解到宏杰的父母对宏杰的戒毒动机相当怀疑，几乎可以说是完全不相信宏杰能够戒毒成功。宏杰父母陈述道，前两次宏杰强制戒毒不成功的经历寒了自己的心。当时，宏杰与现在一样地“赌咒发誓”，作为父母也心疼孩子，并为宏杰吸毒的事情深感愧疚，于是无条件支持宏杰戒毒。但令人遗憾的是，宏杰雷声大雨点小，口中所说的坚决不碰毒品伴随着被公安机关打击送进强戒所而化为了泡影。二老认为宏杰已经无可救药，他们曾经花费了大量的金钱和心力，但现在则是灰心、失望甚至是绝望。这天，虽然社会工作者进行了调解，但发现宏杰父母的想法很难改变。

在随后的工作中，社会工作者调动了宏杰及其父母双方都比较信任的亲戚和朋友来关心宏杰家庭，开导父母。同时，鼓励宏杰建立健康交友圈，参加文体及团康活动，扩大社会交往，改善压力情绪。社会工作者发现宏杰女友很开明，也很赞同社会工作者的想法，于是社会工作者与宏杰女朋友有计划地创设了一些促进家庭沟通的小惊喜或者小插曲，如社会工作者陪同宏杰查询就业信息时会与宏杰的父母“不期而遇”、宏杰没有按照父母指定的路线外出但有社会工作者陪同的时刻让父母发现，宏杰参加社会工作者组织的同伴教育辅导活动等。这样过了差不多一个月，宏杰父母对宏杰目前发生的行为改变有所了解后，社会工作者再次约见宏杰父母，这次面谈顺利了很多，二老这次对于儿子戒毒动机也不再那么怀疑。宏杰父母向社会工作者倾吐了内心的痛苦和对宏杰的担忧。社会工作者深表理解，向宏杰父母介绍了社区康复过程中服务对象的心路历程，遇到的困难和需要的支持，并介绍了为宏杰开展的戒毒康复服务计划，希望大家能够一起对宏杰实现社会康复提供支持。在后来的时间内，社会工作者登门拜访宏杰家的次数明显增加，宏杰女友也发挥了很好的沟通桥梁作用，宏杰逐渐有一句没一句地与父母说起话来，父母也不再冷眼相对了。社会工作者有时会约上二老一起陪同宏杰去做尿检，虽然整个尿检过程中二老没有说话，但宏杰还是非常激动，毕竟这是他的戒毒行为得到了父母的认可和理解的体现。

为了帮助宏杰父母有效地扮演好父母的角色，协助他们了解宏杰戒毒康复过程中身心发展的特征以及戒毒康复中的阶段任务与危机，强化父母与子女间的沟通技巧与沟通渠道，改善父母对宏杰的管教态度，营造有助于宏杰社会康复的家庭气氛，社会工作者介绍宏杰父母参加了社会工作者举办的"为了爱"家庭辅导项目。通过参加该项目，宏杰父母一方面了解与其他家庭的一些共性问题，这个过程减缓了焦虑，获得了支持；另一方面，对家庭关系的功能、家长的接纳支持的重要性、家庭沟通技巧等有了在认知、态度、知识和技巧方面的学习和改善。慢慢地，父母对宏杰的态度和沟通交流方式有了较大改变。

在接下来的家访中，社会工作者召集宏杰全家开了个家庭会议。在社会工作者的主持下，宏杰谈了自己的戒毒康复计划和愿望，表达了对自己过往行为的深深愧疚，表达了对父母的感恩。父母被触动了！社会工作者也让宏杰的父母倾吐了内心的痛苦，表达了对宏杰的期待。社会工作者又运用问题解决策略，让宏杰及其父母共同罗列目前引发家庭矛盾的几个问题并进行优先顺序排列，选择了"出行管理""朋友交往"等议题作为宏杰与其父母共同商议的互动计划和共同遵守的家庭规则。双方有了新的沟通方式的约定和遵守规则，并约定由社会工作者定期召开家庭会议对问题解决计划的执行予以过程辅导和管理。

家庭沟通计划执行得很好，宏杰信守了诺言，父母也对宏杰有了信任，宏杰的女朋友起到了穿针引线的作用。那年平安夜，天气寒冷，社会工作者又一次走访了宏杰家。宏杰全家人热情地起身打招呼，宏杰的母亲赶紧给社会工作者泡了一杯热茶，宏杰的父亲招呼着让座，宏杰则赶紧端出水果。一家人其乐融融的样子，让社会工作者深感欣慰。临告别，宏杰的眼神时不时盯着社会工作者看，搓着手，突然一把紧紧握住社会工作者的手激动地说道："这些话我闷在心里很久了，一直没勇气说，今晚是平安夜，借此机会，向你表达我心中的感激，没有你，就没有我的今天，也没有我们现在这个温暖的家庭。”说着宏杰还回望了下周边亲人，“我还要感谢我的父母和女友，谢谢你们包容和支持，给了我新生，我将终生不忘……愿好人一生平安！”

（三）案例分析

上述案例主要呈现了社会工作者围绕改善家庭关系、提供家庭支持来协助服务对象实现社会康复的服务过程。

在案例(一)中，服务对象出生在父亲强势“一言堂”、母亲弱势受压制、家庭结构失衡、关系紧张的家庭中。从小的紧张家庭关系和家庭矛盾，使得服务对象感到压抑，又无能为力，于是选择了外出结交朋友，终因交友不慎缺乏辨别和自控能力陷入毒瘾的控制中。从强戒所回归社会后，家庭矛盾依然严重，成为影响服务对象顺利实现社会康复的障碍。于是社会工作者从家庭层面介入，经过与家人的交流，协助服务对象父母看到家庭结构的失衡状态，看到父母在家庭事务中的不平衡权力关系会导致家庭关系紧张，沟通不畅，家庭氛围不和谐，产生对服务对象戒毒康复不利的影响。接着，社会工作者协助父母学会接纳、包容，让父母看到服务对象积极的一面，学会对服务对象表达支持和肯定。社会工作者通过协助全家建立沟通交流机制，阻隔原来家庭互动的不良方式，营造融洽的家庭气氛。经过多次的家访和家庭会议，服务对象一家的沟通交流逐渐变得民主和温和，家庭终于发挥出了促进服务对象戒毒康复的助力作用。

在案例(二)中，服务对象是有戒毒意愿的，但由于之前多次反复的吸毒经历，使得父母对其失去信任。为了防止复吸，父母只能采取“盯死看牢”的办法对待服务对象，服务对象感到压抑，并且因得不到父母信任而沮丧万分。由于缺乏有效的管教方式和沟通能力，父母的严格控制很有可能导致服务对象为逃避压力而再次吸毒。社会工作者通过家访，与服务对象家庭建立起信任关系，一方面劝导服务对象父母增加对其儿子的了解，缓解对立情绪；另一方面通过发挥服务对象女朋友的桥梁沟通作用，增加服务对象父母了解其儿子日常生活的机会。社会工作者也通过介绍服务对象父母参加家庭辅导项目，提高他们的亲职教育能力，逐渐协助他们了解戒毒康复过程中服务对象身心发展的特征以及戒毒康复中的阶段任务与危机，强化他们与儿子的沟通技巧并拓宽沟通渠道，转变管教态度，营造有助于服务对象社会康复的家庭气氛。家庭辅导活动给父母增加了与其他服务对象家属交流沟通的机会，使他们获得了压力舒缓及社会支持。社会工作者还辅导全家学会用民主协商的方式逐一解决家庭矛盾，提升了问题解决的能力。通过调整家庭关系，提高父母的亲职能力，家庭从原来的压力源转变为动力源，服务对象也在全家人的支持下获得了戒毒康复的良好效果。

二则案例均显示，家庭层面的专业服务对促进服务对象实现戒毒康复十分重要。社会工作者以家庭社会工作的专业理论为技术指南，灵活开展包括家庭结构分析、沟通能力培养、亲职教育、家庭关系调和等专业服务，使家庭由原来的僵化、冲突，转变为和谐和支持，家庭关系的和谐，使得服务对象有了最重要的归属和温暖，得到了最大的支持，其戒毒康复就有了重要保障。

第五节　同 伴 教 育

同伴教育是利用同伴之间的共性和相似性，通过榜样的示范带头作用，使同伴更好地接受信息，对同伴施加影响，同伴教育是促使行为改变的非常有效的教育方式。上海自 2004 年起探索同伴教育服务，同伴教育小组及同伴示范员的角色，使戒毒康复人员的自信心、自我效能感、价值观产生了巨大的改变，助己、互助及助社会的目标，建构了社区戒毒康复人员新的生命意义。本节以“意义建构下的社区戒毒康复同伴教育”的上海模式为例，对同伴教育服务做基本介绍。①

一、同伴教育的意义

（一）坚定戒毒信念

不仅普通社会大众持有“一日吸毒，终身戒毒”的观念，很多戒毒康复人员自身也对“毒瘾能否戒掉”存有疑虑，甚至还会以“毒瘾难以戒掉”为借口选择复吸。上海的禁毒社会工作实践经验表明，相较于社会工作者、家人或其他社会大众，那些同样有过吸毒经历但目前已实现良好操守保持的人对于促使服务对象相信“毒瘾可以戒掉”具有极强的说服力。因此，如何充分发挥这群人

① 本节内容主要基于上海市禁毒社会工作服务中的同伴教育服务实践经验归纳整理而成，部分内容参考张昱、费梅苹、厉济民等：《禁毒社会工作同伴教育服务模式研究——上海的实践》，华东理工大学出版社，2016。

的榜样作用和示范效应，通过他们成功戒毒、回归正常社会生活后所发生的转变及其当下的生活状态与吸毒时期生活状态的鲜明对比，促使服务对象看到戒毒的希望并对戒毒后的生活充满期待，进而激发其强大的戒毒信念，这成为服务对象在实现戒毒康复过程中的基本需求。

（二）构建互助支持体系

戒毒康复人员在回归社会的过程中会遇到很多共性的问题，包括如何处理紧张的家庭关系或家庭成员之间的矛盾，以及如何应对社会生活领域和制度层面的排斥与歧视等。在面对这些问题的时候，服务对象难免会有所抱怨。但是，在普通社会大众的观念中，戒毒康复人员往往会被当作“坏人”来对待，很多人更是不愿意与这些所谓的“瘾君子”交往，这就导致服务对象无法将这些不满或委屈的负面情绪表达出来。因此，拥有一个既能够倾诉交流、使自己的不良情绪得到宣泄和理解，同时还能够在其中安全、自在表达自己的平台，对于服务对象而言非常重要。此外，服务对象也大多会面临来自毒友圈的诱惑，需要重新思考如何看待自己过往的吸毒经历以及如何重新获得其他家庭成员的信任。对此，就十分有必要调动那些已经成功应对这些问题的戒毒康复人员的积极性，协助他们向服务对象及其家属分享他们自身的成功经验，从而协助服务对象及其家属了解更多的应对上述困境的方式。

（三）寻求自身存在的社会价值

蒙受污名是戒毒康复人员回归社会过程中普遍存在的障碍。一方面，他们在家里容易受到家人的责骂和嫌弃，在社区内容易受到邻里的议论和不接纳，在人际交往中容易受到别人的冷漠和排斥；另一方面，就业等领域普遍存在着对戒毒康复人员的限制，包括就业和职场晋升中的歧视、外出旅游时司法部门的监管等。这些都使得戒毒康复人员在众多社会场合中仍然还是处于不被接受、不被需要的边缘位置，自身的社会价值难以得到体现。因而，需要为服务对象提供更多接触社会以及展示自身正面形象和积极转变的机会，使他们从中感受到自己还可以做一个对社会有用的人，并通过群体的改变影响社会大众对戒毒康复群体的看法，促进社会接纳氛围的形成。

二、同伴教育服务模式的基本构成

所谓模式，是一种认识论意义上的确定思维方式，是人们在实践中通过积累而得到的经验的抽象和升华。简单地说，模式就是从不断重复出现的事件中发现和抽象出的规律，是解决问题过程中的经验的高度归纳总结。依据对模式要素的一般分析，以及上海同伴教育服务的主要特点和基本经验，本节以上海戒毒康复同伴教育服务实践为例，将同伴教育服务模式归纳为“重构生命意义为导向、政社企互动支持为保障”的上海同伴教育模式。

2003 年，为从源头上预防和减少犯罪，做好社区内吸戒毒人员的管理服务工作，上海按照“政府主导推动，社团自主运作，社会多方参与”的总体思路，以政府购买服务制度为保障，开始了社区戒毒康复服务领域的禁毒社会工作职业化、专业化的发展之路。随着专业服务的不断深入，社区戒毒康复领域里的同伴教育服务应运而生。上海社区戒毒康复服务领域的同伴教育，从 2003 年 3 月建立第一条戒毒热线——“叶子戒毒热线”，2004 年在闸北区（今属静安区）启动女子戒毒沙龙起，经历了由沙龙活动向项目制、工作室运作的形式演化，从社区层面向就业基地、强戒所的拓展。统括上海市同伴教育服务的发展，大致经历了三个阶段，分别是探索期：2003—2007 年；培育期：2007—2012 年；发展期：2012 年至今，并形成了以“重建生命意义实现社会康复”为目标的上海同伴教育服务模式。① 同伴教育服务模式的基本要素构成如下：

第一，理念：自助—互助—助社会。

第二，目标：通过重构生命意义实现社会康复。

第三，理论：社会学习理论、小组动力学、互动模式。

第四，内容：体现社会贡献和社会价值的公益活动；感受真、善、美的体验活动；态度、认知、行为、技巧的修正活动等。

第五，方法：以个案工作方法为基础、小组工作方法为核心，个案、小组与社区方法综合运用。

第六，形式：同伴教育小组活动、沙龙、同伴信箱、星火计划、同伴之音、同伴演讲、专题活动、同伴之窗等。

第七，流程：需求评估、同伴遴选、计划设定、服务实施、成效评估。

第八，制度：政府支持、社会组织指导、社会工作者运作、同伴及社会多方参与。

---

① 张昱、费梅苹、厉济民等：《禁毒社会工作同伴教育服务模式研究》，华东理工大学出版社，2016，第 41 页。

（一）理念

上海社区戒毒康复同伴教育服务，在借鉴西方同伴教育理念、遵循社会工作助人自助理念的基础上，将“同伴教育”服务理念界定为“自助—互助—助社会”。具体来说，同伴教育服务借用互助小组的形式，开展同伴间的榜样示范、相互支持，实现互助；通过组织同伴参加服务社会、服务同伴等大量社会公益活动，实现助社会的目标。在互助和助社会的过程中，同伴们自身效能感逐步提升、生命意义实现重构，进而操守保持，并实现持久有效的戒毒康复，回归社会的自助目标最终得以实现。“自助—互助—助社会”构成同伴教育服务的基本理念。

（二）目标

1946年维克托·弗兰克尔（Viktor Frankl）在其《追寻生命的意义》一书中创造了意义疗法。如何完善人性的自我以及如何帮助寻找意义，是意义疗法追求的核心目标 。人在追求意义和创造意义的活动中，不断地追求和创造新的主体立场和存在方式，也就是在不断地改变这个依据，提出新的价值标准。因此，每种既定的标准，都是一种既定的主体立场和主体性存在的标志。它不仅体现着在这种状况下的主体对客体的要求，而且体现着主体对自身的要求。这种要求是全面的。

人的主体性，不仅仅体现于人的理智方面，同时也体现于人的意志和情感方面。人对事物的意义的理解，不仅是用理智，而且用整个身心，包括意志和情感，去体验、追求和创造的。因此，人的价值标准也不仅是理智的，而且是全面地包括理智、意志和情感三个方面。正是这三个方面精神能力的内在统一，决定着真、善、美三个方面价值标准的内在统一。反过来，也正是这三个方面标准的不断提升，指引着人们的精神和精神所要追求的意义世界的全面发展。

社区戒毒康复同伴教育服务，正是在理智、意志、情感三个方面不断帮助和提升同伴们真、善、美三个方面的价值标准，从而实现了对其意义世界的建构，实现了同伴教育较高的社会康复功效。

基于多年来上海同伴教育实践的经验总结，同伴教育服务的核心目标定位在重构生命意义。在开展同伴教育服务时，协助同伴们对自己的生活有重新的定义，对自己的生命价值赋予新的意义，那么他们内心就会激发出戒毒康复的巨大动机。同伴间相互支持、相互分担的团体动力，帮助他人、服务社会的崇高责任和使命会使他们获得保持操守、实现持久康复的巨大能量。

（三）理论

意义疗法成为上海同伴教育服务模式总体框架的重要理论基础，依据该理论，生命意义的建构可以有三种不同的途径：第一，通过创造和工作，使人的特殊性在对社会的贡献中体现出来，从而使人的创造性价值得以实现；第二，通过某种经历感受来体验真、善、美，体验价值；第三，通过对不可避免的苦难所采取的态度，去实现最深的意义与最高的价值——态度的价值。生命意义建构理论，是设计同伴教育服务内容的主要依据。

小组动力学所强调的小组互动过程中的关系互动、动力要素，成为保障同伴教育通过小组互动达到互助成效的重要因素。在服务开展过程中，班杜拉的社会学习理论，尤其是其自我效能感、观察学习历程等理论观点，成为同伴教育服务活动特别是同伴辅导员培训过程的逻辑指引。

班杜拉的社会学习理论认为，人们透过观察历程就能进行学习，并不需要个人亲身体验而直接受到奖惩。经由观察学习，被观察者，也即示范者的行为就成为观察者的"楷模"，再经由自我系统的作用，观察者"模仿"了被观察者的行为表现，编码储存在个体内部，进而显现相似的行为。上述观察学习的历程可概括为以下几个步骤：注意过程、保持过程、再生过程、增强过程。

社会学习理论认为，"自我效能"是"自我系统"的主要组成，影响人们形成自我效能的来源有四个方面，见图 7－2。

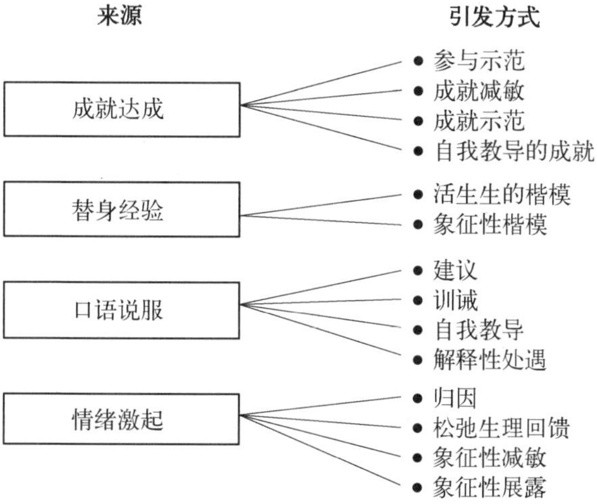

图 7－2　自我效能来源

（资料来源：Bandura，1977，p.195）

依据社会学习理论，同伴教育服务通过组织多层面的服务活动，促进同伴获得成就；通过同伴榜样示范，修正同伴们的认知行为，加上团队动力所形成的正向气氛，同伴们的自我效能感获得提升。

班杜拉认为社会学习的最终目标是“自我规划”，要使人们达成自我规划需要三个阶段，分别是诱发改变、类化、维持。为了使人们能达到自我规划的目的，有以下几种治疗技术：

第一，实例楷模法：引导同伴观看实例，如电影、电视、录音带的示范，学习适当的行为。

第二，认知楷模法：由修正同伴的认知结构或自我效能着手，如增强信心，使他相信自己有改变的可能。

第三，激发自制力：要求同伴表现先前觉得自己无能的行为，或经由治疗者的示范，使同伴发现事实非他想象的那样可怕，再逐步增加自我控制力与对事情的掌握或驾驭能力，通过试验不断提高面对困难的能力，逐渐消除恐惧，进而消除不良行为。

班杜拉认为人的行为是具有目标导向的，他对人的行为改变持乐观的态度，同时也相信人可以控制自己的行为，这些理论观点，成为同伴教育服务的重要指引。

（四）内容

从上海同伴教育的实践，特别是“涅槃重生”同伴教育服务项目的实践经验来看，社会工作者组织各类公益活动，同伴们以示范员的身份参与各类助人互助活动，激发了戒毒康复人员的创造性价值，使其生命意义得到了极大的提升。社会工作者组织了各类感恩活动、献爱心活动、家庭成员沟通交流活动，使参加者的心灵得到震撼，灵魂得到洗涤，重新萌发了对真、善、美的渴求，对“什么是真正的价值”有了感悟和体验。社会工作者通过角色扮演、示范学习、案例讨论等形式，在认知及态度方面给予同伴治疗和修正，改变了他们对人、对己、对社会的人生态度，对构建生命意义发挥了非常好的治疗作用。社会工作者搭建了政府、服务机构与戒毒康复人员的沟通交流机会，提供了各类施展才能的舞台，逐步建立了同伴示范员的社会支持网络，帮助同伴示范员逐步成长。

基于对生命意义建构的目标的坚守、对上海同伴教育服务经验的总结，同伴教育服务的主要内容可以包括三个方面：

第一，开展就业辅导服务和各类公益助人活动，体现社会贡献和社会价值；

第二，开展各类体验活动，感受真、善、美，感受爱，体验价值；

第三，开展各类修正态度、认知、行为、技巧的专业服务活动。

（五）方法

上海同伴教育的经验证明，个案工作是基础，个案工作成效是前提。社会工作者与同伴建立专业关系后，对其开展辅导服务，并且同伴们的社会康复达到一定程度，个人认知和行为表现、家庭关系、个人基本技能及参与动机达到一定水平时，同伴才能在社会工作者的评估后，被介绍加入同伴教育服务之中。进入同伴教育服务系统之后，小组工作方法是最重要的介入方法，它对建立同伴榜样和示范效应，建立同伴之间的互助关系，营建积极向上的团体氛围至关重要。与小组活动同时并行的是各类主题活动，既有同伴成员内部的团康活动，又有社区层面的宣传活动及社会层面的公益活动，近年来随着巡讲、宣传等公益类服务内容的日益丰富，社区层面的专业服务手法成为服务成效的有效保障。在同伴教育服务过程中，个案、小组、社区方法是整合运用的，尤其是作为项目形式的同伴教育服务开展之后，作为一项由系列专业服务活动持续介入才能获得服务成效的项目，更是多种专业方法整合作用的结果。

同时，同伴教育可以借鉴各种专业模式和介入方法，形式多样地开展综合性服务，如同伴教育与家庭治疗、艺术治疗的结合，同伴教育与就业基地康复服务的结合等。同伴教育服务是与其他戒毒康复专业方法相结合而交叉进行的一个服务过程。

（六）形式

在以往的实践中，同伴教育服务探索出了多种形式的服务活动。这些活动形式主要基于对同伴辅导员队伍的培养目标而设立的。小组活动、专题活动形式，起到对同伴辅导能力集中培养的作用，同伴信箱、星火计划、同伴之音、同伴演讲、同伴之窗，起到提供同伴辅导实践平台、提升同伴辅导能力的作用。

这些服务形式是上海实践经验总结的结果，同时，在今后的发展中，也可以随着同伴教育服务内涵的拓展和服务的深入而不断创新。

（七）流程

从目前的经验来看，同伴教育服务流程主要包括三类：

第一，通用过程。包括接案、建立关系、预估、计划、介入、评估、结案、跟进等。

第二，同伴辅导员的晋升流程（见图7－3）。由具备一定康复成效的同伴，经过遴选成为同伴辅导员候选人，再经过培训及评估，合格者成为同伴辅导员。

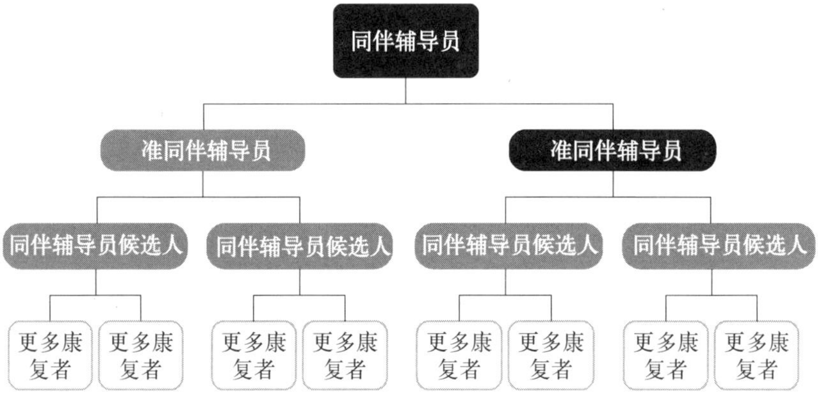

图7－3　同伴辅导员的晋升流程

第三，同伴遴选流程。首先，制定遴选方案。其次，制定入选标准（有坚定的戒毒信念，能保持操守一年以上；有助人的价值观，关注同伴教育；具备一定的沟通能力、语言及文字表达能力；有较好的行为和思维模式；有良好的支持系统，包括家庭和社会工作者）。再次，开展综合评估。最后，确定同伴辅导员候选人最终人选。

（八）制度

1. 政府支持

上海市2004年建立预防和减少犯罪工作体系时提出了“政府主导推动、社团自主运作、社会多方参与”原则，这一原则落实在禁毒社会工作服务推进的整个过程和各个环节之中。同伴教育不是由同伴纯粹自发组织开展的。2004年，上海市禁毒办以智慧和远见，把同伴引入社会工作者培训环节，并把同伴以志愿者的身份安排在区站参与禁毒工作。各级区、街镇禁毒办，其他有关政府部门领导，均在不同层面对同伴教育服务活动提供了支持。政府支持主要包括几个方面：

(1) 在理念上，认同同伴教育的有效性和必要性。

(2) 在制度上，建立有效的政府购买服务制度，包括制定服务项目的实施规划、开展项目招投标工作、在过程中形成监察制度和社会资源支持体系、在项目成效上开展评估等。

(3) 在政策上，进行更多的研究制定和完善。

(4) 逐渐完善基层社会治理机构，完善社会治理创新机制等。

2. 社会组织指导

主要包括：

(1) 建立和健全同伴教育服务的项目管理制度和评估制度。

(2) 建立和健全同伴教育服务的项目管理队伍和督导队伍。

(3) 开展同伴教育服务的实务研究工作。

(4) 提升作为社会服务组织在社会治理创新中的协同能力。

(5) 提升社会组织自身的社会资源整合能力等。

3. 社会工作者运作

主要包括：

(1) 提升社会工作者开展同伴教育服务的专业能力。

(2) 在对同伴有效开展个案管理的基础上，社会工作者需善于挖掘、激发同伴参与同伴教育服务的动机和能力。

(3) 建立不同层级、不同街镇之间，社会工作者与督导、社会工作者与社会工作者之间的分工合作机制；处理好不同专业方法之间的衔接、转介和整合运用。

(4) 建立社会工作者与同伴教育志愿者间的联动机制。

(5) 提升社会工作者动员社会力量，构建服务同伴社会支持系统的能力。

4. 多方参与

多方参与是指，同伴教育服务首先要动员同伴的主动参与，并且通过激发同伴的力量和潜能开展同伴教育服务活动；其次，应动员和联动其他社会组织、市场力量、不同戒毒机构、不同专业力量的共同参与。居委会干部、民警、禁毒志愿者、强制隔离戒毒所、企业组织、同伴家属、媒体等，都是支持同伴戒毒康复的社会力量，需要不断整合联动，形成多方合作、多方参与的机制。

三、同伴教育模式组成要素间的关系

同伴教育模式的要素之间，存在着相互促进和制约的关系。

（一）制度保障和组织保障

在同伴教育服务在全市乃至全国实施开展的过程中，首先，必须建立政府支持、社团指导的制度保障和组织保障，这是同伴教育服务开展的基本前提。从当前上海同伴教育服务的发展来看，依然需要在全市层面获得各级政府部门对同伴教育模式的进一步认同和支持。

（二）核心前提

通过“自助、互助、助社会而实现生命意义重构”的目标定位，是同伴教育模式取得成效的核心前提。培养一支同伴辅导员队伍是保障同伴教育可持续发展的人力基础和发挥同伴效应实现戒毒康复的基础。

（三）技术基础

社会工作专业方法和程序的科学运用，是同伴教育模式的技术基础。同伴教育，已经不是同伴们自发地抱团取暖式的非正式活动了。同伴教育服务，是一项规范、系统、持续的专业服务活动，是通过互助、助社会，达到自助，进而实现戒毒康复的具有中国特色的禁毒社会工作服务的重要组成部分。除了源于西方的同伴教育理论和技术的引用及运用外，本土性同伴教育服务技术也在不断产生和提炼。专业技术的有效运用，是保障同伴教育服务成效的关键。

（四）创新之源

开放及全方位的服务形式和内容，是同伴教育模式的发展创新之源。上海的同伴辅导教育在刚推出的时候曾经遇到很多阻力，因为大家担心将戒毒对象聚集在一起活动会发生“交叉感染”。此项工作得到了上海市禁毒办和有关部门的高度重视，自强总社也意识到这是一项开创性的工作，需要更多政策支持和理论指导，于是采取渐进式推进模式。先在市级层面试点，不断总结经验，严格按照社会工作专业理论规范该活动，待取得经验后再推广到区级层面。而同伴教育服务的具体内容和形式，也是在实务研究过程中，通过实践—提炼、验证—反省—总结—再实践的逻辑循环而成的。在同伴教育服务开展的同时，坚持开展同伴教育实务研究工作，朝着同伴教育的目标，不断创新服务内容和形式，这是保障同伴教育服务模式不断优化的重要条件。

第六节 社会交往

社会交往主要关注戒毒康复人员人际关系方面的需求。大多数戒毒康复人员的吸毒历程多由毒友圈开始，他们的社会交往范围也随之产生了一定的变化，难以摆脱毒友圈的环境，逐渐远离了正常的社会交往。社会工作者可以通过修复亲密关系、强化社区参与、提升沟通能力等方式促进戒毒康复人员的社会联结，使之逐渐远离毒友圈，完成社会康复。

一、社会交往方面的服务需求

“人际关系”对于自我的成长和发展以及建立有意义的社会生活至关重要。但是，服务对象曾经的吸毒行为使他们在很长一段时间内无法与他人建立正常的社会联系。他们既没有兴趣也没有时间去顾及吸毒以外的其他事务，社会交往通常都局限在自我或与毒品关联的小圈子之中，呈现出一种封闭的隔离状态。因此，在实现戒毒康复的过程中，他们一方面需要远离以前的毒友圈；另一方面又需要建立起正常的社会交往关系。

（一）远离毒友圈

毒友圈一直以来都是导致服务对象复吸的一个重要因素，尤其是刚从戒毒所出来的人，要么他们自己会主动去联系以前一起吸毒的人，要么“毒友”会找上他们。而且，即使那些主动远离毒友圈、戒掉毒瘾已经有一段时间的人，偶然一次碰到以前的“毒友”，如果经受不住诱惑，也很可能会跟着一起再次吸食毒品。因此，学会抵制毒友圈的诱惑，是服务对象建立正常社会交往的前提。具体来讲，毒友圈的诱惑主要包括三个方面：一是曾经一起吸食毒品的人会让他们想起曾经的吸毒经验，勾起心理上对毒品的渴求感，使其对此毫无抵抗力；二是原来的毒友圈会将他们暴露于吸毒的环境之中，意志再坚强的人也无法保证自己绝对不会再次沾染毒品；三是在戒毒康复过程中遇到困难或者社会大众针对这个群体存有负面言语和行为时，他们倾向于将这些消极事件作为复吸行为的理由，进而依靠毒友圈回避这些问题。

（二）扩展社会交往圈

目前，社会大众对毒品和吸毒行为的认知大部分还是比较消极的，一方面吸毒给个人、家庭和社会带来的危害难以言尽①，另一方面文学作品、影视画面和相关报道，以及毒品和艾滋病或者毒品和犯罪、恐怖事件之间的关联，导致人们将瘾君子的形象妖魔化②。这些都使得人们对戒毒康复人员形成了特定的群体性想象，一提起吸毒者，就会激起恐慌情绪甚至是公愤。因此，一旦被他人知晓自己有过吸毒经历，社会大众就会对戒毒康复人员采取避而远之的态度。诸如此类的偏见和歧视都阻隔了戒毒康复人员与其他正常社会人群进行互动交往的机会，使得戒毒康复人员为了隐藏自己曾经的吸毒经历而不断缩小人际交往圈，甚至由于无法融入主流社会而重返毒友圈。

二、社会工作介入的方法与技巧

（一）促进社会联结③

针对戒毒康复人员的生活缺乏与社会的联结、生活管理能力弱的特点，社会联结理论能够为开展改善性服务提供指导。该理论的核心概念是社会联结。赫希指出，社会联结是个体通过社会化而形成的、构成人格的组成部分，个体运用它来应对周遭事务、处理人际关系。

1. 依附

依附是个人与他人或群体的感情联系。当个人拥有对他人或群体的依附感，就会在做出某种决定或进行某种活动时，考虑到他人或群体的意见与感情，控制自己的违法偏差与冲动。依附是在情感上、心理上与社会包括家庭、学校、同辈群体具有联系或联结。个体依附的程度或者说其与他人关系的密切度与犯罪行为成反比，个体与其依附程度越高，则偏差行为越少。

2. 承诺

承诺是指，为基于传统活动而设定的目标所进行的努力，为自己的理想或期待而付出的行动。个体是否把自己的时间和精力用在了对于未来职业和教育上面，会直接影响到他们的正常发展。个体越有志向，他就会把更多的时间或精力投入实现自己的理想中去，在行为决策时就越会考虑其对自身的影响，那么其偏差的可能性就越小。良好的家庭和学校教育有利于个体树立崇高的

① 顾慰萍、刘志民：《毒品预防与管制》，经济科学出版社，1997，第58—68页。

② 周永明：《20世纪中国禁毒史：民族主义、历史和国家建构》，石琳译，商务印书馆，2016，第168—173页。

③ T. Hirschi, *Causes of Crime*(Stanford, California: Stanford University Press. 1969).

理想，使其把时间和精力投入于理想，走向偏差的可能性会更小。

3. 参与

参与是指对传统活动的参加和投入。个体越是对参与家庭、学校、社区等组织的活动感兴趣，接触偏差亚文化的机会则越少，那么偏差的概率会越小，但前提是家庭、学校和社区等能够吸引个体去参加其活动。参加程度的不同直接影响个体的行为方式。游手好闲和时间的不合理消耗都会导致偏差行为。

4. 信念

信念是指对社会共同的价值体系的认同。社会群体中存在着一种共同的价值体系和道德观念，生活在这一社会或群体中的人们基本相信、遵循这套价值信念系统。但其中的另类成员，如果对信念的内化程度较低，或者对个人的错误行为运用合理化的心理防御机制，这样的个体就容易出现偏差行为。而对社会准则的信仰是要通过教育逐步内化形成的，即对传统价值观念和道德法制观念的态度或者接受意愿，需要依靠个人不断努力地学习，随着个人的社会化而形成。

以上四个社会联结键，把作为个性组成部分的无法衡量的良心（超我）和内在监督转移到人际联系和关系中来，做到了简明、具体，可观察和可测量，为促进社会交往的相应方法和技巧的运用提供了理论依据。

（二）提升人际沟通能力

1. 周哈利窗(Johari Window)

周哈利窗（见图 7－4）可以帮助服务对象觉察自己日常沟通行为的“自我状态”，训练个人发展的自我意识，在人际交往中更加流畅地表达信息，增进理解和信任，从而发展有益的社会交往关系。

周哈利窗将人际沟通信息划分为四个区，分别为：开放区、盲目区、隐秘区和未知区。开放区是自己知道、别人也知道的信息，在人际交往中，共同的开放区越多，沟通起来就越便利，越不容易产生误会。盲目区是自己不知道、别人却可能知道的信息，例如不易察觉的习惯、性格弱点等，倾听别人对自己的评价，自己对自我的认识也将不断深入。隐藏区是自己知道、别人不知道的秘密信息，在沟通

图 7－4　周哈利窗

中适度地打开隐藏区，能够增加沟通的有效性。未知区是自己和别人都不知道的信息，例如身体的隐藏疾病、个人潜能等。

运用该理论的重点在于使服务对象能够借助别人的回馈反应和透过自己的开放、分享，让盲目区、隐秘区及未知区能逐渐缩小，让开放区渐渐扩大，使人际关系更为圆融、开放及和谐。窗型理论的实施要点包括：

第一，引导服务对象公开自我。通过主动扩大自我的开放区，让其他人更全面地了解自己，从而增进信任，实现相互之间的共享和合作。社会工作者可以以小组为活动组织单位，让每个成员分享心中的一个小秘密，学习在团体中自我袒露、开放自己。

第二，倾听和回应。当听完别人的分享时，社会工作者鼓励组内其他成员给分享秘密者一些有助益的回馈。同时，也可以引导服务对象向其他人询问对自己的意见和看法，使对方更多地了解自己。这样可以使“开放区”逐渐扩大，消除人际的隔阂，使“盲目区”“隐秘区”“未知区”逐渐消失于无形，建立有效的沟通和信任关系。

2. 沟通分析理论

运用沟通分析理论，可以协助服务对象认识自己人格结构中的自我状态，以及个人是如何运用它们来成就自己生活的。沟通分析理论能够强化服务对象在人际交往时的沟通技巧，学习处理人际冲突，培养肯定自我、尊重他人、与人亲密的能力。

埃里克·伯恩(Eric Berne)的沟通分析论主要包括四个重点。

(1) 人格结构分析。沟通分析论认为自我状态分为三种，即父母自我状态、成人自我状态、儿童自我状态 P.A.C。三种自我状态组合形成一个个体，通过交互作用，呈现个人的行为表现。三种自我状态分别说明如下：

第一，父母式的自我状态：个人内化了父母或父母型人物的思想观念、行为表现、语言表达及态度等而形成，其行为特征多属指使性的、权威的、命令的、谩骂的或批评的。语言表达则充满“你应该……”“你必须……”“不可以……”等字眼。

第二，成人式的自我状态：侧重于在生活中的思考概念，是资料和讯息的处理者，在人格结构中是属于较客观的部分，其行为特征较为理性、现实、客观和有组织性。

第三，儿童式的自我状态：偏重在生活中的感觉概念，较属于本能的、冲动的、自发性的行为表现。

社会工作者可以借助 P.A.C.自我状态觉察训练引导服务对象觉察自己在与别人沟通时处在哪一种自我状态下。例如，将两人分为一组，配对演练，先在地上画三个圈，表示 P.A.C.三种自我状态，然后请两个成员出来就某一讨论主题当众对话演练；两个中不论哪一个，当语气成熟理性，情绪稳定地面对问题、解决问题时，则跳到 A 的圈内；当语气属情绪化、孩子气或有委屈、抱怨等行为表现时，则跳到 C 的圈内；以此让成员学习在讲话的当下能立即辨识和觉察自己所处的自我状态，而后改进自己的表达方式。社会工作者也应注意服务对象是否受到其他部分自我状态的干扰而形成“污染”。比如，“成人”如果受到“父母”的污染，表现出来的行为是偏颇的、强势的；如果是受到“儿童”的污染，表现出来的行为就是任性的、情绪化的。另外，也应该注意个人的行为表现是否会有排斥的现象发生，也就是一味地永远只处于“父母”“成人”或“儿童”的某一种自我状态中，不做出任何改变。社会工作者应指出服务对象存在的偏执自我状态，说明其在交往沟通时的不利影响，引导服务对象做出改变。

(2) 沟通分析。人与人之间的沟通，通常有下列三种形式：互补式、交叉式、暧昧式。

第一，互补式：当发讯者与收讯者两者之间的沟通呈平行状态时，表示发讯者能从收讯者方面得到预期的反应，这时两者之间的沟通是良性的，沟通就能一直持续，并且双方都感到舒适。

第二，交叉式：当发讯者无法从收讯者方面得到预期反应时，两者之间的沟通便会呈交叉状态，沟通势必中断。

第三，暧昧式：发讯者所表达的一件事可能传递着两种不同层面的信息，即一语双关。如果对方意识不到，就无法进行有效沟通，同时也显得较为不真诚。

社会工作者可以在服务的过程中增加表达能力和反应能力的训练。例如，两人一组，配对演练，一人扮演当事人，述说最近一个月内自己觉得最得意和最失意的一件事，另一人则扮演辅导员，针对当事人此时此地的心境，学习用描述性的方式来表达感受，做有意义的回馈反应。之后，角色互换，轮到另一人给回馈反应。当服务对象对收到的信息模棱两可时，可以示范澄清的技巧；一段对话结束时，可以询问对方是否理解，或者适时回顾总结。以此增进互补式沟通，减少交叉式、暧昧式沟通。

(3) 脚本分析。每个人从早年开始，因受父母及成长环境的影响，就已写定了自己的"生命脚本"，并依据此脚本去规划自己的生活。一个人有怎样的脚本，就会有怎样的人生。社会工作者可以通过"回溯"挖掘服务对象的脚本，并尝试分析自己由于不同的"生命脚本"所衍生出来的不同的生活状态，分析其形成的原因，找出其中的不合理之处，书写更具积极意义的新脚本。

(4) 游戏分析。心理游戏是一种表面看似合理，实则暗含某种动机的沟通方式。例如，玩一些不真诚的心理策略游戏。心理游戏的本质是"阻止亲密"，导致参与沟通的一方或双方感到不适。斯蒂芬·卡普曼（Stephen Karpman）戏剧三角是心理游戏的常见形式，具体表现为：

其一，压迫者：永远想居领导地位、一直想指挥别人，超越别人者。

其二，拯救者：当别人受到欺负，你会主动要去帮助别人者。

其三，牺牲者：常觉得自己是一个被欺负的人，是个可怜的无助者。

社会工作者应注意服务对象在沟通时是否存在心理游戏，以避免沟通陷入僵局。服务时以真诚为原则，向服务对象展现充分信任，减少心理游戏的产生频率，增加有效沟通。

三、案例分析与讨论

（一）案例[①]

1. 接案

服务对象张某是由社区转介给社会工作者的。社区工作人员向社会工作者简单介绍了服务对象的情况。张某出生于20世纪60年代，1996年至2014年有长达18年的吸毒史。张某只有初中文凭，因丈夫经商，自己从未上过一天班。早年她在丈夫的带领下，夫妻两人共同吸食毒品。因为夫妻二人有不同的毒友圈，而双方心思又都在毒品上，所以之后张某与丈夫分居，但是并没有离婚。丈夫目前还住在小区里，并成功戒毒。张某断断续续戒了很多次，但每次都在毒友的鼓动下复吸。夫妻双方均为低保户，平时联系很少。小区居民知道张某夫妻都是吸毒的，所以没什么人和他们来往，只有他们一个圈子的人才会和张某联系。离开强戒所后张某一直和母亲居住在一起，并与两个姐姐一个弟弟经常往来。两个姐姐时常会在经济上接济张某。弟弟因为一直在

① 根据上海市自强社会服务总社的社区戒毒社区康复服务案例改编。

外地做生意，平时只是电话联系，偶尔会邀请张某带着母亲去外地小住一段时间。对于张某一直无法戒毒成功，母亲痛心疾首，但是因为年龄大了，也无法管教张某的吸毒行为。

社会工作者尝试通过张某的母亲联系张某，但母亲说："我们也联系不到她的呀，前一个月刚刚放出来没几天，又出去玩了，也不知道她现在在哪里？"最终，社会工作者通过户籍地派出所社区民警所提供的张某的电话号码，联系到了张某。张某表示自己刚刚从强戒所出来，现在住在朋友这里，并表示自己不知道什么是社区戒毒。如果有事下个星期会到社会工作者这里来一次。第二个星期张某如约前来，张某表示自己吸了十几年了，很早的时候还得过子宫癌，"老公"（公安）没办法处理的。这次正好碰到风头上，关了几个月也出来了。社会工作者向张某解释社区戒毒的事宜，表示现在《禁毒法》已经健全，张某不会因为身体有疾病而获得豁免，况且张某目前还享受低保待遇，接下来面临廉租房申请。这些东西都是直接跟社区戒毒挂钩的。张某考虑再三后，与社会工作者签订社区戒毒协议，表示愿意配合社会工作者的工作。

2. 预估

社会工作者通过与服务对象张某面谈、查阅张某个人及其家庭的基本资料，同时走访派出所，向社区民警了解了张某吸食毒品的历史，与服务对象家属、所在居委会的综治干部开展访谈，汇总各类信息之后对张某的情况进行分析和预估。根据上述了解到的情况，社会工作者做出如下分析预估：

（1）生理层面：长期的毒品吸食行为对张某的身体造成巨大伤害，同时也对服务对象性格、脾气等产生了负面的影响。

（2）认知层面：因"男朋友"的影响，对毒品存在一定的认知偏差，将毒品视为缓解身体疼痛的药方，更因自己曾经身患绝症，对法律法规更加轻视。

（3）社会交往层面：仍与毒友圈保持联系，毒友的诱惑和劝说导致张某多次复吸；张某只有初中文化，从未工作过，接触社会以后也只是在毒友的圈子里混，这也直接导致了她缺失正常的社会联结，无法靠自己回归正常的生活。

3. 计划

社会工作者基于对张某的预估，认为只帮助张某实现短暂的生理脱毒还无法彻底根除服务对象的问题，需要从根源入手，断绝张某与毒友圈的来往，帮助其树立对毒品的正确认知，改善家庭关系，建立更为稳固的社会联结。社会工作者因此把服务计划设定为：第一步，巩固专业关系；第二步，改善张某与家人的关系，树立家庭责任；第三步，通过社会工作专业技巧分析毒友圈的不良影响，适时引导张某远离毒友圈；第四步，建立张某与社区间的正常沟通关系，帮助张某适应正常的生活环境；第五步，巩固帮教成效，帮助张某理解人生的真谛。

4. 介入

(1) 远离毒友圈

签订社区戒毒协议的一个月后，社会工作者又收到了张某的社区戒毒决定书。社会工作者立即联系张某了解情况。张某来到社会工作者处，表示这次因为“男朋友”实在没忍住毒瘾，自己就帮忙去拿“东西”，谁知道刚到那里就被民警抓到了。民警也没有听她解释什么，就让她再次签字确认，然后就开具了社区戒毒决定书。她自己也感到非常不好意思，但是表示自己这次肯定没有吸。社会工作者表示，虽然不知道事情是否像张某所叙述的那样，但是社会工作者还是愿意相信张某所说，希望张某也能够信任社会工作者，以后不管有什么事，都希望跟社会工作者坦诚，社会工作者也是非常愿意帮助张某的。张某听后非常感动，表示愿意配合社会工作者的工作。在之后的接触中，张某向社会工作者讲述了很多过去的事情。例如，当年吸毒有多风光，自己当年花钱如何大手大脚，自己和“男朋友”如何跟警察斗智斗勇，“男朋友”跟自己讲的吸毒的好处等。社会工作者表示在张某看来这些事可能觉得很自豪，但是从社会工作者的角度来看，这些并没有什么可骄傲的。无论当初张某有多风光，但最终获利的都不是张某。大把大把的钱是送给了毒贩，而自己只是获得了劳教、看守所、强戒所这些“待遇”。至于“男朋友”关于吸毒好处的言论，更是毫无根据的谬论，吸毒只会加重张某的身体疾病，而不是缓解病痛，更不是张某复吸的借口。张某表示，听了社会工作者的话，自己也感触颇多，希望这次自己能够真正地戒毒成功。

在随后的一次抽查尿检的访谈中，张某带着满脸伤疤来到社会工作者处。张某表示昨天夜里，自己照镜子突然发现脸上长“毛”了，然后自己拼命地用毛巾擦，擦了很久很久，把脸全部擦破了。一大早母亲看到吓了一跳，赶紧送她去了医院，还好只是简单的擦伤，医生帮她清理伤口之后，让她回去休息，别晒太阳。但是张某担心自己得了精神病，终日惶恐。社会工作者询问张某这个幻觉产生多久了，间隔多久发生一次。张某表示第一次发生。自己以为自己在做梦，后来感觉到疼痛才知道是真的，但是已经晚了。社会工作者询问张某在吸食海洛因期间，是不是还吸食过冰毒。张某表示，之前“男朋友”不吃“大烟”之后，的确带她一起改吸冰毒，“男朋友”那时说冰毒是无害的，可以代替海洛因。但后来“男朋友”也经常大发脾气，甚至动手动脚。社会工作者向张某解释，因为冰毒直接作用于大脑，对大脑的伤害大过身体，长期吸食冰毒，会导致精神类疾病，这次对张某是一种警惕，也是一种预兆。如果再发生类似的事，社会工作者就应建议张某到精神卫生中心做个检查，以免耽误病情。另外，切不可沾染冰毒，加重对大脑的危害。外面流传冰毒能戒除海洛因的传言是完全错误的，毒品就是毒品，绝无替代一说，伤害根本不会减少。张某表示，这次自己也非常后怕，自己是真的吓到了，真的不敢再碰毒品了。张某做完尿检后表示，自己决心彻底与“男朋友”和毒友圈其他人断绝联系。社会工作者抓住这次张某自省的机会，协助她了解自己在戒毒过程中存在的盲区，并协助探索她与“男朋友”及其他毒友圈交往中的隐秘区及未知区，深刻反省并调整原有的互动关系，使人际关系更为健康安全。

（2）改善家庭关系

为改善张某与家人之间的关系，增加张某的社会联结，社会工作者组织了张某的家庭会谈。张某表示现在自己在家里像做贼一样，母亲只要看到她关门，就会来敲门，自己感觉一直在被监视。社会工作者安慰服务对象说，当初到现在十几年的时间里，母亲为她担惊受怕了那么久，试问一个岁数那么大的人还在关心自己的孩子有什么错。母亲这个年纪的人本应该享受天伦之乐，现在却还在为自己孩子的生活操劳，外人看来会觉得老人这样很苦，但是从社会工作者的角度来看，这是一种爱。张某也要换位思考一下，如果换成自己的孩子吸了那么多年的毒，会不管吗？社会工作者建议张某回家以后要和母亲好好沟通，拿出实际行动，相信在不久的将来，母亲也会信任张某。张某的母亲表示赞同，同时还表态，只要张某能够戒毒成功，家人就会无条件支持。张某的两个姐姐和一个弟弟生活都不错，侄子上班以后也会经常问起张某的情况。张某表示，这次家人对她有很大期望，还专门开了家庭会议，姐姐弟弟也让母亲盯住自己，有什么不正常马上就通知他们过来。自己现在被寄予厚望，再不努力会对不起家人的支持。张某与家庭的关系慢慢好起来了，家人对张某的积极性支持作用也逐渐发挥了出来。

（3）拓展社会交往圈

之后的半年时间，社会工作者与张某的接触更为频繁，也得到了张某的完全信任，张某遇到了困惑都会联系社会工作者，并希望社会工作者帮忙拿主意。社会工作者强调了自己的引导作用，可以适时地提供建议，但是决定权始终由张某自己掌握。张某也已经与其他吸毒人员完全断绝了关系。通过定期参加社会工作者组织的小组活动，张某学会了人际沟通的基本技巧，也学会了对自我的人际关系类型进行反思和调整，并建立了一些健康的社交关系。社会工作者也会陪同张某到居委会、社保中心、派出所办理一些日常事务。渐渐地，张某对社区资源渐渐了解，自己会去社区事务受理中心解决一些简单的小问题。

社会工作者进行家访了解时，张某的家人对张某的变化大为赞赏。家人表示，现在看到张某自己出门，也放心了，因为已经好久没有看到民警上门来找她了，家人感到欣慰，一家人也经常聚会活动，关系越来越融洽。

在社会工作者服务张某的最后一年里，张某依旧能够与社会工作者保持日常面谈及完成抽查尿检工作，做到随叫随到。每年的健康体检，张某均能按时参加，张某的病情也得到了控制。张某与小姐妹也慢慢恢复了交往。张某说，以前吸毒的时候，与自己一起长大的小姐妹叫她出去玩，自己都不敢出去，怕因为自己吸毒被查影响到别人。现在自己才体会到原来结伴出游会那么开心，大家可以一起享受美食，也可以欣赏风景。原先每天的生活就是睁开眼睛出去找钱，找到钱就去买毒品。现在每天起来是看微信，看朋友圈，看看别人介绍有什么地方可以玩，和小姐妹的友谊也越来越深，这种感觉实在是太好了。

5. 结案

社会工作者将三年来所发生的事一一与张某回顾着，让张某感受到了自己的变化，同时鼓励张某继续保持目前的这种状态，找回自己、一切重新开始。

时光荏苒，目前张某在社区戒毒三年执行期满，且已认定戒断毒瘾三年以上，张某也从最初的无知、任性，放纵，到现在学会了健康社会交往，有了稳定的家庭支持和朋友支持，好学、自律、守法，对于一个有着 18 年“吸毒史”的人来说，这变化是一个“奇迹”。

（二）案例分析

上述案例中的服务对象张某长期吸食毒品，在身边毒友的影响下有多次复吸经历。在建立专业关系阶段，社会工作者首先帮助张某分析社区戒毒的必要性，坦诚告知新形势下疾病特许已经不奏效，低保待遇更是与社区戒毒息息相关。签订社区戒毒协议后，社会工作者对张某的情况展开了全面预估，并根据预估结果，将促进张某的社会联结作为服务开展的“主心骨”。在信念方面，社会工作者及时发现张某身边毒友的不良影响，建议张某远离毒友圈，并阐明吸毒对个人、社会的危害性，挑战了张某的不合理信念。在因冰毒副作用产生幻觉不慎将自己抓伤后，以及社会工作者告知用冰毒代替海洛因的想法不可行的反复辅导下，张某意识到“男朋友”的说法是完全错误的，并下决心与过去的毒友圈彻底脱离关系。在依附方面，社会工作者组织了张某的家庭会谈，帮助张某与母亲解开心结，相互理解。家人的支持也使张某更加坚定了戒毒的决心。在承担方面，张某在戒毒过程中逐渐明确了彻底脱毒的目标，给自己确定了有规律的生活内容和安排，积极参加社会工作者组织的各项活动。在参与方面，张某在社会工作者的帮助下拓展了新的社会交往圈，例如参与社区事务、与家人出游、与朋友享受美食。

社会工作者在本案例中，帮助服务对象了解到毒品的危害性，协助服务对象改善家庭关系，远离毒友圈，并发展新的社会交往圈。这些举措使服务对象得以重新建立了健康的生活节奏，并踏上社会，开创出属于自己的新生活。

第七节　帮 扶 救 助

帮扶救助重点保障戒毒康复人员基本生活生存需求，尤其是戒毒康复人员的生计问题。戒毒康复人员由于之前长期吸毒、出所后存在社会偏差行为等，其在经济收入、再就学、再就业等方面面临困窘。社会工作者在帮扶救助方面，可通过有关政策解读、自身优势资源和社会支持网络分析、联系有关政府部门等链接社会资源为有需要的戒毒康复人员解决生活中存在的问题，以满足戒毒康复人员的基本生存权利。

一、生计方面的服务需求

大多数服务对象在经济上都是困窘的，而回归正常社会生活的过程中也总是会遇到一系列的问题，使其生活面临较大压力。因此，有必要帮助服务对象解决当前的生活困境及未来的发展问题，需要链接各种社会资源以协助他们缓解困境。

（一）物质救助

服务对象在回归社会的初期往往无法立即实现就业，后期也大都会由于年龄大、学历低、缺乏相应的技能或无法通过政审等而难以找到一份合适的工作。这就使得服务对象缺乏基本的经济来源维持生计，只能依靠一些救助资源维持生活。由于长时间与社会隔绝，他们又常常会在申请社会保险、社会救助或住房保障等方面遇到一些困难。[①] 例如，很多服务对象并不了解相关政策，或者不知道如何申请这些救助资源。这个时候就需要社会工作者或者向有关部门反映具体困难，或者协助服务对象一起与社区街道或者其他有关部门联系，通过整合各类资源协助他们走出困境。

总的来说，为服务对象提供物质生活上的帮助以及协助他们了解和申请相关的救助资源，不仅能够帮助服务对象渡过生活中的难关，还能够让他们感受到来自社会各界的关怀与支持；同时，共同应对困难的服务过程，也有助于社会工作者与服务对象专业关系的建立，消除服务对象对社会的误解或敌对情绪。但需要注意的是，在提供帮扶救助的过程中，社会工作者也需要注重服务对象能力建设和自主性的培育，避免由于过度包办而导致服务对象对社会工作者产生依赖。

（二）再就业

物质救助或社会福利政策只是暂时性的，协助服务对象再就业是社会工作者的重要服务工作之一。目前很大一部分戒毒康复人员都没有正常就业甚至是尚未就业，他们不仅因此陷入生活困境，还存在着长期依靠他人、责任感缺失、技能差等问题。如若长期混迹于社会而没有一份正当、稳定的工作，则容易因与闲散人员接触过多而导致复吸。

由此可见，再就业对于服务对象来说远不只是一个关乎生计或生存的问题，更是一个关乎能否顺利回归社会、过上正常社会生活的重要议题。一方面，在人们的观念当中，工作是每个成年人日常生活中都应有的重要组成部分，一份稳定的工作对于服务对象而言，是其正常社会功能得以恢复和正常社会关系得以建立的表征，能够让他们自己以及周围其他人将其视为一个正常人，而不是一个游手好闲的人。另一方面，工作对于服务对象而言还具有很多重要的功能和社会意义。其一，工作能够重新塑造服务对象的生活，为他们建立基本的生活节奏；当整个生活充实起来的时候，他们也就可以避免脑子里一直想着毒品。其二，工作可以成为服务对象实现自身价值的一种方式。其三，工作是一种身份认同，服务对象可以在工作中为自己创造角色和身份，以便更

① 金碧华：《对社区矫正假释犯对象在社会保障方面的社会排斥问题研究》，《社会科学》2009 年第 5 期。

好地理解“我是谁”以及“我在社会当中处于何种位置”，并在角色扮演和不同身份转换的过程中增强自我效能感和自信心。其四，工作是一种社会关系，在工作中，服务对象不可避免地需要与其他人进行人际交往互动，在这个过程中他们就可以建立起自己的社会关系网络。

因此，“就业安置”服务就不仅仅是为服务对象提供岗位信息或直接为其安排工作岗位，而是需要围绕“工作”所承载的上述意义来设计相关的服务内容，从而促进服务对象积极主动地实现就业。

二、社会工作介入的方法与技巧

帮扶救助重点保障服务对象基本生存权利，解决服务对象生计问题，主要是协助就学就业和帮困，社会工作者主要通过链接并整合相关社会资源，提供给有需要的服务对象，帮助其解决当前生活中存在的问题，可运用社会支持网络视角和优势视角的方法与技巧提供服务。

（一）社会支持网络视角

社会支持网络视角对个人在特定生活场景下与周围他人交流过程中逐渐形成的社会关系状况进行考察，这能够帮助社会工作者更好地理解服务对象与周围环境之间的互动方式和状况。社会支持网络包括服务对象涉及的社会支持网络的资源、社会支持关系的转化、获得社会支持的可能性、对待求助者的态度以及评估和维持社会支持关系的能力等①，社会支持网络中的资源不仅包括与服务对象密切相关的人际关系资源，还包括社会支持、物质资源等能够帮助服务对象解决当前问题的有效资源。

社会支持网络在社会工作开展服务过程中的核心要素主要包括三个：第一，帮助服务对象确认可利用的资源，并且协助服务对象建立起资源链接的方式；第二，依据服务对象现有的能力以及与周围资源链接的方式开始实施服务的计划，这个阶段注重服务对象利用周围资源能力的提升；第三，让服务对象参与整个服务计划的制定和实施，帮助服务对象学会以合作的方式处理日常生活中面临的各种冲突。②

---

① 童敏：《社会工作理论：历史环境下社会服务实践者的声音和智慧》，社会科学文献出版，2019，第313—314页。

② 童敏：《社会工作理论：历史环境下社会服务实践者的声音和智慧》，社会科学文献出版，2019，第314页。

利用社会支持网络视角所提供的服务主要包括以下四个方面。

1. 促进就业

人力资源和社会保障部门负责对有需求的服务对象进行职业技能培训，并将其纳入本地职业技能培训总体规划。符合条件的服务对象可以申请享受相关就业扶持政策，接受公共就业服务机构提供的职业指导和职业介绍等服务。

2. 帮助接受教育

对于未完成义务教育的未成年服务对象，司法行政等有关部门应当配合教育部门，协调并督促其法定监护人，帮助其接受义务教育。对于在非义务教育阶段有就学意愿的服务对象，地方教育部门应当对其予以鼓励和支持。

3. 做好基本生活救助

民政部门对基本生活暂时出现严重困难、确实需要救助的服务对象依法给予临时救助。将生活困难、符合最低生活保障条件的服务对象家庭依法纳入最低生活保障范围。

4. 落实社会保险

已参加企业职工基本养老保险并实现再就业或已参加城乡居民基本养老保险的，按规定继续参保缴费，达到法定退休年龄或养老保险待遇领取年龄的，可按规定领取相应基本养老金。服务对象可按规定执行基本医疗保险等有关医疗保障政策，享受相应待遇。符合申领失业保险金条件的服务对象，可按规定享受失业保险待遇。

（二）优势视角

优势视角是社会工作者与服务对象一起工作的一种方式，社会工作者不再聚焦于服务对象的问题、不足或标签，而更关注服务对象在互动过程中所呈现出来的优势、能力、资源以及成就[①]，在提供服务过程中充分挖掘服务对象的优势并利用这些优势、能力、资源等，以解决服务对象所面临的问题。

1. 优势视角的基本假设

主要包括：

（1）优势视角相信每个人、小组、家庭、社区都有优势，且每个人都是可以

① Barbra Teater:《社会工作理论与方法》，余潇、刘艳霞、黄玺译，华东理工大学出版社，2013，第45—46页。

改变的，每个人都有尊严和价值，都值得尊重。

（2）优势视角认为服务对象具有解决问题的力量与资源，并且每个人都具有在困难环境中生存下来的抗逆力。即便是处在困境中备受压迫和折磨的个体，也能够以未曾预料到的决心去迎接和创新未来生活。

（3）优势视角认为在社会工作助人实践过程中，关注的焦点应该是服务对象个人及其所在的环境中的优势和资源，而非问题和症状，服务对象发生改变的重要资源来自服务对象自身，而非外部，服务对象个人经验是一种优势资源。

2. 优势视角的基本操作原则

优势视角超越传统问题取向的理论范式，重点关注服务对象的优势和自身所存在的各种资源，因而助人过程把注意力聚焦到服务对象如何理解自身生活、如何看待周围环境以及如何从自身生活经验中寻找生活的意义。在开展助人服务过程中，利用优势视角所保持的基本操作原则主要包括①：

（1）个人、团体、家庭和社区都有优势；

（2）创伤、虐待、疾病和抗争具有伤害性；

（3）与服务对象合作才能更好地提供服务；

（4）所有的环境都充满资源；

（5）激发抗逆力和优势的话语与叙事；

（6）迈向正常化且资本化人们的游戏。

3. 优势视角下的提问

发现、辨识服务对象的优势是优势为本的干预技巧的目标所在，以下五类问题有助于发现优势。

（1）生存问题：

你如何在艰苦的环境中成长？

面对困难，你是如何设法生存下来的？

哪些困难给了你特殊的力量、洞察力或技能？

（2）支持问题：

什么人给了你特殊的理解、支持和指导？

哪些人是你能依赖的？

---

①　何雪松：《社会工作理论》，格致出版社，2007，第207—208页。

他们提供了什么特殊的东西？

他们是主动上门的吗？

什么样的团体对你有过帮助？

（3）例外问题：

当生活中所有的事都顺利之时，有什么差异吗？

过去你感觉到生活得更好、更有趣或更稳定的时候，你的世界、人际关系和思维方式有什么特殊和不同吗？

你生活中哪些时刻或者哪些事件曾经给了你特殊的理解、抗逆力和指导？

（4）可能性问题：

你追求未来的生活是什么？

你的希望、远见或志向是什么？

你为了实现这样的目标已经奋斗了多久？

在这个过程中，什么人对你有所帮助？我如何帮助你达到你的目标或再现你过去所拥有的特殊能力和时光？

（5）信心问题：

当人们表扬你时，他们一般说什么？

在你的生活中你最引以为豪的是什么？

什么时候你开始相信你自己能够追求到你生命中想要的东西？

涉及怎样的人、事情和思想？

当你一帆风顺的时候，你做什么？和谁在一起？

三、案例分析与讨论

（一）案例：从八年三次强戒到最终戒断成功[①]

1. 接案

阿丽，2016 年夏天结束强制隔离戒毒，回归社区，这是她在过去 8 年时间内的第 3 次强戒记录。阿丽的父母在早些年已经过世，哥哥是少数还关心她的亲人。因为早年吸毒的缘故，阿丽和哥哥有过争执，但是在阿丽强戒期间，哥哥依然以亲人身份定期探望并寄送衣物，关心着身处高墙之内的妹妹。阿丽在最后一次强戒之前曾经谈过一个男友，不幸的是，男友也是一名吸毒成瘾

① 根据上海市自强社会服务总社的社区戒毒社区康复服务案例改编。

者。加上阿丽自身的社交圈中也不乏正在吸毒的“毒友”，在这样的环境中，阿丽没有控制住自己的心瘾，最终走上复吸之路。阿丽在吸毒之前的生活显得规律而正常，曾做过某百货商店的营业员，后来下海做些小本生意。在上班期间阿丽每年都正常缴纳社会保险和养老保险，即使在下海做个体生意时期也坚持自主缴费，累计到目前，阿丽的缴费年限已达 12 年。

社会工作者在 2016 年年初开始接触阿丽，通过前期与在所内阿丽的书信往来和之后的接所工作，社会工作者与阿丽建立了帮教关系，同时也顺利签订了社区康复协议，正式开始了 3 年社区康复帮教工作。

2. 预估

回归社区后的阿丽暂时居住在外区朋友家中，父母曾留给她一套百年老宅，但是在几年前已经卖掉了。朋友有自己的生活，不方便让阿丽长期逗留和居住；而哥哥一家是一套一室一厅的房子，也无法再容纳阿丽。阿丽的住房安置问题凸显。

阿丽虽然与社会工作者签订了社区康复协议，但开始阶段对于社区康复协议中的检查工作显得较为抗拒，包括初次的当月尿检，阿丽就借口刚回社区，有很多事要处理而逃避。在很长一段时间内，阿丽都不接社会工作者的电话。社会工作者曾前往阿丽寄宿的朋友家所在的社区进行走访，了解阿丽的基本情况。从阿丽朋友口中得知，阿丽这段时间一直早出晚归，经常喝得醉醺醺地回家，周边邻居对于阿丽也颇有怨言。同时从该社区的居委会干部和禁毒志愿者处了解到，阿丽的朋友曾有过吸毒记录，在这个社区中也存在多名记录在册的药物滥用人员，阿丽的康复环境不容乐观，不排除目前仍有复吸的可能。

在阿丽出所后的第二个月，社会工作者在阿丽户籍地的街道办事处为阿丽申请了当月的临时困难补助，同时联系了阿丽的哥哥，将阿丽目前的情况如实告知，希望家属能够与社会工作者一起帮助阿丽重回正轨，阿丽哥哥非常支持。社会工作者将临时补助金转交给阿丽哥哥，由他转交并通知阿丽，这一方法取得了效果，随后一个星期，阿丽主动联系了社会工作者，在电话中，社会工作者对于阿丽之前的短暂失联只字未提，而是用暖心的话语给予她信心和鼓励，阿丽受到了触动。通完电话后的第二天，阿丽来到社会工作站点与社会工作者见面。

在这次见面中，阿丽也向社会工作者诉说了之前一个月自己的生活状态，因为无所事事和空虚，她又与过去的朋友取得了联系；她想找一份工作让自己充实起来，但是因为吸毒人员的身份屡屡碰壁；当看到朋友背着自己再次吸毒时，为了控制心瘾的蔓延，阿丽开始酗酒，借用酒精来麻痹自己抵抗毒品诱惑，阿丽知道朋友家人对自己也有诸多看法，所以有时候自己就会躲在小饭店中喝酒到深夜才回朋友家。阿丽坦言，自身想要改变现状，但是不知道该怎么做。

3. 服务目标制订

在了解到阿丽的问题和需求，并分析了阿丽周边可以利用的社会资源之后，社会工作者开始为阿丽制订服务目标。结合优势视角中的理念，社会工作者决定与阿丽一同来讨论确定社区戒毒康复服务目标和介入措施。社会工作者希望自己能够成为阿丽的合作者和顾问。这种方法得到了阿丽的肯定和欢迎，她的积极性被充分地调动起来。根据预估结果，社会工作者与阿丽协商把服务的核心聚焦到帮扶救助层面，引导阿丽正确认识周边资源，协助阿丽妥善解决住房问题，向阿丽提供就业信息，提升其就业技能，争取早日实现就业。

4. 介入与改变

为服务对象开展正式服务之前，社会工作者首先运用优势视角和社会支持网络对服务对象自身所具有的资源、能力、人际关系等方面进行系统分析，让服务对象看到自身改变的可能，之后重点针对生活安置和就业帮扶开展服务。

第一，理论分析。优势视角能够看到服务对象本身的努力，关注他们所潜藏的能力、资源以及倾向于挖掘对象自身的潜能。在了解到阿丽存在的困难和需求之后，社会工作者从优势视角出发，与阿丽共同分析阿丽身上的闪光点以及身边可以利用来进行改变的资源。阿丽所具有的优势如表 7－4 所示。

表 7－4　优势评估表

目前的生活	期待的生活	拥有的能力和资源
身心状况		
身体状况一般，有酗酒的恶习，偶尔会失眠。因为自己吸毒者的标签而苦恼	有健康的身体，能够戒酒成功，可以得到外界公正的对待	身体素质尚可，失眠问题并不严重。有强烈的改变意愿，不会因为他人的观点而一蹶不振

续　表

目前的生活	期待的生活	拥有的能力和资源
	戒毒情况	
生理虽已脱毒,但是心瘾依然存在,康复环境也不甚理想	戒断毒品,摆脱毒品的控制	有较强的戒毒意愿,自制力较强,会尝试通过其他方法转移心瘾。哥哥在康复中可以起到监督作用
	经济情况	
靠最低生活保障和哥哥的接济度日,有时也会向朋友借钱,生活压力较大	希望能够找一份工作自食其力提高收入,并方便之后顺利办理退休手续	其条件符合申请公租房补贴要求,目前借宿在朋友家中,暂时不用为房租犯愁。户籍所在地街道办事处有完善的困难补助政策系统
	求职情况	
出所后无所事事,近8年一直断断续续地打零工,缺乏一技之长	希望找到一份工作摆脱无所事事的现状,最好能够加金,为之后退休做准备	有积极的求职动机,目前已缴险金12年,还差3年就能顺利办理退休手续。有多年工作经历,可吃苦耐劳,无所谓工作性质,所在街道办事处有诸多职业资源
	休闲娱乐	
无所事事,生活空虚,无其他娱乐方式,偶尔会和过去毒友交流打牌	希望可以拥有自己的生活,建立良性的朋友圈,让自己的生活多姿多彩	社会工作站点和社区中有丰富多彩的活动,本人也希望能够参加。有手机使用技能

在与阿丽一起开展优势资源梳理之后,社会工作者又运用社会支持网络理论,与阿丽共同绘制了关系网络图,以便更为直观地总结和归纳她的周边资源。其关系网络如图7-5所示。

在分析阿丽关系网络的过程中,社会工作者提醒阿丽注意到:阿丽的哥哥是最为关心阿丽的人,也有一起做好阿丽帮教工作的想法,家人的支持对于阿丽今后的康复工作显得尤为重要。朋友A正是那位短暂收留阿丽的人,据阿丽自己所述,她们在很久之前就已经认识,两人关系非常好,朋友A曾经也吸过毒,后来经过努力戒断了毒瘾,目前在一家商务大楼当保洁员。朋友B是

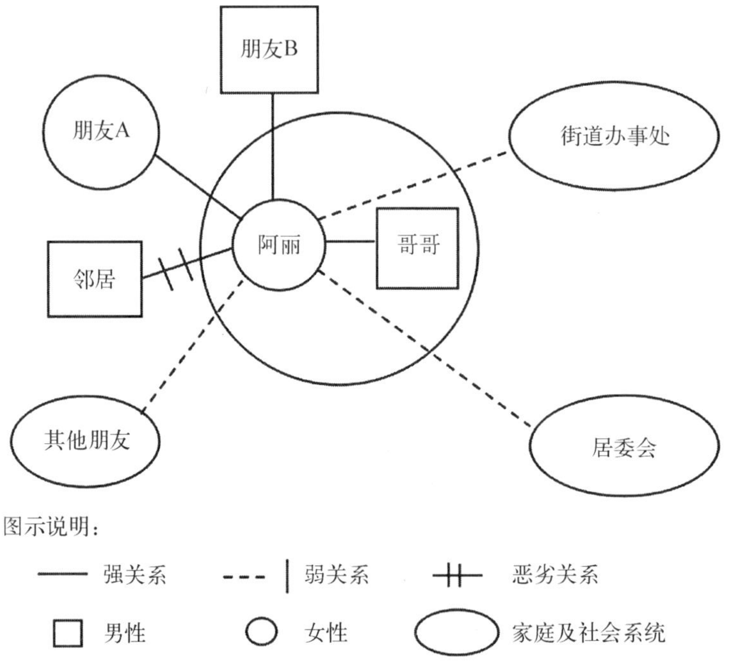

图 7-5 阿丽的关系网络图

阿丽的前男友，这次出所，朋友 B 也较为关照，阿丽在出所后也向他借过钱，朋友 B 目前在外区执行社区戒毒中，无业，属于在册药物滥用人员。

除此之外，阿丽和其他毒友虽偶有接触，但是并没有上述两位那么紧密，属于点到即止的关系；由于酗酒经常早出晚归，阿丽和朋友 A 的邻居关系较为紧张。阿丽与户籍所在地居委会和街道办事处之间几乎没有联系，除了在出所之后的几日前往街道办理低保之外，再无联系，对于街道和居委会所拥有的资源，阿丽也一无所知。

通过优势视角的分析和网络关系图的绘制，社会工作者协助阿丽发现自身和周边的社会资源，这些资源对于解决阿丽的问题能起到至关重要的作用。

第二，生活安置工作。目前阿丽暂住在朋友 A 家中，朋友 A 有自己的家庭和生活，阿丽的入住已经影响到了她家人的正常作息，加上阿丽早出晚归的缘故，阿丽和周边邻居之间的关系也很紧张。此外，朋友 A 所在的小区戒毒环境并不是很好，有着诸多正在执行社区康复协议的在册药物滥用人员。加上身处外区的缘故，社会工作者无法与阿丽按时见面和访谈，如果能够搬回本街道居住，十分有助于阿丽的日常帮教。

社会工作者陪同阿丽前往户籍地街道办事处咨询公租房办理政策，经过认定，阿丽符合申请公租房的条件，在办理完先期的手续及通过审核后，阿丽每个月将会定期领取到公租房补贴。同时，社会工作者也陪同阿丽咨询社区中的房屋中介公司，经过实地勘验和对比，阿丽找到了一间价格适中的房源。

但是公租房审核期间阿丽的房租是一个较为棘手的问题。在与阿丽的一次访谈时，社会工作者邀请阿丽哥哥一同参加。在访谈中，社会工作者提出希望哥哥能够在这段时间之内协助阿丽一同负担房租的愿望，同时将阿丽搬回本街道居住的好处一并告知。在与阿丽和阿丽哥哥的交流过程中，社会工作者表达出对于阿丽最终能够戒毒成功的信任。社会工作者的信念和支持最终感染了阿丽一家，哥哥答应承担阿丽公租房审核期间部分房租。

社会工作者还陪同阿丽与街道住房保障部门多次沟通，协助阿丽申请到了临时住房补贴。2016 年 8 月，阿丽回归社区后的第三个月，终于从朋友 A 的家中搬出，搬入了新家。

第三，积极帮助阿丽实现再就业。截至 2016 年出所之后，阿丽已经累积缴险金 12 年，距离她能够成功领取以后的养老保险还差 3 年缴险金期，因此阿丽相比其他药物滥用人员来说有着较强的求职意愿。但是阿丽同样存在着年龄偏大、无文凭以及无一技之长的劣势，这些因素都不利于她的后续求职。

自 2016 年 9 月起，社会工作者带领阿丽走访了街道中的职业推荐中心、社区中的两家“帮帮”公益服务社。在相关工作人员的指导下，阿丽认真填写了求职登记表。但是找工作并不容易，尤其是像阿丽这样有过强制处罚记录的人员，很多公司在招聘时都会向应聘者提出开具无违法犯罪记录证明的要求，这一项就限制了很多机会。在多次面试失败碰壁之后，阿丽的情绪又低落了下来。

社会工作者利用优势视角，分析当前阿丽存在的优势资源，不断鼓励阿丽不要气馁，求职之路是一项漫长的赛跑，中途放弃就无法领略终点的风景。社会工作者借用自己曾经所经历过的事与阿丽一同分享，用自己当初求职失败时所采取的应对策略给予阿丽建议。

阿丽在社会工作者的鼓励之下重新恢复了求职的热情，她每周都会前往街道职业推荐中心和“帮帮”服务社，了解最新的岗位信息。社会工作者也会及时关注上海招聘网上的求职资源，随时提醒阿丽招聘会的召开信息。2017

年春节过后，阿丽在帮帮服务社的帮助下，成功找到了一份本社区养老福利院的保洁工作，成功就业的她第一时间向社会工作者表达了喜悦和感激之情。

（二）案例分析

在上述案例中，社会工作者与服务对象（阿丽）建立关系后，发现服务对象由于刚刚出所发生一系列变化，及时修正服务方案，调动服务对象重要社会关系网络，积极探索服务对象当时的真实需求，关注服务对象日常生活，最后将服务重点落实到帮助服务对象解决住房困难和就业问题层面。

在提供服务过程中，社会工作者利用优势视角和社会支持网络理论，以积极的角度看待服务对象身边所存在的资源能力和潜能，这些资源是帮助服务对象戒毒的重要因素。在该案例中，社会工作者主要通过阿丽的哥哥和朋友，以合作的形式提升阿丽的戒毒信念，并利用相关社会活动，协助阿丽净化了社交圈，摆脱了过去不良戒毒环境的影响。服务重点是社会工作者为服务对象提供帮扶救助，借用街道的资源为阿丽解决住房问题，还利用阿丽本身强烈的求职意愿以及街道就业服务等，整合相关可利用资源。最终通过街道的帮助，阿丽成功实现了再就业。

在整个帮扶救助服务过程中，服务对象变得越来越开朗，其生活不再是空虚的灰色，开始洋溢出其他不同的颜色。服务对象所具有的资源原本就存在，只是过去的服务对象不懂得如何去挖掘和利用。社会工作者在提供服务过程中，要充分相信服务对象具有丰富且可被利用的资源，包括服务对象自身内部资源，也包括服务对象外部人际关系、物质等资源，尤其是在帮扶救助中，很多服务对象都聚焦于问题本身，而忽视自身周围所具有的资源。在助人服务中，社会工作者就需要分析服务对象所具有的多种资源，整合相关资源并有效利用，从而解决服务对象所面临的生活困境。

第八章

禁毒社会工作间接服务

禁毒社会工作间接服务是指禁毒社会工作者并不直接面对戒毒康复人员个体、群体及其家庭，而是以间接的方式提供服务或者实现服务的功能，意在营造良好的戒毒康复环境，不断优化戒毒康复的服务过程或服务模式，以便能更好地帮助戒毒康复人员实现改变。禁毒社会工作间接服务主要包括禁毒宣传教育、协助开展禁毒管理事务、禁毒社会工作督导、禁毒社会工作管理、禁毒社会工作研究等内容。

第一节　禁毒宣传教育

禁毒宣传教育是禁毒工作中的关键环节，我国一直将其作为减少毒品犯罪和控制毒品吸食的有效手段，所谓“上医治未病”，禁毒宣传教育可以起到“治未病”的有效作用。

一、禁毒宣传教育的意义

禁毒宣传教育是利用文字、音频和影像等方式向大众揭示毒品对个人、家庭、社会的危害性，提高大众的警惕性，以减少或杜绝他们对于毒品的使用。禁毒宣传教育在禁毒工作中有着十分重要的地位，其重要性在我国目前出台的法律和政策文件中有明确的体现。《禁毒法》明确规定，“禁毒工作实行预防为主，综合治理，禁种、禁制、禁贩、禁吸并举的方针”，将“毒品预防为主”放在首位，彰显了毒品预防的重要地位。此外，“宣传教育”单独作为一章内容放于

《禁毒法》中，充分体现了禁毒宣传教育工作的重要意义及其在禁毒工作中的重要地位。2014 年，中共中央、国务院出台的《关于加强禁毒工作的意见》将毒品预防教育作为国民教育和社会主义精神文明建设的重要组成部分，纳入平安城市、文明城市（村镇、单位）的创建内容，这是毒品预防教育重要性更为直接的体现。

吸毒行为的发生主要取决于人们对毒品的认知以及在此基础上形成的对待毒品的态度和拒绝毒品的能力。禁毒宣传教育可以提高人们对毒品的认知，对于从总体上减少毒品的非法需求，提高全民对毒品的免疫力具有重要的意义。吸毒行为一旦发生，往往很难戒断，导致戒毒成本很高，如果通过禁毒宣传教育可以提高人们对毒品的认知和抵抗毒品的能力，那么禁毒宣传教育是最经济和最根本的禁毒策略。禁吸是禁毒策略的根本，宣传教育又是禁吸的根本。

禁毒宣传教育的对象既可以是普通人群，也包括高危人群和吸毒成瘾人员。第一，对普通人群开展禁毒宣传教育可以营造禁毒文化，增强其禁毒意识。一方面，通过各种新闻媒介、学校教育系统进行毒品宣传教育可以让普通大众认识到毒品的危害及法律后果，自觉远离毒品；另一方面，广泛的禁毒宣传，在社会上营造出"吸毒可耻，远离毒品"的文化，使吸毒者在吸食毒品时面临道德舆论压力。第二，对高危人群开展禁毒宣传教育可以提高其警觉性，增强其对毒品的抵抗力。高危人群主要是在毒品犯罪高发地活动或者和吸毒人员有接触者。比如，出入娱乐场所，以及内心空虚寻求刺激的暴富者，比较容易接触毒品，需要加强禁毒宣传教育，帮助他们形成抵制毒品的能力，提高他们对毒品的识别能力和警觉性。第三，对吸毒成瘾人员的宣传教育可以帮助其改变对毒品的错误认知，坚定戒毒决心，早日回归社会。吸毒成瘾人员往往对毒品存在非理性的认知。比如，认为吸毒是一种时尚，不吸食毒品就无法交到朋友等，禁毒宣传教育要对他们的错误认知进行纠正，树立正确的毒品观，养成良好的生活方式。

二、禁毒宣传教育的基本内容

《禁毒法》第十一条规定："国家采取各种形式开展全民禁毒宣传教育，普及毒品预防知识，增强公民的禁毒意识，提高公民自觉抵制毒品的能力。"2005 年 1 月 31 日发布的《全民禁毒教育实施意见》指出，禁毒宣传教育的核心是增强全民禁毒意识，提高公民对毒品及其危害的认知能力和抵御能力。其具体宣传内容包括：(1) 使公民能够正确识别毒品，了解毒品的种类和特征，认清吸食毒品的后果和危害，提高对毒品的认知能力；(2) 使公民了解毒品泛滥的规律和传播条件，消除认识误区，增强对毒品的警惕性，掌握禁毒的科学知识和预防毒品侵害的方法，养成和保持积极、健康的生活方式，提高对毒品的抵御能力；(3) 使公民了解禁毒斗争的历史和现状，认清毒品泛滥的各种恶果，提高思想道德素质，不断增强禁绝毒品、人人有责的社会责任感；(4) 使公民了解我国的禁毒立场、方针、政策和禁毒法律法规，做到知法守法、不吸毒、不贩毒、不种毒、不制毒，增强同涉毒违法犯罪行为作斗争的积极性；(5) 使公民了解我国的禁毒业绩，进而发扬禁毒传统，树立必胜信心，营造更加有利的禁毒氛围。

禁毒宣传教育的内容对一般人群以普及知识为主，对高危人群以结合干预措施的宣传教育为主。也就是说，对高危人群的禁毒宣传教育还要突出戒毒知识，包括生理戒毒、心理戒毒、戒毒原理、戒毒机构介绍等。此外，还需要注意宣传内容的尺度问题。为了防止公众吸毒，禁毒宣传教育往往会把毒品的性质、危害以及戒毒的困难告知公众，但如果过分强调毒品的危害和戒毒的困难，可能会给戒毒康复人员回归社会带来不利影响，公众可能不相信他们能够戒毒成功，甚至会歧视戒毒康复人员，使戒毒康复人员难以融入社会。但如果戒毒宣传形式简单、内容单一，可能也无法起到让公众远离毒品的效果。因此，在禁毒宣传教育的过程中，既需要宣传毒品相关知识，做好公众的预防吸毒工作，同时也要让公众正确认知戒毒康复人员，不要歧视他们，相信他们可以回归社会，正确处理两者的“矛盾”，把握合理的“度”。当然，吸毒行为往往和艾滋病等疾病紧密联系，在进行禁毒宣传教育时，可以把与艾滋病有关的知识加入进来，促进公众对艾滋病的了解。此外，吸毒行为的背后是人生的追求和生活态度问题，对于青少年来说尤其如此，其人生观和价值观正在形成的过程中，宣传禁毒教育的过程可以和培养正确的人生观和价值观结合在一起。

三、禁毒宣传教育的路径和策略

（一）禁毒宣传教育的路径

《禁毒法》规定：教育行政部门、学校应当将禁毒知识纳入教育、教学内容，对学生进行禁毒宣传教育；飞机场、火车站、长途汽车站、码头以及旅店、娱乐场所等公共场所的经营者、管理者，负责本场所的禁毒宣传教育，落实禁毒防范措施，预防毒品违法犯罪行为在本场所内发生；国家机关、社会团体、企事业单位以及其他组织，应当加强对本单位人员的禁毒宣传教育；居民委员会、村民委员会应当协助人民政府以及公安机关等部门，加强禁毒宣传教育，落实禁毒防范措施；未成年人的父母或者其他监护人应当对未成年人进行毒品危害的教育，防止其吸食、注射毒品或者进行其他毒品违法犯罪活动。根据《禁毒法》可以将禁毒宣传教育的路径总结为“六进”，即进学校、进社区、进单位、进家庭、进场所、进农村。

1. 进学校

学生是祖国的未来，学校的禁毒宣传教育是禁毒工作的重点。学校中的学生处在青少年阶段，世界观和人生观尚未完全形成，容易受到社会上不良分子的引诱走上吸毒的道路，因此需要加强对学生的禁毒宣传教育。在校园内开展禁毒宣传教育要符合青少年的心理特点，采用形式多样的方法和动静结合的宣传方式，可以在校园内设立毒品宣传教育角，通过展板、海报、漫画和手抄报等静态形式来宣传，也可以采用校园禁毒知识竞赛、校园禁毒知识讲座、禁毒 VR 道具体验和禁毒互动游戏等动态方式进行宣传。此外，还可以将禁毒宣传教育融入一些课程之中，比如“生命教育”课程。

2. 进社区

社区是城市的基本单位，是人们重要的生活场所，也是发现涉毒人员和吸毒人员戒断的主要场所。社区戒毒和社区康复的有效开展需要社区的配合，在社区中开展禁毒宣传教育可以充分发挥社区居民的作用，动员居民提供涉毒线索，并对社区中的戒毒康复人员提供支持和监督。积极发挥社区中的志愿者和民间社会组织的作用创建无毒社区，毒品的预防不能仅仅依靠政府和禁毒社会工作者，还要依靠广大的人民群众，通过训练他们成为禁毒社会工作志愿者，共同推动社区禁毒宣传教育工作。社区中的无业人员和流动人口往往是吸毒高危人员，需要引起重点关注。用喜闻乐见的方式对他们开展禁毒宣传教育不失为一个可取的举措。

3. 进单位

进单位主要是进入企事业单位、社会组织中进行禁毒宣传教育，特别是进入企业中。人们不仅生活在社区中，也生活在单位中，在单位中进行禁毒宣传教育可以进一步扩大禁毒宣传的影响范围，更好地做到全民禁毒。随着收入水平的提高，单位中的一些员工可能由于工作辛苦、生活单调等因素，沾染上毒品。因此，在单位中进行禁毒宣传教育也显得尤为重要。在单位中开展禁毒宣传教育需要单位领导重视，可以将禁毒宣传教育融入单位职工教育培训计划之中，在岗前培训和安全教育中加入禁毒知识。采用职工欢迎的方式开展禁毒宣传教育，积极创建"无毒单位""文明单位"。

4. 进家庭

家庭是社会的细胞，是人生活的重要场所，家庭关系是最重要的人际关系。在家庭中开展禁毒宣传教育对禁毒工作有着十分重要的意义。良好的家庭关系对其他家庭成员的吸毒行为起到重要的调节作用，可以借此增强家庭成员的禁毒意识。在家庭中开展禁毒宣传教育，一方面要宣传与禁毒相关的知识，另一方面还要倡导父母和孩子建立良好的亲子关系，父母和孩子经常保持良好的沟通习惯，能够耐心倾听孩子生活和学习中的烦恼，帮助其树立正确的价值观，提高其辨别对错的能力和拒绝外界诱惑的能力。对于有吸毒人员的家庭开展禁毒宣传教育，要鼓励其家庭成员为吸毒人员提供必要的支持，特别是要相信吸毒人员可以戒毒，还要对家庭成员的吸毒行为进行监督，帮助其识别吸毒行为的迹象，促进吸毒人员早日戒毒。

5. 进场所

进场所主要是指进入飞机场、火车站、长途汽车站、码头以及旅店、娱乐场所等公共场所进行禁毒宣传教育。场所向公众开放，具有很强的流动性，人群极为复杂，为毒品犯罪提供了温床，有学者通过调查统计指出，毒品犯罪中大多数都是流动人口。[①] 在流动人口聚集的地方，往往比较容易获得毒品，特别是娱乐场所，已经成为吸毒的重灾区。娱乐场所容易吸引年轻人进入，但年轻人往往对毒品危害的认识不到位或者没有认识到禁毒方面的法律规定等，这导致了其吸毒行为的发生。为此，需要加强这些场所的禁毒宣传教育活动。在场所中开展禁毒宣传教育，一方面要对场所工作人员进行禁毒培训，增强其禁毒意识，如果发现毒情应主动上报；另一方面要对流动人口进行禁毒宣传教育，可以通过发放宣传单，利用多媒体进行禁毒宣传，也可以在场所醒目位置张贴禁毒标志。

6. 进农村

近年来，毒品开始向农村地区蔓延，一些农民对毒品缺乏认知，非法种植

---

① 张应立、殷东伟：《流动人口毒品犯罪实证研究》，《净月学刊》2015 年第 2 期。

了罂粟，需要引起高度重视。加强农村地区的禁毒宣传教育，使禁毒宣传教育不留“死角”，真正实现全民禁毒的目标。对农村地区进行禁毒宣传教育需要“入乡随俗”，一是要了解农民的忙闲时段，进行有针对性的禁毒宣传教育；二是要充分利用好农村的农贸集市、节日等机会，在农民聚集的地方开展禁毒宣传教育；三是由于农村青壮年大多出去打工，剩下的老人和孩子文化程度和理解水平往往不是很高，因此，禁毒宣传教育不要使用对阅读性要求较高的宣传材料，尽量制作通俗易懂的、形象生动的内容进行宣传；四是大量流动人口来自农村，逢年过节时，可以利用流动人口返乡的契机进行禁毒宣传教育。

（二）禁毒宣传教育的策略

毒品宣传教育在禁毒实践中有着十分重要的意义。禁毒宣传教育的有效宣传有赖于合适的策略，如果策略不当，往往很难收到理想的效果。目前，禁毒宣传教育还存在一些问题，如针对某些人群的宣传力度还不够，宣传的形式还比较单一，需要禁毒社会工作者加大力度并创新形式进行禁毒宣传教育。

1. 禁毒宣传教育形式多样化

目前，很多地方禁毒宣传教育的形式比较简单，忽略了不同受众的特点和个性，无法满足不同受众的需求，容易使禁毒宣传教育流于形式。为了满足不同受众的特点，禁毒宣传教育需要全面考虑人们的工作、职业、生活及他们的欣赏习惯、接受习惯和心理需求，创新宣传形式，以受众能够接受并欢迎的方式进行宣传。不仅仅是用发放宣传资料、贴海报、布置宣传栏这样的方式进行禁毒宣传，还可以利用幻灯片、录像、电影等手段，甚至用小品、说唱、快板、话剧等方式以趣味性、艺术性较强的方式吸引大众从而达到禁毒宣传教育的目标。此外，还可以利用先进计算机、传感与测量技术、仿真技术、微电子技术等先进技术，综合运用吸毒成瘾原理等知识，模拟一定真实情景，通过虚拟现实（VR）的方式让大众在体验中认识毒品对人的危害，达到禁毒宣传的效果。

2. 线上线下结合，重视媒体的作用

现代社会网络、手机的普及，微信、微博、短视频的流行使得人们获取信息越来越依靠新媒体，禁毒宣传教育理念需要跟随时代的变迁，不断调整方式，嵌入公众的日常生活中。当今社会网络生活已经成为人们重要的生活场域，因此禁毒宣传教育需要改变传统的宣传方式，重视网络媒体等新渠道，采取线下线上相结合的方式共同推动禁毒宣传教育。一方面，可以倡导传统媒体继

续增加禁毒方面的公益广告，播放禁毒影视题材等；另一方面，利用微博、微信公众号、短视频等新媒体拓展禁毒宣传教育的线上范围，需要注意的是网络传播有其特殊的语言和风格。因此，为了获得更好的传播效果，禁毒宣传教育需要适应网络传播的特点，采用生动、活泼的方式进行禁毒宣传。

3. 动员社会力量参与禁毒宣传教育

禁毒宣传教育并非仅仅依靠政府和禁毒社会工作机构就可以完成，广大人民群众同样是禁毒宣传教育的重要力量。只有发动社会力量参与禁毒宣传教育，才能使禁毒宣传效果达到最佳，实现全民禁毒的目标。动员社会力量参与禁毒宣传教育，一方面需要动员企事业单位主动承担本单位的禁毒责任，向单位职工宣传禁毒知识，杜绝毒品；另一方面需要发动公众成为志愿者参与禁毒宣传，充实禁毒宣传队伍的力量，可以在社区和学校中招募热心的志愿者参与禁毒宣传，可以运用大众的智慧创新禁毒宣传教育形式。此外，还可以动员已经戒毒成功的吸毒人员成为禁毒志愿者，他们的宣传教育效果往往更好。例如，上海市禁毒志愿者协会开展的“海星同伴禁毒巡讲团”，就是发动戒毒康复成功人员深入戒毒所、社区、学校开展禁毒宣传，取得了积极的效果。

4. 禁毒宣传教育常态化

禁毒宣传教育开展时间集中，现实禁毒宣传教育往往集中在国际禁毒日前后，禁毒宣传教育短效性、非常态化，从而影响了我国禁毒宣传教育工作预期效果的实现。禁毒宣传教育的开展还需要常态化，以国际禁毒日和日常禁毒宣传相结合的方式进行宣传。一方面，利用每年的国际禁毒日，采用多种形式开展禁毒宣传活动；另一方面，在日常生活中也要加强禁毒宣传，深入社区、学校、娱乐场所等地开展禁毒宣传教育。此外，为了能够促进日常的禁毒教育宣传，可以建立禁毒宣传教育基地和宣传角，使群众能够经常性接受禁毒宣传教育。例如，浙江省就在全省 11 个市建立了特色禁毒宣传角，各地宣传角均巧妙地借助景区、休闲场所的资源，以参观、游览的众多过往人员为对象，实现禁毒宣传常态化。

5. 加强学校和高危人群的禁毒宣传教育

虽然禁毒宣传教育需要在全民中开展，触及社会每个场所和人群，但有些人群更容易受到毒品的影响，需要特别关注。一是要重点关注学校中的青少年，以学校为切入点，开展青少年的禁毒宣传教育。青少年的健康与否关系到社会的未来，要预防青少年被毒品侵害的可能。因此，需要加强对青少年的禁毒宣传教育，使其较早树立防毒、禁毒、拒毒的意识，自觉远离毒品。对青少年进行毒品宣传教育需要采取适合其年龄特点的形式，另外，在进行毒品预防教育中帮助其树立正确的世界观、人生观、价值观。二是针对高危人群的禁毒宣传教育，不同人群面临毒品侵害的概率是不同的，统计调查发现无业人员群体、流动人口群体、从事娱乐业的群体和个体工商贩等，往往更容易受毒品的侵害，需要进一步加强对该群体的禁毒宣传教育。

6. 通过评估促进禁毒宣传教育水平的提高

受众对禁毒知识的掌握情况如何？对禁毒宣传教育的方式是否满意？这些问题的回答需要对禁毒宣传教育的效果进行评估。通过评估可以了解到人们对禁毒宣传教育的意见和建议，并且及时调整宣传方式和内容，不断提高禁毒宣传教育的效果。目前，很多禁毒宣传教育活动存在为做活动而做活动的现象，缺少成效评估，自然也无法通过评估发现存在的问题并改善宣传教育效果。禁毒宣传教育评估可以采用定量和定性结合的方式对受众进行评估，同时结合该地区整体毒情形势来评估毒品宣传教育的效果。

四、青少年毒品预防教育规划

最近几年在新发现的吸毒人员中，青少年吸毒者占了很大的比例，成为受毒品伤害的主要群体。青少年身心发育并未成熟，世界观和人生观尚未形成，对毒品及其危害性缺乏必要的认知，往往由于好奇和模仿等心理吸食了毒品，酿成了恶果。为了保护和促进青少年健康成长，遏制和减少新吸毒人员滋生，国家禁毒委员会办公室会同中宣部等部门联合制定了《全国青少年毒品预防教育规划(2016—2018)》(以下简称《规划》)。

(一) 总体目标

构建完善的青少年毒品预防教育工作体系，形成分工明确、协作有效、监督到位、评估科学的工作机制；青少年毒品预防教育方式更加新颖，方法更加多样，师资力量配置齐全，教育基地布局合理，宣传资料规范充实，禁毒社会氛围更加浓厚；青少年识毒、拒毒、防毒意识和能力明显增强，18 岁以下未成年人涉毒违法犯罪人数占涉毒违法犯罪总人数比例不高于 0.3%，人民群众对青少年毒品预防教育工作满意率达到 95%以上，新滋生吸毒人数大幅减少，毒品问题综合治理取得阶段性成效。

（二）规划内容

《规划》从学校毒品预防教育工作水平、青少年群体毒品预防教育覆盖情况、毒品预防教育社会资源、青少年涉毒问题监测处理机制以及青少年毒品预防教育工作保障五个方面提出了具体的任务要求。《规划》明确了毒品预防专题教育课时，要求小学五年级至高中二年级每学年至少安排 1 课时毒品预防教育课程，毒情严重地区学校，每学年至少安排 2 课时，中等职业学校和高等院校要在新生入学后和毕业前各安排一次毒品预防教育课程。《规划》强调，要把辍学、失学的留守儿童和外出务工青年毒品预防教育作为禁毒工作的重点，并将就业青年毒品预防教育纳入职业培训范围。为了拓展毒品预防教育的资源，《规划》鼓励建立禁毒教育基地、园地和网上禁毒展览馆，并要求开展直观教育，组织禁毒社会实践和志愿服务活动。《规划》要求制定学生涉毒事件处置预案，对于首次吸毒或被引诱、欺骗而吸毒的学生，要按照《禁毒法》《中华人民共和国未成年人保护法》等法律法规，坚持教育挽救为主。青少年禁毒宣传教育离不开社会力量的参与，《规划》指出，要充分发挥群团组织作用，加大对相关社会组织的支持力度，通过多种方式鼓励个人志愿者、企业和社会工作服务机构等其他组织广泛参与、发挥作用。此外，为了了解禁毒宣传教育的效果，《规划》还要求开展青少年毒品预防教育效果评估，要求各地禁毒部门借助统计部门、科研机构等第三方力量开展全民禁毒宣传教育效果评估。

五、禁毒宣传教育的典型案例

"青萌"禁毒宣传项目[①]

"青萌"禁毒宣传项目是上海市自强社会服务总社黄浦工作站在黄浦区开展的禁毒宣传教育项目。"青萌"禁毒宣传项目的宣传对象是黄浦区的全体社区居民，包括辖区内公司职员和流动人员等，该项目创新了禁毒宣教教育形式，突出"品牌"优势，取得了不错的效果。"青萌"禁毒宣传项目主要通过以下四个举措创新禁毒宣传教育。一是通过网络及移动终端宣传，主要针对城市白领通勤人员，由于此类人群每日需花费大量时间乘坐公共交通，且一般利用碎片化时间通过移动终端获取信息，因此建立了适应该人群特点的宣传方式。通过"黄浦禁毒"微信、微博、今日头条政务号、一点资讯号等禁毒宣传平台每

① 该案例来自上海自强社会服务总社黄浦工作站。

天发布禁毒小知识、禁毒新闻、禁毒法律法规等，开展禁毒知识有奖问答，拓展粉丝、关注热点，提升宣传教育覆盖面。到目前为止，“黄浦禁毒”微信粉丝已经超过 7 000 人，今日头条政务号粉丝量超过 9 300，遍布全国 34 个省份，毒品预防教育信息累计阅读量超过 1 000 万人次。二是制作原创禁毒影视及公益广告进行宣传，主要吸引活动范围在社区的中老年群体以及影视爱好者。2016 年至今，先后创作了禁毒微电影《戒途》《归途》《禁毒社工的一天》，MV《生命》，禁毒公益广告《交易》《交情》以及 22 条禁毒公益广播，原创禁毒影视和公益广告，这丰富了禁毒宣传教育形式，使禁毒宣传的影响力和覆盖范围大大提高。禁毒公益广播《如果时光可以倒流》甚至入选了 2016 年全国禁毒公益广告优秀类广播作品。三是突出对青少年的毒品预防教育，结合“6·27”工程，在全区学校开展各种形式的禁毒宣传活动，如校园巡展、知识讲座、宣传片播放、禁毒知识竞赛、趣味定向赛等，目前已经在全区中小学和职业学校全覆盖，提升了青少年学生识毒、防毒、拒毒的能力，促进了青少年健康成长，最大限度遏制了毒品问题在青少年群体中滋生蔓延。四是举办禁毒公益市集，公益售卖戒毒康复人员捐赠的物品以及“慢生活”沙龙制作的手工作品，同时向市民发放禁毒宣传品和禁毒宣传册，普及禁毒知识，进一步提升禁毒宣传全民参与度。

第二节　协助开展禁毒管理事务

2017 年，国家禁毒办等部门联合发布的《关于加强禁毒社会工作者队伍建设的意见》明确指出，禁毒社会工作者的职责任务之一是“协助开展禁毒管理事务”，要“协助开展吸毒人员排查摸底工作；协助建立相关档案资料，做好工作台账，对工作对象的戒毒康复情况进行定期评估。协助做好强制隔离戒毒人员出所衔接，督促、帮助社区戒毒社区康复人员和戒毒药物维持治疗人员履行协议，努力减少现实危害。发现社区戒毒社区康复人员拒绝报到或严重违反协议的、参加戒毒药物维持治疗人员严重违反治疗规定的，向乡镇(街道)禁毒工作机构报告，协助收集提供有关材料”。按照《戒毒条例》的规定，乡、镇人民政府和街道办事处成立由社区戒毒专职工作人员、参与社区戒毒工作的民警、社区医务人员、禁毒社会工作者、戒毒康复人员的家庭成员以及禁毒志愿者等组成的社区戒毒工作小组，具体实施社区戒毒。社会工作者作为社区戒毒工作小组成员之一，根据相关职责协助公安、司法行政、卫生计生、民政、人力资源和社会保障、教育等部门开展、参与禁毒管理事务。

一、排查摸底、采集信息

社会工作者获得服务对象名单，协助开展戒毒康复人员排查摸底工作，采集相关信息。

采集信息的途径可包括：走访服务对象所在街道（镇）相关职能部门；走访服务对象所在社区相关人员；走访服务对象及其主要社会关系中的成员；咨询曾经为该服务对象提供过服务的历任社会工作者；查阅服务对象以往服务记录；通过其他途径收集、核实和完善信息。

收集内容包括服务对象基础信息、身体健康状况、戒毒康复情况及其他社会功能状况等。

二、建立档案、做好工作台账

社会工作者根据档案建档，保证工作规范，协助建立相关档案资料，确保服务档案的系统性与完整性，为社会工作者开展各项服务提供保障。它主要包括：

（一）建立档案

社会工作者协助有关部门建立相关档案材料，做到登记在册且服务对象一人一档。材料的归档装订，包括档案封面、目录、档案材料、附录等及时规范归档、装订。

（二）转介流转

社会工作者做好档案转介流转登记等工作，确保服务对象档案内容的完整性和信息的安全性，因服务对象户籍迁移需转介档案材料时，需做好登记报备。

（三）档案管理

档案管理的核心是保密、安全、有序、查找方便，社会工作者不可擅自将服务档案出借。

禁毒社会组织可制定《档案资料管理办法》，对档案材料进行规范管理。

三、协同评估、综合干预

评估干预是指，在对社会吸毒人员进行风险分类的基础上，开展复吸危险度评估和个性化需求评估,并根据评估结果综合利用社区资源,通过戒毒治疗、心理咨询或者辅导、康复训练、帮扶救助、就业指导、教育管理等途径,帮助其戒除毒瘾并恢复社会功能。

评估工作由乡(镇)人民政府、街道办事处禁毒部门专职干部牵头组织,社会工作者参与,社区戒毒工作小组其他成员予以协助、支持。社会工作者对服务对象身体、行为、心理、家庭、社会关系等情况开展针对性的评估。

四、提前介入、参与出所衔接

社会工作者了解服务对象在强制隔离戒毒所内的情况,提前做好沟通,建立服务关系,为服务对象出所后签订和执行社区戒毒/康复协议打好基础。社会工作者协助做好强制隔离戒毒人员出所衔接工作。

提前介入、出所衔接是对正在强制隔离戒毒所戒毒的服务对象开展个案服务的前期步骤之一,主要包括以下内容。

(一)收集资料

社会工作者到服务对象所在的社区走访,了解服务对象的基本情况;与家属联系沟通,了解家庭情况;了解服务对象所在强制隔离戒毒所,以便通信联系。

(二)书信联系

明确写信的目的、作用和效果,做到内容真诚平等,并体现尊重、接纳的态度。信件的内容涵盖社会工作者的自我介绍、禁毒社会组织简况、服务范围和流程介绍等,注重关心服务对象在所内的情况、思想状态、戒毒意愿、出所打算、预期问题和困难等。

(三)入所帮教

社会工作者开展入所帮教服务工作,可事先做好面谈交流准备或活动计划,形式可以为面谈交流、结对签约及主题活动等。

(四)应急服务

社会工作者可及时了解服务对象在所内的表现情况,以及发生的紧急事件等,比如变更社区戒毒/康复、重大疾病等,做好应急服务。

(五)出所衔接

社会工作者协助配合公安部门及街(镇)相关人员参与完成接所工作。社会工作者根据接所情况和街道(乡镇)禁毒工作小组安排,在规定时间内,协同相关人员与服务对象共同签订《社区戒毒/社区康复协议书》。

五、参与督促履约、协助戒毒康复

社会工作者督促、帮助戒毒康复人员和戒毒药物维持治疗人员履行《社区戒毒/社区康复协议书》，努力减少现实危害。

戒毒康复人员如出现患有疾病住院、传染性疾病发病、精神病发病、因请假出省市等特殊情况，社会工作者应及时上报街道（镇）禁毒工作领导小组，根据街道（镇）禁毒工作领导小组的意见，开展后续工作。

戒毒康复人员在履行戒毒康复协议期间，出现拒绝报到或严重违反协议的、参加戒毒药物维持治疗人员严重违反治疗规定的，向街道（乡镇）禁毒工作部门报告，协助收集或提供有关材料。

第三节　禁毒社会工作督导

社会工作督导是社会工作的重要组成部分之一，良好的督导工作有利于保证服务成效。本节将从督导的含义和功能、形式、内容、过程和成效评估方面介绍禁毒社会工作督导。

一、社会工作督导的含义和功能

在社会工作实务方法中，督导是一种间接服务的方法，也是社会工作专业训练的一种形式。“督导”一词，包含着监督、指导双重内涵。社会工作督导是由机构内资深的社会工作者，对机构内新进的工作人员、一线初级工作人员、实习生及志愿者，通过一种定期和持续的监督、指导，传授专业服务的知识与技术，以增进其专业技巧，进而促进他们成长并确保服务质量的活动。

社会工作督导面向的主要对象包括新进社会服务机构的社会工作者、服务年限较短、经验不足的初级社会工作者、在社会服务机构实习的学生以及社会服务机构的非正式人员，主要是志愿者。这些督导对象一般也被称为被督导者。

执行社会工作督导的是督导者，一般由机构中资深的社会工作者担任。他们往往接受过正规的社会工作专业训练，拥有良好的专业知识和督导技巧，具备丰富的实践经验，更为重要的是他们秉持着对社会、对专业负责的精神。

督导在社会工作实践中扮演了重要角色，具有行政、教育和支持三大功能。

（一）行政功能

社会工作督导的行政功能，是机构行政人员通过招募、分配工作、工作监督和协调控制，促使下属认同机构并有效地完成工作任务。

（二）教育功能

社会工作督导的教育功能，是督导者对被督导者完成任务时所需的知识与技能给予指导，协助被督导者实现专业上的发展。

（三）支持功能

社会工作督导的支持功能，是督导者向被督导者提供实质性的或者情绪性的支持，促使被督导者感到自我的重要性与价值感，让被督导者能轻松面对工作。

社会工作督导三种功能的分析见表 8－1。

表 8－1　督导功能分析[①]

	行政功能	教育功能	支持功能
关注点	组织管理的障碍	被督导者知识与技能上的不足	情感上的障碍
提　供	渠道和资源，协调被督导者完成工作	工作所需要的知识和技能	心理方面和个别关系方面的支持，促使被督导者动员自我在工作方面有良好表现
权力来源	地位、奖赏及惩罚能力	专业知识和技巧	友情和关怀，正面的工作关系
强　调	效率	称职和胜任力	被督导者了解组织和树立正确的工作态度

二、社会工作督导形式

一般而言，社会工作督导的类型分为以下四种。

① 全国社会工作者职业水平考试教材编委会：《社会工作综合能力（中级）》，中国社会出版社，2018，第 268—269 页。

（一）师徒式督导

顾名思义，此种督导形式类似于传统的师徒关系，督导者对被督导者提供教育训练，关注学习过程，焦点集中于一般议题。从专业的角度看，被督导者自己承担更多责任。

（二）训练式督导

被督导者被认为是学生或受教育者，在具体实务服务中，督导者负责部分工作。同师徒式督导相似的是，训练式督导亦关注一般议题，强调学习过程，但在专业方面，督导者承担更多责任。

（三）管理式督导

此种督导形式类似于行政管理中的上下级关系，督导者是被督导者的上级或主管。它强调的是实务工作的完成及其服务质量，焦点集中于特殊议题。从专业的角度看，督导者承担更多的责任。

（四）咨询式督导

督导者与被督导者及其工作没有直接关系和责任，是纯粹的咨询角色。同管理式督导相似的是，咨询式督导强调实务工作的完成及其服务质量，焦点集中在特殊议题上。但从专业的角度看，被督导者自己承担更多的责任，也就是说，被督导者根据实务工作的要求主动寻求帮助和支持更为重要。

督导的方式包括个别督导、团体督导和同事督导三种。个别督导是传统的督导方式，一名督导者对一名被督导者采用面对面的方式，定期举行讨论，特殊需要下，亦可以不定期举行督导会议。团体督导则是一名督导者对数名被督导者采用小组讨论的方式，定期举行讨论会议。同事督导则指向具有相同需求、观点或技术层次的工作者，通过个别互惠的方式或团体讨论的方式进行互动。参与的工作者并不要求来自同一机构或同一工作团队。

督导并非单向灌输的行动，而是督导者与被督导者双向互动的过程，互动的目的在于对被督导者的行为，包括行为背后的心态、价值、认知等发生影响，帮助被督导者有意愿且有能力为服务对象提供更适当、有效的服务。互动形式伴随着督导者与被督导者关系构建的进程以及督导目的的变化而发生相应的调整。例如，对于初入职的新员工而言，他与督导者的关系可能存在明显的上下级或“教”与“学”的关系。伴随着新员工变成老员工，越来越适应机构的工作并积累了一定的工作经验后，与督导者的关系可能转变为更为平等的“咨询”关系。

三、禁毒社会工作督导内容

禁毒社会工作督导是由熟知禁毒社会工作服务知识和技能的资深社会工作者，通过知识传递、技术指导等方式，指导禁毒社会工作服务领域的从业者，并协助禁毒项目或承接机构建设社会工作专业人才队伍、发展服务规范，以便提升禁毒社会工作服务项目成效的过程。[①] 其督导内容包括多个方面，主要有指导禁毒服务项目的设计及人员配置、协助制定禁毒社会工作行业的规范与服务准则、传递禁毒社会工作服务的理论知识和技巧、为一线工作者提供实质性或情绪性支持等。伴随着不同的被督导者以及工作阶段的变化，督导内容有所不同。

（一）行政性督导的内容

督导者在社会服务机构中是行政科层结构的联结点，行政性督导主要提供"组织的结构性"和"完成工作所需资源的可近性"支持。[②] 禁毒工作中行政性督导要执行有关策划、工作分配和授权、监察和评估等工作内容，以协助社会工作者完成工作、维系组织服务的运作，并保证一定的服务质量。

1. 社会工作者的招募和选择

督导者通过面试选择比较合适的候选人。

2. 安置和引导工作人员

督导者要对新进人员进行安置和引导，让他们了解自己在机构中的位置，清楚掌握组织的行政环节、禁毒政策和制度等相关信息，协助新进人员在机构的人群网络和项目任务安排中找到自己的位置。

3. 工作计划和分配

制定和实施禁毒社会工作的年度工作计划、直接服务和间接服务计划。协助分配时间、精力、任务及资源。

4. 工作授权、协调与沟通

协助社会工作者了解在禁毒服务中自己可以做什么、自主到什么程度、权限在哪里。同时督导成为行政沟通纽带中的一个联结。向上，与行政主管、机构沟通；向下，与基层工作人员、服务对象沟通，将社会工作者、机构主管、机构

---

① 刘静林：《禁毒社会工作理论与方法》，中国社会出版社，2016，第 179 页。

② 全国社会工作者职业水平考试教材编委会：《社会工作综合能力（中级）》，中国社会出版社，2018，第 269 页。

与服务对象联系起来，成为多方互动的桥梁。

5. 工作监督、总结和评估

监督的任务包括听取工作人员的口头汇报、阅读书面记录和统计报告，从而确定工作是否按照计划完成。一线工作者的工作绩效是社会工作督导的主要目标，禁毒社会工作也一样，需注意的是，在对服务结果以及社会工作者进行评价的时候，不仅要关注最后产出的结果，亦要关注过程，以对机构的行政管理制度有所交代。

（二）教育性督导的内容

社会工作督导的教育性功能要求督导者需提供被督导者完成工作所需的知识，并协助被督导者能够将这部分知识运用于社会工作实践。具体到禁毒社会工作中的教育性督导就是协助被督导者掌握禁毒社会工作领域的工作技巧与理论知识，以促进禁毒社会工作者的成长。

1. 教导有关"服务对象群"的特殊知识

禁毒工作面对的服务对象主要为戒毒康复人员，关于毒品的基本知识，毒品成瘾的相关情况，吸毒行为的表现与特征及吸毒成瘾者的一般遭遇皆为禁毒工作者需要了解的关于服务对象的特殊知识。

2. 教导"社会服务机构"的知识

禁毒社会工作往往依托社会服务机构在戒毒所或生活社区展开，对于社会服务机构的组织和运作、机构与司法部门以及其他服务机构的关系、机构与所处社区的关系，皆属于与社会服务机构相关的特殊知识。

3. 教导有关"社会问题"的知识

禁毒社会工作关注毒品犯罪问题，亦关注戒毒康复人员重返社会之路。督导者要告诉被督导者这些问题的原因，这些问题对服务对象生活的影响，国家、社会和社区对这一特殊社会问题的干预政策，以及机构提供的服务与这些问题间的关系等方面的知识。

4. 教导有关"工作过程"的知识

鉴于服务对象的特殊性，禁毒社会工作需要掌握相应的助人技巧。如何与强制接受服务的服务对象建立良好的关系，如何平衡司法行政部门、社工机构以及服务对象的不同要求，如何整合多元力量提供服务？督导者需要教导和解释与禁毒社会工作进程相关的知识与技巧。

5. 教导有关“工作者本身”的知识

督导者需要促成被督导者的“自我觉醒”，使其可以自主思考、自我反思工作进程中的专业问题。禁毒社会工作中，社会工作者对毒品以及涉毒人员的个人态度、价值倾向会对服务对象问题的处遇产生影响。比如，社会工作者会急于驳斥服务对象对吸食毒品行为的维护性言论，造成服务对象对工作者的抗拒，社会工作者需要意识到自己的态度倾向以及对于与己不同的观点看法的反应方式。

6. 提供专业性“建议和咨询”

督导者亦需要发挥专家合法的权利功能，在征求被督导者同意的基础上，提供相应的指导和忠告。

（三）支持性督导的内容

由于禁毒社会工作的服务性质和现阶段的发展态势，一线社会工作者时常感受到来自服务对象、工作机构、工作任务、社会公众的巨大压力，部分社会工作者面临着精力耗竭的危机。因此，禁毒社会工作督导务必发挥支持性作用，安抚被督导者的工作情绪，缓解其焦虑，增强其工作信念，提高其工作效能。禁毒社会工作中支持性督导的工作内容包括：协助被督导者适应和处理服务过程中感受到的挫折、不满、失望、焦虑等负面情绪，增强被督导者的自我功能，特别是禁毒社会工作面临的服务对象皆是强制接受服务，部分服务对象甚至抗拒服务以及社会工作者，这对于很多社会工作者而言都是重要挑战；给予被督导者理解与关心，令被督导者在工作过程中有安全感，并愿意尝试新工作；协助被督导者发现工作成效，并能自我欣赏，激发被督导者的工作情绪和士气，并对社工机构逐渐产生认同感和归属感；给予被督导者从事专业的满足感和价值感，促进其对专业的认同，进而愿意持续投身于社会服务工作。

另外，需要补充的是志愿者督导也是禁毒社会工作督导中特殊且重要的组成部分。上海市社区戒毒康复社会工作服务中的同伴教育是一个很好的例证[①]。以“同伴辅导员培养”为特征的项目运作，培养了一批从毒品困境中走出来且有志于帮助其他尚处在毒品泥泞中伙伴的同伴志愿者，经过社会工作者的辅导服务，这些同伴志愿者的社会康复达到一定程度，个人认知和行为表

① 费梅苹：《本土化视野下社区戒毒康复社会工作服务研究——以上海同伴教育为例》，《华东理工大学学报（社会科学版）》2017 年第 1 期。

现、家庭关系、个人基本技能及参与动机达到一定水平时，才能在社会工作者对其评估之后，加入同伴教育服务并投入工作。这一过程包含了对志愿服务的督导，有效的督导支持并指导着这些同伴志愿者持续地为戒断过程中的服务对象提供服务。在志愿者督导中，被督导者为参与服务的志愿者，他们有意愿、有热情，但可能缺乏足够的知识和服务技能。对于志愿者的督导内容也遵循行政、教育和支持三大分类，但是需要志愿者督导具有关于志愿者的正确认识和心态，包括：

第一，志愿者是与机构共同工作的伙伴；

第二，志愿者也是机构应该提供服务的对象；

第三，明确志愿者的基本心理需求和服务的有限性；

第四，不放任也不苛求志愿者。

四、禁毒社会工作督导过程

从督导关系的构建过程来看，禁毒社会工作督导分为四个阶段：

（一）督导准备期

这是督导者与被督导者建立关系的时期，这一阶段的主要任务是双方相互熟悉，通过面谈交流的方式，一方面督导者可以了解被督导者的教育经历、工作经验、现阶段的工作任务、寻求督导的原因等情况，另一方面被督导者也可以对督导者的工作方法以及介入目的有所认识。我国禁毒社会工作人才队伍的建设状况并不理想，不少工作者没有专业的训练背景，即使是专职社会工作者，也面临着专业化水平有限等问题①，所以督导准备期的工作必要而且重要。

（二）督导开展期

这一阶段的任务在于建立相互信任和双方同意的督导形式，并以口头或书面的形式确定。双方要一起分享督导的目的，在彼此的角色、期望和要求方面达成一致，督导者在这一阶段要注意征求被督导者的意见。在禁毒社会工作实践中，有一部分被督导者有长期的实际工作经验，也有曾经的吸毒人员，现在的同伴志愿者，他们的经历会给予他们实务工作独特的视角，督导者需要对他们的经验给予关注。

---

①　洪佩、费梅苹：《我国禁毒社会工作的发展路径研究——基于帕森斯 AGIL 模型的阐释》，《社会工作与管理》2017 年第 1 期。

（三）正式工作期

工作阶段是督导历程中最为重要的阶段，在这一阶段，被督导者要与督导者分享实践工作经验与感受，督导者需要解答疑惑、依据任务进程给予及时的指导和建议，并支持被督导者做好服务。

（四）督导结束期

在督导历程进入尾声时，督导者需要与被督导者一起回顾整个过程中讨论过的主题，描述被督导者的成长，邀请被督导者综述自己督导历程中的收获与改变，协助被督导者更清晰地把握自己的优点与限制，从而明确自己努力的方向。

五、禁毒社会工作督导成效评估

社会工作督导评估是对督导工作有效性及成效的评估。也有学者指出，督导评估是机构、督导对象对督导者在某一特定时期内工作总体表现的客观评价。①

禁毒社会工作督导评估的主体包括督导对象、机构管理者、督导者、服务购买方以及第三方。督导对象即接受督导的工作者，督导对象评估督导工作反映出中国社会工作督导评估督导对象的"主体性"特色和督导的"购买""聘用"的发展路径。② 第三方评估是禁毒社会工作督导评估中经常使用的方式之一，第三方可能涉及行业协会、督导专委会或其他被委托的社会组织。除去这两类常见主体外，督导者和项目购买方也会参与到督导评估工作中来。另外，督导评估中，有时是督导对象、机构管理者和社会工作者协会等多个主体一起参与。这种多主体同时对督导者进行评估的现象往往反映出督导者身份的多样性。本土社会工作发展对督导的需求超过了本土督导者成长的速度，故而部分地区的行业协会运用"培训培养—考核—输送（派送）"机制，将符合督导资格和要求的具有督导资格证的督导者"输送"或曰"派送"到其他的机构作为外聘督导者开展工作。也有一些项目聘请高校社会工作专家作为项目的督导。比如，在上海市戒毒康复社会工作服务中聘请了上海高校的社会工作专家作为督导，全程参与了项目实施。

---

① 张洪英：《社会工作督导理论与方法》，中国社会出版社，2019，第 174 页。

② 张洪英、赵万林：《中国社会工作督导评估体系研究》，《社会工作与管理》2019 年第 6 期。

禁毒社会工作督导评估，涉及督导者、督导对象、服务机构以及服务项目等多项内容。督导者行政性任务的完成情况和督导的专业性，督导对象独立承担工作的能力评估及其全人发展，服务项目的目标完成度，乃至承接项目的机构中社会工作专业人才队伍建设质量提升等都是督导评估涵盖的内容。除此之外，良好的督导关系、合适的人员配置及服务进程把握、相关服务知识的积累以及情绪疏导等传统功能的发挥，即行政、教育、支持三大督导功能的有效发挥，也均在一定程度上反映了禁毒社会工作督导的成效。

禁毒社会工作督导评估所使用的主要方法包括问卷法、访谈法。问卷式评估使用的范围非常广泛，评估效率高、信息量大。访谈法主要以督导对象为访谈主体，深入了解其接受督导的历程及改变。除去这两种常见方式，直接面询督导者，或者通过文书记录去评估督导者的督导工作，即痕迹式评估，亦是评估专家常用的评估方式。为了确保督导的真实有效性，双重印证是更为合适的评估方式，这是指，将督导对象对督导者的“直观评估”与督导对象在社会工作实务上的进步相互印证。具体评估方法的选择还要根据人员、财力、机构、项目的实际情况来安排。

目前在禁毒社会工作督导评估中，对于督导成效的关注还不够，主要采用第三方评估和使用者评价两种方式。评估的内容包括督导关系、督导三大功能发挥情况、社工机构人才队伍建设情况。第三方评估主要是针对禁毒社会工作服务项目开展的评估，其间包含了对督导工作开展情况及成效的评估，项目本身的整体评估成绩也在一定程度上反映了督导的成效。使用者评价，主要由社工机构、被督导者对督导及其工作进行直观评价，包括满意度调查以及上述部分成效的评价。

第四节　禁毒社会工作管理

禁毒社会工作管理是一种确保禁毒社会工作组织良性运行，禁毒社会工作者充分发挥功能，禁毒社会工作服务有效供给的理念和方法。本节从组织管理、人事管理、服务管理、财务管理和绩效管理五个方面展开介绍。

一、组织管理

组织管理是对禁毒社会组织管理中建立健全管理禁毒社会组织，合理配备人员，制定各项规章制度等工作的总称。具体地说就是为了有效配置禁毒社会组织内部的有限资源，为了实现一定的共同目标而按照一定的规则和程序构成的一种责权结构安排和人事安排，其目的在于确保高效实现组织目标。

禁毒社会服务是一种有组织的服务。禁毒社会服务组织必须依据业务需要设置安排适当的岗位职责和人员，以便分工合作和分层管理。

禁毒社会组织的宗旨、愿景、服务理念、发展方向和战略目标、资金渠道、具体执行层领导人选等，都属于组织管理的范畴。

禁毒社会组织管理由董事会（或理事会）、监事会和执行层等组成。执行层一般由总干事、副总干事、督导主任和业务、人事、财务、宣传、项目、志愿者干事等构成，负责日常禁毒社会工作事务的开展。设置站点的，可设置社工站站长、社工点（片、组）长，带领社会工作者开展实施禁毒社会工作服务。

二、人事管理

人事管理是通过科学的方法、正确的用人原则和合理的管理制度，调整人与人、人与事、人与组织的关系，对禁毒社会工作者做出最恰当的安排和使用，并保护其合法利益。

（一）人事招聘

禁毒社会工作者的招聘录用工作，力求通过合理和高效的招聘程序，组建专业化、职业化的社会工作人才队伍。

1. 招聘原则

实行公开、公平、公正的原则；实行自愿报名、统一考试、择优录取、按需分配的原则。

2. 招聘步骤

禁毒社会组织确定招聘需求后，制定招聘条件，向社会发布招聘信息。禁毒社会组织组织统一的笔试、面试选拔后，最终确定录用人员。

（二）人事聘任

社会工作者录用后备齐材料到聘用禁毒社会组织签订劳动合同，办理相关录用手续。

1. 社会工作者上岗

禁毒社会组织安排禁毒社会组织内部资深社会工作者（骨干或社会工作者督导）向试用期社会工作者介绍组织结构、工作职责、规章制度和操作流程等，进行全面、专业的带教指导。

2. 培训与考核

禁毒社会组织组织新进社会工作者进行集中培训，考核其工作态度、知识、技能等。由禁毒社会组织安排入职培训考核或试用期社会工作者的转正考核。

（三）薪酬管理

薪酬管理从禁毒社会组织发展的战略高度来考虑薪酬管理制度，并以此来确定薪酬水平和薪酬结构。薪酬管理制度须兼顾效率和公平两个目标。

社会工作者薪酬管理可与社会工作者职业晋阶对接，以社会工作者职务级别定级，晋升标准应以专业知识技能、专业工作年资和工作绩效为主要依据。

社会工作者职业晋阶使社会工作者可以有不同职务段的晋升，以达到优化禁毒社会组织人力资源、激励社会工作者的目的。

社会工作者职务级别的设立可与国家社会工作者（师）职业标准或职业水平等级相呼应。

（四）培训管理

禁毒社会工作者通过培训管理持续提升知识技能并发挥其潜能，使禁毒社会组织的人力资源能适应禁毒社会工作日益发展的需要。

1. 新进社会工作者入职培训

新进社会工作者通过入职培训了解禁毒社会组织概况、组织架构、服务理念、职业守则、管理制度、禁毒法规、戒毒知识、实务操作规范等内容，为工作开展奠定基础。

2. 岗前培训

由骨干社会工作者或社会工作督导对新进社会工作者进行带教指导，帮助其了解、熟悉工作内容，并与工作实践相结合，以便新社会工作者能尽快进入角色，符合上岗要求。

3. 在职培训

可根据社会工作的专业要求和自身业务发展需求，举办一系列有针对性的培训课程。

4. 资深社会工作者（骨干或社会工作者督导）培训

可定期对资深社会工作者进行专业定向培训，培养一支骨干或督导队伍，担任更多的培训、督导、调研、考评等工作。

5. 培训评估

采用问卷调查、面谈、观察等方法，了解和评估社会工作者对培训内容、讲师、方法、资料、设施等项目的主观感受和满意程度。

三、服务管理

（一）办公管理规范

社会工作者应维护良好的工作环境，保持工作场所安全。在办公场所、会议室、档案资料存放区域内禁止吸烟和做好防火、防盗措施。对电脑重要数据应当及时备份；若有需要，应当进行加密保护。

社会工作者应保持仪表整洁端庄，言谈举止大方得体，在办公场所避免不文明言行，未经同意不得翻阅其他人员的文件、档案、工作资料和私人物品等。

（二）社会工作者职业规范

社会工作者开发利用社会资源，促进服务对象与环境的协调发展，为预防和解决问题提供专业的禁毒社会工作服务。向政府有关部门、社会有关方面反映服务对象面临的问题和困境，呼吁和倡导社会公平公正，以维护服务对象的正常诉求及合法权益。保护服务对象的隐私权并维护服务对象的其他合法权利。

（三）突发事件的应急预案

社会工作者在为服务对象提供日常帮教服务的过程中，办公场所可能发生火灾、自然灾害、人身伤害等突发事件，禁毒社会组织内应急领导小组成员和各级负责人应迅速到达现场及相关的工作岗位，安排相关社会工作者开展抢救、自救和疏散工作，并与相关职能部门积极配合，开展现场处置工作。

（四）保密资料管理

凡涉及服务对象、社会工作者和其他提供相关服务人员（包括志愿者）的个人信息及有关部门、禁毒社会组织内部文件、档案、报表、活动报道、会议记录、个案记录、论文、教材、照片、录音、摄像等原件、复印件、电子版存档等资料，都属于保密资料的管理范围。

保密资料要严格按照相关权限规定的范围传阅。未经批准同意，任何人不得自行扩大范围，也不得向无关人员泄露资料内容，更不能擅自携带保密资料外出。

服务对象转介涉及的保密资料，双方社会工作者必须做好交接工作，确保其保密资料得以妥善保管。

四、绩效管理

绩效管理是指各级管理者和员工为了达到组织目标所共同参与的绩效方案制定、绩效考核评价、绩效结果应用，绩效管理的目的是持续提升个人、部门和组织的绩效。

绩效考评旨在加强对社会工作者的绩效评估和规范管理，帮助社会工作者明确未来的工作目标和要求，有针对性地进行整改和提高，更有效地实现组织和个人目标的一致性，提高禁毒社会工作的规范化、职业化、专业化的整体水平。

（一）考评原则

遵循公开、公平、公正以及以人为本、科学管理的原则。

（二）考评指标

综合考评社会工作者的专业知识、实务技能、工作态度、服务质量、工作绩效等各项指标。

（三）考评形式

考评形式可分为日常考评和年度综合考评。

（四）考评结果

考评结果可以与绩效奖金、薪酬调整、职务晋阶相关联。

五、财务管理

禁毒社会服务组织的财务管理包括管理各项财务活动和处理各种财务关系。总目标是实现信用、透明、信息畅通和公共的财务，长期目标是维持组织的生存、发展和“获利”。短期目标根据组织的自身发展需求而设置。

财务运作包括：获得财政资源、编列预算和计划，支出可得款项。财务管理步骤包括：设置会计禁毒社会组织或会计主体；建立会计管理制度及岗位职责；具有会计从业资格的人员配备；编制财务计划、进行财务控制；对财务核算结果及时予以财务分析、评估和披露。资金来源于多种渠道，既有公共的，也有私人的，具体来源包括政府的资助、收取服务费用、接受企业或个人的捐助。制定与禁毒社会服务组织需求相关的客观明确的具体目标；决定优先考虑的问题，要将服务对象的福利和组织运行的效率一起考虑；确定有关预算的最终决策。

第五节　禁毒社会工作研究

禁毒社会工作研究是社会工作研究在禁毒社会工作领域的具体运用。作为间接的社会工作服务方式之一，研究对于禁毒社会工作的发展具有重要的推动作用。本节主要在社会工作研究相关知识的基础上，介绍禁毒社会工作研究的定义、类型与功能，禁毒社会工作实践研究以及开展禁毒社会工作研究的主要方法和需要注意的伦理议题。

一、禁毒社会工作研究概述

（一）禁毒社会工作研究的定义

社会工作研究属于社会科学研究的一种，是为了积累创造社会工作的理论、方法和知识，以更有效地推进社会工作的发展而进行的研究。具体到概念界定层面，研究者们则有各自不同的关注点。例如，阿塞尔·芬克（Arthur Fink）强调的是社会工作研究方法的科学性，他认为社会工作研究是将系统地寻求未知答案或验证某些假设的过程运用到社会工作领域，实际上是运用社会研究的一般方法、程序和逻辑，针对社会工作实践而开展的社会研究。而波兰斯基·诺曼（Polansky Norman）关注的则是社会工作研究功能的实用性，他将社会工作研究定义为精确地探索和科学地检定社会福利的工作计划、组织或机构的功能与方法的效力，以发展社会工作的知识、技能、观念与理论的活动。

综合社会工作研究的一般界定和具体概念，禁毒社会工作研究主要是指：运用一般社会研究的不同范式和方法，以戒毒康复人群及其需求、禁毒社会工作实践过程与效果、禁毒/戒毒相关的政策法规等与禁毒社会工作密切相关的主题为对象，所进行的资料收集和分析过程。其目的是将分析结果直接运用于理解服务对象及其面临的困境或有效开展禁毒社会工作服务，以促进戒毒康复人员社会功能的恢复；同时，通过研究的开展，形成更加有效和科学的禁毒社会工作知识与技巧，促进禁毒社会工作学科的进步和完善。

（二）禁毒社会工作研究的类型

在社会科学领域，有理论研究与应用研究之分。理论研究的目的是发展人类行为与社会运行的理论，应用研究则以解决社会问题、改进社会现状为己任。毫无疑问，社会工作的学科性质决定了其属于应用研究的类型。但是，这并不意味着社会工作研究不需要理论或不需要进行理论研究。一方面，社会工作的对策研究与实际推展都需要一定的理论指导，这就必须进行理论研究；另一方面，社会工作理论有解释理论、介入模式理论和实践理论，对社会工作的实践模式和方法等进行的研究也属于理论研究。只不过社会工作的理论研究是一种应用性理论研究，而非纯理论研究。这种应用性研究既包括社会福利思想、社会政策、社会工作制度的结构与功能、社会工作的国际规则与本土化等方面的研究，也包括社会工作的理论基础、介入模式、工作过程与方法、实务理论的研究。

基于此，禁毒社会工作研究实际上可以构成一个续谱：在理论层次上是禁毒政策研究以及禁毒社会工作的制度分析，在服务提供过程层面上是具体的服务过程、服务传递的研究，在技术层面上是情景性的助人技巧的研究。这些研究不是互相分割的，而是有机联系在一起的。

（三）禁毒社会工作研究的功能

开展禁毒社会工作研究无论对于了解服务对象的需求，设计适宜的服务方案，提高社会工作服务的质量和效果，还是对于发展本土的禁毒社会工作理论，促进专业人才队伍的建设，以及修订与完善相关政策等都是非常必要的。具体来讲，禁毒社会工作研究的主要功能可以从以下几个方面来理解。

1. 从服务对象层面来看，有利于为服务对象提供适切的服务

禁毒社会工作服务不是随意设想与盲目提供的，而是根据服务对象的需求经过科学设计的。因此，要使禁毒社会工作服务具有科学性和针对性，就必须了解服务对象的需求、探讨服务提供的途径，并对服务方案进行科学的评估与选择。这些都离不开禁毒社会工作研究的开展，以充分了解服务对象的真实需求及其所处的社会系统，掌握他们的吸毒戒毒过程、生命故事和现有支持系统等，从而设计并提供最适切的服务。

2. 从服务提供过程层面来看，有利于提升社会工作服务的质量

在禁毒社会工作服务开展的过程中，服务对象的生活状态、心理状态和需求是不断变化的，相关的社会、经济、政治等环境因素也可能发生变化。因此，

为了使所提供服务的质量和效果得到保障,就必须通过调查研究、评估研究等科学方法,进一步了解服务对象、社会环境等方面的变化,并将这些研究的结果和发现直接运用于服务过程中,以不断改进工作的模式、方法与技术。同时,禁毒社会工作服务本身也会遇到一些新的问题,需要通过研究对已开展的服务进行评估,从而达到提高服务对象的福利、提升服务质量与效益的目的。

3. 从学科发展层面来看,有利于及时总结本土实践经验和智慧

本土化是社会工作后发国家不可避免的一项核心议题,要促进禁毒社会工作这一学科领域的专业发展和理论、知识的更新与积累,就必须对本土实践经验进行总结,不断地对社会工作者在实践中的新经验、新方法、新技巧进行提炼和理论化概括。同时,来自西方的禁毒社会工作理论、模式、方法与技术等在本土情境中是否适用,也必须经过实际的应用加以验证。而所有这些方面的实现,都必须借助于科学的研究才会更加有效。

4. 从社会发展层面来看,有利于禁毒政策的不断完善和社会问题的解决。

社会服务是在一定的政策框架下进行的,尤其是禁毒社会工作服务的设计与实施,更是离不开相关政策的规定与指导。禁毒社会工作一方面通过服务的提供执行政策的相关规定、满足戒毒康复人群的需要;另一方面可以在服务的过程中掌握相关政策的实际效果,及时发现政策执行过程中存在的问题和偏差。而要对于政策执行中的问题保持敏感并提出相应的对策建议,使得相关政策更加完善以实现其解决社会问题的目标,禁毒社会工作政策研究发挥着重要作用。

二、禁毒社会工作实践研究

(一)禁毒社会工作实践研究的概念及其重要意义

关于什么是实践研究,目前学术界并没有形成明确的共识。这里主要介绍两个较具代表性的概念界定,并在此基础上提出禁毒社会工作实践研究的概念。其一是 2008 年召开的第一届国际社会工作实践研究会议所形成的索里斯堡宣言对实践研究的界定陈述:“……实践研究源自对实践的好奇。它关注如何寻找有效的助人方法,如何通过对实践的研究挑战现有存在问题的实践,以及如何依据我们在实践中的亲身经历发展出新的知识和想法。大家公认实践研究的最佳方式是由实务工作者与研究人员合作进行,研究者和实务

工作者相互学习。实践研究采纳专业知识的包容性取向，它强调对于实践复杂性的理解，并通过实践来促进对于增权的承诺以及对于社会正义议题的回应。”[①]其二是我国香港地区致力于推动国内社会工作实践研究发展的学者古学斌老师给出的定义：“实践研究是研究者带着实践的关怀对自己或他人所推动的实践进行研究。其目标是通过研究，构建对实践有用的知识，并对实践有所改善/改变。实践研究的开展是为了探索一种有效改变的知识，回应实践中的种种困惑和思考。其方法包括定量和质性的方法（包括民族志、个案、现象学、叙事、扎根理论、行动研究等）。”[②]综上所述，笔者认为禁毒社会工作实践研究主要是指，将研究者与开展禁毒社会工作服务的实务工作者的智慧与能力结合起来以解决实践中问题的一种方法。在这个过程中，研究者和实践者共同参与对禁毒社会工作服务的分析，将实践议题转化为理论议题，从而为实践者提供有用的知识，进一步推动禁毒社会工作服务的完善。

开展禁毒社会工作实践研究的重要意义主要体现在两方面。一方面，我国禁毒社会工作领域的服务经验已经有了一定的积累，对其进行总结并提炼出指导下阶段服务的实用知识这一需求也日益凸显；实践研究作为致力于改善实务工作和更有效开展专业实践的一种研究策略，必然能够有效回应上述需求并在禁毒社会工作领域中得到推广和应用。另一方面，随着我国社会工作实践的不断发展，越来越多的实务工作者甚至是学术研究者都日益意识到研究者和实践者相互割裂、学术研究生产出来的知识与实务界相互脱离所带来的发展困境。因此，在禁毒社会工作领域开展实践研究，强调禁毒社会工作服务提供者与服务使用者的积极参与，追求研究的结果或者研究过程中生产的知识能够帮助实务界的实际工作，必将推动禁毒社会工作服务的进一步发展与完善。

（二）禁毒社会工作实践研究的类型

实践研究在一定程度上牵涉两个原先不同世界（实践的世界与研究的世界）之间的协作或合作。因此，根据双方协作程度的不同，可以将实践研究划分为四种类型。第一种是隔墙观察的实践研究。即研究者根本没有跟实务界发生任何关系，他们并没有接触社会工作实践，只是简单地利用二手材料进行

---

① 邓锁：《国际社会工作实践研究会议系列宣言》，《中国社会工作研究》第十五辑，第209—222页。

② 来源于2020年4月18日举办的中国社会工作实践研究网络会议PPT。

研究分析。第二种是外来者实践研究。这种研究取向仍然比较接近传统的研究,虽然研究者已经来到实践现场对实践进行研究,但主要还是从观察者和他者的社会位置进行研究,从而开展评估、总结实务经验、提炼理论。第三种是协同实践研究。指研究者对其他实践者或其他实践者的实践进行研究。在这个过程中,其他实践者不仅只是被研究的对象,也是平等参与研究问题的形成、参与研究资料收集与资料解释的协同研究者。在一定程度上,研究者也参与了部分的实践服务。但是,研究者和实践者还是有不同的角色与分工。第四种是实践者研究。即实践者对其自我、对自我所处之社会位置、情境、社会经济政治的环境结构、对自己在某一社会情境下的行动或实践,以及对自己行动和实践所产生的影响所进行的自主研究。在这种研究中,研究者也就是实践者,角色很难分开。[①] 从上述界定可以看到,后两者才是真正意义上的社会工作实践研究。其中,第四种是最为理想的开展实践研究的方式,但同时也是最难做到的。因此,目前禁毒社会工作服务领域开展实践研究,主要采取的方式是协同实践研究。

(三)禁毒社会工作实践研究的实施过程

一般而言,实践研究都要经历循环的周期,从实践开始、发现问题、理解问题形成的因素、反思当下实践的问题、制定新的行动方案及推动行动、对自己的实践行动进行观察和记录、进一步反思评估推动的实践行动、提出改变和改善的方法、推动新一轮的实践(见图 8-1)。也就是说,“计划—行动—观察—反思”是实践研究的基本操作环节。计划是指以大量事实和调查研究为前提,分析实践活动中存在的有待进一步改善的问题及其成因,并制定解决问题的总体策略和每一步具体的行动计划。计划主要包含三个方面的内容和要求:第一,计划始于解决问题的需要,要求研究者从现状调研、问题诊断入手;第二,计划包括总体设想和每一个具体行动步骤,至少应该安排好第一步、第二步实践研究的进度;第三,计划必须具有充分的灵活性、开放性。行动主要指计划的实施,是行动者有目的、负责任、按计划的行动过程。在这个过程中,行动者和研究者一同行动;并且需要注重实际情况的变化,即随着对行动和背景认识的逐步加深,以及各方面参与者的监督观察和评价建议,不断调整行动。观察是指对行动的过程、结果、背景以及行动者的特点的考察,是反思、修订计

① 古学斌:《为何做社会工作实践研究?》,《浙江工商大学学报》2015 年第 4 期。

划和进行下一步的前提条件。观察既可以是行动者本人借助于各种有效手段对本人行动的记录观察，也可以是其他人的观察，但多视角的观察更有利于全面而深刻地认识行动的过程。反思是一个螺旋圈的终结，又是过渡到另一个螺旋圈的中介。不仅需要对观察到、感受到的与制定计划、实施计划有关的各种现象加以归纳整理，描述出本循环的过程和结果；还需要对行动的过程和结果做出评价，对有关现象和原因做出分析解释，找出计划与结果的不一致，从而形成基本假设。如若发现新的问题，则开始新一轮的"计划—行动—观察—反思"，直至对已改善的实践感到满意，并写出研究报告。

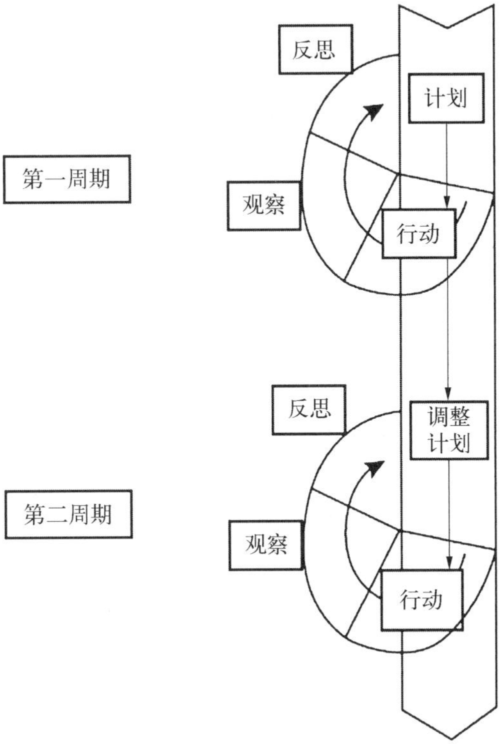

图 8－1　S. Kemmis 和 R. McTaggart 的实践研究模型

（资料来源：古学斌，2013，p.9）

三、禁毒社会工作研究的主要方法

禁毒社会工作研究是社会工作研究方法在禁毒领域的具体运用，因此很多社会工作研究方法在禁毒领域都有着较为广泛的适用性。如问卷调查、二手资料分析研究等定量研究方法以及访谈法、个案研究和扎根理论等定性研究方法，这都是禁毒社会工作研究过程中较为常用的主要方法。

（一）定量研究方法

1. 问卷调查

问卷调查是以预先设计好的结构化、标准化的问卷作为工具来完成资料收集和分析资料等工作的调查方式。一般而言，设计问卷、发放问卷、问卷填写和回收问卷，是使用该方法收集资料所必须进行的基本程序。

问卷设计是一项对技术要求颇高的工作，遵循问卷设计的原则和步骤精心设计问题，保证所提问题、用语都适合调查对象的理解并便于回答等因素有利于保证问卷调查所获资料的信度和效度。此外，正式问卷都有一定的结构，主要包括封面信、指导语、问题和答案，以及编码等部分。问卷填写主要包括自填问卷和访问问卷两种。按发放问卷方式的不同，自填问卷又可分为当面发放问卷、邮寄问卷和网络问卷三种。当面发放问卷的方式可现场解答调查对象的问题，减少误差，且回收率高，但由于涉及调查员较多，不宜大范围开展。邮寄问卷和网络问卷两种方式则在某种程度上节约了人力、经费、时间；但所设计问题一般比较简单，资料可靠性受限，且问卷回收率得不到保证。访问问卷则有电话问卷和面访问卷两类，由调查员根据被调查者的回答进行填答。电话问卷在当前推销电话和诈骗电话日益增多的情势下越来越难以进行，即使被调查者接听了电话，任何简单的信息诉求也有可能遭受怀疑而不会被真实回答。

2. 二手资料分析研究

在发展了几年甚至是十几年的禁毒社会工作服务机构中，储存了大量关于服务对象和服务计划的资料，研究者有时可利用这些资料来考察相关的研究议题。同时，许多公共出版物也可以成为开展禁毒社会工作研究的资料来源。

运用二手资料进行分析研究不仅比其他收集和分析资料的方法成本低，而且还更加节省时间、具有较少的介入性干扰。但是，二手资料分析同样也有其不可避免的缺陷，一是分析的资料常常相当有限，二是原始资料的质量难以改变。当然，对原始资料收集背景的完整检查可以帮助研究者判断这些资料是否可信：谁收集了这些资料？他们采用了哪些资料记录方法？哪些因素可能影响资料记录的决定？正是由于这些限制，二手资料分析无法完全回答大部分研究问题，因此没有更加广泛地被运用。

（二）定性研究方法

1. 访谈法

深度访谈和焦点小组是禁毒社会工作研究中较为常用的访谈形式。深度访谈就是研究者通过与研究对象的持续互动把握其用自己的语言所表达的生活、经历和状况，理解其所遇到的问题、想法及做出反应的深层次原因和细节；通过深度访谈，可以就某一问题做深入了解，并较为深入地探索研究对象的特定经历和动机等主观意义层面的资料。焦点小组又称专题小组，指研究者将那些具有类似的问题或具有相近生活经历的人集中在一起，并在研究者的主持下一起交流他们的经验。一般而言，焦点小组的规模不宜太大（十人左右），且应事先告知研究对象研究的主题、要求、时间、地点等。

焦点小组相较于深度访谈有一些明显的优势，尤其当研究者与被研究者之间尚未建立深厚的信任和情感关系时，采用焦点小组的方式可能是一个明智的策略。一方面，小组能够为研究对象提供情感支持，在和他们有着类似经历的人在一起时，他们更有可能会坦言相告；另一方面，小组还可以发挥团体动力，参与人员之间可以互相启发、互相补充、互相纠正各自与主题相关的记忆，从而使得研究者在较短时间内获得多名研究对象更为丰富的资料。但是，焦点小组对研究者的“控场技术”要求非常高，以免研究对象的发言相互之间有干扰，或者在交流的过程中偏离主题，使得焦点小组成为嘈杂的聊天现场。

2. 个案研究

个案研究法是指以特别的个人、团体或机构为研究单位，广泛地收集与之有关的完整资料，并对其现状及发展历程进行深入分析的一种方法。个案研究强调对研究对象全面深入的认识，在收集资料的过程中需要考虑研究资料的多样性、资料收集技术的多样性、研究案例的选择性和案例呈现的完整性。研究者可通过参与观察、访谈法或利用已有的文献资料（如日记、传记、照片及其他文献）了解被研究者对生活的感受和态度以及他们的价值观念与期望，筛选出最有价值的案例，并对之进行深入细致和全面的描述呈现，提供广阔、丰富和生动的细节与背景。因此，在个案研究中，获取研究对象的信任是非常关键的。

3. 扎根理论

扎根理论主张理论必须“扎根”于实地所收集和分析的资料之中。研究者在研究开始之前一般没有理论假设，而是直接从实际观察入手，透过资料收集和分析的不断交互作用寻找反映社会现象的核心概念，然后通过这些概念之间的联系建构相关的理论。扎根理论是一个收集资料与建构理论同时进行的循环过程，研究者从资料中初步生成的理论可以作为下一步资料抽样的标准，指导并形成下一步样本选择方式、资料收集重点以及编码和归档系统等。

为了建立理论，扎根理论提供了一套有系统的思考和概念化资料的方式，包括提问的运用、对字词短语或句子的分析、透过比较做进一步分析（凹凹凸凸技术、两个或多个现象的系统性比较、摇红旗）等方法，以发掘资料中的新意义和理论线索。同时，扎根理论要求对收集上来的资料进行编码。一般而言，在资料分析阶段的初期，主要采用的是开放式编码，要求对资料的含义进行大致的界定，并着手对其进行分类；而在后期阶段，则需要使用主轴编码和选择性编码，梳理资料中的条件、脉络、行动/互动和结果，从而理解和说明许多存在于人类社会的复杂现象。

四、禁毒社会工作研究的伦理议题

社会工作学科与其他社会科学相比有一个突出的特征，即社会工作研究的过程往往也是实务的过程，需要对服务对象的需要、实务工作的过程与效果进行考察。因此，对伦理议题的关注就显得尤为重要。具体到禁毒社会工作研究的开展过程，研究者除了需要根据研究问题和研究目标等要素来确定合适的研究方法之外，还需要在设计和实施研究方案的过程中注意与研究参与者利益保护相关的伦理议题以及与研究者学术道德相关的伦理议题。

（一）与研究参与者的利益保护相关的伦理议题

1. 自愿参与和知情同意

自愿参与可以说几乎是所有的社会科学研究共同的伦理要求，指的是研究参与者在没有任何威胁和利诱的情况下完全自由地选择参与研究过程，不会被迫向研究者提供任何资料。在禁毒社会工作研究中，研究者需要收集研究对象的相关资料，以对其需要、可能的服务方案及服务效果进行科学分析，这些工作与过程都应该建立在研究对象自愿参与的基础上。知情同意是指研究参与者充分了解研究的目的、过程和可能的结果以及研究资料的使用等与研究相关的全部信息，并且凭借自己的能力独立地做出是否参与的决定。自愿而知情的参与可能会破坏研究的科学性；但是，这是保护研究参与者所必须遵守的，以免他们在参与研究的过程中后悔做出参与的决定甚至是遭受某种程度的伤害。

需要注意的是，知情同意书应该以参与者最熟悉的语言和表达方式来说明关于研究参与者的问题和回答方式。同时，研究者也需要注意由特定情境所决定的服从权威的方式，这可能使参与者感到他们不能或不具备拒绝参加研究的权利。例如，在禁毒社会工作研究中，研究者很有可能就是社会工作者，研究对象则是服务对象，而他们之间就有可能存在“不平等”的权力关系，所以可能出现作为服务对象的研究对象被迫参与或为了给社会工作者面子而参与研究的现象。这些应该是研究者在禁毒社会工作研究中需要加以注意并尽量防止发生的。

2. 防止非必要的伤害

防止非必要的伤害，是指不应使研究参与者因参与该项研究而遭受不必要的伤害。由于禁毒社会工作研究要通过调查研究寻求有助于戒毒康复者实现社会康复的方法，因而常常会问及研究参与者过往吸毒的历程、现在生活中遭遇的困境等。对于这种个人遭遇或困境的回忆与叙述，有可能是重揭研究对象的“伤疤”，给他们造成生理、心理及精神上的伤害；甚至在研究的过程中还会导致研究对象吸毒人员身份的暴露，阻碍他们顺利回归社会。因此，如果向研究对象询问上述资料是必需的，研究者应该在选题和设计的开始就注意到可能给研究对象造成的伤害，并在研究设计上将这种无意伤害降到最低程度。如有必要，在研究完成后可以对研究对象提供相关的心理辅导。

3. 匿名和保密

在禁毒社会工作研究中会涉及研究参与者的个人情况、家庭情况、所遭遇的困境，或者他们对当前政策、政策执行者、服务提供者及其他利益相关者的看法。这些真实的资料和看法对于改善社会工作服务是相当宝贵的，但原本地将这些信息公之于众则可能给研究对象带来威胁。而在资料收集、分析和研究报告的撰写、出版过程中的任何一个环节，都有可能泄露研究参与者的信息；因此，匿名原则对于保护研究参与者的权益来说是十分重要的。通常情况下，研究者可以让参与者取一个自己喜欢的名字或在收集资料后删除某些个人信息以让他人无法分辨研究参与者。

保密是社会科学研究遵循的一般原则，且适用于社会工作的全部活动。

它指的是研究者在资料的收集和处理过程中不会有旁人接触到参与者所提供的资料；在未经研究参与者同意的情况下，研究者不得在与调查无关的场合，或在展示调查资料的过程中向无关人员透露研究对象不愿公开的个人资料；同时，研究者需要做到所提供的信息使他人无法判断参与者的身份；研究成果的发表也必须得到参与者的认可等。所有这些要求不仅是调查资料处理技术方面的要求，而且在调查研究之初就应该向研究参与者预先申明。

（二）与研究者的学术道德相关的伦理议题

1. 研究者身份

一般情况下，研究者在伦理上必须如实介绍自己的身份，不可故意隐瞒身份或采取欺骗手段。但是，如果研究者如实介绍自己的真实身份后可能导致无法获得可靠的资料，即研究参与者不愿再提供真实信息；在这种情况下，研究者可在征得有关部门的允许下进行“善意的隐瞒”。

2. 价值中立

在研究主题的确定、研究设计、资料收集等过程中，研究者要客观地记录信息，不进行任何诱导；同时，应尽量减少由价值偏好造成的对研究对象认识的偏离或影响科学方法的运用。而在研究资料的分析和研究结果的报告过程中，研究者不应凭个人意志选用信息，即使研究结果出人意料或与想象中的结果相左，研究者都需要做到让经验性知识，而不是自己的喜好，作为其所有研究结论的基础。

3. 研究经费、基金的背景

绝大多数的研究经费都来自特定的部门或基金会，而不同的部门都有各自的工作焦点，不同的基金会也都有特定的价值取向。这样研究经费的来源与支持研究的基金会所秉持的价值理念，就可能对研究过程和研究结果产生影响。因此，研究者一方面需要在研究的过程中对于这些可能的外来影响保持敏感，避免这些部门或基金歪曲、压制他们的研究结果；另一方面则需要在研究报告中说明经费的来源，并说明支持研究的基金背景。

五、实践研究案例

上海戒毒康复同伴教育模式的行动研究

上海市自 2004 年起开始探索禁毒社会工作同伴教育服务，经过十多年实践，基于同伴教育服务中的经验发现和抽象出的规律，凝练出禁毒社会工作同伴教育模式的基本要素。这个模式的提炼过程，是通过开展以行动研究步骤为基础的行动研究而完成的。

依据对行动研究的一般理解，其目的在于自我反省、追求改善、寻找更好结果。[①] 开展行动研究，能够有助于实务问题的解决、扩展科学知识、增加参与者个人的能力。社会工作者对所面临的问题先做出改变，接着去检视其结果，并借由这个检视评鉴的结果来调整自己对问题的看法。换言之，社会工作者先改变行动，继而在行动中追求理解，引发反省。其研究步骤如下[②]：

- 检视目前的实务工作；
- 指出想要改进之处；
- 提出行动方案；
- 执行它；
- 仔细观察发生的事物；
- 根据观察和发现修正研究计划，并再试一次；
- 评鉴修正工作后所得的结果；
- 持续上述步骤，直到出现的结果令人满意。

上海戒毒康复同伴教育服务模式即按照上述行动研究的基本步骤而形成。研究小组由高校社会工作专业教授、自强总社干事、参加项目的自强社会工作者、同伴辅导员等共同组成，形成了高校与社会工作机构合作型的同伴教育行动研究团队。

上海市社区戒毒康复同伴教育服务模式的行动研究过程分为两个阶段，具体介绍如下：

（一）行动研究阶段一：如何开展同伴教育服务

1. 研究问题

对同伴教育的行动研究始于 2010 年“涅槃重生”同伴教育服务项目实施之时。当时的同伴教育活动已经由沙龙式的活动形式，转向社会工作小组活动的形式。当以项目化方式开启“涅槃重生”同伴教育服务项目时，研究团队拟研究的问题就是：如何规范同伴教育服务，形成具有上海特色的同伴教育服务模式？

---

① 郑增财：《行动研究原理与实务》，五南图书出版公司，2006，第 177 页。

② J. McNiff, P. Lomax and J. Whitehead, *You and Your Action Research Project* (London: Routledge, 1996), p.47.

2. 行动一

在前期同伴教育服务经验的基础上，“涅槃重生”同伴教育服务项目主要开展了以下几类服务活动。

(1) 提升自我效能感的小组活动。项目招募了符合一定条件的同伴辅导员候选人，希望通过小组活动的开展，培养其提升自我效能感，具备“同伴辅导员”的能力。具体来说，通过“今天，我们在这里起航”“愿望，就是能够”“让我们自助、助人、助社会”“我们学做同伴辅导员(一)”“我们学做同伴辅导员(二)”“情系同伴，传递希望”“我和小组一起成长”“你我同行，创造奇迹”等八节小组活动的开展，帮助组员了解同伴教育的概念、理念；理解了开展禁毒同伴教育的意义和目的；明确了“同伴辅导员”的定义、职责；协助组员通过开展自我探索，提升了“自我效能感”；帮助组员掌握了1种以上的同伴辅导技能；帮助组员掌握了2～3种应对同伴交叉感染的方法；协助组员找到了1个以上的助人途径和操作方法；协助组员在小组过程中牵手了1名同伴。

(2) 主题活动。作为整个小组活动的补充和延伸，项目通过举办各种功能的主题活动，让同伴辅导员候选人学会感恩，提升同伴辅导员候选人的团队合作精神、增加社会责任感。

主题活动主要包括以下几种类型：

第一，爱心公益型。通过组织同伴辅导员候选人参与一些社区公益活动，让他们感受到社会的关爱，同时激发其公益责任和热情。

第二，感恩回报型。通过收集一些平日感动的瞬间，搭建回报的平台，让同伴辅导员候选人通过自己的实际行动，通过感谢感恩，体会到重获新生的收获和感动，强化他们持续康复的信心和勇气。

第三，团队互动型。通过团队暖身活动，让同伴辅导员候选人感受到自己是整个团队中不可或缺的一分子，有责任为同伴康复付出自己的努力。

第四，学习成长型。通过具有启发性的活动，让同伴辅导员候选人领悟一些人生道理，学习新的技能。

第五，回顾展望型。通过总结分享同伴辅导员候选人在项目中的收获和成长，展望同伴教育的未来，使他们对未来更加有信心。

为了培养一批在坚持戒断、奉献爱心、能对自己、对家人、对社会负责等方面表现突出，能真正成为戒毒康复人员学习榜样的同伴辅导员。项目组制定了严格的同伴辅导员遴选标准、规范的成长阶梯、严谨的培养流程、系统的培训内容、科学的评估体系，并通过建立“同伴信箱”“星火计划”“同伴演讲”“同伴之窗”“同伴之音”等同伴辅导员活动平台，以“滚雪球”的方式尽可能地培养更多的同伴教育队伍。

(3) 验证。所谓验证，是实务反省的组成部分，主要是运用一些调查方法，完成对实务过程和结果的资料收集工作和资料分析工作，以期对实务过程和结果开展分析、总结和反省思考。

本阶段的验证主要采用了对实务过程的参与式观察、对阶段性实务结果的焦点小组访谈、问卷调查等方法收集行动研究的相关资料。研究团队通过参与观察每一项同伴教育活动，形成了对小组活动和主题活动的直接感受和思考；通过举办焦点小组，收集参与者对参加同伴教育活动的收获和体会，形成了对同伴教育活动成效的判断。问卷呈现的项目成效为：所培养的同伴操守率达 93.3%，同伴辅导员操守率达 94.4%；64.52%的同伴自信心得到了提升，65.82%的同伴自我效能感得到了提高；以同伴的力量，通过面谈、通信、热线、演讲等形式，带动了 387 名药物滥用人员进行戒毒康复。① 同伴们的收获概括如下：第一，改变了自我认同，提升了自信，获得了价值感；第二，明确了自身的定位，获得了一种使命感和责任感；第三，改善了戒毒动机，提升了生活意义；第四，体会到了小组的魅力，获得了榜样的力量和同伴间的支持，超越了个人利益，萌生了集体荣誉感和团队归属感；第五，增强了戒毒信心，提高了抵御毒品诱惑的能力。

从同伴辅导员候选人的回答中发现，生命意义的重新建构是同伴教育活动带给他们的最大功效。当他们对自己的生活有了重新的定义，对自己的生命价值赋予了新的意义时，他们内心激发出了戒毒康复的巨大动力。同伴间相互支持相互担当的团体动力，帮助他人、服务社会的崇高责任和使命使他们获得了保持操守、实现持久康复的巨大能量。

(4) 反省。研究团队在同伴教育活动中时常因同伴们的感动而感动。同伴辅导员候选人在同伴教育活动中获得的对生命意义的重新思考及对保持操守的巨大促进作用，让研究团队不断反思，“涅槃重生”同伴教育服务项目究竟蕴含了怎样的专业元素？

一群社区戒毒康复领域的同伴们在实现生理康复的同时，依然能感受到

① 引自上海市自强社会服务总社《涅槃重生同伴教育项目总结报告》(2011)。

游离于社会边缘的痛楚，他们在苦苦寻找活着的意义。当项目以“生命影响生命”的价值关怀、“自助、互助、助社会”的服务理念带领他们开展系列活动时，他们不断体会到的是尊严、价值、感恩和爱……得到提升的是真、善、美的价值水平。在“你我同行，创造奇迹”这一口号的鼓舞下，他们去看望在泥潭中挣扎的同伴们，在传递关怀的同时给予脱瘾康复的方法技能辅导、情感支持；他们在互相支撑、互相帮助的过程中修正自身的认知行为，获得助人后的满足感和价值体验。当组员通过牵手、榜样示范、演讲、书信、热线等一系列活动的参与，帮助政府、社会、家庭、个人增加社区戒毒康复工作成效时，他们获得的通过互助、助社会，进而实现自助的价值感和成就感，使他们重新获得了生命意义的建构。生命的光亮被重新点燃、心灵的汇集产生了共鸣，正向积极的力量在同伴之间传递，同伴们的改变和提升随之实现。

研究团队不断开展对话、反省和提炼，通过内省自己的理念、行动，以及彼此之间的多次讨论对话，共同反省并思考着同伴教育专业服务内涵及基本框架的理解、共识。

首先是理论对话。当从同伴教育辅导员的访谈中提炼出“意义建构”的核心概念后，研究团队反复阅读了相关理论书籍，包括“意义疗法”“积极心理学”“优势视角”等理论，理解到如何完善人性的自我以及如何帮助寻找意义，是意义疗法追求的核心目标。① 人在追求意义和创造意义的活动中，不断地追求和创造新的主体立场和存在方式，也就是在不断地改变这个依据，提出新的价值标准。因此，每种既定的标准，都是一种既定的主体立场和主体性存在的标志。它不仅体现着在这种状况下主体对客体的要求，而且体现着主体对自身的要求。这种要求是全面的。

人的主体性，不仅仅体现于人的理智方面，同时也体现于人的意志和情感方面。人对事物意义的理解，不仅是用理智，而且是用整个身心，包括意志和情感，去体验、追求和创造的。因此，人的价值标准也不是仅凭理智建立的，而且是全面地包括理智、意志和情感三个方面。正是这三个方面精神能力的内在统一，决定着真、善、美三个方面价值标准的内在统一。反过来，也正是这三个方面标准的不断提升，指引着人们的精神和精神所要追求的意义世界的全面发展。②

① 维克多·E. 弗兰克尔：《追寻生命的意义》，新华出版社，2003，第146页。
② 秦光涛：《意义世界》，吉林教育出版社，1997，第168页。

通过反省对话,研究团队意识到,上海市自强社会服务总社所开展的涅槃重生同伴教育服务项目,正是在理智、意志、情感三方面不断帮助和提升同伴辅导员候选人的真、善、美三方面的价值标准,从而实现了对其意义世界的重新建构,培养出了一批同伴辅导员,并获得了保持操守的持久动力。这是行动研究带给戒毒康复服务非常重要的经验。

其次是服务模式归纳提炼。当研究团队通过对话,获得对意义建构视角的认同和共识后,随即开展了对同伴教育服务模式的归纳提炼,初步提炼出"实现意义建构"的同伴教育辅导服务的核心要素,包括以下几点:

一是核心服务目标:建构生命意义。

二是内容和途径:

- 建构意义的内容和途径之一是开展就业辅导服务和各类公益助人活动,体现个人的社会贡献,实现个体的社会价值。

- 建构意义的内容和途径之二是开展各类体验活动,感受真、善、美,感受爱,体验价值。

- 建构意义的内容和途径之三是修正认知和态度,以实现最深和最高意义的态度价值。

三是建立社会支持系统:搭建政府、社会服务机构、社区戒毒康复人员、社会志愿者的互动交流平台,创建社会支持的环境资源。

同伴教育服务架构图如图 8－2 所示。

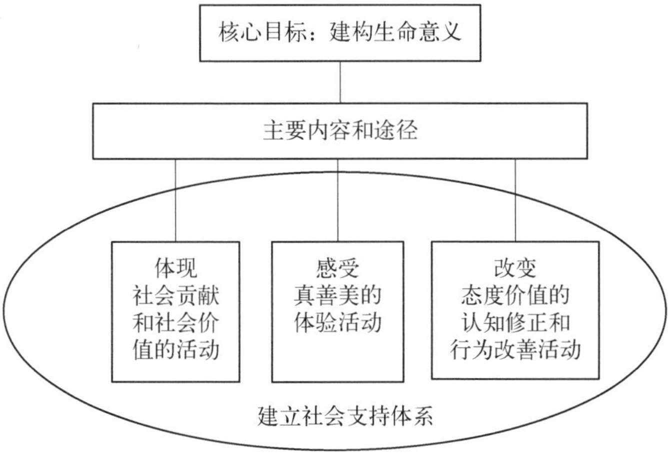

图 8－2　实现意义建构的同伴教育服务模式

(二) 行动研究阶段二：如何完善同伴教育服务模式

在对同伴教育服务模式进行了总结反省，并形成服务架构后，接下来行动研究工作的重点就是进一步探索服务内容，形成具体化、可操作的“意义建构”导向的同伴教育服务模式。

1. 新的研究问题

2011年后，受“上海社区公益创投”项目资助的第一期“涅槃重生”同伴教育服务项目结项的同时，已经日渐成熟的同伴教育服务进入了更大范围的运行之中，全市6个区设立了专门的工作室，面向更多人群提供服务，希望通过该项目培养更多的同伴辅导员。研究团队进入了第二阶段的行动研究过程中，此阶段思考的新问题是：“实现意义建构的同伴教育服务模式”的具体服务内容如何设立和实施？如何进一步推进同伴教育服务的专业成效？

2. 行动二

此阶段参加同伴教育服务的同伴们由两部分组成。一部分是已经通过上一期培养成为同伴辅导员的同伴，他们将一对一牵手另一名同伴；另一部分则是被牵手的同伴，希望通过培养成为同伴辅导员。

两类不同组成的同伴共同参与服务项目，给同伴教育活动的设计和举办带来了挑战。研究团队针对两个群体，从服务内容上，统一分为三大板块，分别是自我探索和行为修正、真善美情感体验、社会公益类价值体验等服务活动，但针对每类参与群体的具体活动内容更有针对性和个别化设计。同伴及同伴辅导员在开展自我探索、接受行为修正的过程中，反思生命意义，提升价值水平，越来越多的同伴受到同伴教育服务的感染和激发，成为有能力的同伴辅导员。

项目结构图如8-3所示。

3. 验证

经过一段时间的服务实施，面向更多同伴参与的同伴教育服务项目结构及具体服务内容、形式已基本定型。研究团队运用了团体讨论、焦点小组、案例分析、参与式观察、问卷等方法开展了对行动研究过程和成果的验证工作。

团体讨论的主要做法是把经过行动研究所形成的同伴教育服务项目结构图放在小组活动中进行讨论。工作者先讲解该结构图，然后询问同伴们对“意义建构”为核心目标的同伴教育服务项目框架的感受和意见。小组讨论时气氛非常热烈。同伴对“生命意义重构”的服务目标非常认同和赞赏，认为点出

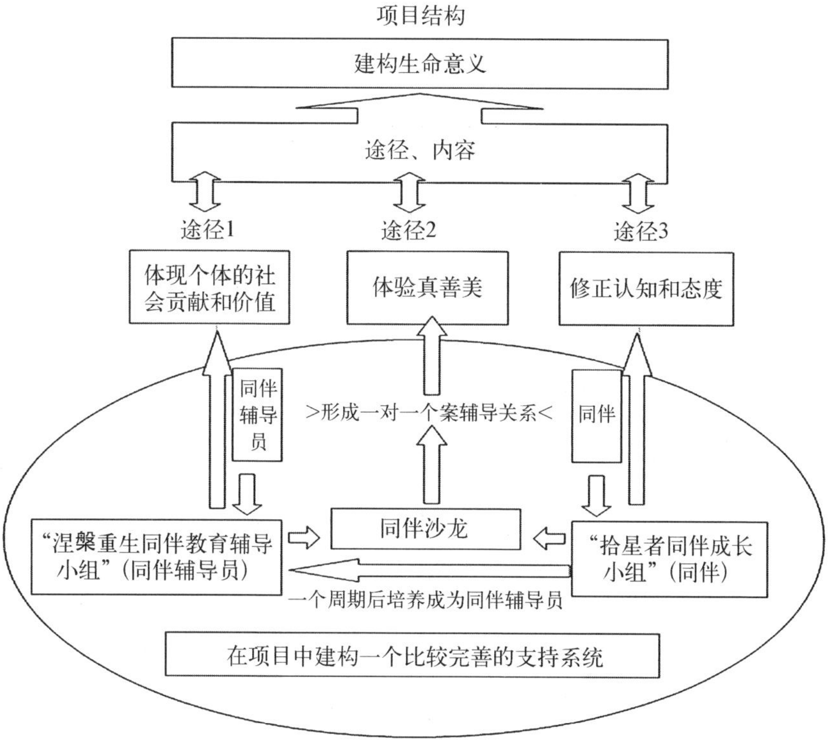

图8-3　项目结构图

了他们心中的希望，发掘了他们的生活价值。同伴们的积极反馈和对同伴教育服务模式的认同，给了研究团队最大的肯定和支持。

焦点小组的做法是邀请同伴座谈，提出对服务项目的看法和建议。他们不仅谈到同伴教育带给他们的收获，更讨论了如何通过制度建设和规范管理，把越来越大规模的同伴教育团队建设好并持续下去。他们认为集体的荣誉感胜过一切，必须及早考虑，加强规范，让"自信、自强、包容"带给同伴教育持续的发展。

"一开始是抱着试试和观望的态度参加项目的。但慢慢地在学习方面，在写东西方面，包括做人方面，都学到了很多，给了我一个重新做人，回归社会的一个支点。以前我们对社会是没有贡献的，只有害处。同伴教育对我的人生是一个转折点，也可以说是我走到最后一步，成功的起点。"(CM)

"经过几期的活动参与，感觉同伴是一个家，是一个我们这样的人能回归的家，能说话的家。让我给自己找到了一个平衡。慢慢沉淀，沉淀了很多，以前可能不能接纳的东西现在都能接纳了。在这个过程中，我学到了很多东西，那就是爱，从别人身上看到一种付出，让自己知道应该在自己有能力的前提下学会付出。看到了别人的闪光点。我很感谢有这么一个小组，就是愿意走下去，踏实地走下去。”(BQ)

“当初大家参加同伴教育90%以上是因为热情，纯粹是一种强烈的愿望，有一种归属感和家的感觉。因为在这里不需要戴面具，不需要很多伪装，把自己心里的许多想法，真实的一些想法都能表达出来。在这里能够得到动力，得到一些在社会其他地方得不到的一些认同。当遇到困难，或者是遇到困惑的时候，有那么一种力量是真切的，发自内心的，这个是确实很重要。我们现在考虑的就不是一个人的问题了，而是整个团队的一个形象，一种在社会上的口碑问题。一个人的举动就可能影响整个团队，如果是那样，那么多人、那么多年的付出都会受影响。作为我们来说，最起码自己头上有个紧箍咒，一旦有什么的话，考虑的不是自己，而是现在几十个，甚至上百个同伴。所以必须考虑把目前这样一种相对来说不是那么紧密型的团队，怎么样用一个有益的方法形成一个比较良性的、好管理的团体，这个应该是我们后续工作当中应该考虑和完善的一些东西。”(ZH)

“我学到的是爱。以前爱是很沉重的，不敢去爱，现在我觉得爱是应该的，爱是让我感动的。两位禁毒办领导，他们看我们的眼光都是不一样的，是那种接纳的，是那种对我们的信任。当我感到有人信任我的时候，我会产生一种感动，感动了以后我自然会考虑，他们为什么会接纳我，因为他对我们的爱是一种同伴的爱。所以呢，我就慢慢学会去爱。我现在有心了，不像以前我的心是麻木的。现在参加了小组活动，我觉得爱真的是一个很伟大的东西。现在我生了一个宝贝，我更体会到做母亲的那种爱，还有对那种喜欢的人，信任的人付出的那种爱，我觉得付出爱是一件快乐的事情，所以我会继续付出我的爱，我觉得如果没有这份爱，这份坚强，我现在也不会那么阳光，那么年轻。”(DM)

“同伴教育到现在10年下来，给我最大的收获是改变了我的思想认知、生活理念，还有一个做人的尊严。”(KK)

“同伴教育带给我感触非常深，本身最大的特点就是，自身的操守，可以借助同伴教育的这种氛围，其他人的经验，来鞭策自己。还可以激发起自己内在的人性的优点。”(ZW)

“同伴教育给我最大的感受就是一个字：乐，心乐。有的时候，自己也看

不起自己的时候，恨自己的时候，同伴小组就给我伸出了双手，没有看不起我，给了我极大的鼓励。”(CH)

“我的观念不一样了，这个观念包括内在和外在，包括看问题的角度都改变。改变了之后呢，我现在也非常地自信，相信只要我做一件事，只要去做，我肯定能够做好，而且要比没有我们这样经历的人做得还要好，因为这就是自信。知道了回报和感恩。我现在一方面要把自己的工作做好，把家人照顾好，另一方面希望可以巩固自己的戒毒成果，然后可以找到其他的一些有和我一样经历的人。希望自己这样的生活一直保持下去，开开心心的，幸幸福福的”。(FQ)

“这几年让我开始沉淀下来了。现在我就觉得有紧迫感，我能更深地体会到大家的各种精神，各种付出。对我们来说作为一个系统的人，如何凝聚起来，这个是比较迫切的问题。”(XH)

案例分析，指对同伴教育服务项目案例进行分析，归纳出同伴教育服务模式的实际应用情况。本项目的案例获得了民政部优秀案例奖的荣誉，这体现了研究成果的价值。

参与式观察则是延续了研究团队持续参与观察项目活动的做法。

问卷调查方法则是从项目成效的角度，对同伴开展问卷调查，了解项目运行成效。初步调查结果显示，100%的同伴认为参加同伴教育后，心理状态更加稳定积极，能更好地控制自己的情绪，相信自己有能力戒除心瘾；90%左右的同伴认为在参与同伴教育活动中得到了自我效能感的提升，价值感有了较大提升，认为同伴教育使其获得了新的生命意义。

4. 反省

进入行动研究的第二阶段，取得的收获是同伴教育服务项目进入到规模化和系统化发展阶段，有更多的同伴通过参与项目得到了成长，保持了操守。但需要进一步反思的有以下几个方面：

第一，如何规范项目运作，以保障社会服务项目取得成效？项目必须以成效为导向，在处境分析、投入产出、成效、理论、社会环境等各要素之间环环相扣，才能确保项目的专业性和有效性。对于目前同伴教育服务项目来说，什么是项目成效？项目各要素的逻辑关系是否理顺？这些都有不足，必须进一步研制评估指标体系，从目标和结果的一致性、过程的规范性等角度，进一步形成优化项目运作的管理制度和机制。

第二,随着项目在更大范围内的实施,同伴教育服务项目团队面对更大的挑战,已经从简单的志愿服务逐渐向规范的专业服务迈进。项目工作者的专业使命感、专业技能如何培养和提升?这成为同伴教育服务项目能否可持续运行的关键。

第三,随着同伴辅导员规模的逐渐扩大,如何提供更好更合适的平台,协助同伴辅导员处理好自助、互助、助社会等多层面的关系?如何创造良好的同伴辅导员团队建设及组织保障机制?

随着同伴教育服务项目的深入开展,行动研究的领域和内容越来越广泛。这是一个循环往复、持续不断的研究过程,理论和实务不断对话和发展的过程,专业服务也在这个过程中不断发展。

第九章

禁毒社会工作发展与展望

中国禁毒社会工作制度的形成受禁毒政策的影响，为社会工作介入禁毒领域提供了合法性的依据。由于制度文化的差异，中国禁毒社会工作的发展不可能完全照搬西方，需结合本土情境在反思建构中形成中国特色的禁毒社会工作。本章主要介绍禁毒社会工作的制度建设和禁毒社会工作的专业化发展，在此基础上探讨中国特色的禁毒社会工作。

第一节　禁毒社会工作制度建设与发展

禁毒社会工作的发展离不开禁毒政策的支撑，事实上，中国禁毒社会工作的制度建设正是禁毒政策不断发展的结果。本节首先简单回顾禁毒政策的发展，之后以上海为例介绍禁毒社会工作制度的构建过程，最后总结目前我国禁毒社会工作制度中存在的主要问题。

一、禁毒政策与社会工作

（一）政策因素主导制度的构建与选择

禁毒政策的发展和我国禁毒社会工作制度建设紧密联系在一起。1995 年颁布的《强制戒毒办法》是我国禁毒政策发展的一个分水岭，在此之前出台的禁毒政策主要是围绕“毒品”，如 1950 年颁布的《政务院关于严禁鸦片烟毒的通令》、1952 年出台的《中共中央关于肃清毒品流行的指示》及 1990 年出台的《全国人民代表大会常务委员会关于禁毒的决定》，这些禁毒政策主要是打击毒品的种植、制造、贩卖、吸食，通过减少毒品，实现禁毒①，但缺少对戒毒的重视。《强制戒毒办法》凸显了戒毒的重要性，看到了禁毒工作中戒毒的环节，确立了“强制戒毒”的方式。2008 年实施的《禁毒法》进一步以立法的方式确立了戒毒的必要性，“国家采取各种措施帮助吸毒人员戒除毒瘾，教育和挽救吸毒人员”“吸毒成瘾人员应当进行戒毒治疗”。此外，《禁毒法》还丰富了戒毒措施，确立了社区戒毒和社区康复，“对吸毒成瘾人员，公安机关可以责令其接受社区戒毒”，“对于被解除强制隔离戒毒的人员，强制隔离戒毒的决定机关可以责令其接受不超过三年的社区康复”。为了把《禁毒法》中社区戒毒社区康复的戒毒措施付诸实施，2011 年通过的《戒毒条例》明确规定，“乡(镇)人民政府、城市街道办事处应当根据工作需要成立社区戒毒工作领导小组，配备社区戒毒专职工作人员，制定社区戒毒工作计划，落实社区戒毒措施”。从《强制戒毒办法》《禁毒法》《戒毒条例》的出台及条文内容中可以看出，在国家禁毒政策中吸毒者的形象及身份，由过去的违法者，转变成违法者、病人和公民，改变了以往对待吸毒人员所秉持的惩罚为主的态度，开始帮助吸毒人员戒除毒瘾，并注重对吸毒人员公民身份的尊重。比如，《禁毒法》第五十二条规定，“戒毒人员在入学、就业、享受社会保障等方面不受歧视，有关部门、组织和人员应当在入学、就业、享受社会保障等方面对戒毒人员给予必要的指导和帮助”。

（二）禁毒政策为社会工作介入提供了广阔的空间

禁毒社会工作是坚持“助人自助”的价值理念，遵循专业伦理规范，运用社会工作专业知识、方法和技能预防和减轻毒品危害，促进吸毒人员的社会康复，保护公民身心健康的专门化社会服务活动。为了更好地帮助吸毒人员戒毒，国家禁毒委等十一个部门联合制定的《全国社区戒毒社区康复工作规划(2016—2020 年)》明确提出，要发展社会工作人才队伍，促进社区戒毒社区康复工作专业化、职业化，逐步将社区戒毒社区康复专职人员转换成社会工作专业人员。2017 年出台的《关于加强禁毒社会工作者队伍建设的意见》进一步为禁毒社会工作制度构建指明了方向。该文件指出，“稳步推进政府购买禁毒社会工作服务，将适宜由社会力量承担的禁毒社会工作服务纳入政府购买服务范围，通过委托、承包、采购等方式交给社会力量承担”，确立了通过政府购买服务的方式发展禁毒社会工作服务。此外，该文件明确了禁毒社会工作者的

① 张昱、万艳：《政策发展与禁毒社会工作制度构建》，《江西社会科学》2019 年第 2 期。

职责任务，指出要建立健全禁毒社会工作服务标准规范和禁毒社会工作服务协同机制。可以说，禁毒政策为社会工作的介入提供了合法性的依据，为社会工作的制度建设指明了方向。

二、禁毒社会工作的制度构建——以上海为例

（一）政府购买服务制度

新公共管理思想认为政府提供的公共服务往往是低效率的和行政化的，认为政府应该把那些可以交给社会承担的社会管理和公共服务尽可能交给社会，可以采用政府购买服务的方式交由社会承担，政府负责监督。上海是全国最早开始禁毒社会工作实践的直辖市，早在 2003 年，为从源头上预防和减少犯罪，做好社区内戒毒康复人员的管理服务工作，上海率先探索禁毒社会工作本土实践，招聘和培训禁毒社会工作人才队伍，走专业化发展的道路。上海市委政法委等部门，秉持先进管理理念，按照“政府主导推动，社团自主运作，社会多方参与”的总体思路，通过政府购买服务的方式积极探索禁毒社会工作的制度建设。

（二）社会服务组织发展

上海首先是在市一级层面成立了上海市自强社会服务总社，在区级层面设立社工站，在街镇基层建立社工点。随着全市禁毒社工实践的深入开展，又相继在浦东独立成立中致社区服务社，奉贤和松江也相继独立成立禁毒社工服务机构。全市在政府和社会组织的关系上形成了政府主导推动、指导、考核评估，社会组织自主运作，社会资源广泛参与的政社合作关系，构筑了覆盖全市的禁毒社会工作服务网络，通过理念创新、制度创新，自上而下构建了禁毒社会工作制度。

（三）禁毒社会工作人才队伍建设制度

上海第一批招聘的社会工作者队伍大多非专业的社会工作者出身，一部分是通过社会招聘，从其他行业转化进入禁毒社会工作领域，还有一部分是来自公安和司法行政系统。为了提高社会工作的专业性，上海自强社会服务总社等机构联合高校开展专业培训，已经建立了比较完善的分层培训体系，不同社会工作者对应不同专业水平的培训机制，培训者既有高校教师，又有资深的督导，还有同工等。上海自强社会服务总社等机构鼓励社会工作者考取社会工作职业相关证书，并且建立职业发展等级（专业化方面为示范督导岗、助理

督导、督导和总督导),将其和薪酬水平的晋升挂钩。

(四)禁毒社会工作服务制度

上海禁毒社会工作专业实践是从基础工作中慢慢发展起来的,刚开始社会工作者主要从事排摸、走访、建档、协助认定戒毒状况等基础性工作。随着经验积累,并结合《禁毒法》和《戒毒条例》,上海禁毒社会工作者在全市建立了从出所衔接,到3年戒毒康复服务,到后续持续跟进的促进吸毒人员社会康复的全流程禁毒社会工作服务体系,并形成了心桥工程、“涅槃重生”同伴教育服务项目、药物滥用人员家庭后续照管和优势拓展计划四大品牌项目,取得了较好社会影响力。为了进一步规范服务,促进禁毒社会工作制度建设,上海自强社会服务总社全面引进ISO9001质量管理体系,每年制定工作质量目标,并且总结编写了《实务操作手册》《员工手册》《档案规范》等,在学习经典禁毒社会工作专业知识的同时,通过本土实践反思建构上海禁毒社会工作相关制度。

(五)多方合作协同机制

上海禁毒社会工作的发展,是多部门协调合作共同努力的结果。上海高校在禁毒社会工作制度建设方面发挥了重要的作用。首先,上海高校社会工作教师通过督导、研讨、培训、建言献策等方式向上海市委政法委等有关部门宣传社会工作的理念和发展社会工作的意义,带领有关领导到香港等社会工作发达地区参观访问,一定程度上优化了政府有关部门开展禁毒工作的理念,创新了禁毒工作制度①。其次,高校教师在促进禁毒社会工作专业化方面也发挥了重要的作用,主要体现在以下三个方面:一是高校教师参与到社会工作者的培训中,高校教师具有扎实的社会工作理论知识,可以保障社会工作者接受专业化的培训;二是高校教师作为督导参与到一线服务中,之后也参与到本土专业督导的制度构建中,在一定程度上可以保障社会工作督导的专业水平;三是高校教师通过行动研究的方式参与到社会工作者的实务工作中,改善社会工作服务,梳理出社会工作的服务经验,提高社会工作者的专业性。

上海中致社区服务社等机构也积极与政府有关部门、其他社会组织等广泛合作,努力打造禁毒社会工作共同体。如每月与公安部门开展动态管控信

① 范志海:《“过渡社会工作模式”的建构与上海禁毒经验》,《社会科学》2005年第6期。

息比对工作，及时掌握和发现辖区内吸毒人员的信息变动情况，及时维护“626平台”。在积极开展“六进”宣传活动时广泛与企业、学校、社区、家庭等联动合作，建立禁毒社会工作服务的支持系统和延伸帮扶功能，上海中致社区服务社12位片区督导与所内民警合作策划线上帮教服务活动，在社区建立了全覆盖的禁毒帮教服务联盟。

三、我国禁毒社会工作制度存在的不足

我国禁毒社会工作制度从无到有，通过借鉴境外禁毒社会工作经验，在实践中不断形成了禁毒社会工作制度的雏形，取得了巨大的飞跃。禁毒社会工作受政府的高度重视，已经成为我国禁毒工作中的重要环节。但目前我国禁毒社会工作制度还存在一些问题需要正视。

（一）禁毒社会工作中管控与服务的关系有待完善

进一步厘清政府和禁毒社会工作机构之间的边界。在实践中，禁毒社会工作机构与政府的关系有可能会衍化为行政体系下的管理与被管理关系，社会工作者沦为政府的“协管员”[①]。行政化的社会工作容易导致禁毒社会工作缺少专业自主性，不利于社会工作助人理念的践行。因此，在完善禁毒社会工作制度的过程中，一定要处理好政府与禁毒社会工作机构之间的政社合作关系，平衡好管控和服务之间的关系，避免行政权威挤压专业权威从而影响禁毒社会工作专业优势的有效发挥。

（二）相关政策制度，服务标准和规范有待健全

虽然《禁毒法》和《戒毒条例》的颁布，有力地推动了禁毒社会工作制度的建设，但尚没有法律条文明确界定社会组织和社会工作者在禁毒戒毒领域的职责定位，专业社会工作如何介入戒毒工作也缺少具体的说明和路径安排。[②]此外，禁毒社会工作领域也缺少全国性的服务标准和技术规范。目前社会工作领域已经出台了《青少年社会工作服务指南》等国家标准，上海市也颁布了《禁毒社会工作服务指南》地方标准，但随着禁毒社会工作实践广度和深度的发展，禁毒社会工作领域也亟须国家标准和服务规范，以进一步保障禁毒社会工作服务的专业性。

---

① 费梅苹：《政府购买社会工作服务中的基层政社关系研究》，《社会科学》2014年第6期。

② 洪佩、费梅苹：《我国禁毒社会工作的发展路径研究——基于帕森斯AGIL模型的阐释》，《社会工作与管理》2017年第1期。

（三）专业人才匮乏，禁毒社会工作者队伍建设任务重

禁毒社会工作的发展离不开社会工作专业人才。《戒毒条例》规定："乡（镇）人民政府、城市街道办事处应当根据工作需要成立社区戒毒工作领导小组，配备社区戒毒专职工作人员，制定社区戒毒工作计划，落实社区戒毒措施。"《全国社区戒毒社区康复工作规划》（2016—2020）要求："从2017年开始，有计划地组织考试应聘，从符合条件的人员中公开招录（聘）部分禁毒戒毒社工，同等条件下可优先录（聘）用现有社区戒毒社区康复专职工作人员，完善晋升和工资待遇制度，逐步建立禁毒戒毒社工队伍，促进社区戒毒社区康复工作专业化、职业化。力争通过2至3年努力，到2019年底禁毒戒毒社工占社区戒毒社区康复专职工作人员比例达到30%以上。"但现实情况是，目前我国仍然有很多地方没有设置专职人员负责社区戒毒社区康复，即使设置了专职人员负责社区戒毒社区康复工作，但由于各地方社会工作发展水平不一、政府购买服务力度有限，导致难以招聘到专业社会工作人才。很多专职人员并非社会工作专业出身，加之机构或有关部门也未提供充分的社会工作专业培训，从事禁毒社会工作服务的专职人员专业能力较弱，队伍结构参差不齐，社会工作者专业队伍建设任重道远。

（四）服务协同机制不够健全

吸毒人员的戒毒过程存在多种多样的问题和需求，往往涉及多个部门，禁毒社会工作者需要协同有关职能部门、机构团体、志愿者等，协调彼此之间的角色关系，共同合作，解决服务对象的问题，促使其顺利回归社会。《关于加强禁毒社会工作者队伍建设的意见》要求："各地要立足禁毒社会工作服务多元化、复杂化的特点，在基层党委、政府和禁毒部门的统筹领导下，建立禁毒社会工作服务协同机制。要建立禁毒社会工作者与禁毒志愿者服务协同机制，充分发挥禁毒社会工作者在项目策划、资源链接、专业培训等方面的优势，调动和引领广大志愿者规范、有序地参与禁毒社会工作服务，进一步壮大禁毒社会工作服务力量。要建立禁毒社会工作者与禁毒民警、医务工作者、心理卫生工作者、政府社会保障服务提供者、网格员及其他禁毒社会力量的服务协同机制，建立禁毒社会工作者与其他场所和领域社会工作者服务协同机制，针对吸毒人员不同阶段、不同类型的服务需求开展信息共享、服务转介与服务合作，不断健全完善吸毒人员的服务网络，推动实现禁毒社会工作服务的精准衔接、无缝覆盖，推动健全动态管控、戒毒治疗、心理矫治、帮扶救助、就业指导、宣传

教育‘六位一体’的戒毒康复工作体系。”但现实情况是，相关主体缺少合理分工，并未建立服务协同机制，服务呈现碎片化，没有进行有效的整合和沟通。虽然有些地方禁毒社会工作实践整合了相关职能部门建立了帮扶小组，但由于未建立有效的协同机制，这样的帮扶小组往往流于形式。

第二节　禁毒社会工作专业化发展

改革开放以来，毒品问题重新在社会蔓延开来，引起政府和社会的高度关注。为了帮助吸毒人员戒毒，各地开展了一系列卓有成效的实践探索，在此过程中引入专业社会工作者，开启了专业化的实践之路。

一、禁毒社会工作专业化发展历程

（一）专业化萌芽阶段(1978—2003)

1978年改革开放之后，毒品问题死灰复燃，毒品不仅危害个人，也危害家庭和社会。政府高度重视禁毒问题，1995年之前禁毒的措施主要是减少毒品的供应，1995年颁布的《强制戒毒办法》开始关注戒毒问题，并将强制戒毒作为戒毒的重要措施。为了落实《全国开展创建“无毒社区”工作方案》，当时很多地方开展了社会帮教活动，通过帮教的方式帮助服务对象戒除毒瘾，比如昆明的“金碧社区”模式[①]，制定了两名人员负责一名戒毒康复人员的“二帮一”和三结合(与家庭结合、与本人实际结合、与单位结合)的帮教方法。社会帮教在帮助戒毒康复人员戒毒上发挥了一定的作用，但帮教人员都是兼职人员，也缺乏专业知识，帮教效果因人而异。此外，在1998年，我国云南药物依赖研究所与美国戴托普国际公司合作在昆明成立了药物依赖康复治疗中心，成立了我国第一个TC(治疗社区)戒毒教育治疗社区——云南戴托普治疗社区。该阶段开始关注戒毒，并探索了一些措施帮助服务对象戒毒，但并未明确使用“社会工作”的概念。

（二）专业化探索阶段(2003—2008)

该阶段的标志是2003年上海成立了国内第一家禁毒社会工作机构——

① 张和清:《中国传统文化价值观在小组工作中的运用——对云南省昆明市金碧社区“金碧模式”的探讨》,《华东理工大学学报(社会科学版)》2000年第4期。

上海市自强社会服务总社，上海按照“政府主导推动，社团自主运作，社会多方参与”的总体思路，把社会工作引入禁毒领域，组建社会服务组织、招聘专职社会工作者从事禁毒社会工作，实现了社会工作的职业化，通过社会工作的职业化进一步加速了社会工作的专业化。上海自强社会服务总社成立后积极探索专业化服务，举办了女子戒毒沙龙、爱心支教活动、家庭联谊会、涅槃重生同伴教育服务项目等专业化活动，大大降低了服务对象的复吸率，取得了不错的效果。广东、浙江、江苏等地也把社会工作引入戒毒服务领域，有力地促进了禁毒社会工作的专业化、职业化道路。

（三）规范化服务阶段（2008 至今）

2008 年颁布的《禁毒法》在法律层面上确立了社区戒毒社区康复的合法性，2011 年出台的《戒毒条例》进一步明确了社区戒毒和社区康复的细则，指出要帮助社区戒毒人员进行戒毒知识辅导，教育、劝诫，职业技能培训，职业指导，就学、就业、就医援助，以及运用其他措施帮助戒毒康复人员戒除毒瘾。2017 年出台的《关于加强禁毒社会工作者队伍建设的意见》明确了禁毒社会工作者的职责任务，包括提供戒毒康复服务、开展帮扶救助服务、参与禁毒宣传教育、协助开展有关禁毒管理事务，并要求建立健全禁毒社会工作服务标准规范，“围绕禁毒社会工作服务的专业要求制定禁毒社会工作者的服务标准与岗位职责；围绕需求发现、服务承接、服务转介、服务评估等重要步骤，规范禁毒社会工作服务流程；围绕成本核算、服务购买、质量控制、监督管理、绩效评估、机构管理、能力建设等关键环节，建立禁毒社会工作服务管理标准”。《禁毒法》《戒毒条例》《关于加强禁毒社会工作者队伍建设的意见》等政策文件的出台使得各地开始探索禁毒社会工作的标准，进一步规范服务。上海禁毒社会工作服务引进 ISO9001 质量管理体系，编写了《实务操作手册》，并着手制定上海地方的禁毒社会工作服务标准。此外，广东一些禁毒社会工作机构也总结了禁毒社会工作服务指南。

二、禁毒社会工作服务标准化探索

建立服务标准是促进社会工作专业化的有力手段。标准化是通过制定和监督标准实施来建立的一系列活动，可以在预定的领域内得到良好的秩序，是人类干预世界的一种方式。随着社会工作专业的发展，我国开始高度重视社会工作领域的标准化工作，2011 年中组部等十八个部委指出要“加快实施社会工作标准化建设示范工程”；2012 年 8 月，国家标准化管理委员会联合二十六个部门印发《社会管理和公共服务标准化工作“十二五”行动纲要》，将社会工作纳入了“基本社会服务标准化推进工程”。目前，我国已经出台了多项社会工作服务标准。近年来，随着我国对禁毒工作的重视和社会工作的发展，社会工作被越来越多的地方引入禁毒工作之中，形成了禁毒社会工作实务领域。然而，目前禁毒社会工作的开展缺少全国统一的社会工作服务标准，为了促进中国禁毒社会工作专业化和规范化发展，提升禁毒社会工作的有效性，需要对全国禁毒社会工作服务标准进行研究。

（一）禁毒社会工作服务标准化研究的必要性

1. 禁毒社会工作快速发展，但专业化和规范化水平不高

截至 2020 年，全国已经建立社区戒毒机构 3.2 万个，配备专兼职禁毒社会工作者 5.2 万名，其中禁毒专职社会工作者有 3.2 万名。因禁毒社会工作发展过快，很多非专业出身的人员加入禁毒社会工作者的队伍中来，也未接受过系统的培训，专业人员素质参差不齐，致使禁毒服务的专业化和规范化程度不高。迫切需要建立全国统一的禁毒社会工作服务标准，对新进人员进行统一的禁毒服务标准培训，提高禁毒社会工作的专业化和规范化水平。

2. 禁毒社会工作服务内容多样，但分布零散、服务碎片化

各地禁毒社会工作进行了卓有成效的探索，形成了不同的禁毒社会工作模式，开发了不同的服务内容，也积累了不同的服务经验。比如上海建立了首支禁毒社会工作者队伍，经过十余年的探索与实践，培养了近 1 100 名禁毒社会工作者为 5 万余名登记在册的戒毒康复人员开展专业服务，积累了丰富的实务经验，开展的同伴教育模式取得了积极的成效。此外，广东佛山、深圳等地也探索了各自的模式，服务内容各有侧重，但是这些地方的经验分布零散，地区之间缺少对话，对戒毒康复人员的服务呈现碎片化状态。

3. 缺乏统一服务标准，禁毒社会工作服务产生“异化”

在缺乏全国统一禁毒社会工作服务标准的情况下，禁毒社会工作的快速发展，禁毒社会工作服务出现了“异化”现象。主要表现在以下三个方面。一是一些禁毒社会工作机构盲目扩张，把精力放在快速推进服务规模方面。二是服务重量轻质。禁毒社会工作者不关注服务的具体效果，只关注做了多少个案，进行了多少次面谈，开展了多少次小组，手段和目的本末倒置。三是禁毒社会工作者角色不清，沦为“行政社会工作者”。由于缺乏禁毒社

会工作的服务标准，禁毒社会工作者在嵌入禁毒领域时往往不清楚自己的角色，政府部门也缺少对禁毒社会工作者的认识，不断将政府的行政事务委托给禁毒社会工作者办理，禁毒社会工作者沦为“行政社会工作者”，放弃了专业宗旨。

（二）禁毒社会工作服务标准的地方探索

虽然禁毒社会工作实务已经在全国很多地方都有开展，但是仅有很少的地方在探索禁毒社会工作服务标准。上海是最早开展禁毒社会工作实务的地区之一，经过十余年的探索，上海的禁毒社会工作服务已经积累了丰富的经验，但同时也存在区域服务水平不均衡、专业人员素质参差不齐、跨部门服务衔接存在漏洞等状况，为了解决这些问题，上海制定了社区戒毒社区康复标准体系，并出台了地方标准——《禁毒社会工作服务指南》（DB31/T1261－2020）。《上海禁毒社会工作服务指南》确立了科学、人本和预防的原则，提供了被实践检验的禁毒社会工作服务方法和流程，规定了禁毒社会工作服务内容主要有四类：提供戒毒康复服务，开展帮扶救助服务，参与禁毒宣传教育，协助开展有关禁毒管理事务。

广东地区禁毒社会工作的开展主要集中在珠三角，受益于政府购买社会工作服务的巨大投入，禁毒社会工作在广东迅速发展，并成为社会工作的重要领域。由于地缘优势，香港社会工作者把禁毒社会工作领域的经验带到珠三角，并于2013年结合香港戒毒经验和内地实际情况（特别是珠三角情况）编写了供内地禁毒社会工作者参考使用的《戒毒社会工作实务手册》。之后，广东一些禁毒社会工作机构在服务的过程中，不断积累经验，编撰了在本机构使用的禁毒社会工作实务手册。

各地探索的禁毒社会工作服务标准在一定程度上推动了禁毒社会工作实务的发展，建立的标准化服务内容，使禁毒社会工作者有了明确的职责，有利于禁毒社会工作的专业化提升。但目前各个地方探索的禁毒社会工作服务标准也存在一些问题，主要表现在以下四个方面：一是一些服务标准仅仅是实务手册，既没有诠释背后的理论假设，也未能系统说明并规范禁毒社会工作的实务标准，更多的是服务技巧的说明；二是多数标准根据政府指标制定，行政化取向较强，忽略了服务对象的真正需求；三是即使有些学者系统总结了禁毒社会工作的服务标准，但是总结的服务标准往往过于精细，不利于推广，而且仅仅是基于地方经验，合适性仍然需要探讨；四是虽然有些地方已经制定了或者正在制定禁毒社会工作的服务标准或者实务手册，但是缺乏禁毒社会工作国家标准，不利于对全国禁毒社会工作开展规范指引。

三、禁毒社会工作者专业能力建设①

禁毒社会工作专业化水平的提升离不开禁毒社会工作者的专业能力建设。禁毒社会工作者队伍在全国各地得到不同程度的发展，规模也越来越大。与此同时，也普遍存在着禁毒社会工作者专业素养较低、专业能力薄弱的现象，导致禁毒社会工作服务成效彰显不足，反过来又制约了禁毒社会工作事业的发展，继而导致禁毒社会工作者的专业信心丧失，专业化进程缓慢。为此，需要加强禁毒社会工作者的专业能力建设。

（一）从社会工作的实践性特征出发

禁毒社会工作者既要规范性地开展服务活动，又要反思实践，发展和完善服务规范，促进专业化发展。《关于加强禁毒社会工作者队伍建设的意见》明确提出了禁毒社会工作者的职责任务，包括提供戒毒康复服务、开展帮扶救助服务、参与禁毒宣传教育、协助开展有关禁毒管理事务等。禁毒社会工作者要实实在在地按照职责任务的内容开展服务活动，尤其要通过为戒毒康复人员提供心理咨询和心理疏导、认知行为治疗、家庭关系辅导、自我管理能力和社会交往能力提升、社区及社会关系调适、社会环境营造及有利于戒毒康复人员社会功能修复的其他专业服务，协助其实现社会康复。此外，通过建立科学规范的专业服务标准、督导和培训机制、考核评估制度，通过开展实务研究的行动策略，组织团队共同在实践中学习，在学习中感悟实践真谛，这是开展禁毒社会工作者专业能力建设的主要途径之一。

（二）从社会工作专业化本土化发展要求出发

禁毒社会工作者要通过开展实务研究实现其专业素养和职业能力的提升。社会工作作为一门实践性专业，要求社会工作者一方面按照专业指引规范开展专业服务，另一方面要具有对专业实践活动及时反思的能力，即社会工作者能够对其自我，对自我所处之社会位置、情境、社会经济政治的环境结构，对自己在某一社会情境中的行动或实践，以及对自己行动和实践所产生的影响进行反思，从而修正并创新专业实践知识。我国的禁毒社会工

① 费梅苹：《打造一支具有专业素养的禁毒社会工作者队伍》，《中国社会工作》2018 年第 25 期。

作实践处于起步阶段，适合我国本土的禁毒社会工作专业知识体系和实践指引正在建构中。因此，禁毒社会工作者在完成基本的职责任务的同时应对现有实践经验进行归纳、反思和提炼，从而形成适合中国社会现实及本土特点的知识体系，建构形成有针对性的专业服务规范指引。这是促进禁毒社会工作专业化发展的重要任务，也是禁毒社会工作者应具备的基本能力。

（三）从戒毒康复人员的多元化需求及禁毒工作的系统性特征出发

禁毒社会工作者应具备服务协同能力。从服务需求以及禁毒工作的系统性出发，禁毒社会工作助人系统应该包括服务对象系统、政府行政系统、社会工作服务系统、社会资源系统、社区工作系统、强制戒毒及医疗系统等。建立禁毒社会工作服务协同机制是开展禁毒社会工作服务的现实要求，主要包括建立禁毒社会工作者与禁毒志愿者服务协同机制；建立禁毒社会工作者与禁毒民警、医务工作者、心理卫生工作者、政府社会保障服务提供者、网格员及其他禁毒社会力量的服务协同机制；建立禁毒社会工作者与其他场所和领域社会工作者服务协同机制；针对服务对象不同阶段、不同类型的服务需求开展信息共享、服务转介与服务合作，不断健全完善服务对象的服务网络，推动实现禁毒社会工作服务的精准衔接、无缝覆盖。禁毒社会工作者要整合不同系统有效开展专业服务，其服务协同能力是非常重要的。尤其是，如果置于当下社会工作发展的历史脉络和社会环境中来考虑，协同能力更要侧重于如何与相关行政工作体系建立关系，如何在行政工作体系和社会服务的专业要求之间采取科学与艺术兼备的行动策略，如何在现有的行政工作体系中把握政府和服务对象的需要，并开展富有成效的专业活动，以换取禁毒社会工作者的专业地位。

第三节　中国特色禁毒社会工作发展

中国禁毒社会工作的发展并不是简单地照搬西方禁毒社会工作的理论和方法，禁毒社会工作者在实践中必然会触及本土情境中的制度和文化，其往往和西方社会工作理论形成的制度和文化基础具有差异。因此，中国禁毒社会工作的发展还需要结合本土情境，在反思建构中形成具有中国特色的禁毒社会工作。

一、禁毒社会工作的本土化发展

经过百余年的发展，社会工作已经形成了系统的价值观和知识体系。社会工作早在20世纪初便由一些传教士传入中国，并在一些大学开设了相关课程，甚至还专门开展了具有专业性质的社会工作实践活动。中华人民共和国成立后，出于历史原因，专业社会工作被取消，直到改革开放之后，伴随着各种民生问题的出现，社会工作开始日益受到党和政府的重视。特别是2006年十六届六中全会通过的《中共中央关于构建社会主义和谐社会若干重大问题的决定》，作出了发展社会工作的重大战略安排。自此之后，社会工作获得了快速的发展，不断嵌入传统服务领域并开拓新的服务领域，在社会建设和社会治理中发挥了重要的作用。但随着实践的深入，越来越多的学者和实务工作者意识到解决社会问题，提高服务效能，嵌入中国社会的社会工作需要本土化。

（一）保持文化敏感性

王思斌认为社会工作本土化是指产生于外部的社会工作模式进入到具有特定的经济、政治、社会文化的国家或地区，同其相互影响进而适应社会的需要而发挥功能的过程。[①] 2016年习近平在哲学社会科学工作座谈会上的重要讲话中指出，“着力构建中国特色哲学社会科学，在指导思想、学科体系、学术体系、话语体系等方面充分体现中国特色、中国风格、中国气派”，这要求中国社会工作的发展要不断立足中国的实际，构建中国特色社会工作学科体系、学术体系和话语体系[②]，以此回应中国社会工作专业发展需求，实现理论与方法的本土化[③]。

（二）尊重实践情境性

禁毒社会工作帮助的服务对象主要是吸毒人员，吸毒人员生长于中国文化情境之中，有着中国的文化烙印，在帮助吸毒人员的过程中，需要社会工作者了解中国的文化对吸毒人员产生何种影响，挖掘传统文化中的智慧，只有如此，才能更好地与吸毒人员建立专业关系并在特定文化情境中帮助其戒毒并走向康复。此外，中国的禁毒政策和制度也与西方不同，这必然要

① 王思斌：《试论我国社会工作的本土化》，《浙江学刊》2001年第2期。

② 李迎生：《中国特色社会工作体系建设初探》，《人文杂志》2019年第9期。

③ 吴亦明：《论中国特色社会工作理论框架的构建》，《南京师范大学报（社会科学版）》2002年第3期。

求禁毒社会工作需要在政策和制度建设中开展本土化研究。禁毒社会工作的本土化就是指把西方禁毒社会工作专业知识引入本土后，需要保持文化敏感性，根据本土文化和制度加以调整和完善，使之契合本土情境，更好地发挥禁毒功能。禁毒社会工作的本土化一方面有利于构建以实践为本的禁毒社会工作模式，使理论知识与本土情境相契合，更好地帮助服务对象；另一方面有利于中国禁毒社会工作在国际学术市场上争取话语权，为世界贡献中国的禁毒智慧。

二、中国特色禁毒社会工作的实践探索

（一）制度创新

我国从20世纪90年代开始关注禁毒中的戒毒工作，除了强制戒毒方式外，各地开展了形式多样的社会帮教活动以帮助服务对象戒毒，比如昆明的“金碧社区”模式①，将中国传统文化中的至爱亲情的价值观念和仁爱无私的奉献精神运用于戒毒中，取得了不错的戒毒效果。2003年上海率先成立了国内首家禁毒社会工作机构——上海市自强社会服务总社，按照“政府主导推动，社团自主运作，社会多方参与”的总体思路赋权社会工作参与禁毒工作，通过职业化促进了禁毒社会工作的专业化。费梅苹教授结合上海的禁毒社会工作探索，总结了本土化视野下社区戒毒康复社会工作服务专业化发展的保障要素②，认为政府主导及制度支持是专业化发展的基本保障，对服务对象生命意义内涵的挖掘及彰显是专业化发展的内在动力，专业技术的有机整合是专业化发展的核心内涵，“实践—提炼及验证—反省—总结—再实践”等实务研究策略的运用以及渐进式推进是实现本土知识建构的有效途径。虽然为了提高禁毒工作的专业化，把社会工作引入禁毒工作中已经在全国各地得到广泛认可，但由于全国各地经济以及社会工作的发展情况各异，禁毒社会工作的模式有很大差异。

（二）服务模式创新

中国禁毒社会工作在发展过程中进行了一系列的探索。首先是将社会工

---

① 张和清：《中国传统文化价值观在小组工作中的运用——对云南省昆明市金碧社区“金碧模式”的探讨》，《华东理工大学学报（社会科学版）》2000年第4期。

② 费梅苹：《本土化视野下社区戒毒康复社会工作服务研究——以上海同伴教育为例》，《华东理工大学学报（社会科学版）》2017年第1期。

作的理论方法运用于禁毒社会工作领域指导实践，比如将生态系统理论[①]、优势视角[②]、抗逆力理论[③]等理论运用于禁毒社会工作中，探讨其理论的有效性。其次是将西方社会工作理论方法引入并加以改造，形成适合本土的理论方法，比如上海禁毒社会工作将西方同伴教育引入，结合本土实践经验形成了具有“自助、互助、助社会”特征的意义建构同伴教育服务模式[④]。最后是基于本土文化形成的禁毒社会工作方法，比如上海提出的篆刻艺术小组就体现了本土禁毒社会工作的创新[⑤]。社会工作者反思自己的实务经验，发现服务对象戒毒难一定程度上是内心的空虚，缺少兴趣爱好，为了培养戒毒人员的兴趣爱好，并从自身优势出发选择了中国传统的篆刻艺术，不仅有利于服务对象重建并拓展社会资本，而且对于提高其自我认同也有积极作用，从而达到艺术治疗的效果。此外，中国本土文化格外重视家庭，家庭是中国人的精神纽带，有学者根据实践经验总结提出了家庭为本的戒毒社会工作服务模式[⑥]。

三、中国特色禁毒社会工作的建构路径

禁毒社会工作的专业化发展，需要考虑中国特殊的社会文化基础。2016年习近平在哲学社会科学工作座谈会上的重要讲话提出，“立足中国、借鉴国外，挖掘历史、把握当代，关怀人类、面向未来的思路”，以此构建中国特色的禁毒社会工作，充分彰显中国特色，并不断促进禁毒社会工作的专业化和本土化发展。本书认为构建中国特色的禁毒社会工作的路径主要有以下四个方面。

（一）批判性地吸收引进先进的禁毒社会工作理论知识

虽然西方社会工作理论知识产生的制度文化环境不同于我国，但不可否认的是，蕴藏于其中的普适性的社会工作知识是值得借鉴学习的。这就要求

---

① 梁国利、管可可、李贺：《社会生态系统理论视角下社会工作介入戒毒人员回归社会的困境与路径》，《社会福利》理论版2020年第1期。

② 沙莉：《优势视角下的社区戒毒人员生计帮扶探索》，《云南警官学院学报》2015年第3期。

③ 张丽芬：《社会工作与戒毒人员回归社会——一个基于抗逆力视角的分析》，《甘肃社会科学》2015年第5期。

④ 费梅苹：《意义建构：戒毒社会工作服务的实践研究——以上海社区戒毒康复服务中的同伴教育为例》，《华东理工大学学报（社会科学版）》2011年第2期。

⑤ 彭善民：《篆刻艺术小组：戒毒社会工作的本土创新》，《福建论坛（人文社会科学版）》2010年第7期。

⑥ 沈黎：《支持与应对：家庭为本的青少年戒毒社会工作模式研究》，《中国青年研究》2009年第3期。

我们在引入西方禁毒相关的社会工作理论知识时，要能够对其进行科学的验证，探讨其在中国情境中的适应性，如果仍然具有实践的有效性，则可以把其纳入中国特色禁毒社会工作知识体系之中。如西方社会工作尤为重视“以人为本”的助人服务理念，中国社会也同样重视人的重要意义，尤其是党“全心全意为人民服务”的宗旨、党的十九大报告中新时代社会主要矛盾的转化等，这要求社会工作要从人民的美好生活出发①，使人民真正感受到社会的正义与公平，从而实现社会需求的整合②。因此，禁毒社会工作者面对被污名化、标签化的吸毒人员，要以吸毒人员为中心，按照“以人为本”的工作方法③，充分挖掘并发挥吸毒人员的自主性，有效促进吸毒人员的改变④。

（二）重视传统思想文化资源以丰富完善中国特色禁毒社会工作理论知识

中国的传统文化深深影响着中国人，中国人家庭观念浓厚，交往方式具有“差序格局”“熟人社会”的特征⑤，传统文化中的“儒、释、道”思想蕴藏着丰富的智慧。一方面，传统思想文化资源可以对西方禁毒相关社会工作理论知识加以修正以适应本土情境，如中国人普遍重视家庭，可以在社会支持理论和动机晤谈理论中重点突出家庭的因素。另一方面，可以利用丰富的本土文化资源构建本土禁毒社会工作理论，如有学者根据儒家学说，提出构建儒家社会工作的设想⑥。中国传统文化中的“仁”“义”“和”“关系”等概念可以成为构建本土社会工作理论知识的重要核心要素⑦，如何将传统的文化资源用现代科学的方法表述和操作化是构建中国特色社会工作理论知识的重要议题。

（三）从实践经验、实践智慧中构建完善中国特色禁毒社会工作

对本土的实践经验和智慧加以总结、提炼是建构中国特色禁毒社会工作的一个重要途径。中国具有丰富的禁毒实践和经验，可以对其加以总结提炼，

---

① 何雪松：《美好的生活与有力的社会：新时代社会工作的双重目标》，《大社会》2018 年第 4 期。

② 张昱：《新时代社会主要矛盾转化与社会工作发展》，《中国社会工作》2017 年第 34 期。

③ 武银平：《从封闭的“救赎”到开放的“助人自助”——浅谈社区戒毒工作之“人本”》，《才智》2012 年第 5 期。

④ 叶雄、彭少峰：《从“受助者”到“助人者”的美丽蜕变——上海社区戒毒“涅槃重生同伴教育小组”的案例分析》，《社会工作与管理》2014 年第 5 期。

⑤ 田毅鹏、刘杰：《中西社会结构之“异”与社会工作的本土化》，《社会科学》2008 年第 5 期。

⑥ 钟桂男：《儒家社会工作学的教育与实践模式》，《华东理工大学学报（社会科学版）》2006 年第 1 期。

⑦ 刘玲：《本土社会工作者与案主关系研究——微观结构、关系特征和行动依据》，《华东理工大学学报（社会科学版）》2018 第 4 期。

在中国过去的禁毒实践中，政府在禁毒工作中起了重要的作用，中国具有较强的国家性和较弱的社会性，如何看待政府的作用以及如何处理社会组织和政府的关系是构建中国特色禁毒社会工作的重要议题①。过去的禁毒制度安排也需要引起关注，如中国禁毒实践中形成的各种形式的社会帮扶，是中国特色的个案管理，如何加以总结提炼形成科学的方法需要实务界和学界通力合作②。此外，虽然专业的禁毒社会工作在中国发展的时间不长，但禁毒社会工作者在实践中也形成了丰富的实践经验，其中不乏具有鲜明的中国特色的实践智慧，如上海市形成秉持“自助、互助、助社会”服务理念的同伴教育模式，并进一步提出意义建构③等实践智慧，这些都需要系统总结和提炼以完善中国特色的禁毒社会工作。

（四）重视禁毒社会工作专业人才培养

随着禁毒社会工作在中国的不断深化和扩展，禁毒社会工作专业人才也不断受到重视。近年，很多相关政策法规涉及禁毒社会工作专业人才建设，包括 2014 年颁布的《关于加强禁毒工作的意见》、2015 年颁布的《全国社区戒毒社区康复工作规划（2016—2020 年）》、2017 年颁布的《关于加强禁毒社会工作者队伍建设的意见》等，这些政策不断明确社会工作者参与禁毒工作职责任务、建设禁毒社会工作专业人才队伍，要求禁毒社会工作者需要具备社会工作的专业知识、方法，禁毒领域相关的特殊知识④，还需要掌握职业安全防范和风险管理意识、与多部门合作调动资源⑤、落实制度化要求等能力等。简言之，禁毒社会工作者需要建立社会工作、医学、心理学、社会学、法学等跨学科的专业思维。当前，已初步建立禁毒社会工作专业人才队伍，但远远不够，还需不断扎根中国本土实践，培养契合中国特定的制度文化情境、落实禁毒康复工作相关政策、充分发挥社会工作专业性的禁毒社会工作专业人才，以此构建中国特色的禁毒社会工作专业人才体系，完善中国特色禁毒社会工

---

① 万艳、张昱：《我国强制隔离戒毒制度与实践的断裂与重构》，《云南大学学报（社会科学版）》2019 年第 2 期。

② 钟莹、梁国勋：《个案管理：社区戒毒工作的新模式》，《华东理工大学学报（社会科学版）》2008 年第 2 期。

③ 费梅苹：《意义建构：戒毒社会工作服务的实践研究——以上海社区戒毒康复服务中的同伴教育为例》，《华东理工大学学报（社会科学版）》2011 年第 2 期。

④ 吕庆：《禁毒社会工作者需要哪些能力“装备”》，《中国社会工作》2018 年第 25 期。

⑤ 付美珍：《基于岗位能力提升为导向的禁毒社会工作者能力建设——以广州市为例》，《劳动保障世界》2020 年第 5 期。

作体系。

总之,中国特色的禁毒社会工作的构建需要以实践为本位,对西方社会工作理论知识吸收内化,同时也要在本土制度文化情境中反思建构形成中国特色的禁毒社会工作知识体系,以契合本土情境。

参 考 文 献

一、专著类

（一）中文专著

[1] 全国社会工作者职业水平考试教材编写组. 社会工作综合能力（中级）[M]. 北京：中国社会出版社，2021.

[2] 王思斌. 社会工作概论[M]. 3版. 北京：高等教育出版社，2014.

[3] 刘建昌，等. 社区戒毒与社区康复[M]. 北京：中国人民公安大学出版社，2011.

[4] 赵敏，张锐敏. 戒毒社会工作基础[M]. 北京：军事医学科学出版社，2011.

[5] 中国社会科学院语言研究所. 新华字典[M]. 12版. 北京：商务印书馆，2020.

[6] 秦炳杰，陈沃聪，钟剑华. 社会工作实践基础理论[M]. 香港：香港理工大学出版社，2002.

[7] 黄希庭. 简明心理学辞典[M]. 合肥：安徽人民出版社，2004.

[8] 莫关耀，曲晓光. 禁毒社会工作[M]. 北京：中国人民公安大学出版社，2017.

[9] 李晓凤. 禁毒社会工作的"精细化"标准研究：以珠江三角洲地区为例[M]. 北京：中国社会出版社，2017.

[10] 曾华源. 社会工作专业价值与伦理概论[M]. 台北：洪叶文化事业有限公司，2006.

[11] 赵芳. 社会工作伦理：理论与实务[M]. 北京：社会科学文献出版社，2016.

[12] 拉尔夫·多戈夫,弗兰克·M. 洛温伯格,唐纳·哈林顿. 社会工作伦理实务工作指南[M]. 隋玉杰,译. 北京:中国人民大学出版社,2005.
[13] 唐纳德·A. 舍恩. 反映的实践者:专业工作者如何在行动中思考[M]. 夏林清,译. 北京:北京师范大学出版社,2018.
[14] 潘泽泉. 禁毒社会工作基础知识[M]. 北京:中国社会出版社,2016.
[15] 理查德·格里格,菲利普·津巴多. 心理学与生活[M]. 王垒,王甦,等译. 北京:人民邮电出版社,2003.
[16] 弗兰克·G. 戈布尔. 第三思潮:马斯洛心理学[M]. 吕明,陈红雯,译. 上海:上海译文出版社,2006.
[17] 戴维·迈尔斯. 社会心理学[M]. 侯玉波,乐国安,张智勇,等译. 北京:人民邮电出版社,2006.
[18] 童敏. 社会工作理论:历史环境下社会服务实践者的声音和智慧[M]. 北京:社会科学文献出版社,2019.
[19] 乔纳森·布朗. 自我[M]. 陈浩莺,等译. 北京:人民邮电出版社,2004.
[20] 吴鹏森. 犯罪社会学[M]. 北京:中国审计出版社,2001.
[21] 亚历克斯·梯尔. 越轨:人为什么干"坏事"? [M]. 王海霞,译. 北京:中国人民大学出版社,2014.
[22] 霍华德·S. 贝克尔. 局外人:越轨的社会学研究[M]. 张默雪,译. 南京:南京大学出版社,2011.
[23] 罗钢,刘象愚. 文化研究读本[M]. 北京:中国社会科学出版社,2000.
[24] 张成福,党秀云. 公共管理学[M]. 北京:中国人民大学出版社,2001.
[25] 谭功荣. 西方公共行政学思想与流派[M]. 北京:北京大学出版社,2008.
[26] 文军. 西方社会工作理论[M]. 北京:高等教育出版社,2013.
[27] 阮曾媛琪. 中国就业妇女社会支持网络研究:"扎根理论" 研究方法的应用[M]. 熊跃跟,译. 北京:北京大学出版社,2002.
[28] 何雪松. 社会工作理论[M]. 上海:上海人民出版社,2007.
[29] Barbra Teater. 余潇. 社会工作理论与方法[M]. 余潇,刘艳霞,黄玺,等译. 上海:华东理工大学出版社,2013.
[30] 全国人大常委会法制工作委员会刑法室.《中华人民共和国禁毒法》释义及实用指南[M]. 北京:中国民主法制出版社,2013.
[31] 赵芳. 社会工作教学案例与课程设计[M]. 上海:复旦大学出版社,2020.

[32] 罗纳德·B. 阿德勒，(美) 拉塞尔·F. 普罗科特. 沟通的艺术：看入人里，看出人外[M]. 黄素菲，李恩，译. 北京：北京联合出版公司，2018.
[33] 朱眉华. 社会工作实务(上)[M]. 上海：上海社会科学院出版社，2003.
[34] 张雄. 个案社会工作[M]. 上海：华东理工大学出版社，1999.
[35] 全国社会工作者职业水平考试教材编写组. 社会工作综合能力(初级)[M]. 北京：中国社会出版社，2021.
[36] 许临高，徐锦锋，等. 社会个案工作：理论与实务[M]. 台北：五南图书出版股份有限公司，2003.
[37] 维吉尼亚·萨提亚，约翰·贝曼，简·格伯，等. 萨提亚家庭治疗模式[M]. 聂晶，译. 北京：世界图书出版公司北京公司，2007.
[38] 杜景珍. 个案社会工作：理论·实务[M]. 北京：知识产权出版社，2007.
[39] 李迎生. 社会工作概论[M]. 2 版. 北京：中国人民大学出版社，2010.
[40] 顾东辉. 社会工作概论[M]. 上海：复旦大学出版社，2008.
[41] 张昱，费梅苹，厉济民，等. 禁毒社会工作同伴教育服务模式研究：上海实践[M]. 上海：华东理工大学出版社，2016.
[42] 赵芳. 小组社会工作：理论与技术[M]. 上海：华东理工大学出版社，2015.
[43] 李易骏. 当代社区工作：计画与发展实务[M]. 3 版. 台北：双叶书廊有限公司，2012.
[44] 周沛. 社区社会工作[M]. 北京：社会科学文献出版社，2002.
[45] 苏景辉. 社区工作：理论与实践[M]. 台北：巨流图书公司，1997.
[46] 约翰 W. 桑特洛克. 心理调适：做自己心灵的 CEO[M]. 王建中，等译. 北京：机械工业出版社，2015.
[47] 朱东武，朱眉华. 家庭社会工作[M]. 北京：高等教育出版社，2011.
[48] 李国民. 咨询员培训[M]. 沈阳：辽宁教育出版社，2009.
[49] 陈度，石起才. 吸毒人员心理与行为矫治[M]. 苏州：苏州大学出版社，2008.
[50] Judith S. Beck. 王辰怡. 认知疗法：基础与应用[M]. 2 版. 北京：中国轻工业出版社，2013.
[51] 亚伯·艾里斯，凯瑟琳·麦克赖瑞. 理情行为治疗[M]. 刘小箐，译. 成都：四川大学出版社，2005.

[52] James G. Barber. 戒瘾社会工作[M]. 范志海，李建英，杨旭，译. 上海：华东理工大学出版社，2008.

[53] 张文霞，朱冬亮. 家庭社会工作[M]. 北京：社会科学文献出版社，2005.

[54] 于晶利，刘丽艳. 家庭社会工作实务[M]. 上海：格致出版社，2012.

[55] 陈志霞. 个案社会工作[M]. 武汉：华中科技大学出版社，2006.

[56] 从扬洋. 找到意想不到的自己：萨提亚模式与自我成长[M]. 武汉：武汉大学出版社，2015.

[57] 顾慰萍，刘志民. 毒品预防与管制[M]. 北京：经济科学出版社，1997.

[58] 童敏. 社会工作理论：历史环境下社会服务实践者的声音和智慧[M]. 社会科学文献出版，2019.

[59] 刘静林. 禁毒社会工作理论与方法[M]. 北京：中国社会出版社，2016.

[60] 张洪英. 社会工作督导理论与方法[M]. 北京：中国社会出版社，2019.

[61] 郑增财. 行动研究：原理与实务[M]. 台北：五南图书出版股份有限公司，2006.

[62] 维克多 · E. 弗兰克尔. 追寻生命的意义[M]. 何忠强，杨凤池，译. 北京：新华出版社，2003.

[63] 秦光涛. 意义世界[M]. 长春：吉林教育出版社，1998.

（二）英文专著

[1] HALL S, JEFFERSON T. Resistance through rituals: youth subcultures in post-war Britain[M]. London: Harper Collins, 1991.

[2] ROTHWELL R, ZEGVELD W. Reindusdalization and technology[M]. New York: Logman Group Limited, 1985.

[3] CANANAGH M E, LEVITOV J E. The counseling experience[M]. Long Grove: Waveland Pr Inc, 2001.

[4] TWELVETRESS A. Community work[M]. New York: Palgrave Macmillan, 2008.

[5] HOFMANN S G. An introduction to modern CBT[M]. Chichester: Wiley-Blackwell, 2012.

[6] DRYDEN W, NEENAN M. Rational emotive behavioural counselling in action[M]. London: SAGE Publications Ltd, 2004.

[7] MCNIFF J, LOMAX P, WHITEHEAD J. You and your action

research project[M]. Abingdon: Taylor & Francis, 1996.
[8] MARLATT G A, GORDON J R. Relapse prevention: maintenance strategies in the treatment of addictive behaviors[M]. New York: Guilford Press, 1985.
[9] GLASSER W. What are you doing[M]. New York: Haper & Row, 1980.
[10] HIRSCHI T. Causes of crime[M]. Stanford, California: Stanford University Press, 1969.

二、期刊论文类

（一）中文论文

[1] 查明辉. 美国禁毒社会工作的内容与绩效研究[J]. 社会工作,2012(12):62-64.
[2] 王磊. 当代英国禁毒政策探析[J]. 欧洲研究,2004,22(5):133-145.
[3] 万长智. 从英国戒毒工作比较“三期四区五级六项机制”的戒毒工作构架[J]. 犯罪与改造研究,2012(s1):25-26.
[4] 徐媛媛,庄华,张鹏. 中外社区戒毒和社区康复比较研究[J]. 云南警官学院学报,2010(1):60-63.
[5] 李霞. 禁毒社会工作专业建设思考[J]. 云南警官学院学报,2012(5):50-53.
[6] 陈建文,王滔. 大学生自尊、自我统合与心理健康关系的初步研究[J]. 中国临床心理学杂志,2004,12(2):161-162.
[7] 常进锋,尹东风. 改革开放40年中国青少年犯罪的社会学理论阐释[J]. 当代青年研究,2019(4):49-56.
[8] 罗红杰. 祛魅与超越:当代青年亚文化的融合发展[J]. 云南社会科学,2020(1):164-169.
[9] 彭睿,王郅强. 社会排斥与毒品亚文化:青少年群体吸毒的双重诱因及其消解路径[J]. 公共行政评论,2019,12(2):85-104.
[10] 王增勇. 照顾与控制之间:以个案管理在社工场域的论述实践为例[J]. 台湾研究社会研究季刊,2003(51).
[11] 钟莹,梁国勋. 个案管理:社区戒毒工作的新模式[J]. 华东理工大学学

报(社会科学版),2008,23(2):23-28.
[12] 范志海."过渡社会工作模式"的建构与上海禁毒经验[J].社会科学,2005(6):72-78.
[13] 倪娜.社会工作介入戒毒的理论与实践探索[J].法制与社会,2009(26):330-331.
[14] 卞华,王文斌.用增能理论助涉毒少女走出迷惘[J].中国社会工作,2018(3):16-17.
[15] 黄敞洋,段炼,王达平,等.家庭综合服务中心介入社区戒毒服务模式的思考[J].中国药物滥用防治杂志,2015,21(5):273-275.
[16] 赵环,孙国权.刍议个案管理模式在禁毒社会工作中的运用[J].社会工作,2008(16):4-7.
[17] 魏三珊,黄瑞斌.个案管理模式介入戒毒人员"回归社会"的探讨[J].法制与社会,2009(26):332-333.
[18] 杨碧,周小琳.社区戒毒人员再社会化工作分析:基于个案管理模式的研究[J].法制与社会,2011(17):187-188.
[19] 曹霞."小组社会工作"方法在本土禁毒社会工作中的应用:嘉定"亲子平行小组"的例子[J].中国药物依赖性杂志,2007,16(5):395-398.
[20] 费梅苹.意义建构:戒毒社会工作服务的实践研究:以上海社区戒毒康复服务中的同伴教育为例[J].华东理工大学学报(社会科学版),2011,26(2):24-29.
[21] 唐斌.社会工作专业干预下的同伴教育:以上海市P镇"女性戒毒沙龙"为例[J].青少年犯罪问题,2008(6):68-71.
[22] 叶雄.涅槃重生同伴辅导教育小组[J].社会工作,2009(23):41-43.
[23] 章昉.同伴教育在美沙酮门诊的应用[J].中国药物依赖性杂志,2008,17(5):391-393.
[24] 彭善民.篆刻艺术小组:戒毒社会工作的本土创新[J].福建论坛(人文社会科学版),2010(7):146-151.
[25] 曹霞.认知行为疗法在药物滥用人员小组工作中的实践与应用:以"知与行—药物滥用认知行为改变小组"为例[J].都市社会工作研究,2017(1).
[26] 王佑宇.社会工作专业方法应用于社区戒毒工作的探讨[J].中国药物滥

用防治杂志，2017，23(4)：227－229.

[27] 范志海，吕伟，余金喜. 社区戒毒康复模式的初步探索：以上海禁毒社会工作为例[J]. 中国药物依赖性杂志，2009，18(2)：152－154.

[28] 高朝霞. 对国外戒毒模式的借鉴与探索[J]. 中国司法，2009(3)：102－104.

[29] 赵芳. 社区戒毒社会工作模式的探索与实践[J]. 社会工作与管理，2015，15(5)：5－13.

[30] 李蓓. 论云南省禁毒社会工作本土化路径建构：基于发达地区禁毒社会工作的实践[J]. 云南警官学院学报，2018(4)：37－42.

[31] 唐浩. 戒毒康复人员的社会支持体系与干预方法[J]. 中国刑警学院学报，2021(4)：5－12.

[32] 王瑞鸿. 综合支持：上海戒毒社会工作的本土实践与创新[J]. 上海青年管理干部学院学报，2007(1)：30－33.

[33] 赵雪莲. 社区戒毒的困境与政府购买禁毒社工服务的路径探索：以四川省为例[J]. 中国药物依赖性杂志，2016，25(6)：566－570.

[34] 文军，吴越菲. 超越分歧：社会工作整合理论及其应用[J]. 社会科学，2016(3)：75－83.

[35] 杨发祥，徐选国. 农村社区灾后生计发展项目的社会工作介入：一个整合性脱贫行动的分析框架[J]. 西北师大学报(社会科学版)，2014，51(1)：128－134.

[36] 林少真. "我吸的是冰，不是海洛因"：比较视野下的吸毒者自我表达：以上海市新型毒品使用者为例[J]. 前沿，2010(1)：154－158.

[37] 张锋. 中学生时间管理自我监控量表的研究[J]. 心理科学，2007，30(3)：668－671.

[38] 张锋，刘聪. 中学生时间管理自我监控与学业成绩的关系[J]. 心理研究，2012，5(4)：79－84.

[39] 郭海龙. 个人自我管理与人的现代化[J]. 理论与现代化，2006(3)：10－14.

[40] 杨廷忠，李智巧，黄丽. 自我管理理论和方法对现代护理的启示[J]. 中华护理杂志，2003，38(11)：906－908.

[41] 李伟兰. 戒毒康复人员复吸原因心理分析及其对策[J]. 学理论，2016(6)：87－88.

[42] 余祖伟. 现实疗法探微[J]. 广西民族学院学报(自然科学版),2001,7(3):211-214.
[43] 盖笑松,王海英. 我国亲职教育的发展状况与推进策略[J]. 东北师大学报(哲学社会科学版),2006(6):154-158.
[44] 邓刚,刘学灿,汤吉. 家谱图在戒毒康复中的应用[J]. 中国药物滥用防治杂志,2017,23(2):105-107.
[45] 金碧华. 对社区矫正假释犯对象在社会保障方面的社会排斥问题研究[J]. 社会科学,2009(5):76-83.
[46] 张应立,殷东伟. 流动人口毒品犯罪实证研究[J]. 净月学刊,2015,30(2):93-100.
[47] 费梅苹. 本土化视野下社区戒毒康复社会工作服务研究:以上海同伴教育为例[J]. 华东理工大学学报(社会科学版),2017,32(1):33-42.
[48] 洪佩,费梅苹. 我国禁毒社会工作的发展路径研究:基于帕森斯 AGIL 模型的阐释[J]. 社会工作与管理,2017,17(1):78-83.
[49] 张洪英,赵万林. 中国社会工作督导评估体系研究[J]. 社会工作与管理,2019,19(6):15-25.
[50] 郑锁. 国际社会工作实践研究会议系列宣言[J]. 中国社会工作研究,2017(2):209-222.
[51] 古学斌. 为何做社会工作实践研究?[J]. 浙江工商大学学报,2015(4):92-97.
[52] 张昱,万艳. 政策发展与禁毒社会工作制度构建[J]. 江西社会科学,2019,39(2):239-248.
[53] 费梅苹. 政府购买社会工作服务中的基层政社关系研究[J]. 社会科学,2014(6):74-83.
[54] 张和清. 中国传统文化价值观在小组工作中的运用:对云南省昆明市金碧社区"金碧模式"的探讨[J]. 华东理工大学学报(社会科学版),2000,15(4):77-81.
[55] 费梅苹. 打造一支具有专业素养的禁毒社会工作者队伍[J]. 中国社会工作,2018(25):22-23.
[56] 王思斌. 试论我国社会工作的本土化[J]. 浙江学刊,2001(2):56-61.
[57] 李迎生. 中国特色社会工作体系建设初探[J]. 人文杂志,2019(9):35-42.

[58] 吴亦明. 论中国特色社会工作理论框架的构建[J]. 南京师大学报(社会科学版),2002(3):43－49.

[59] 梁国利,管可可,李贺. 社会生态系统理论视角下社会工作介入戒毒人员回归社会的困境与路径[J]. 社会福利(理论版),2020(1):25－28.

[60] 沙莉. 优势视角下的社区戒毒人员生计帮扶探索[J]. 云南警官学院学报,2015(3):44－47.

[61] 张丽芬. 社会工作与戒毒人员回归社会:一个基于抗逆力视角的分析[J]. 甘肃社会科学,2015(5):126－129.

[62] 沈黎. 支持与应对:家庭为本的青少年戒毒社会工作模式研究[J]. 中国青年研究,2009(3):43－46.

[63] 何雪松. 美好的生活与有力的社会:新时代社会工作的双重目标[J]. 大社会,2018(4):16－17.

[64] 张昱. 新时代社会主要矛盾转化与社会工作发展[J]. 中国社会工作,2017(34):24.

[65] 武银平. 从封闭的“救赎”到开放的“助人自助”:浅谈社区戒毒工作之“人本”[J]. 才智,2012(5):207.

[66] 叶雄,彭少峰. 从“受助者”到“助人者”的美丽蜕变:上海社区戒毒“涅槃重生同伴教育小组”的案例分析[J]. 社会工作与管理,2014,14(5):73－78.

[67] 田毅鹏,刘杰. 中西社会结构之“异”与社会工作的本土化[J]. 社会科学,2008(5):73－77.

[68] 钟桂男. 儒家社会工作学的教育与实践模式[J]. 华东理工大学学报(社会科学版),2006,21(1):23－32.

[69] 刘玲. 本土社会工作者与案主关系研究:微观结构、关系特征和行动依据[J]. 华东理工大学学报(社会科学版),2018,33(4):27－36.

[70] 万艳,张昱. 我国强制隔离戒毒制度与实践的断裂与重构[J]. 云南大学学报(社会科学版),2019,18(2):123－130.

[71] 吕庆. 禁毒社会工作者需要哪些能力“装备”[J]. 中国社会工作,2018(25):21.

[72] 付美珍. 基于岗位能力提升为导向的禁毒社会工作者能力建设:以广州市为例[J]. 劳动保障世界,2020(5):59－60.

（二）英文论文

［1］GALLAGHER J R. Promoting drug court education in schools of social work：Ideas in action[J]. Social Work Education，2015，34(4)：428－436.

［2］GORDON W E. A critique of the working definition[J]. Social Work，1962，7(4)：3－13.

［3］STOKER G. Governance as theory：five propositions[J]. International Social Science Journal，1998，50(155)：17－28.

［4］COHEN S，WILLS T A. Stress，social support，and the buffering hypothesis[J]. Psychological Bulletin，1985，98(2)：310－357.

［5］POEL M V D M. Delineating personal support networks[J]. Social Networks，1993，15(1)：49－70.

［6］AARONS G A，BROWN S A，STICE E，et al. Psychometric evaluation of the marijuana and stimulant effect expectancy questionnaires for adolescents [J]. Addictive Behaviors，2001，26(2)：219－236.

［7］FRAZIER S L，LAURA R S. Reality therapy：a critical examination [J]. Pastoral Psychology，1972，23(1)：39－48.

三、学位论文类

［1］林斌. 服刑人员自我综合危机与儿童期虐待的关系及干预研究[D]. 苏州：苏州大学，2016.

［2］陈谞. 吸毒预防论[D]. 长春：吉林大学，2004.

［3］曹珺玮. 自我效能理论及其对学校道德教育的启示[D]. 济南：山东师范大学，2013.

［4］彭睿. 结构困境还是文化吸引：吸毒群体复吸影响因素及其治理的实证研究[D]. 广州：华南理工大学，2019.

［5］昌道励. 网络原创视频的青年亚文化研究：以优酷网 325 个网络原创视频为例[D]. 广州：暨南大学，2012.

［6］戚冰. 赋权理论视角下药物滥用人群教育模式研究：以云南戴托普治疗社区（TC）教育模式为例[D]. 北京：首都师范大学，2009.

［7］孙飞飞. 戒毒社会工作中的依恋关系研究[D]. 上海：华东师范大学，

2012.
[8] 闫青. 大学生自我管理能力培养研究[D]. 太原：山西大学，2015.
[9] 董飞翠. 强化青少年心理发展的干预技术：现实疗法应用研究[D]. 西安：陕西师范大学，2014.

后　记

2000—2003 年，我有幸进入香港理工大学应用社会科学系，攻读社会工作专业硕士（MSW）。2021 年 3 月，同学张和清带着我们师生参观了云南戴托普药物依赖治疗康复中心，这是云南大学的实践教学基地，是国内第一家禁毒社会工作教学实践基地，也是国内第一个社区戒毒康复的自助互助式服务场所，给我留下了深刻印象。

2003 年，上海启动预防和减少犯罪工作体系，上海市禁毒办牵头组建了专门从事禁毒社会工作服务的国内规模最大的上海自强社会服务总社，我与华东理工大学社会工作系的老师们一起，参与了体系建设工作，包括在政法委挂职、参与制度设计、社工培训工作等。当时受禁毒办委托，学校社会工作系承接了对全市禁毒社会工作者的督导任务，我们走遍了上海所有区站。从那时至今 20 年了，我一直作为上海市自强社会服务总社的伙伴，参与督导、项目研究、理事事务等多项工作，深受锻炼和启发。尤其是自 2009 年起参与上海社区戒毒康复服务的同伴教育项目实践和研究以来，我对生命意义建构之于戒毒康复的积极作用，对“改变”的意涵及社会工作实践研究的策略和路径有了切身感受和深刻理解。

上海的禁毒社会工作实践，为全国进一步推进禁毒社会工作发展贡献了地方经验，作为长期深耕于该实务领域的社会工作教育者和研究者，我也对禁毒社会工作发展积累起了自己的一些想法。2015 年，民政部将“社区矫正与禁毒戒毒领域专业社会工作需求分析与推进路径研究”的研究课题委托我承接完成，为下一步出台禁毒社会工作领域的专业社会工作人才队伍建设意见提供前期准备和认证工作。2016 年，民政部再次以课题的方式委托我作为负责人组织完成“禁毒社会工作者队伍建设专题研究”项目，包括研究团队的组建和完成具体研究工作。为完成该课题任务，2016 年的 5 月 4 日至 8 日，在位于华东理工大学徐汇校区的上海高校智库-华东理工大学社会工作与社会管理研究中心(后更名为社会工作与社会政策研究院)的会议室，禁毒社会工作者队伍建设政策研讨会正式举行，在时任民政部社会工作司一处贾维周处长的主持下，时任民政部社工司黄胜伟副司长，时任华东理工大学吴柏钧副校长分别致辞，时任国家禁毒办、公安部禁毒局戒毒康复指导处干部程坤，时任《中国禁毒报》总编助理、新闻中心主任许娓，时任民政部社会工作司一处干部张静，时任民政部社会工作司“大爱之行”项目办干部王瑞芳，以及时任上海市禁毒办指导处处长李健、上海强制隔离戒毒所副所长邵霞、上海民政局社工处处长张静、云南省公安厅禁毒局禁种禁吸处副处长杨鸿斌、宁夏公安厅禁毒总队副总队长蒋晓育等出席了会议，广东联众戒毒社会工作服务中心总干事王高喜、上海自强社会服务总社宝山工作站站长李桢、上海中致社区服务社总干事张平、上海精神卫生中心赵敏教授、华东理工大学社工系徐永祥教授、何雪松教授、张昱教授，以及华东理工大学社会工作与社会管理研究中心的曹国慧、权淑娟等也都不同程度地参与了研讨会工作。研讨会就禁毒社会工作领域社会工作专业人才队伍建设规划开展了热烈讨论，并就“禁毒社会工作者队伍建设专题研究”课题报告的框架和内容达成了共识，正式报告本人于 2016 年 8 月递交给了民政部。该研究成果有关意见、建议被采纳到 2017 年 1 月 20 日国家禁毒办等 12 部门印发的《关于加强禁毒社会工作者队伍建设的意见》(禁毒办通〔2017〕2 号)中，我也得到了民政部社会工作司的意见采纳证明。基于上海的实践研究经验，完成了对于禁毒社会工作者队伍建设的政策建议，这对于我来说是一个非常重要的经历！

禁毒社会工作领域近 20 年的实践经历，使我对社会工作的基本理念、实践策略、社会工作实践研究特别是协同式行动研究的主张感同身受并高度认可。在这期间，我组织及参与了多项禁毒社会工作实践研究项目，也发表了一些论文，出版了一些著作，专门讨论禁毒社会工作的实践模式。在禁毒社会工作实践研究的过程中我们的写作团队凝聚了起来。

本书作者之一的曹霞，现任中国社会工作联合会禁毒社会工作专委会副会长、上海市自强社会服务总社副总干事，上海第一批高级社会工作师，也是全国第一批禁毒社会工作领域的高级社会工作师。她是 2004 年入职的上海第一批禁毒社会工作者，从最基础的家访社区走访开始，20年来，曹霞不断探索积累禁毒社工经验，不断学习专业知识，提高自身专业素养，从香港理工大学社会服务管理专业研究生毕业后，她作为管理者带领自强总社和社工团队不断优化禁毒社会工作服务质量，积极探索禁毒社会工作实践模式。曹霞荣获过“2016年度中国百名社工人物”“2017年度上海市优秀社工”；2016年撰写的教案《戒毒康复知与行的探索之路》荣获“2016年全国社区戒毒社区康复优秀教案评比活动”一等奖；2018年荣获“全国青少年毒品预防教育‘6·27’工程优秀校外辅导员”；2019年入选首批全国禁毒社工师资库，担任中国社会工作学会司法社会工作专业委员会理事、上海市社会工作者协会理事；目前被华东理工大学、复旦大学、上海政法学院聘为社会工作硕士研究生行业导师，成为禁毒社会工作界的专业领头人之一。

本书作者之一的傅鹂鸣，现任上海自强社会服务总社项目主任，高级社会工作师。傅鹂鸣于2003年本科毕业于华东理工大学社会工作系，2006年研究生毕业于香港大学，是我们系少数几位毕业后一直从事司法社会工作服务的优秀生之一。傅鹂鸣一心一意从事禁毒社会工作实践和服务研究，不断开展服务创新，潜心研制禁毒社会工作服务标准，是禁毒社会工作界的高手。

本书作者之一的雷海波，现任上海商学院社工系讲师。海波是我的第一位博士生，2014年入门后，潜心从事禁毒社会工作服务研究，三年时间完成了学业，以《社区戒毒康复的艺术共同体研究——以兮望印社为例》的博士论文做出了对禁毒社会工作学术研究的贡献。

本书作者之一的洪佩，现任华中师范大学社工系讲师。洪佩于2012年成为我的MSW学生，毕业后继续读博，是我的第二位博士生。从2015年起，洪佩与我一起，用4年时间深入研究社区戒毒康复的同伴教育服务，所完成的博士论文《涅槃重生：上海社区戒毒康复同伴辅导员的生命意义重构历程研究》进一步诠释了生命意义对于社会康复的积极效应。工作后在博士论文基础上申请到教育部课题、湖北省社科基金后期资助项目，目前有关戒毒康复领域的研究是她的主要研究议题。

本书作者之一的汪鸿波，现任江西财经大学社会学系讲师，硕士生导师。鸿波于2017年成为我的博士生，入门后开始了社会工作服务制度研究，所完成的博士论文《结构与行动：中国社会工作专业自主性的生成机制研究——

基于上海禁毒社会工作领域的考察》，填补了社会工作特别是禁毒社会工作领域在制度和专业自主性生成机制方面的研究不足。

本书作者之一的唐立，现任淮阴师范学院社工系讲师。唐立于2018年成为我的博士生，入门后专注关于"改变"的社会工作实践研究，聚焦禁毒社会工作所完成的博士论文《道德实践：吸毒人员戒毒康复的过程研究——以上海禁毒社会工作的实践为例》，不仅进一步解释了道德对于吸毒人员社会康复的意义，更为重要的是丰富了社会工作研究中关于道德实践的研究成果。

本书作者之一的陈洁，现任淮阴师范学院社工系讲师。陈洁于2019年成为我的博士生，入门后潜心研究社会工作者的专业反思力、专业关系建立的本土经验，积极参与上海禁毒社会工作者的督导工作，参与师门的禁毒社会工作行动研究，将以《反思性实践：司法社会工作者改变强制性服务对象参与状态的过程研究》为题完成博士论文，期待研究成果的早日完成！

本书作者之一的魏玺昊，2018年成为我的MSW学生，毕业后继续读博，2021年成为我的博士生，入门后潜心研究文化对于社会康复的改变意义，积极参与师门的禁毒社会工作行动研究，将以《以非物质文化遗产为依托的禁毒社会工作实践研究——基于文化社会学视角的分析》为题完成博士论文，这将会成为禁毒社会工作领域乃至社会工作界关于"改变"的有价值的研究成果！

本书共9章，第一章禁毒社会工作概论，其中第一节、第三节、第四节和第五节由费梅苹完成，第二节由傅郦鸣完成；第二章禁毒社会工作价值与伦理，其中第一、二节由陈洁完成，第三节由傅郦鸣完成；第三章禁毒社会工作理论基础，其中第一、二节由陈洁完成，第三、四节由唐立完成；第四章禁毒社会工作政策，由魏玺昊和费梅苹合作完成；第五章禁毒社会工作个案管理及流程过程，由雷海波完成；第六章禁毒社会工作方法，由汪鸿波完成；第七章禁毒社会工作直接服务，由洪佩和费梅苹合作完成；第八章禁毒社会工作间接服务，其中第一节由唐立完成，第二、三、四节，由曹霞和陈洁合作完成，第五节由洪佩完成；第九章禁毒社会工作发展与展望，由唐立和费梅苹合作完成。费梅苹完成了全书的组织和统稿工作，魏玺昊协助完成了全书的校对工作。

感恩我们写作团队遇到了禁毒社会工作快速发展的大好时机！感谢所有

给予书撰写工作大力支持的同行们！衷心感谢华东理工大学出版社给予的大力支持！

由于作者水平有限，本书还存在不足之处，恳请读者给予批评指正！

华东理工大学社会工作系　费梅苹

2023 年 2 月于上海